買進名校

特權與權力的遊戲，美國史上最大入學詐欺案

梅麗莎・寇恩（Melissa Korn）
珍妮佛・李維茲（Jennifer Levitz）——著
李易安——譯

目次

推薦序
升學的故事，在哪都是相似的：在金權、公平與正義間擺盪的教育制度

陳克瀚　臺北大學社會學系助理教授

升學故事總是能夠觸動人心。每個家庭，無論背景如何，都對升學充滿希望，卻又心存不安。這個過程不僅是個人奮鬥的象徵，更是家庭夢想與社會公平的縮影。升學故事中，蘊含著對「公平正義」的渴望和對「翻轉階級」的憧憬。當這些故事透過媒體報導出現在我們的日常生活中，總能激起我們的情感，讓我們在困難面前找到克服一切的勇氣。每年新聞中播報的那些學子的成功，我們不僅感同身受，還會細細品味他們成功背後的學問，彷彿總有一天可以把這些規則複製到自己的孩子身上。

《買進名校》看似是對臺灣人而言遙遠的案子，但細讀之下，會發現那些陌生的英文姓名與家庭文化細節中，隱藏著讀者們熟悉的升學焦慮。焦慮的父母為子女的成功再上一層「保險」，這是我們所能理解的。而許多讀者不熟悉的，是那些優勢階級家庭所擁有的超越常人的保障策略。比如本書中提到的升學「側門」：賄賂教練取得體育生資格、買通考場獲得更高考試分數等等。《買進名校》讓人既感同身受，又大開眼界，書中的細節和情節讓人不禁深思：成功是什麼？為了追求成功，個人與社會付出了怎樣的代價？

金錢與教育夢交織的大戲

《買進名校》描述了一個被美國媒體稱為「藍調校隊醜聞」（Varsity Blue Scandal）的事件。這個事件在二〇一九年引起了極大的社會震動。牽涉其中的不僅有名人、好萊塢明星和重要的政商名流。這場牽涉甚廣的犯罪案中，威廉·瑞克·辛格（William Rick Singer）是「升學顧問」，他和超過三十三名有權有勢的家長通過各類手段操縱頂尖大學的錄取決定，家長們支付了超過兩千五百萬美元。從二〇一一年到二〇一八年，辛格透過欺詐手段提高學生的考試分數、賄賂大學官員、偽造運動員身分等，獲得南加州大學的錄取名額。

正如作者寇恩（Korn）與李維茲（Levitz）強調的，隨著這起醜聞的細節逐漸披露，人們發現，事件背後的驚人事實不僅在於金額或名流的參與，更在於美國高等教育升學制度的廣泛問題。這包括 Legacy admission（傳承入學制）、多元升學制度背後的鬆散審核、著急爭取資金的大學等。這些富有且有勢力的人，利用特權在原本就已經有優勢的情況下，還想要更多的優勢，正如書中所形容，他們「原本就已經站在三壘」，卻還要用錢買來「回到本壘」的機會。

《買進名校》展現了這場醜聞大劇的全貌，其核心主題是金錢與教育夢交織下的複雜現實。作為一個真實事件，這本書令人驚奇的地方在於它幾乎像懸疑小說般的呈現手法。作者們非常擅長在每個章節的開頭，先引入一位新的人物，無論是母親、一個好萊塢巨星，還是一個騙子。這些人起初看起來都像是最平凡的故事人物，事業成功，生活美滿，擁有美好的家庭和聽話的孩子。然而，隨著故事的展開，我們很快發現，在升學制度的運作過程中，特別對於這些社會地位頗高的中高階級家庭的父母來說，子女們的努力如果只是通過某些努力加上運氣，「成功」

是不夠的。他們還必須要「保證能夠成功」。我們也能看到，即使在那些看似資源充裕、生活無虞的父母眼中，升學制度依然是個龐大而不確定的機器。

這種描寫手法使讀者既能感受到故事的緊張氛圍，又能深入了解所有人物的背景和動機。每個章節獨立而完整，細數每個人的背景與動機。作者雖使用盡力寫實的記者筆法，但書籍的呈現卻像解謎般，讓讀者循著「是誰？做了什麼？為什麼這麼做？」的過程一路往下，作者的筆觸則讓讀者享受緊湊而流暢的敘述，將一個個故事拼湊成「升學產業」的大網。做為讀者，我們也會像閱讀懸疑小說那樣，在看完後突然恍然大悟：原來，這場牽涉數千萬美元、政商名流的大戲，一開始都源自於一些非常小，而幾乎是良善的初衷。像是為了孩子好，或是只是想賺點錢。

細節豐富的人性、環環相扣的法律攻防

這本書的另一個引人入勝之處，是它揭示了在這場醜聞中的各種面對司法審判後的細節。這些父母、牽涉到的人員，以及主角辛格，如何因為過去的一個又一個選擇，在法院的攻防中，決定了最終的命運。每一個章節的各個故事，初次閱讀時，這些背景和內容可能讓人感到頭昏眼花。但當讀者一路讀到最後，看到整個犯罪案水落石出，檢警調查、蒐證和追溯每個人的過程時，一切都變得清晰而連貫。這種安排大大獎勵了願意在前段花費心力理解這些家庭、父母，甚至是這些騙局操縱者的讀者。《買進名校》的作者顯然有意在最後揭示真相，讓讀者感受到每個環節連在一起的快感。

作為一本力求精確且致力於人性化每個角色的書籍，《買進名校》對讀者有一些挑戰。首先，這本書非常詳實且細節豐富，包括每個出場人物的家庭背景、動機與身分背景等等，資訊量大到幾乎難以一一記住。這種報導風格的選擇無可厚非，但對於讀者來說，我原本預期能夠在前幾個章節理解整個事件中最重要的幾個人物。因此，我建議與我有相似預期的讀者，或想以較輕鬆方式閱讀本書的讀者，在開始閱讀本書前，先做好心理準備，在最初的四到五個章節中，不用刻意去記住每個人物，只需大致了解他們的動機，等到書籍的後半部分再理解事件的梗概，這樣就能大幅提升閱讀的享受。

閱讀本書需要耐心，特別是對遠在臺灣的讀者來說，要克服姓名、地名與地區帶來的混亂感。本書提到大量的細節，比如這些有權有勢的父母就讀的學校、出身背景、喜愛閱讀的雜誌與文化等，對臺灣讀者而言，這些純粹的在地文化背景可能相對陌生且難以理解。除非讀者對美國或加州本地有足夠的認識，否則這可能會成為另一個需要克服的挑戰。我建議讀者可以將這些情境轉換為臺灣的情境、地點或物品，例如讀者較為熟悉的雜誌或地點，這樣會對閱讀體驗有很大的幫助。

能力、金錢與特權：兩個閱讀本書的思路

結合本書有趣的主題和加州在地文化、經濟和家庭生活背景的陌生感，我認為對於臺灣的讀者而言，也許切入本書的方式不必然是理解這個事件的細節。畢竟對臺灣人而言，這個事件並未轟動整個社會，只是美國新聞的一環。因此，較適宜的方式是採取一些主題式的疑問進入

的閱讀觀點。閱讀本書的讀者，不僅有一般性讀者，還可能有教育行政、教育社會學或犯罪研究專業的讀者，他們應該能從中挖掘到一些有趣的主題。在此，我提供兩個思路，以便縱向切入本書的細節。

第一個本書帶出來的重要討論主題是：「能力」在升學過程中到底是什麼？

對於臺灣的讀者而言，《買進名校》提供了一個非常好的思想實驗：如果在另一個時空（如美國）中，不用單一聯考或學測成績作為升學的依據，那這樣的社會篩選標準該怎麼做？人們應該如何自處？這本書引發了重要的討論：「能力」在升學過程中究竟是什麼？誰來決定？在《買進名校》中，學生通過假造運動員或身心障礙身分，獲得了考試和升學上的獨特優勢。這些優勢本應是「努力」和「天賦」的結合，但《買進名校》讓我們重新審視「能力」的定義。

諷刺的是，在書中，「能力」既是個人努力的結果，也是其背後隱藏的各種優勢的反映。這與臺灣近年來在大學生學上的一些爭議息息相關。臺灣對於升學和招生文件的討論與此主題相呼應。例如，「多元入學」常被戲稱為「多錢入學」，反映了人們對教育資源分配公平性的質疑。隨著一〇八課綱強調素養教育，並推出學習歷程檔案，相關的「素養補習班」引發了廣泛爭議。二〇二二年，一所公立大學因向高中生推出收費課程而遭到批評，被指控「學習歷程商品化」。這些議題表明，隨著升學與教育體系的日益複雜，人們對於什麼樣的能力、誰來篩選這些能力進入大學，愈來愈模稜兩可。同時這些複雜的狀況，隨著全球化，學生、學校、甚至市場之間的界限變得模糊，愈發難以清晰界定。

從很多層面來說，臺灣的高中生在升學過程中不需要面對美國升學制度中的一些問題，例如與Legacy admission這類捐款家庭競爭的問題。這部分得益於臺灣大多數頂尖大學都是國立學校，且臺灣長期擁有相對穩定且具備一定社會信任的標準考試升學制度。但這也代表著，臺灣在升學競爭中面臨著關於「能力」與「優勢」的不同討論。

有趣的是，在《買進名校》的最後章節中，討論到「制度改革」時，提到這一系列事件與其他重要升學爭議（例如亞裔學生對哈佛的控告）之後，美國主要的頂尖大學開始大量使用標準化考試成績。這幾乎與臺灣近年致力於調整的升學方式截然相反。臺灣的做法更為標準化，更注重大學核心治理，以及要求各校發展特色來吸引不同的學生。平心而論，臺灣或美國的作法，沒有任何一種「更好」。但這恰恰彰顯了《買進名校》試圖探討的一個隱含主題：人們願意付出什麼樣的代價，在社會（教育）制度中被標定「有能力」的人？對一些人來說，這是不惜一切代價的事；對另一些人來說，這是公平正義和個人努力的事。這問題值得每一位讀者深思。

第二個本書帶出來的重要討論主題，是關於金錢與特權的影響。

在本書中，除去作弊的意願和促成這些作弊行為的產業外，真正值得注意的是，什麼樣的「能力」篩選機制，使得這樣的一個幾乎是對價的「市場」可以在升學的制度中暢行無礙？閱讀本書的讀者會發現，這些家庭通過辛格的各種設計，來獲得考試和升學上的獨特優勢（辛格稱之為升學的「側門」），其實本質上是因為這些系統仰賴少數人的判斷來決定一個人是否具備進入名校的資格。具體來說，辛格之所以能讓這麼多人通過偽造運動員身分「買」進南加州大學，一部分原因正是因為升學制度中賦予「教練」極大的裁量權。

這本書尖銳地指出這種裁量權的雙面性，或是說其根本的漏洞。當學校或教育制度將球隊的生存、募款經費和校譽全都壓在教練身上時，我們會發現，在這個美國案例中，破口不在那些高薪聘請的「主流」運動教練，而是水球等相對邊緣且薪資較低的運動教練，但這些教練仍有空間決定學生的入學資格。這時，真實世界就像小說一樣，把一個個看似關注「能力」的教練，變成了被迫屈從於時勢和生活現實的一個個系統的共犯。

臺灣的讀者或許對美國的運動制度不甚熟悉，但對於那些想要出國留學的臺灣學生來說，試圖用金錢購買更多服務、資訊和技能以獲得升學優勢，這種行為他們十分熟悉。在過去二十年間，大量臺灣學生前往歐美和其他國家就讀大學或研究所。為了在留學考試或甄選中獲得優勢，許多學生會選擇「聘請」留學顧問或參加補習班進行準備。這些行為類似於臺灣常見的大學升學顧問，或協助學生準備升學文件的輔導工作等。從很多角度來看，這些行為也可以被視為「買」進大學的一部分，不過這些多數是一般人比較接受的行為。關鍵在於，我們在什麼情況下可以接受這些行為作為一種對價的商業交易？而在那些另外的時刻，我們認為「買」進大學這是違背道德良知的行為（如同本書描述的那些情況）？這些圍繞著「金錢」與「升學公平」的爭議，是本書能夠引發臺灣讀者深入思考的另外一層議題。

揭露醜聞之外的公平與正義問題

總而言之，《買進名校》值得閱讀，因為它深刻揭示了當今社會中升學、金錢與價值的複雜面貌，並對教育制度的公平性提出了挑戰。通過描述學生通過欺詐手段獲得升學優勢的案例，書中揭示了「能力」的複雜性和「特權」的局限性。這本書不僅展示了個人和家庭為追求名校而不惜一切代價的心理，也揭示了教育制度如何在不斷複雜和愈來愈理性計算的過程中，讓資源分配變得愈來愈不公平。它使我們重新審視了能力與教育的定義，以及在現今社會中，財富與特權如何影響教育機會的分配。透過揭示這些問題，《買進名校》挑戰了我們對教育公平性的傳統觀念，並呼籲我們反思和改進現有的教育體制。從這個意義來看，本書不僅是一部揭露升學醜聞的報導性作品，更是一部探討教育公平性和社會正義的深刻之作。它引導讀者思考在高度競爭的社會中，「能力」究竟應該如何被衡量和獎勵，是一本發人深省、值得深入閱讀和探討的書籍。

作者的話

這本書，是我們在歷經一年多的採訪和寫作之後所完成的成果。為了將故事集結於此，我們曾經和數百人談話、通過電郵，或用訊息交談，也使用了法庭紀錄、公共訊息請求，以及其他各種紀錄。

許多接受我們訪談的人，在我們討論這起事件的當時，都仍在進行法律訴訟，有些人身上還有刑事案件在等待判決，因此同意和我們對談的人，一般都會要求匿名受訪。

由於我們在重述這個故事時，引用了許多人和文件上的說詞，因此讀者不應該認為在書中場景中出現的人，就是本書資訊的來源，也未必代表該名人物接受過我們的訪談。書中提及的人物，我們都曾嘗試以各種方式進行聯繫。

對於一部分孩童和有刑案在身的人們，我們則決定使用假名來稱呼他們。尤其，我們更動了幾位年輕人的名字，他們的真名並沒有出現在任何法庭紀錄之中，而他們的父母和他們本人，也都未曾公開指稱過他們的名字。

人物介紹

頭號人物

- 瑞克・辛格（Rick Singer）：加州一位大學升學顧問，已經承認自己就是整起計畫的主要策劃者。

辛格手下的關係人

- 伊戈爾・德沃爾斯基（Igor Dvorskiy）：西好萊塢學院預備學校的校長，也是一名考場主管人員。
- 馬丁・福斯（Martin Fox）：住在休士頓的一位運動員的牽線人，也是辛格和其他重要人物的牽線人。
- 蘿拉・楊克（Laura Janke）：南加大女子（USC）足球隊的前助理教練，曾協助辛格偽造運動員的個人紀錄。
- 馬克・李德爾（Mark Riddell）：大學入學考試的好手，同時也是監考人員，曾幫助辛格的客戶進行測驗舞弊。

- **妮基・威廉絲**（Niki Williams）：助教、啦啦隊教練，以及休士頓傑克・葉慈高中（Jack Yates High School）的考場主管人員。

家長

- **瑪爾希亞&葛列格・亞波特夫婦**（Marcia and Greg Abbott）：分別住在亞斯本以及紐約的夫婦，他們在辛格的幫助下為自己女兒的測驗作弊。
- **珍・白金漢**（Jane Buckingham）：住在比佛利山莊（Beverly Hills）的一位時尚趨勢預測師，她曾付錢請辛格幫忙調高自己兒子傑克的美國大學測驗（ACT）成績，而傑克當時則就讀於布倫特伍德學校（Brentwood School）。
- **戈爾頓・卡普蘭**（Gordon Caplan）：威爾奇・法爾與加拉格（Willkie Farr & Gallagher）律師事務所的董事長之一，他住在康乃狄克州（Connecticut）的格林威治（Greenwich），曾透過辛格為自己的女兒進行舞弊，提高女兒的美國大學測驗成績。
- **羅伯特・弗拉克斯曼**（Robert Flaxman）：住在比佛利山莊的一位開發商，曾透過辛格在美國大學測驗之中為自己的女兒艾蜜莉（Emily）進行舞弊。
- **摩西莫・吉安努里&蘿莉・拉芙林**（Mossimo Giannulli and Lori Loughlin）：住在洛杉磯的一對夫妻，分別是時裝設計師和演員，曾與辛格合作，讓兩位女兒——貝拉和奧莉薇亞——假冒為校隊人選，藉此將她們送進南加大。
- **曼努埃爾・亨利奎茲**（Manuel Henriquez）：海克力斯資本公司（Hercules Capital）的創

辦人，該公司為一間公開上市的金融公司；他和他的妻子**伊莉莎白・亨利奎茲**（Elizabeth Henriquez）曾與辛格合作，為自己的女兒茱莉亞（Julia）和梅甘（Megan）在大學招生制度之中舞弊。

- **道格・荷治**（Doug Hodge）：太平洋投資管理公司品浩（PIMCO）的主管，住在加州的新港灘（Newport Beach），曾透過辛格的非法服務，為幾位小孩進行舞弊。
- **菲力西提・哈芙曼**（Felicity Huffman）：《慾望師奶》（*Desperate Housewives*）裡的女演員，也是演員威廉・梅西（William H. Macy）的妻子，曾和辛格合作，為自己的女兒蘇菲亞（Sophia）在學術能力測驗（SAT）中進行舞弊。
- **小亞古斯丁・胡紐斯**（Agustin Huneeus Jr.）：一個位於納帕谷地（Napa Valley）的葡萄酒家族事業的成員，曾和辛格合作，讓自己的女兒亞古斯丁娜（Agustina）假冒為水球隊員。
- **達維娜&布魯斯・伊薩克森**（Davina and Bruce Isackson）：住在加州希爾斯堡（Hillsborough）的一對夫妻，他們為自己的兩個女兒使用了辛格的非法服務。
- **蜜雪兒・賈納福斯**（Michelle Janavs）：住在加州新港灘的一位母親，同時也是美國微波食品「熱口袋」（Hot Pockets）的品牌繼承人，曾為了幫助自己的兩個女兒，而和辛格有所來往，除了進行測驗舞弊之外，也曾將其中一名女兒假冒為運動員。
- **伊莉莎白・金默爾**（Elisabeth Kimmel）：住在聖地牙哥（San Diego）的一位媒體主管，曾雇用辛格和自己的兒子史賓塞（Spencer）合作。

- **瑪爾裘莉・克拉伯**（Marjorie Klapper）：住在加州門洛公園（Menlo Park）的一位珠寶設計師，曾使用辛格的非法協助來幫助自己的兒子。
- **托比・麥克法連**（Toby Macfarlane）：住在加州德爾・馬（Del Mar）的一位產權保險主管，曾使用辛格的服務，將自己的兩個孩子假冒為運動員。
- **比爾・麥克格拉珊**（Bill McGlashan）：住在舊金山地區的一位私募基金投資管理人，曾為了幫助自己的兒子而付錢給辛格。
- **P・J・薩爾托里奧**（P. J. Sartorio）：住在加州門洛公園的一位男子，也是一間冷凍墨西哥食品公司的創辦人，他曾找上辛格幫自己的女兒在測驗中進行舞弊。
- **史蒂芬・森普雷維沃**（Stephen Semprevivo）：住在洛杉磯的一位公司主管，曾使用辛格的非法服務，讓自己的兒子亞當（Adam）進入喬治城大學（Georgetown University）。
- **大衛・希督**（David Sidoo）：一位加拿大商人，也是一名前職業美式足球選手，曾付錢讓李德爾替自己的兩個兒子——傑克（Jake）和伊桑（Ethan）——在測驗中代考。
- **德文・史隆**（Devin Sloane）：住在貝爾艾爾（Bel Air）的一位企業家，經營與供水系統相關的事業，曾為自己的兒子馬蒂奧（Matteo）使用辛格的非法服務，而馬蒂奧當時則就讀於巴克雷學校（Buckley School）。
- **摩里・托賓**（Morrie Tobin）：住在洛杉磯的一名投資管理人，雖然不認識辛格，但曾賄賂耶魯大學的女子足球教練魯迪・梅雷迪斯（Rudy Meredith），請他謊稱自己的女兒希德妮（Sydney）是一名校隊生。

- **約翰·威爾遜**（John B. Wilson）：住在加州亞瑟頓（Atherton）的一位私募基金投資管理人，曾為了自己在高中打水球校隊的兒子山姆（Sam），以及兩位女兒而雇用辛格。
- **羅伯特·贊格里洛**（Robert Zangrillo）：住在邁阿密海灘（Miami Beach）的一位開發商兼投資人，曾為了自己的女兒安珀（Amber）和辛格及其團隊合作。

來自南加大的「特洛伊人」

- **唐娜·海內爾**（Donna Heinel）：南加大的體育辦公室副主任，曾和辛格在運動員錄取事宜上進行合作。
- **阿里·柯斯洛沙辛**（Ali Khosroshahin）：南加大女子足球隊的前教練，曾將辛格的客戶安插在球員名單裡，接著又將辛格介紹給其他教練。
- **約萬·瓦維克**（Jovan Vavic）：南加大水球隊的知名教練，與辛格也有長期往來。

其他教練

- **麥可·森特**（Michael Center）：德州大學奧斯汀分校（University of Texas at Austin）網球校隊的總教練，曾錄取辛格的其中一位客戶，以此獲得金錢報酬。
- **戈爾頓·恩斯特**（Gordon Ernst）：喬治城大學的男子網球和女子網球隊教練，曾被指控錄取球技並不過人的青少年作為校隊成員。
- **魯迪·梅雷迪斯**（Rudy Mereditch）：耶魯大學女子足球隊的教練，曾收受辛格和托賓支付的金錢，錄取一些青少年成為隊員。

感到事有蹊蹺的指導老師

- 菲利普・佩特隆（Philip "PJ" Petrone）：私立馬里蒙特高中的升學顧問主管之一，對於吉安努里的女兒為何能被錄取為隊員一事感到非常懷疑。
- 茱莉・泰勒瓦茲（Julie Taylor-Vaz）：巴克雷學校的升學輔導主任，曾對辛格的幾個客戶，以及他們提交給大學的假資料起疑。

法律相關人員

- 美國聯邦地區法官印蒂拉・塔爾瓦尼（Indira Talwani）：波士頓的一位聯邦法官，在這起大學入學案件中，負責對涉案的十一名家長進行審判。
- 美國聯邦地區法官納坦尼爾・M・戈爾頓（Nathaniel M. Gorton）：波士頓的一位聯邦法官，負責審理這個大學招生醜聞的多起案件。
- 法官M・佩吉・凱莉（M. Page Kelley）：一位聯邦的地方治安法官，負責處理這些入學案件的初步提審和舉證聽證會。
- 安德魯・萊凌（Andrew Lelling）：美國麻州（Massachusetts）的聯邦檢察官，於二〇一七年十二月被任命負責調查辛格的犯罪計畫。
- 艾瑞克・羅森（Eric Rosen）：經濟犯罪組裡的一名聯邦助理檢察官，也是這些大學招生醜聞案的總檢察官。

- **史提夫·法蘭克**（Steve Frank）：羅森的上司，同時也是經濟犯罪組的主任。
- **唐諾·海勒**（Donald Heller）：來自沙加緬度（Sacramento）的律師，負責為辛格進行辯護。

牽線人

- **丹納·潘普**（Dana Pump）：一位慈善基金會的創辦人，也是籃球運動的愛好者，曾將辛格介紹給幾個有錢家庭和馬丁·福斯（Martin Fox）。
- **史考特·特雷布里**（Scott Treibly）：IMG學院的前升學輔導員，曾將辛格介紹給幾位家長以及至少一位教練認識。
- **布萊恩·沃德斯海姆**（Brian Werdesheim）：孫馬集團（Summa Group）的共同創辦人之一，該集團為洛杉磯一間財富管理公司，曾將辛格介紹給許多家庭。
- **吳麥可**（Michael Wu）：在摩根·史坦利（Morgan Stanley）任職的一位財務工作人員，曾將辛格介紹給**趙雨思**（Yusi Zhao）的家人認識。
- **楊秋雪**（Qiuxue “Valerie” Yang，音譯，並非中文原名）：孫馬集團的一位助理分析人員，曾將**郭雪莉**（Sherry Guo）的家人介紹給辛格認識。

序章

二〇一六年，珍・白金漢正在布倫特伍德參加她兒子的足球比賽；那裡是洛杉磯一個特別高級的社區。就在那天，有個男人出現在她的身邊，對她說了一些她意想不到的話。「妳有找過誰擔任妳孩子的大學升學顧問了嗎？」

「等一下，」白金漢說，「我們有必要找嗎？現在就要找？」她的兒子傑克，當時才在念高二而已。

「喔！我的天哪！」她的朋友如此回覆，「我們已經落後別人了。」

傑克念的布倫特伍德學校，有一個非常美麗的校區，其設計仿造的是南歐某個中世紀山丘小鎮的樣貌。在當時，這座學校一年的學費將近四萬美元；《好萊塢報導》曾寫道，該校可以「增加你的孩子進入常春藤名校的機會」。然而這所學校裡依然到處瀰漫不安的氣氛：有些家長彼此傳言，說某個小孩雖然平均成績（GPA）[1]拿到了四・五分，而且是三個校隊的隊長，卻還是被好大學拒絕了，簡直不可思議。沒有哪個家長，會希望這種警世故事也發生在自己的孩子身上。

1　平均成績（GPA）：A為四分；B為三分；C為兩分；D為一分；F為零分，通常最高平均分數為四分，但部分學校有A+（四・三分）、B+（三・三分）等。

白金漢當時四十七歲，她有練皮拉提斯的習慣，還留著一頭亮麗的金髮，從來就不是那種甘落人後的家長。她住在比佛利山莊，家裡的豪宅有紅瓦屋頂、摩爾式的拱門，牆壁上還爬滿常春藤；她擁有一間公司，為一些企業和非營利組織提供諮詢服務，教導他們如何理解年輕世代。她經常站各種會議的講臺上，充滿熱情地對聽眾講授關於「V世代」（Gen V）的主題——有段時間，她把那些握有強大數位能力的孩子和年輕人，稱作「爆紅世代」（Gen Viral）。她曾經寫過幾本書，比如《現代女性的母職之路指南》（*The Modern Girl's Guide to Motherhood*）。她曾出現在《早安美國》（*Good Morning America*）這個晨間電視新聞節目之中，也曾被《Elle》雜誌選為好萊塢二十五個最有權力的女性之一。

她也是最有說服力的一位。因為她本人就在扶養兩個才十幾歲的孩子——傑克和克蘿伊（Chloe）。就像白金漢長期以來的朋友——安德莉雅．哈頓（Andrea Hutton）後來所說的：「她覺得自己必須成為一個完美的媽媽。不只是完美的媽媽，還要做什麼都是完美的。」

然而當她那天站在足球賽的觀眾區時，她卻一點都不覺得自己有多完美。她英俊瀟灑的丈夫，在和她走過二十年的婚姻之後離開了她，讓她既傷心又覺得丟臉，而傑克的成績也一落千丈。

於是她上鉤了。「好吧。」白金漢對朋友說，「你會找誰當升學顧問？」

「瑞克．辛格。」

白金漢不是很熟悉這個名字，但她曾經好幾次在足球場、籃球場邊，或是在會議室和高爾夫球俱樂部裡，聽其他家長提到過這個人。

大約是在十年前吧，白金漢曾經在比佛利山莊某個時尚、入流的索菲特飯店（Sofitel）的行銷論壇上演講，描述那些嬌生慣養的年輕人，在進入大學和職場之後會遇到哪些阻力。

有些大學的招生人員會把這些孩子稱為「茶杯」，因為他們實在太脆弱了[2]。

然而住在洛杉磯西區的家長們，通常也是比較容易緊張兮兮的一群人——而白金漢恰巧就住在那裡。舉凡娛樂產業的經紀人和名人們，或是律師和金融家們，都在爭先恐後地將孩子送往私立小學；有些私立小學會被視為通往為數不多的菁英高中的入口，而那些菁英高中，又往往被看作通往美國東、西岸知名大學的墊腳石。

這些父母處理育兒問題時，會把那當做是自己的職涯一般認真面對。他們狹窄的社交圈扭曲了他們的視野，讓他們覺得花幾百美元的時薪請一個學術能力測驗的家教，甚至花數萬美元的學費讓孩子上私立學校，彷彿是什麼再常見不過的作法。學校的募款單位會請碧昂絲（Beyoncé）來表演，還會舉辦拍賣活動，競標和知名歌手尼爾．薩達卡（Neil Sedaka）合唱的機會，或是墨西哥卡波（Cabo）的度假行程，還能搭乘私人噴射機和遊艇。

比方說，大約是在二〇〇〇年左右吧，某個兒童體育課程便舉辦了一個小組討論；在那段時間，參與的家長們會來回跟別人介紹自己和自己的小孩。在那段長達幾個星期的課程裡，老師有時會提議讓孩子試著介紹自己和自己的家長。有些孩子很熱切地照著做了，而有些則要花

2 編注：比喻容易摔碎。

更多的時間，才願意敞開心胸。身為女演員的菲力西提·哈芙曼，當時就和自己的女兒蘇菲亞參加了那個兒童體育課程。「這活動搞得我全身是汗。」她當時如此低聲地和身旁一位男性家長說道。他們兩人都輕輕地笑了，因而結識了彼此。

西好萊塢的拉曲蒙特特許學校（Larchmont Charter School）曾經引發過一陣騷動；時事評論員艾莉森·葛拉漢姆（Alison Graham）回憶道，那場騷動的起因，是某個教職員居然發起了一個幼兒園的進階讀書會。艾莉森·葛拉漢姆住在漢考克公園（Hancock Park）的高級社區裡，她的小孩當時就讀那所學校。很快地，那些沒有被選入進階讀書會的孩子的家長們便開始緊張了。怎麼可以讓別人的孩子，比自己的孩子還要更早讀到《魔法靈貓》（*The Cat in the Hat*）或《嘰喀嘰喀碰碰》（*Chicka Chicka Boom Boom*）這些兒童繪本呢？

「那個家長文化就是，他們不管做什麼事情都非常競爭。」葛拉漢姆如此說道，「他們有種心態，覺得孩子的成就，也反映了自己作為家長的成就。」

珍·白金漢的哥哥麥可·林茲勒（Michael Rinzler）則表示，珍一向不希望自己的孩子經歷任何失敗；他回憶道，還是小男孩的傑克有次在拼拼圖時遇到了點困難，「他幾乎就要完成最後一片拼圖了，但就是沒辦法讓所有拼圖好好對齊。於是珍就伸出了食指，輕輕地推了那片拼圖，幫他完成了整幅。他當時非常開心。她拯救了傑克，沒有讓他遇到挫折。」

雖然珍是那種過度寵愛孩子的家長，但她小時候其實根本就沒有這種被溺愛的經歷。在紐約市長大的她，原名是珍·林茲勒（Jane Rinzler）；她的父親是一位酗酒的精神科醫師，而母親則是《Glamour》雜誌的專欄作家。珍的父母親在她五歲的時候離異；三年之後，她的母親進入耶魯大學攻讀法律學位，因此必須通勤到紐・黑文（New Haven）。

雖然珍的母親很溫柔，也很愛她，但她實在太忙碌了，因此珍從很小的時候開始，就必須肩負起大人的責任，學習照料自己。她會自己煮飯、自己打掃家裡。學校曾經通知她學費逾期未繳，要她提醒媽媽記得去補繳。她覺得很失望。為什麼是她要負起所有責任呢？面對這種不穩定的狀態，她的回應方式是變得更加努力，因此就算是在超級菁英的荷拉斯曼學校（Horace Mann School），她的表現也都十分突出。她在還是個少女的時候，就出版了自己的書。那本書的書名叫作《小孩有話要說》（*Teens Speak Out*），內容則是根據她對青少年族群態度的研究寫成的；書出版之後，她立刻在全美各地聲名大噪，甚至還接受過知名主持人歐普拉（Oprah）的專訪，並存下了一些積蓄，讓她可以自己支付杜克大學（Duke University）的一部分學費。最後，她於一九九〇年從杜克大學畢業，獲得了英國語文學位。她的母親在她二十一歲的時候驟然離世，留下了許多問題讓她必須面對，但那只是讓她變得更加奮發向上而已。她母親留下了大約五十萬美元的債務，而他們住的公寓則遭到銀行查封。

珍決定，她絕對不會讓自己的孩子，也經歷那種打從心裡而生的恐懼、擔心一切都有可能突然崩解的感覺。她要成為能讓所有人依靠的人。她絕對不會讓自己因為計畫不周，而被殺得措手不及。也絕不會忘記規劃備案。

她繼續努力工作，在一個廣告公司的青少年行銷部上班，接著在二十六歲的時候創立了自己的青少年情報公司。二〇〇三年，她將自己的公司賣給了創新藝人經紀公司（Creative Artists Agency），這間公司的勢力龐大，代理了許多好萊塢巨星。於是她一舉搬去了洛杉磯這個花花世界。一九九六年，她和出身自劍橋大學的英國人馬爾克斯・白金漢（Marcus Buckingham）結婚，並搬到了比佛利山莊。傑克和克蘿伊後來分別在二〇〇一年和二〇〇三年出生。馬爾克斯寫過一本非常暢銷的書，內容是關於如何利用自己的長處，而這本書則讓他躋身頂尖演講者的圈子；與此同時，珍也出版了名為「摩登女孩」（Modern Girl）的系列書籍，並創立了另一間精品行銷公司，名叫特倫德拉（Trendera）。

珍在家長們趨之若鶩的學前教育中心（Center for Early Education）裡，成了最受歡迎、也最為投入的母親之一；她的孩子也在那裡上課。她會在教室裡幫忙、在委員會裡擔任要角、籌辦大型的年度募款活動，還曾出借自家後院舉辦慈善活動、孕婦產前派對，甚至是一位保姆的表親的婚禮。她曾出席一些家長論壇，現場有數百人前來參加。她以平易近人、甚至是幾乎太過慷慨而聞名。她最痛恨的事情，就是有人對她感到不滿。

然而她也像是發了瘋似地在控管自己的形象。「她每年的生日派對，都會辦得比前一年還要更加盛大，前來參加的名人也一次比一次多。」珍的一位朋友如此說道，「那感覺有點像是，她總是不斷地沿著梯子向上攀爬。」

二〇一〇年，許多名人和社會名流人士，都出席了她在西好萊塢的日落大道上舉辦的慶祝會，恭賀她出版新書《摩登女孩的窘境求生指南》（*The Modern Girl's Guide to Sticky Situations*）；賓客們聚集在只對會員開放的蘇荷館酒店（Soho House）頂樓，一邊吃著迷你杯子蛋糕，一邊將城市風景盡收眼底。珍在鏡頭前擺起姿勢，而站在她身邊一起合照的則是《慾望師奶》（*Desperate Housewives*）的女演員哈芙曼（Huffman）。

珍當時在慶祝會上簽書時，女兒克蘿伊也在她的旁邊。那本書涵蓋了各式各樣棘手的情境，其中包括一個對後來的她們倆來說，變得非常真實的問題：「如果妳的雙親之中，有人做出了妳無法原諒的事情的話，妳該怎麼辦？」

珍和哈芙曼加入了一群母親的行列——她們都很懂得如何跟媒體打交道，將自己塑造成深諳家庭經營之道、能引起家長共鳴的樣貌。她們釋放的訊息十分動人：夠了，不要再一直嘗試成為一個超級媽媽，非得養出一個完美的孩子不可。該放手的時候，就該放手。

哈芙曼在自己以育兒為主題的部落格裡，販賣杯身印有「你已經是個很棒的媽媽了！」字樣的馬克杯。珍則在推特上面張貼了自己的箴言：「喜歡我孩子的樣子，而不是喜歡我希望他們成為的樣子」，下面還附上了「#媽咪的答案」（#mommyanswers）這個主題標籤。她在「摩登女孩」這套系列著作之中，提供了一系列她覺得人們可能會需要，卻不一定知道的實用訣竅和工具；在那些書裡頭，她刻意使用了一種充滿庶民風格與同理心的語調。珍之所以會想寫出這些書，是因為她在母親過世之後開始覺得，當初要是有人給過她這些忠告就好了。

她不斷鼓吹誠實的重要性，甚至還在美國廣播公司（ABC）一個壽命不長的的家庭節目《幹勁苦差事》（*Job or No Job*）之中，對一位參賽者諄諄教誨什麼是負責任的愛。那名參賽者曾經在履歷上撒過一個小謊，寫上了一個假的地址，好讓自己住的地方看起來比較體面。那個節目跟拍了幾個當時剛畢業的大學生，對他們進行了三場訪談，然後再由珍給予他們一些職涯建議。當時身穿一襲粉紅色洋裝的珍，嚴厲地看著其中一位參賽者。「如果你的朋友叫你在履歷上面造假，絕、絕、對、對不要那麼做。」

然而，哈芙曼和珍自己，最後卻都因為各自的原因，無法像她們給他人的忠告那樣，輕鬆面對一切。

二〇一九年三月十二日

「砰、砰、砰！」有人用拳頭在大門、外牆上連續敲打了好幾分鐘。那天，全洛杉磯有十三個家庭，都聽見了一樣的敲門聲，他們都住在洛杉磯最時髦的幾個社區裡。

時間大約是清晨六點。

這是在吵什麼吵？

「聯邦調查局！開門！」

聯邦調查局？

於是他們打開了大門。這群睡眼惺忪的洛杉磯上流人士，在自己華美的豪宅前，發現了一群穿著海軍風衣的政府人員。那些探員在他們的住宅大門上用力拍打，為了以防萬一，還拿出了手槍。

我的老天啊，那是手槍嗎？

他們紛紛舉起了雙手表示投降。住在比佛利山莊豪宅裡的某位婦人，見狀之後甚至幾乎昏厥了過去。聯邦調查局的探員陪著一些被逮捕的人回到臥室，讓他們快速換下睡衣、穿上牛仔褲或棉褲。這是在幹嘛？他們完全搞不清楚狀況。探員先用手銬將他們銬了起來，接著領他們坐進政府車輛的後座，帶著他們行駛在好萊塢上方的山丘上，或是路邊有棕櫚樹整齊排列的林蔭大道上；天色剛要亮起的馬路旁，有晨起慢跑的人，也有正在前往工作地點的女傭和保姆。

那個早晨，從曼哈頓到邁阿密的全美各地，聯邦調查局一共出動了數百名的探員，對數十個家庭發起了類似的逮捕行動。逮捕令上並沒有為這場突襲行動說明太多細節：有些人被逮捕的原因是郵件詐騙，有些人則是涉及犯罪組織非法活動。

當陽光出現在洛杉磯的地平線上時，聯邦調查局的幾輛外觀沒有任何標示的車輛，駛入了愛德華·洛伊巴爾聯邦大樓暨聯邦法院（Edward R. Roybal Federal Building and U.S. Courthouse）的紅色花崗岩大樓的地下停車場。那些車輛穩妥地停進了一個有法警鎮守的區域。鐵門被用力關上之後，幾位面無表情的探員將他們的貴客拉出車外，然後帶著他們搭乘電梯，往上一層樓前進，最後再按下開關，通過另一道安全門。這些驚魂未定的上流人士被帶往的地方是：聯邦法警局的拘留所。

幾位法警帶著手套，在被羈押的他們身上來回摸索，看看他們身上是否藏有武器或毒品，再為他們銬上腳鐐。法警還在他們的腰際銬上了「肚銬」，並將「肚銬」與他們的手銬在一起——就像你在電視新聞裡看到的暴力罪犯和底層階級受到的待遇。

那個處置室裡只有兩張不鏽鋼桌，以及掛在房間角落的攝影機。接著是指紋採集、拍照，以及口腔DNA採集。牆上掛著一幅給人不祥預感的海報，上頭是一個老派的法警（還留著ZZ Top樂團成員那種長長的鬍子），一旁還有一個劊子手的絞刑臺。還真是張令人愉快的海報呢。

這些被捕的人拖著腳步走進一個走廊，兩側各有四間牢房。那裡既沒有窗戶，也沒有時鐘，彷彿是世界上最糟糕的賭場。他們走進牢房。法警們幫他們解開了一隻手，好讓他們可以使用牢房裡沒什麼隱私可言的馬桶，方便他們食用配額固定的點心：火雞肉白麵包、一袋洋芋片和水。

這幾間牢房很快便擠滿了人：男人集中在其中一間，女人則在另外一間。他們挨著彼此，全都坐在板凳上。

有些牢房裡的人認出了彼此。有人揚起眉毛說道：「喔，你也在這裡？」

他們逐漸發現，許多被逮捕的人，都在相近的社交圈裡活動。珍看見了她的朋友哈芙曼，她當時戴著眼鏡，頭上綁著馬尾，髮型十分凌亂。牢房裡還有唐娜．海內爾，皮膚晒得黝黑的她，是南加大運動校隊的行政人員。

至於男人的牢房裡，羅伯特．弗拉克斯曼（Robert Flaxman）這位生性開朗、住在比佛利山莊的開發商，則在和摩西莫．吉安努里（Mossimo “Moss” Giannulli）聊天，後者是一名時裝設計師，而他的妻子蘿莉．拉芙林（Lori Loughlin）則是一名演員，當時人正在加拿大，但很快也會遭到逮捕。此外，來自洛杉磯的企業家德文・史隆（Devin Sloane）則是一臉頹喪地坐在板凳上，毫無談天說笑的興致。最特別的則是一位穿著醫師袍的牙周病醫生，彷彿他是在準備去上班的路上被逮捕的。牢房裡還有兩位足球教練，其中一來自南加大、曾經是個運動巨星，另一位則來自加州大學洛杉磯分校（University of California, Los Angeles）。

也許他們有些人知道自己為什麼會遭到逮捕，但有些人卻不太確定。而且沒有人真的知道他們之間的共通點是什麼。

直到其中一名教練高聲說道：「你們全都認識瑞克・辛格嗎？」

所有人都張開了嘴巴。一種「突然懂了」的感覺開始擴散開來，隨之而來的則是恐懼感。男人們像是合唱團一般地，一起發出了咒罵：「幹！」

喔對呀，他們全都認識瑞克・辛格。

第一章　未來之星

金姆．米勒（Kim Miller）心中有張長長的清單，上頭寫滿了她想做的事。比方說，在亞爾登費爾購物中心（Arden Fair mall）裡逛街；和男朋友膩在一起。可以肯定的是，不管做什麼，都一定比那疊厚厚的灰色大學申請文件還要有趣。

那是一九九三年的秋天，金姆才十六歲。如果你也來自沙加緬度的中上階層家庭，這就是你在十六歲會做的事情：開始計畫申請大學。雖然她是個好學生，但擺在她眼前的一切卻讓她害怕極了。她不喜歡那些要畫卡的一場場小測驗。她很確定自己的學術能力測驗一定會考得很糟。而且之後要念什麼科系呢？她喜歡戲劇和時裝，但「我不知道我到底想幹嘛」，她如此回憶道。

就在那之後，一場小小的奇蹟出現在她的生命裡了——一股自然的力量。

直到幾年之後，她依然保留著他的名片，名片上印有用皇家藍的大寫字母寫著的「未來之星」（FUTURE STARS）字樣，而且「STAR」的字母A還用一顆星星代替了。

金姆的父母曾聘請瑞克．辛格擔任他們的私人大學升學顧問。他們初次看到他時，馬上就對他產生了好感。他當時才三十出頭，身材健美、充滿活力；他擁有一身古銅色的皮膚、不拘小節，通常都是一身短褲、慢跑鞋和風衣的穿著。他們聘請他幫助米勒準備學術能力測驗、選擇適合她的大學，最後幫她完成了那些嚇人的入學申請程序。

米勒家華美的地中海風格豪宅，位在東沙加緬度綠樹成蔭的四十六街上；辛格會在他們家的正式晚宴廳裡傳授大學申請的策略。他告訴她，塑造形象，和考高分一樣重要。

「什麼東西，才能真的讓妳的申請資料比別人突出呢？」他會這樣問道。「妳要把什麼東西放在他們的桌上呢，金姆．米勒小姐？妳是誰？金姆．米勒是誰？」

從來沒有人像他那樣跟金姆說話過。她很喜歡那種感覺。辛格說的話，以及彷彿教練在說「孩子，妳可以的」的那種態度，都讓她覺得自己充滿了力量。她覺得自己內心正在變得愈來愈堅強，那股像是一腳把門踹開的嶄新自信，讓她覺得自己可以選擇想要成為的樣子。

辛格是第一個親身體驗過這種轉變的人。

大概是一九七三年的某個夏日，陽光灑滿芝加哥近郊的林肯伍德區（Lincolnwood）的普羅瑟爾公園（Proesel Park）；當時被人用小名稱呼的「瑞奇」．辛格（“Ricky” Singer），還只是個即將高中畢業的青少年。他當時很常去那個公園，彷彿他是想要快速減重的拳擊選手一般，穿著三溫暖衣跑上好幾公里。整個夏天，他只喝健怡可樂（Diet Coke），只吃葡萄乾和花生果腹。他說服他的好朋友切里爾．席兒維爾（Cheryl Silver）和他一起慢跑，這樣她就能進入網球隊了。他會一邊用她的綽號叫她，一邊說道：「席爾維斯（Silves），來吧，我們必須這樣做，難道妳不想進網球隊嗎？妳要很努力才行。看看我。要很努力，很努力才行。」

瑞奇留著一頭深色的鬈髮，個性也充滿朝氣，因此很受同儕歡迎。他的能力足以讓他在小聯盟裡打球，但他的身材也有些圓滾滾的，因此在十多歲之後便開始感到十分焦慮。他在同儕之間一直都是比較胖的那個人，而他並不喜歡如此。他想要跟其他人一樣瘦，所以一進入高中便開始努力減肥。讓他苦惱的不只是身材而已。瑞奇似乎總是想要證明些什麼。

他在尼爾斯．威斯特高中（Niles West High School）裡打棒球，也踢美式足球。那是一所升學率很高的學校，能把大部分學生都送進大學；其中一名校友，就是後來曾被提名為最高法院大法官的梅爾瑞克．嘉爾蘭德（Merrick Garland）。林肯伍德是個舒適的郊區，住了非常多的猶太人；自從高速公路開通、前往芝加哥變得更為容易之後，那裡的人口在最近的數十年裡便一直不斷增加。綠樹成蔭的街道上，散布著擁有後院、雙車位的寬敞宅邸；沒那麼有錢的家庭，則會住在聯排房屋（townhouse）裡，比如辛格的家庭就是如此。

他的雙親是在一九五九年於洛杉磯結婚的，並在隔年於聖塔．莫尼卡（Santa Monica）生下了辛格；幾年過後，他們又生了一名女兒。辛格的父母很早就離婚了，他的父親則在辛格九歲的時候搬走、再婚，在別處建立了新的家庭，也讓辛格多了幾個同父異母的弟妹。他的母親也和別人再婚了。她和辛格的繼父都是非常樸實的家長，而辛格也很喜歡自己的母親。辛格和生父很少見面，而他的朋友後來提起，也都覺得他的父親曾帶給他很大的困擾，但他不會提起這件事。在那個年代，人們不會討論離婚這個話題。

住在林肯伍德的孩子，都知道除了房子的大小之外，還有哪些方法可以判斷一個人是不是有錢人。在比較有錢的家庭裡，孩子會獲得各種支援，而且他們的媽媽因為不用工作，所以會出現在課後活動裡，而孩子也會去參加跨夜的營隊活動。辛格和他的好朋友席爾維斯則是住在鎮上，只能參加日間營隊。結婚之後改姓樂文（Levin）的席兒維爾回憶道：「他總是想要更多。

他總會說，他要買一幢價值百萬美元的房子，成為一個住在百萬豪宅裡的百萬富翁。」

辛格的個性總是能感染周遭的所有人。他在畢業紀念冊的照片裡，穿著七〇年代風格的寬領襯衫、頂著一顆黑人的爆炸頭，笑得十分燦爛，看起來就像情境喜劇《歡迎回來，柯特》（*Welcome Back, Kotter*）裡的臨時演員。辛格那種引人注目的特質，隨著年紀增長變得愈來愈明顯，而那種特質未來將讓他聲名狼藉。他常常誇大其詞，有時甚至到了公然扯謊的程度。聽他描述他上場的籃球比賽，就不會只贏對手兩分，而是會大贏五十分。如果他在打棒球時擊中了球，就不可能只是平飛球，而一定會是個高飛到公園外面的超級巨砲。由於他個性活潑、相處起來也很有趣，因此大家不太在意他明顯是在吹牛的行為，因為那在當時還不太會對別人造成傷害。所有人都知道他在胡謅，但他們並不在乎，因為他們都很喜歡他。

當時的辛格似乎已經知道，自己這種可以吸引別人注意的能力，就是他邁向成功的入場券。他在畢業紀念冊上面的留言是：「我最想被別人記住的，就是我與生俱來的獨特個性，以及能夠和別人開心相處這件事。」

到了一九七八年夏末，他和樂文以及另一個朋友開車前往圖克桑（Tucson）；他們全都申請上了亞利桑那大學（University of Arizona），但他的大學生活似乎很快便脫離了尋常的路徑。辛格和他大部分的高中同學不一樣，他沒有在四年之內從某個名校畢業。有點諷刺的是，他走上了一條頗為艱難的道路，然而他未來的職業，卻是在幫助別人避免重蹈他的覆轍。他加入了大學裡的兄弟會，也很享受校園生活，卻在一九七九年秋天退學；他提到自己當時無法支付學費，因為他並不是亞利桑那的居民，而外州居民的學費比本州居民高出很多。於是他搬去了生父居住的達拉斯（Dallas），而他父親當時已經生病了。辛格後來說，他之所以搬過去，是為了幫忙經營父親的零售事業，賣些糖果、汽水和香菸，因為他的父親當時心臟病發。這個小本生意養活了辛格，也養活了他的父親和繼母，直到他父親於一九八三年過世為止；盟主寵召時，他還不到五十歲。

辛格接著進入了布魯克黑文學院（Brookhaven College），這所學校位在達拉斯的郊區。他因為在籃球校隊裡的優異球技而登上了校刊，然後又在湖畔聖母大學（Our Lady of the Lake）這所位於聖．安東尼奧（San Antonio）的四年制天主教大學待了一年。後來他再次轉學，於一九八四年進入了三一大學（Trinity University）。

三一大學是一所私營的小型博雅教育（liberal arts）大學，在聖．安東尼奧以外的地方並不有名，但它依然是一所值得敬重的學校，而且感覺正在崛起。該校的第一類網球校隊（Division I tennis team）非常有名，而他們的第三類棒球和籃球校隊（Division III baseball and basketball teams）也會從該地區的其他學校錄取一些頗有潛力的校隊選手；辛格當時就同時在該校的棒球和籃球校隊裡打球[3]。

辛格進入三一大學就讀時，已經是他高中畢業六年後了。三一大學裡充滿了來自預備學校的學生，他們的家境都相當富裕，身上都穿著艾索德（Izod）和馬球（Polo）這些品牌的衣服，

3 譯注：美國的「全國大學運動協會」（NACC）將大學校隊分為三種級別，第一類（Division I）、第二類校隊（Division II）的運動員資格由協會評估、提供體育獎學金；第三類（Division III）校隊的運動員則由校方自己認定，並不提供運動獎學金，但可申請學術獎學金。

校園裡也停滿了父母為他們購置的豪車。當辛格以轉學生的身分入學時，其他學生（其中有不少來自德州）早已建立了自己的小團體。留著黑人頭、滿臉鬍渣的辛格，看起來顯然比他們年長許多，跟周遭也顯得格格不入。驕傲的他，成了被大家排擠的人；在週末社交生活中常見的兄弟會和姐妹會的派對上，也都看不太到他的身影。

辛格當時在學校體育館裡打工；身高一百七十八公分的他，在籃球隊裡是最矮的球員之一。然而他還是一副天之驕子的樣子。即使是在那些氣氛友好的即興籃球比賽裡，他依然超級認真。辛格來自紐約的同學葛蘭特．施埃納（Grant Scheiner）很喜歡他，但並不是每個人都像葛蘭特這樣。

「我當時問他：『你幹嘛這樣？如果你繼續這樣挑釁成性，沒有人會喜歡你的。』」施埃納如此回憶道，「他說：『我只是想要贏而已。』」

一九八六年，辛格從三一大學畢業，獲得了英語和體育教育學位。當時他已經將近二十六歲了。辛格會掩飾自己在教育過程中繞的遠路。幾年之後，他曾在為一場法律訴訟提供證詞的時候，只提到自己上過三一大學，但沒有提到其他讀過的學校。

他幾乎再也沒有回去過林肯伍德。就像他的老朋友切里爾．席兒維爾．樂文所說的，「他創造了一個全新的瑞奇。」

到了一九八七年，當時擔任加州洛克林（Rocklin）西耶拉學院（Sierra College）男子籃球校隊教練的約翰．藍金（John Rankin）需要一名助理教練，而當時的辛格，也正好在找工作。

從大學畢業之後，辛格在聖．安東尼奧的麥克阿瑟高中（MacArthur High）教英文，同時也擔任籃球教練，但後來他和那裡的總教練發生了衝突，因而想要尋找下一份工作。對許多積極進取的教練來說，在這種情況之下，他們通常會前往短期的專科學校（junior college），而全美國最有競爭力的球隊，有不少都位於加州。西耶拉學院就是一所短期專科學校，位在距離沙加緬度大約四十公里的地方；和在海邊閃耀動人的姐妹城市舊金山相比，沙加緬度顯得黯淡失色不少，有時還會被人譏為「乳牛之鎮」（Cowtown）——那是一個你在前往太浩湖（Lake Tahoe）的路上，會直駛而過、不會多加停留的無聊地方。那裡沒有財富五百強（Fortune 500）企業，只有一些中產的公務人員，或是和法律、醫療及房地產有關的專業人士，以及一群以政治遊說為業的人與政治掮客，在州政府的圓頂建築之中謀生。有些人認為沙加緬度是加州最有中西部風情的一座城市，只不過那裡的陽光比中西部多而已。但對於一個在芝加哥郊外長大的孩子來說，那裡其實不算太糟。

西耶拉學院當時剛打完一個球季，表現亮眼，出人意料地打進了加州的冠軍賽。藍金當時正在找助手，辛格就在這時從德州打了一通電話給他。

於是辛格就這樣，開始在西耶拉學院當起了助理教練和助理體育老師。藍金認為辛格是一個很棒的員工。在他看來，辛格是個充滿熱情、會努力追求目標的人，也是「我遇過最好的人之一」。

辛格在忙碌的工作之中游刃有餘，接著又在沙加緬度接了第二份工作，負責帶領恩席納高中（Encina High School）的男子籃球校隊。他每天會在早晨六點起床，然後到半夜才結束工作，而且他也會招募新血，幫西耶拉學院從加州以外的地方找來新的球員。

然而他嘗試重振恩席納高中籃球校隊的工作，後來並沒有持續太久。他曾在一九八八年二月對《沙加緬度蜜蜂報》（*Sacramento Bee*）的記者直白地說，他的球員「還沒有學會如何得分。那些孩子們非常努力，但他們從來就沒有學會怎麼打籃球。」至於球隊裡唯一一名優秀的球員，也「不是什麼可造之材，他還少了那顆引擎」。幾天過後，由於一些家長和裁判對他外行的自吹自擂、找官員麻煩的事情進行了舉報，於是地區政府便開除了他。

雖然辛格對那些球員的評價很苛刻，但他們還是很喜歡辛格，因此在內部發起了投票，最後以十比零的票數決定杯葛下一場比賽，以此作為抗議。「我們的這個決定是非常堅定的。」當時的隊長威利・馬丁（Willie Martin）如此告訴《沙加緬度蜜蜂報》。「唯一能讓他回來的方法，就是發出怒吼。他偶爾也會破口咒罵，但反正哪個教練不會這樣？辛格是我們有過最好的教練。」

辛格最後還是被開除了。不過他在一九八九年和另一名健身迷艾莉森・卡爾薇爾（Allison Karver）結婚之後，也在沙加緬度扎了根。當時二十八歲，年齡只比辛格小一點點的她，來自一個世居沙加緬度的家庭；她的父親在一個紡織企業擔任業務，而母親則在城裡最好的餐廳裡當服務生。

卡爾薇爾畢業自聖福蘭西斯（St. Francis）天主教高中，接著又在聖地牙哥州立大學（San Diego State University）取得學位。她在大學畢業之後回到了沙加緬度，並舉辦了一場盛大的婚禮，嫁給了她高中時期的青梅竹馬，而那個青梅竹馬則畢業自當地的另一所天主教學校——基督弟兄高中（Christian Brothers High School）。那場婚姻只維持了幾年。卡爾薇爾平時會打網球、參加鐵人三項競賽，並和她第一任丈夫在一九八〇年代初開了一間有氧運動教室，後來才轉而投入房地產業。

她和辛格後來在南加州結婚；他們都是很有活力的人，喜歡紀律分明的生活型態。辛格會在日出之前起床運動，有一段時間還是素食者（這有部分可能是因為，他被父親在年輕的時候就心臟病發去世的這件事給嚇到了）。

一九八九年，辛格進入沙加緬度州立大學擔任助理籃球教練，於是他們夫妻倆便搬進了大學附近一幢頗有牧場風格的房子。這支球隊在媒體的導覽手冊上，稱辛格「在多種運動上都有優異表現」，曾在三一大學獲得四種體育校隊的資格：籃球、棒球、足球和網球。然而三一大學的紀錄卻顯示，在這些項目裡，辛格其實只打過兩種，亦即棒球和籃球。

辛格全心全意地投入於沙加緬度州立大學的這份工作，前往加州和全國各地招募選手，也在小型的學院和高中裡拜訪新秀。

「他是那種會脫下襯衫幫你忙的人，非常慷慨助人。他對於別人犯的過錯非常寬容，就算是陌生人也一樣。」當時與他共事的另一位助理教練隆．麥肯納（Ron McKenna）如此回憶道；他後來與辛格成為了很好的朋友。「我們在沙加緬度州立大學時，他是一個很好的球探。他喜歡去東洛杉磯這類地方選秀，而且會去那邊和具有潛力的新秀打球。」

唐諾．海勒（Donald Heller）是一名認識辛格的沙加緬度律師，他曾經如此形容辛格和年輕運動員之間的友好關係：「就某個意義而言，對那些孩子來說，他就是那個花衣魔笛手[4]。」

然而沙加緬度州立大學的那份工作，也印證了教練工作充滿壓力，而且飯碗不穩的本質。萬一球隊最後表現不如預期，那麼一切努力就白費了。一九九二年，沙加緬度州立大學籃球校隊在首次打入第一類校隊的錦標賽那一年，拿到了四勝二十四敗的成績，而總教練、辛格和麥肯納全都遭到校方開除。

麥肯納並沒有因為失去校隊的工作而苦惱，因為他保住了自己的另一份職位——高中升學顧問。但麥肯納為辛格感到難過，因為辛格失去了主要的收入來源。

辛格於是開啟了新的事業。他在當地一所公立學校擔任代課老師，同時也在一九九二年獲得了拉維爾納大學（La Verna University）的學位，主修校園輔導工作。之前擔任教練的經驗，也給了他許多寶貴的經驗。在全國各地挖掘新秀時，辛格為自己建立了球隊教練的人際網絡，同時也親眼目睹了運動員在申請大學時的優勢（即使是那些沒有拿到獎學金、沒有正式進入校隊的球員亦然）。最重要的是，辛格可能也發現了大學教練都擁有一個弱點，這是他可以好好利用的。很多大學都在不斷嘗試為運動員募款，而且學校都會將募款的重擔放在教練身上，但教練通常都很討厭這個苦差事，再說那些名氣不足的教練，拿到的薪水也往往都不怎麼高。

辛格剛好就擁有那些可以讓他重新出發的專長。

一九九三年秋天，瑪吉・阿莫特（Margie Amott）當時正在籌備里歐・亞美里卡諾高中（Rio Americano High School）的第一個「學院之夜」（College Night）。阿莫特的女兒就在這所表現優異的公立學校裡就讀，而她當時也在生涯輔導室裡擔任志工。學校邀請了家長和沙加緬度的當地社群前來了解大學申請流程，因為當時的情況和家長自己過去申請大學時的流程已經有了很大的轉變。大部分被安排上場演講的講者，都是高中的教職人員，比如有位英語老師，就打算談談如何撰寫申請學校的小論文。

然後阿莫特聽說，有個名叫瑞克・辛格的人也想要上臺提供意見──阿莫特不太記得，這個要求是辛格本人提出的，還是某個認識他的人提出的。辛格在自我介紹的時候說自己是一名商人：他的職業是私立學院的升學顧問，家長可以聘用他協助孩子準備申請流程。聽起來滿有趣的，阿莫特心想。升學顧問這種概念在當時還相對新穎；根據阿莫特所述，辛格可能是沙加緬度第一位私人升學顧問，而他後來也在這個領域裡變得非常活躍。

辛格當時才三十出頭，但他會將自己打造成能力很強的樣子，能給人一種極具權威的印象。由於辛格自己也是在林肯伍德成長的，因此他知道怎麼和那些住在郊區的家長溝通──他們都認為上大學是孩子絕對要走的路，沒得商量。當時他在里歐・亞美里卡諾高中的體育館裡對著兩百多人演講，讓大家留下了誠懇、謙遜的印象，也讓籌備當晚活動的志工覺得效果比預期的還要好。他從來就不是一個會盛裝打扮的人，當時也只穿著一件有領的馬球衫和一件長褲。

「他並不是那種超級讓人難忘的人，但他當時提供了我們前所未聞的服務。」阿莫特如此回憶道。「對很多家長來說，那簡直讓他們鬆了一口氣。」

4 譯注：Pied Piper，典故出自德國的民間故事，主角能靠吹笛引領動物和人類。

辛格選的時機剛剛好。

當時是一九九〇年代初，加州還在試圖從經濟衰退之中復原，而州政府也深陷財政預算危機。一九九二年的預算赤字，導致沙加緬度市聯合學區（Sacramento City Unified School District）裁掉了五十五個升學輔導老師的職缺。與此同時，全美國規模最大、同時也是很多沙加緬度學生想要進入的加州大學系統，則修改了入學申請的審查模式，讓學生可以在同一份申請之中申請不同的校區。這種轉變導致申請數大幅增加，也讓加州大學幾乎每個校區的平均錄取率都降低了。

辛格在建立人際網路這件事情上很有天分，馬上就成了一位受歡迎的嘉賓，在各學校之間來回遊走，在家長的活動中發表演說。「你近來好嗎？孩子過得如何呢？」他在遇上潛在客戶的時候，會如此問他們。他不斷提到學校裡的升學輔導老師很棒，但他們的工作量實在太大了。有些升學顧問開始覺得，辛格在利用當時的處境增加自己的客戶，也十分懷疑他誇下海口說沙加緬度每個頂尖學生都在和他合作這件事。

辛格看起來並不特別亮眼。他總是穿著運動服，車子裡堆滿了文件夾。他在自家辦公室的書架上，依照字母順序排滿了大學的宣傳手冊，並將它們出借給學生閱讀。他開的公司正式名稱為未來之星，每個案子會收一千兩百美元的費用，也接受以小時計費、處理特定事務的服務方式。他會在廣播電臺上播放廣告，推銷某種白手套式的操作方式，甚至還會安排車輛、機票和飯店，規劃大學的參訪行程。

一九九〇年代中期，沙加緬度一度出現過其他幾位升學顧問，但家長們彼此流傳，辛格明顯比其他人高竿許多。在那個谷歌搜尋引擎還沒出現的時代裡，他的口碑來源就是他的專業能力。

他會提到，申請某些特定科系，可以提高孩子被錄取的機會。他也知道，大學不只想要提升族裔的多樣性，也想要增加學生來自地區的多樣性。

「如果你想上好學校的話，應該要申請華盛頓大學。我剛好知道他們在找來自加州的學生。」辛格曾在那個時期，如此建議他朋友的姪女——最後那個姪女上的是聖路易學校（St. Louis School）。

一九九三年春天，金姆．米勒和她的朋友們踏進了布爾噴泉（Burr's Fountain）；那是一座帶有一九五〇年代風格的餐館，也是學生下課之後聚集的地方。他們去那裡尋找一位同學，那位同學的身邊坐著一個男人；她向他們介紹，這個男人是她的大學申請顧問。

當時，米勒在聖．福蘭西斯天主教高中（也就是辛格的妻子讀過的那所高中）的第二個學年剛剛結束。米勒的 GPA 有三．五，而且她還是法文社團和榮譽會（honor society）的成員。下課之後，她會換掉學校制服——藍白相間的泡泡紗（seersucker）百褶裙、白色的馬球衫和海軍背心，然後穿上體育服。她在田徑隊裡跑四百米競賽，也代表游泳隊出賽。

然而她的家庭生活卻有些複雜。和很多青少年一樣，她和自己的媽媽處得並不好。她在家裡就是渾然天成的保母，要負責照顧小自己七歲、發展遲緩的妹妹阿曼達（Amanda）。米勒給了自己許多壓力，希望能為了自己的父母，成為一個特別優秀的學生，「因為我知道阿曼達沒辦法符合他們的這個期許。」

有個沒有血緣關係的大人在身邊，而那個大人既不會讓她覺得煩，還能幫助她，這聽起來十分誘人。於是她向她身為室內設計師的母親，以及在保險產業裡工作的繼父問道：「嘿，我們可以請這個人過來一趟嗎？」

米勒的家位在一個富裕的街區，距離前總統雷根當州長時居住的房子只隔了一條街。她家附近的孩子有不少都在里歐．亞美里卡諾高中、聖．福蘭西斯高中或耶穌會高中（Jesuit High School）就讀，而且都彼此認識。在這些學生和家長之間，大學是個很重要的話題。

「瑞克就是你會想雇用的那種人，而且以此聞名。」金姆．米勒如此說道——結婚之後的她，現在已經改姓培利（Perry）。「他會助你揚帆航行，穿越那些充滿危機的水域。」

一九九三年秋天，也就是米勒進入三年級的那年，辛格開始固定前往米勒家中，每次進行一個小時左右的面談。她的媽媽會負責簽發支票付錢，但那些面談過程幾乎都只有她和辛格兩人而已。

他在米勒心中留下的印象，是那種凡事照規矩來的人。他會擬定好一個時程表，然後用打字機打出來，再把時程表貼在玻璃面的餐桌上。他還會要求她寫小論文的草稿，或是假裝自己正在接受大學面試、進行自我介紹。有次，他還帶了一卷關於南方衛理會大學（Southern Methodist University）的錄影帶和她一起看。她完全遵從他的建議。

他很酷也很有魅力，讓她覺得是值得信任的人，她甚至還告訴辛格，比起自己的田徑教練，她其實更喜歡他。「他就是有辦法可以說服你，讓你覺得他知道一切、認識很多人，而且值得相信。」

米勒當時還不是很清楚自己的人生目標，但隱約知道自己想要往表演藝術的方向走。她曾出演學校的戲劇表演，也參加過幾次廣告選角，但最後都不了了之。「比起勒緊褲帶、去好萊塢闖蕩，妳其實會更想要體面無虞的生活。」辛格如此直白地對她說道。他建議她可以利用自己堅持不懈的個性、對化妝和盛大活動的熱愛，以及在眾人面前講話的技巧，追尋更穩定的職涯。

於是他不斷挖掘、詢問米勒的童年經歷，直到想到點子為止。他們一起為她打造了她的品牌；事隔多年之後，她依然能重述那個品牌的概念：「我是一個給予者。因為我的妹妹有特殊的需求，所以我長期以來都在幫忙家裡照顧她，而我也因此變得很有同情心。」

這個品牌的說法的確是事實，就連米勒自己也覺得很真實。她後來上的是加州大學戴維斯分校（UC Davis），畢業後在時裝設計產業和募款活動中工作，時常和全美各地的非營利組織洽談。

是辛格種下了那顆種子。

「你在和一個年僅十六歲，全身上下充滿賀爾蒙，而且很憂鬱的學生說話。你幫助他們認識人生旅途那個當下的自己，也幫助他們找出能讓自己變成耀眼明星的東西——那是一件充滿力量的事情。」她如此說道。

來自沙加緬度的律師唐諾．海勒，是在一九九〇年代中認識辛格的；當時的他覺得辛格是個不錯的人，曾幫助自己的兒子和當地的其他孩子，以正當的管道申請上大學。辛格很聰明、很有趣，而且總是鬥志高昂，就算他們兩人只是在打鬥牛籃球，他也依然會全力以赴、非常認真。他們倆可以說一見如故，臭氣相投。

出生在布朗克斯（Bronx）的海勒，是一名計程車司機的兒子，而海勒自己在念布魯克林法律學院（Brooklyn Law School）時，也是靠開計程車維持生計。他後來成為了曼哈頓的地區助理檢察官，最後調到沙加緬度，成為一位非常有名的聯邦助理檢察官。

海勒以身為一名公正不阿、不屈不撓，卻又滿嘴髒話的檢察官著稱。他曾在一九七八年起草一部法案，試圖大幅擴展加州的死刑適用範圍。他曾負責起訴曼森家族（Manson Family）的麗奈特．弗洛姆（Lynette "Squeaky" Fromme），案由是麗奈特．弗洛姆試圖槍殺福特總統（President Gerald Ford）。一位法律書記官曾說，海勒有次在一場判決庭上就像隻「瘋狗」（mad dog）一樣，把一個販賣某種特別劇烈的海洛因的重要毒販稱為「販賣死亡的人」。海勒當時自告奮勇地說，如果死刑是可行方案的話，他個人絕對會判他死刑。從那天起，他就一直被別人稱為「瘋狗」。

海勒現在是一位刑事辯護律師，每天忙著為各種客戶進行辯護，從郵件詐騙到謀殺案，都是他的業務範圍。不論是作為一個人，或是作為一名律師，他都變了不少。他變成了一個反對死刑的人，也開始在客戶身上，看到了更多幽微的東西。

他最大的體悟，便是每個被告都有一些讓人喜愛的特質，並且開始將一些人看作只是暫時迷失方向的好人，他們只是因為每個人都有的缺陷而犯錯。

他會告訴別人，「如果不是貪婪、欲念和愚蠢」，他是永遠都不可能執業、當一名律師的。辛格和海勒兩人都沒想到，三十年之後，這些幽微的人性會讓海勒成為辛格的辯護律師。

升學顧問這份工作，有時其實頗為單調無聊：你得在週末或晚上開車到處跑，坐在布滿麵包屑的餐桌旁，和學生討論學術能力測驗的成績和小論文。而且辛格並沒有因為這份工作而變得很有錢，距離他童年時想要的百萬豪宅也依然十分遙遠。

他收的是中等收入家庭負擔得起的價格。他和艾莉森堅守著一套開支計畫，謹慎地管控家計支出和額外開銷，而且還會為了度假旅遊或是為了領養一個生於一九九六年的男孩，而縮衣節食好幾個月。

一九九八年，居住在沙加緬度、從事專案管理的史考特・漢彌爾頓（Scott Hamilton）正在尋找一個能讓自己覺得更有意義的工作和創業的機會。他從一個商業仲介那邊聽到，辛格當時正在出售他的未來之星公司。

辛格自己也在轉換跑道。他告訴漢彌爾頓，金錢商店（Money Store）這間位於沙加緬度的全國性次貸放款公司開了一個職缺給他。他在結束升學顧問的工作之後，決定進入這間公司擔任管理職，在電話客服中心處理人事和訓練事宜，而這個新工作的內容，似乎很令他振奮。他

5 編注：一九六〇年代活躍的嬉皮集團，領導者為查爾斯・曼森（Charles Manson），其指示團體內的信眾犯下多起殺人案。

可以賺更多的錢，也終於能在白天的正常時間裡工作。

漢彌爾頓接手了辛格的資料庫，也搬走了辛格一箱箱的大學簡介手冊。當時的辛格很忙，不只已經開始在金錢商店工作，也仍在收尾幾個客戶的大學申請手續。

對於辛格收手不做升學顧問這件事，艾莉森有點感傷，但她的丈夫卻不這樣想，她如此和漢彌爾頓說道。

「他一點都不難過。他已經去忙下一個事業了。」她說。

接手未來之星這間公司之後，漢彌爾頓發現了幾個意想不到之處。辛格大部分的顧問生意看起來都頗為正常，但漢彌爾頓曾經和兩個家庭有過一些奇怪的對話。那兩個家庭，都曾經雇用辛格為他們年紀比較大的孩子服務，後來又繼續雇用漢彌爾頓幫助他們年紀比較小的弟妹；他們都提到，漢彌爾頓和辛格很不一樣。其中一個家庭甚至好像理所當然地說，他們年紀比較大的孩子申請大學時的小論文，基本上是辛格寫的。另一個則說，辛格曾經建議他們的孩子在大學申請表格上面寫自己是拉美裔的學生，但那家人明明就是白人。（那個孩子照著做了，但他申請的大學後來提出質疑，發現申請表格上的資訊和他在考學術能力測驗時註明的族裔身分並不相符。）

漢彌爾頓聽到這種不道德的做法之後覺得很不舒服，還告訴那些家庭，他並不打算這麼做。然而他同時也很驚訝，那些家庭在告訴他這些事情的時候，居然都是一副司空見慣的樣子，彷彿那是他們能夠接受的做法。

第二章　時間點就是一切

二〇〇二年二月一日，內布拉斯加州（Nebraska）歐瑪哈（Omaha）的《猶太報》（*Jewish Press*），在頭版刊登了一則故事，內容是關於散戶投資者，如何在那個冬天的稍早安隆（Enron）破產之後，依然被事件餘波影響。

這份由當地的歐瑪哈猶太聯盟（Jewish Federation of Omaha）發行的報紙，當時還在版面上推廣了一場即將到來的活動，一旁還附上了講者的照片——是辛格。照片裡的他，深色頭髮剪得短短的，穿著俐落的白色襯衫、領帶，還戴著一副頗有書卷氣的眼鏡。一旁的文章標題是「『通往大學的二十五個步驟』課程」，內文則寫出了辛格的一些小訣竅，先讓讀者看看。其中一段如此寫道：「家長和學生需要了解到，申請入學的過程是一場遊戲。」

在那幾年，辛格過著非常忙碌的生活。金錢商店在沙加緬度收攤之後，他依然留在電話銷售這個產業裡打滾；他在該領域裡初嘗的成功，讓他在西方公司裡獲得了行政副總裁的職位——這家公司的總部位於歐瑪哈，在北美地區營運三十四個電話銷售中心。辛格當時和艾莉森以及他們五歲大的兒子布萊德利（Bradley），住在杭廷頓公園（Huntington Park）附近的社區裡；辛格總喜歡說，這個小男孩當時就已經將目光放在范德比爾特大學（Vanderbilt University）了——不過他最後念的是德保羅大學（De Paul University）。

辛格仍然有在從事升學顧問的工作。他使用的說詞，和十年前在沙加緬度就開始用的那套沒有太大差別，只不過現在他面對的家長，對於小孩念大學這件事變得比以前更加焦慮。不論是哪種學校，申請的學生數都在持續攀升，而每間學校也都在宣傳自己的篩選機制有多嚴格。家長必須花費更多心思，才能讓孩子進入適合的學校裡，而孩子們除了成績和課外表現之外，也必須建立自己的品牌，才能把自己推銷出去。

很自然地，家長們湧向了辛格這位對於成功執著到近乎病態的男人。

當時的鮑伯·弗蘭澤思（Bob Franzese），正在猶太社群中心擔任體育處處長；當他於二〇〇一年前往西方公司位於歐瑪哈市中心的總部赴約時，覺得自己非常幸運。

當時年近三十的弗蘭澤思，在熱鬧的西歐瑪哈社區中心（那裡又被稱作「the J」）組織業餘聯盟，提供給成人和下課後的學生參加。西歐瑪哈社區中心是一座寬闊的磚造建築體，裡頭有游泳池、練舞室、音樂練團室和會議室，也是歐瑪哈規模不大卻緊密連結的猶太社群的網絡樞紐。體育館裡有兩個標準籃球場，總是有各種活動在其中進行，而家長則會在籃球場周圍的室內跑道上看孩子練習。

幾位董事會的成員向弗蘭澤思提到，當時四十二歲的辛格搬到了歐瑪哈，想要證明自己寶刀未老。他們說，辛格之前在大學校隊擔任教練，現在想重拾教鞭，自願帶領猶太社群中心一支表現平庸的中學籃球隊。一聽到有這樣一個出身過人的人要自願擔任教練，興奮的弗蘭澤思便立刻聯絡他。於是，辛格邀請弗蘭澤思到他的辦公室一趟。

一有其他熱愛運動的人出現在身邊，辛格就會感到非常自在。雖然他總是笑臉迎人，但他覺得閒聊政治、電影這類無關緊要的話題是在浪費時間。不過只要是和體育有關的事情，倒是都能讓他興奮異常。他輕輕地拍了拍弗蘭澤思的背、和他握了握手，歡迎他進到他在西方公司總部裡寬敞潔淨的辦公室。辛格還請人將午餐送了進來，讓他們能在辦公室裡用餐。那場原本只是要討論志工教練職缺的面談，於是變得不太尋常。辛格開始了一場彷彿巴頓將軍（General Patton）[6]那樣慷慨激昂的演講，說他如果沒有讓這支七年級的球隊脫胎換骨，絕對不會罷休。他甚至還在辦公室裡的白板上，寫下了自己的目標和策略。

確實，辛格好像有點太過熱忱了。但對弗蘭澤思而言，這卻代表辛格是一個認真看待事情的人。

於是，辛格就這樣闖入了猶太社群中心二〇〇一至二〇〇二年球季的籃球聯盟，彷彿他當時想要成為一位天才教練，就像來自印第安納州、喜怒無常、會在球場上丟椅子的鮑勃・奈特（Bobby Knight）那樣。辛格是個身材勻稱結實、一天會做一千個仰臥起坐的男人，他對於如何讓球隊在球賽中獲勝這件事，依然和以往一樣認真專注。這支年輕的猶太社群中心籃球隊，當時還不知道他為什麼如此認真。

不論怎麼看，他們都不是一支頂尖球隊。由於歐瑪哈的猶太社群規模並不大，因此這支由中學學生組成的球隊，依然能夠在當地的教區體育聯盟（Parochial Athletic League）中參賽（該聯盟裡的球隊，都來自當地的教會學校）。

6 譯注：二戰期間的美軍指揮官。

球隊原本的練習時間只有一小時左右，現在卻變成兩、三個小時，而且還有非常精實的訓練和跑步活動。球隊比賽時，辛格會在邊線上來回奔跑咒罵、咆哮指令，並怒斥那些看起來不夠努力的年輕球員。

「只要球賽一開始，他的鬥志就會立刻從零直衝一百。孩子們都很怕他，就連家長們都有點害怕。」弗蘭澤思說道。

但辛格狂熱的訓練方式，讓這群表現不盡理想的孩子開始建立自信，也改善了他們的球技。於是一件有趣的事情發生了：這支二流的球隊變得愈來愈厲害，開始在教區聯盟裡獨占鰲頭，甚至還讓其他球隊的家長，開始質疑起猶太社群中心的球隊，是否應該繼續待在這個聯盟裡。

「當時整個鎮上都在討論他。『這傢伙是何方神聖？』」當時就讀七年級、曾經是球隊一員的亞雷克斯．埃普斯坦（Alex Epstein）如此回憶道。「我覺得他激勵了我，讓我想要變得更好，因為他對我們非常嚴格。」

但打贏球賽也帶來了另一個問題，而且這個問題會變得愈來愈嚴重：球隊贏得愈多，失敗對辛格來說也就愈發不可忍受。

在比賽中，辛格會火力全開、進入一個有點像在表演的狀態。他會像是在羞辱對手一般地，讓自己帶的球隊大幅領先，也會追著裁判理論判決結果，有時還會傲慢地和對手的教練爭執不休。有幾次，比賽才剛開始十五秒，辛格便因為一些不符合運動家精神的行為，而被吹哨判技術性犯規、驅逐出籃球場。辛格希望自己在和別人爭論時，永遠是吵贏的那一方。埃普斯坦還記得，有次辛格和對手的某個球員家長起了衝突，還要求對方到外面好好理論一番。

即使在當時，你就已經看得出來，他不是一個會害怕用詭計致勝的人。在那個球季，當歐瑪哈猶太社群中心的男高中生在準備「猶太社群中心馬卡比錦標賽」（JCC Maccabi Games，一個為世界各地猶太青少年舉辦的大型夏季運動會）時，辛格也曾短暫為他們進行訓練。辛格找了一位高大的學生加入他們，但其他球員猜測，那個學生其實應該來自當地的一所天主教預科學校，卻假冒成猶太人在他們的球隊裡打球。

弗蘭澤思逐漸發現，辛格是個寧願拚死拚活，也不願認輸的人。猶太社群中心的中學生籃球隊後來以五十分的懸殊差距，痛宰了一支天主教學校的校隊，而那也是讓辛格決定離開的最後一根稻草。由於辛格和對方的教練彼此互看不順眼，他最後還乘勝追擊地數落道：「就算你的球隊給我帶、我的給你，我也一樣會痛宰你五十分。」

不久，弗蘭澤思便把辛格叫了過去，找他和猶太社群中心的行政主任一起開會。

「瑞克，你能不能不要這麼嗆，也不要把球隊抓得這麼緊啊？」弗蘭澤思問他。

辛格思考了一下，讓整個房間陷入了一陣靜默。

「不，這就是我當教練的方式。」辛格回覆。

開除辛格後，弗蘭澤思心裡並不覺得難受。那場會議之後，弗蘭澤思還和他一起吃了最後一頓午餐；一如辛格當初「咻」一地進入自己的生命一樣，他的離開也毫不拖泥帶水。

辛格從來不是會承認自己缺點的人；他的朋友說，在辛格眼裡，他從不覺得自己有什麼好抱歉的，也不覺得自己有理由要改變做事情的方法。如果有人不喜歡他不惜一切代價、追求成功的風格，他可以去找其他喜歡的人。

再說，喜歡贏家的人從來就沒少過。

辛格以結果為導向的行事風格，讓他在電話銷售的業界裡獲得了很好的名聲，而他也在那裡找到了份新工作。他在二〇〇二年和家人一起搬回到沙加緬度，並在另一間公司的海外電話中心擔任執行長。

這間電話中心是初環印度（FirstRing India）旗下的公司，一共聘用了超過五百名的員工；有個風險基金曾經看上這間公司，投注了一些資金，並帶來了新的一批領導階層（包含辛格這位新任的執行長），希望藉此提升公司表現。

工作外包的模式在當時已經非常常見，而這間電話中心，就位在印度班加羅爾郊外的一幢大樓裡，二十四小時都有人輪班。員工們會坐在有隔音牆的小隔間裡，為發現卡（Discovery Card）[7]進行電話促銷，同時也為美國運通（American Express）和ADT公司[8]等企業接聽顧客來電。

普拉布．欣葛（Prab Singh）是一位在美國長大、平易近人的錫克教徒，頭上包著頭巾，臉上留著鬍子；當年他得知辛格將成為他的新上司時，正在那個電話中心擔任管理人員。

雖然這個電話中心位在一個現代化的科技園區裡，但在印度這個高速成長卻又非常貧窮的國家裡開公司，卻會在運作上遇到許多障礙。比方說，電話中心並沒有任何公共交通工具能夠抵達，所以主管必須在員工換班的時候，開著廂型車在公司和班加羅爾之間來回接送。然而那條路的路況並不好，廂型車也常常拋錨，因此員工很難準時上工。

有時還有許多有趣的挑戰是來自文化層面的。主管的績效依據表現而定，而其中一項考核項目，就是員工處理來電的速度有多快。欣葛回憶道，許多印度人的名字都又長又複雜，試著向顧客介紹名字會浪費許多寶貴的時間，而當主管要求員工們使用美國名字時，他們只會使用少數幾個知名的名字，而那卻反而會浪費更多時間，因為顧客會很驚訝自己正在和「湯姆．克魯斯」或「約翰．走路」講話。

辛格加入這間公司時，也帶了一整個新的領導團隊進來，其中包括一位負責員工訓練的副主任、一位顧客服務的主管，以及一位科技部門的總監，擺明了就是要來好好整頓這間公司。上任那天，他在班加羅爾的五星級飯店利拉皇宮（Leela Palace）租了一間會議室，然後把公司的高層全都找來。他坐在會議桌的前頭，對當時正在營運這間電話中心的主管們問問題。

「你們有多少人覺得，自己是頂尖團隊的一分子？」辛格如此問道。

欣葛和其他主管擔心這是個陷阱題，因此都不知道到底應不應該舉手。然而辛格很快就幫他們回答了這題。

「我認為你們全部都很有潛力成為頂尖團隊的一分子，但你們現在並不是。」他如此告訴他們。

他接著繼續解釋，他帶來的人就是頂尖團隊。欣葛覺得有些憤憤不平。他知道他們的團隊

7 譯注：美國一個信用卡服務機構。
8 譯注：一間提供住家安全設備的公司。

裡，有些員工本來就很認真了。

辛格接著沿著桌邊移動，一個個詢問員工的教育程度。那些印度籍主管大部分都有碩士學位，而欣葛本人也有加州大學洛杉磯分校的心理學學位。辛格似乎對大家的學歷都留下了深刻的印象，接著又問了些問題。然而當一些來自美國的主管說自己沒上過大學之後，辛格卻陷入了沈默。其中一個在電話中心工作多年的主管告訴欣葛，他知道在辛格的主掌之下，他是不會有未來可言的。過不了多久，他便被辛格開除了。

「他很在意學歷。」欣葛回憶道。「對辛格來說，學歷就是關鍵所在。」學位證書，就是達到某個目標的象徵，而那也正是辛格一直都想要證明的一件事。

辛格告訴大家，他自己也是學歷不凡的。欣葛說，辛格說他擁有博士學位。事實上，雖然辛格的確曾於一九九九年至二〇〇二年間，在卡佩拉大學（Capella University）這所盈利型大學註冊過博士課程，但他從來就沒有拿到過學位。

和歐瑪哈的那些籃球隊員一樣，欣葛也逐漸發現了辛格的兩個面向；當時的辛格依然住在沙加緬度，但每季都會花一些時間前往印度。他發現辛格是個喜歡自吹自擂的吹牛專家，不管辛格說什麼，他都要先打個七折再說。然而辛格也的確散發著魅力和自信，看起來非常堅信自己在做的事情，光是待在他的身邊，欣葛就會感覺很棒。

辛格希望電話中心的主管了解到，電話銷售工作有多艱難，也希望他們能夠鼓舞員工。

「你們也都要親自上陣接電話才行。」他如此告訴欣葛和另一個高層主管。

欣葛不是很想這麼做。員工們都是花了好幾個月的時間接受訓練的。在電話上和人交涉也不是他拿手的事情。「我表現得有點糟。」接連被幾個潛在顧客拒絕之後，他如此和辛格說道。

「那都只是統計學上的機率問題而已。」辛格要他放心。「被拒絕本來就是會發生的事。如果你繼續問、努力地問，總會成功幾次的。」

辛格自己也是個很有紀律的人，而且總是非常有效率。他總會穿著熨燙平整的西裝褲、馬球衫和一雙棕色皮鞋，那套裝束幾乎就像是他個人的制服一般，而且每次在電話中心時，他都會花很長時間待在公司裡工作。由於害怕在印度生病，他甚至從沒吃過當地食物，而總會喝健怡可樂，幾乎也只吃必勝客的披薩（這家連鎖餐廳當時已經擴展到印度了）。不論每天有多忙，他回到旅館之後依然都會上健身房奮力踩腳踏車，然後再游泳一個小時。

他實在是太精力充沛了。欣葛記得有次他和辛格一起搭飛機去德里，但整趟旅程中他只打了十分鐘的瞌睡。當時剛當上爸爸的欣葛，開始厭倦這麼漫長的工時，於是在辛格上任之後的幾個月之內便辭職了。他後來在義大利找到了份新工作，便帶著家人一起過去，但他和辛格依然保持聯絡。一年過後，也就是二〇〇三年，欣葛收到了一封辛格寄來的電郵；他在信裡說，他在電話中心被賣掉的時候，幫自己爭取到了不錯的酬勞。他還說當他回到沙加緬度時，有了個新的想法，希望欣葛可以一起參與——他計畫再次開啟升學顧問的事業，但這次的規模會比他之前的「未來之星」還大。

「這次，他想要搞個更大的。」欣葛如此說道。

對於任何一個野心勃勃的升學顧問來說，那是很棒的時機。戰後嬰兒潮世代的孩子，當時正大批大批地從高中畢業，擠破頭地想進入頂尖大學，就連原本只是中等排名的學校，突然也都開始變得頗為搶手。二〇〇二年，美國有超過三百萬個學生從高中畢業，比十年前增加了百分之二十一。

與此同時，《美國新聞與世界報導》（*U.S. News & World Report*）的大學排名報告也在不斷擴展，並在那十年間大幅改變了申請入學的程序。這份創於一九八三年，從一九八七年便每年都會公布的排名報告，讓原本只專注於如何申請上最適合自己的大學的高三生，也開始會想辦法進入最好的大學。

比方說，對於小約翰來說，原本第五十五名的大學可能才是更合適的選擇，因為他在比較小型、親暱的環境裡會表現得比較好，而且他對政治學也很有興趣。然而第四十五名的大學比適合他的那所還要高出十個名次，因而對一些家庭來說，也是個更好的目標，儘管這座學校的規模是前者的三倍大，而且他們的社會科學科系也不如工程類科系優秀。

這份「最佳大學」的排行榜，也催生了一些其他小型的大學排行榜，以各種評比項目對大學進行排名，比如科系、派對氣氛，以及誰的校園最環保等等。原本依賴學校參訪、朋友口碑，和升學輔導老師意見的家長，於是第一次擁有了一些硬數據，能知道各個學校的錄取率，和校友捐款的比例。「外界對於一所學校的理解，開始變成某種演算法的結果，而那個演算法的依據，則是別人心目中的重要條件。」目前在緬因州（Maine）鮑朵因學院（Bowdoin College）擔任入學和獎助金辦公室主任，並曾在貝茲學院（Bates College）和康乃狄克學院（Coonecticut College）任職的惠特尼·蘇勒（E. Whitney Soule）如此說道。

這種排行榜能幫助學生和家長統整想法——挑選學校、獲得最理想的結果，但對於一部分人來說，它最重要的地方或許是：可以讓他們和別人做比較。雖然那些排名評比的是大學，但事實上它們也可以用來評比和那些學校有關聯的學生、畢業生和家長。於是家長們開始認為值得念的學校只有幾十所，如果進不去的話，他們孩子的一生就完了。

從一九九〇年代初就開始在私立預校做升學輔導，現在在羅德島東格林威治（East Greenwich）的石丘國家日學校（Rocky Hill Country Day School）擔任升學輔導主任的塔拉・道林（Tara Dowling）說，媒體太過專注於進入大學的難度。她還說，沒有人會討論那些次級學生就讀，但學習成果並不差的學校，而是只關注於「史坦佛」（Stanvard），也就是史丹佛大學（Stanford）和哈佛大學（Harvard）的合成字，是升學顧問業界流傳的一個謔稱。

就在這些排行榜吸引所有人目光的同時，申請學校的流程也有了變化。雖然他們的父母親年輕時可能只申請過兩、三所大學，而且必須在打字機上面辛苦地打出小論文，但二十一世紀初的高中生已經數位化，可以同時向許多所學校提出申請。

隨著申請數增加以及錄取率的下降，家長們也開始苦惱。

當時還有另一個轉變：受過良好教育、有錢可以花的父母親會擔憂一些小細節，比如孩子練鋼琴練得夠不夠。斤斤計較這些小細節，可以是件非常花錢的事情，而那些父母親（他們通常都屬於比較年輕的戰後嬰兒潮世代）則會不斷盤旋在孩子的頭頂上方，一看到事情變得稍微有些棘手，就會跳出來干涉，因而被稱為「直升機家長」。

長久以來，富裕的家長本來就會試圖在孩子的教育過程中施展影響力，但在當時，他們已經變得比以往還更加積極，甚至愈來愈希望能「矯正」一些事情。他們會抱怨老師給分太嚴，或會為了一些小事前往學校，直接跟校方高層申訴。

道林也認為，家長間這種惱人的傲慢態度愈來愈常見，但更引人注意的則是下面這個現象：家長們對自己的孩子，似乎已經不再抱有信心了。

「如果你一輩子都幫你的孩子把事情處理得好好的，其實也就代表了，你不信任他們能自己把事情做好。」她如此說道。

但這種態度最終其實只會帶來災難。

「在整個一九九〇年代和二〇〇〇年代初，美國家長都在持續削弱孩子的能力，而且這是個系統性的現象。」在紐約大學任教、同時也是《被溺愛的美國人：父母的好意如何讓整個世代走向失敗》（*The Coddling of the American Mind: How Good Intentions and Bad Ideas Are Setting Up a Generation for Failure*）一書共同作者的喬納森・海特（Jonathan Haidt）如此說道。「如果你保護孩子，不讓他們受到一點挫折、欺負、排擠和衝突，那麼他們終究是無法成長茁壯的。」

他的看法也許有些以偏概全，但的確講出了美國人在養育小孩這件事情上的轉變，尤其是在小孩接近高中畢業的這個階段。對很多人來說，申請大學變成了一整個家庭的事情，而家長則會介入孩子的志願大學清單、面試服裝，並找專業的人來逐字逐句檢查申請文件，希望能幫助小孩拿到錄取通知。

這個時代潮流讓辛格更加信心滿滿，決定加速實踐他的計畫。他於二〇〇四年在加州註冊了一間名為「大學源」（CollegeSource）的公司，而公司註冊的地址，就是他位於沙加緬度高級的美國河林蔭大道（American River Drive）上的四房磚屋。辛格在腦海中摹想的，是一種仰賴人際網絡的大規模諮詢模式：他會在全國各地雇用幾名代表（或稱「教練」），讓他們指導學生申請大學、做些模擬試題，然後收取費用，再由教練和辛格五五分帳。

辛格也會有自己的顧客群，而且會自稱「執行長兼總教練」。

他逐漸展現出一種特別的技巧，而這種技巧將會成為一個非常有力的資產，那就是吸引重要人物圍繞在他身邊的能力，並讓他也開始變得有頭有臉。他於是成了一個技術成熟的社交者，能串起綿密的人際網絡，在企業界認識了一大堆人，並延攬許多重量級的人物擔任諮詢董事，比如時任西方學院（Occidental College）的校長泰德·密切爾（Ted Mitchell）。密切爾多年之後說，他在那個團隊裡擔任的是無給薪職，而他之所以願意加入，是為了幫助一個「企圖為低收入戶學生提供升學諮詢服務」的公司。

辛格於二○○四年慫恿欣葛從義大利搬回印度，在那裡開設大學源的分公司。欣葛很快便前往沙加緬度接受辛格的訓練；他發現，辛格在這件事情上真的非常厲害。辛格曾以籃球教練的身分去過許多學校，而且對那些校園記得一清二楚，從宿舍到學生餐廳的樣貌都能栩栩如生地描繪出來。他還給了欣葛一些學校的影片，讓他好好研究，彷彿在做球賽後的重播分析一般。

他之所以如此有感染力，有很大一部分的原因是，辛格會登門拜訪那些家長，而不是請他們過來找他。人們在家裡通常會感覺比較自在，而他也可以看看他們的生活環境。「基本上就是他在主導一切。他會兜售他的自信，然後不用一個小時，那些家長就會準備要和他合作了。」欣葛如此回憶道。

二〇〇四年，他們在印度當地的報紙上發布了新聞稿，宣傳他們的諮詢服務。但不到幾個月，辛格就開始對於成長速度感到不耐煩。他要求欣葛抓緊進度，比如上銀行告訴他們，自己願意為銀行的VIP客戶或超有錢的客戶，提供免費的大學申請流程簡介，藉此搶到新的諮詢客戶。欣葛進行過一次這種說明會，卻不太喜歡這種做法，而且擔心如果擴張得太快，服務的品質會降低。

「開始沒多久之後我就理解了一件事：這份差事不會讓你變有錢。辛格總是看起來像是想要成為有錢人的樣子。」欣葛如此說道。

但他要的不是什麼名貴的汽車。認識辛格的其他人說，錢只是用來證明他獲勝的東西而已。

二〇〇五年初，辛格在一份地方報紙的文章上提到，他擁有十多個教練、三個處理行政事務的員工、幾個兼職員工，以及七百二十五名顧客，他們分布在全國各地，包括沙加緬度、南加州、紐約、佛羅里達，以及他的老家伊利諾州。

另外一份宣傳「南佛羅里達的大學之夜」的報紙廣告上，則寫著「來聽全國知名的大學申請顧問——大學源的瑞克·辛格」，而那場大學之夜，就辦在佛羅里達州威斯頓（Weston）的私立沙吉蒙特學校（Sagemont School）裡。那場大學之夜的聽眾裡，有一位母親當時便深深地埋首於兒子的大學申請流程之中，她告訴辛格她學到很多，希望也能夠從事指導別人的工作。「那就來幫我工作吧。」辛格如此對她說——而她也的確去了。

辛格在沙加緬度的新事業，看起來和他在一九九〇年代創建的公司很不一樣。離開電話中心的產業之後，他瞄準的客群變得更加高端。

辛格開著一輛保時捷凱燕（Cayenne），收費也調得比以前高，而且會在高級的亞登丘體育社交俱樂部（Arden Hills Athletic & Social Club）裡拓展人脈。「我不知道他怎麼了。」之前買下辛格第一個創立的升學顧問公司——未來之星的本地商人漢彌爾頓如此說道。「他重新回到這個產業的時候，感覺就像在宣示：『我會把這門生意提升到另一個層次。』」

辛格對高三、高四學生收取的費用是一年兩千五百美元，這在沙加緬度這個以公部門為經濟主體的城鎮裡，是個超出行情的數字。此外，他也開始告訴家長，升學諮詢必須及早開始，因為他必須盡早為小孩打造品牌，建議他們應該選的課程和課外活動。針對高一和高二學生，他收取的費用則分別是一年一千五百和兩千美元。

升學顧問的生意來源一般都靠口碑相傳，而辛格的名字，也很快在上流圈子裡流傳開來。許多媒體於是登門採訪了他。二〇〇五年，《沙加緬度商業日報》（*Sacramento Business Journal*）一篇關於辛格的報導裡，標題寫著：「數千名顧客上門尋找這位升學教練」。這篇報導，描述辛格曾在飛機上認識一位鄰座的乘客，那名乘客名叫安娜特·博德（Anat Bird），是一位銀行家，過去還擔任過以色列坦克的指揮官。辛格在飛機上看到安娜特正在玩的希伯來文填字遊戲，於是便攀談詢問，下飛機之後又用電郵和她聯絡。「我當時馬上就覺得，這個人很值得信任。」安娜特如此說道，最後她決定雇用他為自己的小孩進行升學輔導。

有些辛格的員工認為，他的動力來源不只是錢。他看起來是真的在乎一些他輔導的孩子，甚至在多年之後還會和他們保持聯絡。「對他來說，能讓他們上好學校，也能讓他感到非常自豪。」一位員工如此回憶道。「這件事在他心裡能激發的感受，大概就和賭博差不多。」

在沙加緬度，辛格的顧客都來自中上階層的家長，他們過去可能都曾以中上成績進入加州大學的其中一個分校，現在卻開始聽說，有些在校成績很好的孩子，最後居然沒有被學校錄取，因而開始憂心忡忡。這可不是他們在憑空想像。隨著申請的人數變多，大部分加州大學體系的學校的錄取率都降低了不少。從一九九四年到二〇〇二年間，加州大學聖塔芭芭拉分校（UC Santa Barbara）和加州大學聖地牙哥分校（UC San Diego）的非轉學應屆新生錄取率，就分別下降了百分之三十二和百分之二十三。至於加州大學柏克萊分校（UC Berkeley）和加州大學洛杉磯分校（UCLA）當時的錄取率，則是都不到百分之二十五。

雖然有些家長可能會覺得辛格很像「嘴砲大師」（bullshit artist），比如某位學生的父親就是這樣稱呼他，但他懂的東西，似乎的確也比其他當地的升學顧問還要多。他之所以如此受家長歡迎，其實是因為他總能讓別人留下印象，覺得他好像真的很懂一些只有內行人才知道的錄取規則似的。他能讓大家相信，他知道一些申請大學的合法門路，儘管在使用某些門路的同時，你可能必須扭曲一些事實。

辛格會討論「報到率」（yield）這個概念，也就是被錄取的學生，最後實際註冊的比例，然後又說，由於大學希望確保註冊人數，因此總是青睞那些只要錄取、就一定會來註冊的學生。

在校園參訪時，校方的入學事務委員會問學生，是否真的已經決定要進這所學校，而誠實的孩子則通常會回答自己還沒決定。

「不要告訴他們你還在猶豫。」辛格如此建議那些孩子和家長。「要跟他們說，『你們就是我的第一選擇，南加大就是我的一切。』」

辛格此言不假。報到率的數字的確至關重要，因為那些靠著學費生存的學校，很難承擔報到人數不足的後果，而擁有住校服務的學校，則又不能超收學生，於是坊間出現了一些升學顧問，他們專門預測錄取率，也分析哪種獎助學金的方案，可以讓學生從「可能錄取」變成一定錄取。

辛格還知道另一種手段：被診斷出學習能力異於常人的青少年，可以在入學測驗時獲得更多的測驗時間，而很顯然地，要取得這種診斷證明並不困難。一些來自沙加緬度、曾經雇用辛格的家長們就說，不論孩子們是否明顯在學習上有障礙，他都會建議顧客帶孩子去做學習能力障礙的測試，因為他知道這樣做可以讓他們額外取得優勢，可能也可以增加他們的學術能力測驗（SAT）和美國大學測驗（ACT）分數。

此外，由於辛格擔任校隊教練多年，因此他也非常熟悉運動員的入學方案，比如有些想要建立水球隊或排球隊的學校，就會有這類方案。他也能信手捻來一些校隊教練的名字，跟家長說他認識這些人，可以給他們打通電話。

家長們也很喜歡辛格對孩子們愛之深、責之切的態度，尤其是對那些青少年男孩。他會要求他們把作業做完，警告他們不要把自己的前途搞砸。學生通常會聽辛格的話，而不是聽家長的話，而且他也很積極地在為孩子打造履歷。不論是要「解救世界」、還是要當「足球明星」，孩子都需要一個品牌，而辛格並不害怕誇大其詞。就算某個孩子只是去當志工當了一天，辛格也會讓他聽起來像是為窮人蓋了幾十間房子似的。他甚至還開始向那些家庭兜售實習機會，好讓孩子的履歷看起來更充實。光說自己是夏季營隊顧問已經不夠了。他會說他進行的計畫叫「實習+」（Internships Plus），只要支付兩千五百美元，他就會幫年輕人找到有趣的暑期工作。

我們無法確定辛格到底幫多少學生進行過配對；和他大多數的事業一樣，裡頭總是半真半假。他的網站上列著一個二〇〇七年夏季演講營，承諾每週都會找地方上的領袖人物來演說，其中包括《沙加緬度蜜蜂報》的前發行人、兩位房地產開發商，以及一位品牌行銷代理的主管。然而這份名單上提到的一些人卻說，他們從來沒有進行過類似的演說。

在沙加緬度的里歐・亞美里卡諾高中裡，輔導老師吉爾・紐曼（Jill Newman）從大堂沿著一條短短的走廊走向辦公室時，深深地嘆了一口氣；跟在她後面的，是幾位家長、學生以及辛格。

她心想：「噢不，又怎麼了呢？」

在這所名聲響亮的學校裡，她的辦公室裡頭盈滿灑進的陽光，還有一扇看得到庭院的窗戶；辦公室的牆上掛著幾幅激勵人心的標語，桌上還放著一大碗棒棒糖和聰明糖（Smarties）。然而這個舒適的空間，很快就會開始變得劍拔弩張。紐曼在自己的桌子後方坐下，而家長們則坐在對面。辛格也自己拉了張椅子，在家長旁邊坐下。

從二〇〇五年到二〇〇九年這段時間裡，當地的許多高中老師和輔導老師都在討論一件事：這位企圖心旺盛的升學顧問，似乎對家長有超乎尋常的影響力，而且能夠取得學校高層的歡心。辛格甚至還能在一場為學區內的教師舉行的訓練日裡，擔任某場講習的主持人。雖然他的簡報表面上看起來是關於如何寫推薦信，但在那五十五分鐘裡，他其實都在向老師們推薦自己，希望他們鼓勵學生找他幫忙。

「那天真的讓很多老師都很不爽，」在花崗岩灣高中（Granite Bay High School）長期擔任經濟學老師的卡爾·格魯伯（Karl Grubaugh）如此回憶道，「他讓我們注意到他，又覺得：『嘿，這傢伙實在做得有點太過火了。』」大概在二〇〇四年到二〇〇六年間，辛格明顯變得愈來愈常出現在花崗岩灣高中，因為他開始遊說校方讓某些孩子轉班、由別的老師來教。大家都知道辛格有份名單，上頭是他認為比較會給學生高分的老師；數學老師們對此尤其感到厭煩。就在一對家長某天帶著學生和一位「叔叔」前來學校，和學校高層、輔導老師和教師進行面談時，這個問題也終於到了爆發的時刻。格魯伯回憶道，「當時他們半公開地嚴厲抨擊那個老師，藉此說明為什麼自己的女兒需要換個老師。」那場面談結束之後，大家發現那個「叔叔」其實根本就不是他們家的親戚，而是辛格手下的一名員工。

這件事情發生之後，數學老師團隊的主任寫了一封嚴厲的信給辛格，告訴他此後學校舉辦的家長面談，將不再歡迎他和他的代表出席；這封信的副本，同時也被轉寄給了所有同事。

大約是在二〇〇五年左右吧，當時三十出頭的紐曼，還是個充滿活力的老師，而且認識學區裡的許多家長。她在加入里歐·亞美里卡諾高中的輔導老師團隊之前，曾在小學和特殊教育學校任教過，而辛格自己的兒子，後來也進入了里歐·亞美里卡諾高中就讀。

辛格經常會出現在里歐·亞美里卡諾高中的輔導室裡，要求輔導老師更動課表或授課老師；每次他一出現，輔導老師們就會打電話給附近的耶穌會高中（辛格有些顧客的孩子也在那裡就讀），警告那裡的輔導老師，辛格可能要過去找他們了。如果辛格去的是耶穌會高中，那麼耶穌會高中的老師也會打電話過來，通知里歐・亞美里卡諾高中。

雖然校方不喜歡辛格現身家長面談，但辛格會叫家長說他們希望他在場。紐曼發現，只要辛格一出現，自己和家長之間的良好關係就會迅速惡化。辛格通常會跟家長說，自己能快速改善學生平庸的成績，讓學生能進入他們從來沒想過的大學裡。

紐曼還記得，有個高中校隊運動員原本打算念某所社區大學。他的「代數（一）」被當了三次，其他科的成績也不怎麼好；紐曼擔心他無法順利畢業，因此希望將他安排到一個沒那麼難的數學班裡。然而在和家長面談時，辛格卻堅持他可以讓那個孩子申請上四年制的一般大學。他說他會讓那個學生的成績單煥然一新，而且會在剩下的學年裡，讓他上完三門線上數學課程。紐曼當時驚訝得說不出話來——那個學生每天都是滿滿的課程和課外活動，哪裡有時間上網路課程呢？

「我不會同意讓他這麼做。」紐曼如此告訴辛格和家長們。「這並不是我認知裡適當、正確的教育方式。」

「別擔心。我們會讓他做到的。」辛格告訴她。

最後那個學生上完了那些數學課，而且真的進入了四年制的大學。

紐曼不知道他到底是如何做到的，但她相信事有蹊蹺。多年過後，辛格曾和人吹噓，自己會讓員工替學生上線上課程，藉此幫他們洗成績單。

紐曼和她的同事都懷疑，辛格甚至還會向大學假裝自己在某個高中裡擔任輔導老師，因為如此一來，他就可以幫學生寫推薦信給大學。里歐．亞美里卡諾高中的輔導室就曾收過來自某大學的信，而信封上寫的收件人卻是辛格。那些信大部分都是一些基本的介紹性文句，說很開心能和辛格會面。里歐．亞美里卡諾高中的輔導老師則必須聯絡大學，告訴他們辛格其實不是他們的老師。

最讓紐曼驚訝的，不只是辛格這些蠻幹的行徑，而是家長們居然默許他這麼做。辛格也許真的是個騙子，但顯然有人就是會買單——那些家長，全都太想要花錢買他在販賣的東西了。紐曼如果拒絕辛格的提議，家長還會出言為他辯護；她覺得自己被排除在孩子的升學過程之外，彷彿自己已經失信於家長了。「辛格不是這樣說的；我們要照他說的做。」家長會這樣說。

辛格會和家長說他們想聽的話：「沒錯，你的孩子做得到。不要管高中輔導老師怎麼說。他們才不懂。」

「難怪那些家長會急著成為他的顧客。」紐曼如此說道。

大約是在二〇〇七年左右的時候，辛格的事業變得愈來愈成功，而他那種蠻幹的行為也開始變本加厲；當年帶領的籃球隊在內布拉斯加州贏得球賽時，他也曾這樣振奮不已。有天早上他在亞登丘的健身房跑步機上慢跑時，旁邊另一位也在健身的朋友，一臉狐疑地說他在胡扯。「加州大學你就沒輒了吧？他們有自己的錄取方式。」

「這個嘛，我給你舉個例子吧。」辛格說。他向他解釋，加州大學會針對特定的特徵給「分數」，比如全家第一個上大學的人，就能額外獲得一些分數。

「如果一個學生說『我的父母沒上過大學』，你覺得他們真的會去查嗎？不，他們根本沒辦法知道學生的父母到底有沒有上過大學。」辛格說道。

「那萬一被抓到怎麼辦？」那個朋友問。

「他們不會被抓到。」辛格毫不遲疑地回答。

第三章　致富之路

道格·荷治（Doug Hodge）掌管著品浩太平洋投資管理公司（PIMCO）的整個亞太地區部門——那可是世界上規模最大的債券經紀公司。然而二〇〇八年初的他，卻有個無法解決的難題。

他和妻子，以及比較小的幾個孩子、兩隻狗、一隻貓、一隻鳥和兩隻蠑螈一起住在東京。但他年紀最大的女兒佩頓（Peyton）卻住在八千公里以外的美國加州，當時正在卡爾品特里亞（Carpinteria）的凱特高中（Cate School）念三年級，準備要開始盤算該進哪所大學。荷治永遠都在出差，不斷在東京、香港和其他地方來回移動，建立公司和管理公司的運作；當金融危機正開始要衝擊全球市場時，他很快便讓公司穩定了下來。他的妻子凱莉（Kylie）則在一個非營利組織服務；該組織在柬埔寨鄉間興建學校，幫助女童接受教育，因此她也總是非常忙碌。

身為獨子的荷治當時有五個孩子，他非常愛他們。他以他們的學業成就為傲，而且投注了非常大的心力在孩子身上，甚至還在兩個孩子就讀的學校裡擔任董事。然而大女兒佩頓當時已經進入了一個他很難幫得上忙的人生階段。

他和一位住在加州的同事兼摯友比爾·鮑爾斯（Bill Powers）聊到，自己的女兒準備要開始選擇大學了。他的同事鮑爾斯是一名主管和資產管理人；他們兩人從大學時期就認識彼此，當時他們兩人在自己的大學裡都是美式足球隊的棄踢手（punters）。他們兩個人曾先後在

IBM、所羅門兄弟（Salomon Brothers）工作，最後在一九九〇年代初轉職到品浩太平洋投資管理公司；鮑爾斯一九八八年的時候，曾在貝爾．斯登公司（Bear Sterns）工作過兩年。

鮑爾斯想到了一個法子。

「你怎麼不找瑞克．辛格聊聊？他是最佳人選。」他如此告訴荷治。

二〇〇二年就搬去東京的荷治，先是被升為客戶主管，後來又升職為客戶經理。他的工作職責，是將投資商品介紹給客戶，身分介於業務和投資專家之間；他在一九九二年取得的特許金融分析師執照，也讓他看起來的確有兩把刷子。

認識他的人都知道，他是個非常認真工作、絕不馬虎的人。作為一個擅於在團隊裡工作又很有企圖心的人；當年品浩太平洋投資管理公司在日本還沒沒無聞的時候，他就非常希望接下在日本的這份工作。他的工作是在日本開疆闢土、建立品牌，而他也的確做到了這點。

「他就像那種典型的成功故事。」他的一位前同事如此形容。荷治在康乃狄克州長大，然後進入達特茅斯（Dartmouth）學院就讀，並成為美式足球校隊的棄踢手和學生會的成員；該學生會的名字叫阿爾法．戴爾塔（Alpha Delta），典故出自《動物屋》（*Animal House*）這部一九七八年的電影。接著他在ＩＢＭ的行銷部門做了幾年，然後於一九八四年從哈佛商業學院（Harvard Business School）畢業。

他在所羅門兄弟的交易室裡簡直如魚得水——「他就是適合做這行的人。」他當年在所羅門兄弟的同事如此說道。

荷治給人的印象，就是那種會說「天哪我好幸運」，同時又熱愛家庭的男人。

他會和他哈佛商業學院的同學更新近況，表面上看起來輕描淡寫，實際上卻是不折不扣地在炫耀。「我要在太平洋投資管理公司安頓下來，準備要去接手亞太地區的業務了。」他在二〇〇八年三月份的公布欄上如此寫道。「我們七個人的家庭，現在有三個青少年了。耶！最大的兩個現在在加州的寄宿學校上學。我們一起去了趟泰國蘇美島（Koh Samui），度過了兩個星期的聖誕假期，超棒的。衣服出售！我要搬家了！」前一年，他則是去了加拿大的惠斯勒（Whistler）滑雪，聖誕假期則去塞舌爾島（Seychelles）；再前一年，則是去波札那（Botswana）看野生動物，然後又去孟買出差和度假。身為一名熱愛健身的男人，他還說自己參加了紐約和雪梨的馬拉松。

鮑爾斯是從其他當地家長的口中得知辛格這個人的，而他自己的女兒二〇〇七年申請大學時，也曾使用過他的服務。把辛格的名字告訴荷治，感覺就像是在推薦某個水管工或保母似的，只是個友善的建議罷了。

佩頓想念喬治城大學（Georgetown University），而只要能讓佩頓開心，荷治什麼都願意做。然而辛格二〇〇八年初寄給他的電郵，卻沒有帶來什麼好消息。辛格告訴荷治，如果他的女兒只靠自己的話，最多只有百分之五十的機會能進喬治城大學。

以佩頓的能力，她當然能進一所好大學。她曾在二〇〇九年，以優異成績取得了進階先修課程獎（AP Scholar），代表她在滿分為五分的情況之下，至少有四個科目在進階先修課程測驗中拿到三分。她在排球校隊裡打球，四年級的時候也曾為二年級的課程擔任助教。然而與她同屆的其他六十一名學生，也有不少佼佼者——來自美國西部、南韓、臺灣、沙烏地阿拉伯的孩子，都會來這所全國最好、位於聖塔芭芭拉附近的寄宿學校就讀。他們從那裡畢業之後，有些人進入了西北大學、哥倫比亞大學、阿默斯特學院（Amherst College）以及其他知名的大學。

荷治是一個喜歡討別人歡心的人，或至少，他總會試著這麼做。但他也有些弱點：他並不是一個很好的聆聽者，開會時心裡也總是早已定好了計畫，就算別人反對也不在乎。有些人會說，他就是個固執、不管別人怎麼想的人。他非常想要為家人做些好事，但判斷能力又很差。「他不太有那種戰略性的遠見，所以常常會被錯誤的決定所害。」他的一位前同事解釋道。

所以當辛格說可以為他提供服務時，他同意了。

能為鮑爾斯與荷治這樣的人提供服務，就等同於辛格正式打入了菁英的圈子裡。來自相同經濟階層的家長，經常會和彼此分享一些關於申請大學的方法和資源，就像在向彼此推薦婚禮攝影師和保母。

鮑爾斯在把辛格推薦給別人之前，就已經聘請過辛格，讓他幫自己原本就很優秀的女兒，準備過南加大的申請資料。二〇〇八年六月，鮑爾斯也曾向時任人資部主任的詹姆斯・沃爾德（James Ward）建議，邀請辛格前去品浩太平洋投資管理公司位於新港灘（Newport Beach）的總部，和大家講解大學申請的流程。（不過鮑爾斯說，他不記得自己有向公司推薦過辛格，也不記得當時公司有過任何類似的講座。）講座結束後沒多久，辛格和沃爾德共進了一次午餐，並說他可以和他們合作，由他來向主管提供升學顧問的服務，以此作為太平洋投資管理公司的員工福利。辛格當時推銷得太過積極，讓沃爾德有些不悅。就沃爾德而言，他並沒有想要進行這種合作。

辛格對於這次踢到鐵板並不在意，並在自己的網站上貼上了聲明，謊稱品浩太平洋投資管理公司和其他金融業的員工，都在使用他的顧問服務，那些顧客「善用他的生涯教練模式，為主管和他們的客戶提供服務，以此作為公司提供的額外福利」。（他的確曾於二〇〇八年和二〇一五年在這間公司演講過，但他們的關係僅止於此。）

如何取得有錢的客戶——並在二〇〇八年的金融危機中保住那些客戶，對辛格的事業來說至關重要。

許多高中生都能因為升學顧問而獲益，而許多家長也都想要獲得這些服務——尤其是在當時。許多家庭都覺得，他們的財務基礎正在變得愈來愈脆弱，又想讓孩子不用擔心自己的未來。經濟衰退期間，美國失去了超過八百萬個工作機會，而受害最深的就是那些沒有大學學歷的人。

然而能夠負擔得起升學顧問費用的家庭，在當時卻變得愈來愈少（錄取之後的大學學費就更不用說了）。

的確，辛格在沙加緬度服務的客戶，都是些有錢的醫生、律師和商人，而且他還會自豪地說他收的費用比其他升學顧問還要高——他曾在一份沙加緬度的學生報紙上說，這就像高檔連鎖百貨公司諾德斯壯百貨公司（Nordstrom）和中低階連鎖商場傑西．潘尼（JC Penney）之間的差別。

然而沙加緬度的頂尖客群人數就這麼多，而當時的經濟衰退，也已經導致失業率升高至百分之十二，許多人的房子和車子，都因為貸款繳不出來而被迫拍賣，就連為州政府工作的員工，每逢週五也都必須放無薪假。

當房價在二〇〇八年的金融危機中暴跌時，貸款買房的中產階級損失極大，然而金字塔頂端的人，卻可以在股市的快速反彈之中獲利，為美國帶來了自二戰以來最嚴重的貧富差距。能讓辛格找到有錢客戶的地方，是新港灘，而不是沙加緬度。

「辛格會吹噓說『我又認識了哪個億萬富翁』，還攀上了沙加緬度根本不存在的富人圈。」曾和辛格一起在亞登丘的健身房一起健身的朋友，如此形容二〇〇八年左右的辛格。「那就是他真正開始走偏、一切開始改變的時間點。」

他開始開拓那片肥沃的土壤。「家長們都認為，如果孩子能上好學校，他們就能在雞尾酒派對上跟別人炫耀一番。」一名曾和辛格一起健身，住在沙加緬度的商人如此說道；他也是透過朋友的介紹而認識辛格的。「辛格很善於操弄這種心態。」

另一位和辛格很親近的人士則說，追隨他的人明明就很多，因此有點諷刺的是，如果他以合法的方式做顧問生意，其實原本就能過上很不錯的生活。

「如果他不這麼好勝的話，這些根本就不會發生。」

「我和我在喬治城大學認識的朋友談過了，他會和我們合作。他上禮拜才幫我把兩個女孩送進去。」二〇〇八年二月，辛格在寫給荷治和他妻子的信中如此寫道。

那個他「認識的朋友」，名字叫做戈爾頓．恩斯特。從二〇〇六年開始，恩斯特就在喬治城大學的男子和女子網球隊擔任教練。恩斯特的綽號叫「戈爾迪」（Gordie），過去曾經是一名網球和曲棍球球星，他和辛格之所以會認識，是透過一位在佛羅里達州，某所體育學院任職的網球教練和升學顧問介紹的。辛格先是和荷治說，從學業紀錄來看，佩頓進入喬治城大學的機率並不高，然後又隨即提出了另一個方法：「有個奧運運動項目的管道，我們也許可以試試看。」

佩頓於二〇〇八年十一月向喬治城大學提出的申請資料裡寫道，她曾在美國網球協會錦標賽（U.S. Tennis Association tournaments）中獲得獎牌，儘管美國網球協會並沒有她的參賽紀錄。佩頓當年收到了一份非常特別的聖誕禮物，那是喬治亞大學寄來的一封信，上頭寫道：「入學審查委員會已在網球教練戈爾頓・恩斯特的要求下，初步審查了你申請二〇一三年入學的資料。我們很高興地在此通知，委員會將你的入學申請評為『可能錄取』。」

為了這個禮物，荷治付了十五萬美元給恩斯特。

到了二〇〇九年，荷治被升為營運長，並搬回到了加州的新港灘。他們一家人重新回到了美國西岸的生活環境，並在拉古娜海灘（Laguna Beach）門禁森嚴的翡翠灣社區（Emerald Bay）裡，買下了一棟價值一千兩百二十萬美元的房子。他們的鄰居包括：巴菲特（Warren Buffett）、太空人巴茲・阿爾德林（Buzz Aldrin），以及拉斯維加斯的幾位賭場主管。荷治擔任營運長的那幾年裡，為自己和品浩太平洋投資管理公司都賺進了不少錢。他的辦公室就在執行長兼資訊長穆罕默德・艾里安（Mohamed El-Erian）的旁邊，而他於二〇一二年間掌管的資產，超過兩兆美元。

荷治六百多平方公尺的豪宅，位於太平洋和太平洋岸公路之間，看得見整片大海，也總是沐浴在陽光之中，儘管帶著點炫耀的風格，卻呈現出高級的海岸生活樣貌。他的房子空間很大，容得下他人數不斷增加的家庭——他們夫妻倆才剛在二〇〇九年，從摩洛哥領養了兩個小孩回來。擁有一頭金色長髮、一雙深藍色眼珠以及古銅膚色的凱莉，曾在一場訪談之中提到，在西雅圖無憂無慮長大的她，從小就被大家寄予眾望，大家都覺得她會「成為一個成功人士」。後來她在華爾街擔任交易員，然後又回到學校進修，取得了心理學的學位。

她創立了非營利組織「女孩領導世界」（Global G.L.O.W.），目的是為青少女提供教育、進行培力。她在訪談裡表現出的樣子，是一位充滿智慧的大地之母，堅定地想為自己的家庭提供養分，並回饋給那些沒那麼有錢的人們。他們夫妻倆從二〇〇七年到二〇一八年，就捐了超過三千萬美元的捐款，其中大部分都是捐給那些服務弱勢年輕人的學校和組織。

荷治夫婦倆也很熱愛社交，每年都會在自家舉辦盛大的耶誕派對。他們會在庭院裡放一座充氣彈跳屋，並請耶誕老公公來和孩子玩，而大人則會在樓上享用大餐。太平洋投資管理公司的主管們總會出席，而在新港灘和拉古娜海灘的社交場合裡，孩子們念的大學，當然就是最熱門的話題。誰家的小孩申請了哪間大學呢？哪個小孩又獲得了提早錄取（early admission）？有人認識頂尖的升學顧問嗎？

荷治最大的兒子梅森（Mason），當時在加州歐海伊（Ojai）的寄宿學校塞哲高中（Thacher School）念書。梅森是個很乖的孩子，而且還是高三班聯會的主席。當他開始要考慮念哪所大學時，荷治也雇用了辛格，最後讓他於二〇一一年進入了喬治城大學。為了獲取服務，荷治最後支付了十七萬五千美元，同樣是直接付給恩斯特教練。

至於他的二女兒奎恩（Quinn），念的則是位於新港灘的一間私立高中——塞吉丘高中（Sage Hill School）。這所學校創立於二〇〇〇年，標榜著重視社區服務和藝術，同時也標榜會讓學生接觸橘郡這個小圈圈以外的人和地方。這所學校直接獲得橘郡幾個有頭有臉的人物贊助，比如提供網路入口服務的公司美國線上（America Online）的前主管史帝夫．強森（Steve Johnson）、網站「Buy.com」的創辦人史考特．布倫（Scott Blum），以及品浩太平洋投資管理公司的共同創辦人比爾．葛羅斯（Bill Gross）。

塞吉丘高中的校訓裡，少不了那些會讓小孩和家長感到地位崇高的字眼：「以勇氣和尊嚴面對挑戰，以尊重和奉獻精神面對社會，以正直和誠信面對學業，並光榮地生活著。」為了強調成熟和個人責任的重要性，校方甚至還廢除了上課鐘和下課鐘。學生不應該需要鐘聲來提醒他們學習，學方一位高層如此解釋。

塞吉丘高中希望自己能洗刷《橘郡和拉古娜海灘》（*The O.C. and Laguna Beach*）裡頭描繪的膚淺形象——這部紅極一時的青春劇，當時正好就在電視上播出。「這裡不只是一所能讓你把小孩送進哈佛或史丹佛大學的高中。」塞吉丘高中的其中一名創辦人——多莉．凱魯埃特（Dori Caillouette）如此說道。

雖然塞吉丘高中的確非常重視個人的品德，但他們也和其他學校一樣，非常關注學生能否進入頂尖大學。塞吉丘高中在二〇一二年的宣傳文件上，於一幅地圖上標出了該校畢業生的去向，並將九所知名大學的位置用特大的符號標示出來，比如哈佛大學、史丹佛大學、芝加哥大學和布朗大學（Brown University）。

二〇一一年，塞吉丘高中在學校網站上也張貼了一張團體照，裡頭是笑容滿面的理事會成員，這些人象徵著塞吉丘高中以誠信教育學生的任務，而荷治就站在照片裡的後排。

在荷治的下方，還有段顏色鮮明的短文寫道，他的女兒將於二〇一三年畢業。

這個家庭，即將迎來另一段大學的升學旅程。

靠著鮑爾斯、荷治這樣的人，以及一些不錯的老派廣告和人脈運作，辛格成功打入了那些極端富裕和知名的社交圈中。

於是，他開始在只有頂尖高中生才會受邀參加的知名營隊中擔任導師——那些營隊由史蒂夫·克拉克森（Steve Clarkson）和萊夫·史坦伯格（Leigh Steinberg）這些體育教練策劃，而他們據說就是《征服情海》（*Jerry Maguire*）這部電影的人物原型。這個菁英營隊找來了七名被頂尖大學錄取的學生，以及一群年紀小一些的學生，希望能精進他們的領導能力、提升他們對社會遊戲規則的認知，並在距離太平洋只有幾步之遙的地方進行訓練。

辛格曾在二〇〇九年進行過一場巡迴演說；那場巡迴的其中一站，就在某間旅館毫無特色的會議室裡。該會議室裡，放著一張灰泥色的大型橢圓桌。他當時穿著一件白色的馬球衫和短褲，在會議室裡對著學生和學生的家人傳授大學申請的基礎知識，比如如何找到最適合自己的學校，以及如何準備那些標準化的測驗。一些名字被列在名人堂裡的菁英學生，比如喬·蒙塔納（Joe Montana）和瓦倫·文（Warren Moon）[9]，當天也都參加了那場說明會。後來蒙塔納成了辛格的客戶。

辛格在《西湖馬里布生活風格雜誌》（*Westlake Malibu Lifestyle*）上刊登廣告，宣傳他的新公司「優勢大學與職涯網」（Edge College & Career Network）——他自己則一般會將這間公司稱為「關鍵顧問」（the Key）。他在雜誌上取得了一個版面，和勞力士手錶、托斯卡尼風格的房地產廣告，以及肉毒桿菌療程廣告，一起出現在這份雜誌裡。為了警示讀者，他在廣告中用一張照片，描繪了一位學生被大學「拒於門外」的情景：一個煩惱的青少年，正用手托著頭，坐在一棟建築物的門外。「時至今日，上大學變得比以前還難，競爭更加激烈，也更昂貴了。」廣告上如此寫道，並警告讀者「在申請大學的過程中，只要一丁點疏忽或錯誤」，就可能導致學生無法被學校錄取，或失去運動員的獎學金。廣告在最後寫道，「關鍵顧問可以幫助你在申請大學的競賽之中脫穎而出！」

約莫二〇一五年期間，辛格也曾為這份雜誌撰寫專欄，並且使用了一樣的譬喻：「在這個申請大學的競賽之中脫穎而出。」他還獲得了在封面上露面的機會，和知名的冰球運動員韋恩·格雷茨基（Wayne Gretzky）以及其家人一起出現在封面上。辛格寫道，自己曾如何將一個名為布拉德（Brad）的高中生送進頂尖大學，這名學生興趣廣泛，打過校隊、也參與過學生自治會。他需要一個個人的品牌。

辛格在文中還說，他和布拉德決定進行一個「背包計畫」，籌劃一個精心安排的計畫，製

9 編注：兩位都是著名美式足球球員。

作出印有學校標誌的背包——那些背包在印度大量生產，而當然，那是辛格在電話銷售產業的同事欣葛幫忙處理的。

關鍵顧問於二〇一二年一月在YouTube上傳的廣告影片裡，將自己形塑成在提供一個特別服務的機構，介於課後特別輔導，以及付費打造一個「你不知道你其實需要的小祕技」的服務之間。在廣告裡，一名看起來憂心忡忡的母親站在廚房裡，一邊大力稱讚關鍵顧問的服務，一邊說道，如果沒有關鍵顧問，「我的兒子差點就進不了南加大了。」其他的畫面，則顯示出這間公司並不是辛格一個人的事業而已。一位名叫亞曼達（Amanda）的少女告訴辛格旗下的一名輔導人員，她在學校裡的輔導老師說她在高中裡只需要上三年的科學課程就好。結果名為布萊恩・修維特（Brian Hewitt）輔導人員溫柔地糾正她，並告訴她如果她想要進頂尖大學，那麼每個主科都必須要上滿四年。

「我的關鍵顧問輔導人員，幫助我找到了真正的自己。」一位名為康提（Conti）的男孩，坐在壁爐前如此說道；為了拍攝宣傳影片，他還特地穿上了一件亮白色的馬球衫。「能發現自己最感興趣的方向是網路通訊領域，我感到非常的興奮。」儘管他的樣子看起來一點都不興奮。他繼續說道，「我迫不及待想要完成我的商學院學位了。」

辛格甚至還想過參加真人實境秀。他曾於二〇一一年參加過「精彩電視臺」（Bravo）的選秀試鏡，想在一個關於升學顧問的節目裡軋上一角。這場節目當時暫定的名字是「追夢常春藤」（Chasing Ivy），由精彩電視臺的前董事長兼NBC環球（NBCUniversal）電視娛樂部門的前主任傑夫・加斯品（Jeff Gaspin）共同企劃；他說他想藉由節目告訴大家，一些家長為了讓孩子進入頂尖大學，究竟會做出多麼荒謬的舉動。但那些舉動其實也不算違法，比如用私人噴射機，把孩子送去某個第三世界國家做社區服務。

再怎麼說，這可是一間曾製作出超人氣節目《比佛利嬌妻》（*Real Housewives*）的電視臺啊。每一集節目的最後，都會以大學申請的結果作結，而且不論結果如何，都非常有戲劇性：不是慘遭拒絕，就是欣喜若狂。

節目的製作人捕捉到了一連串畫面，畫面中有家長正在開心地為孩子的芭蕾舞表演錄影，希望能讓她進入一所表演藝術學校。客觀來說，那個孩子的芭蕾舞技確實不怎麼樣。還有一次，某個升學顧問在離開現場之後，對著攝影機說，這名客戶是不可能進得了目標大學的。就像所有受歡迎的真人實境秀一樣，他們通常會為了取得喜劇效果和荒謬情節而進行剪接。

辛格的試鏡影片就是兩者皆備。

「這是一場比賽——你要記得，這就是一場比賽。」穿著白色馬球衫、和嬰兒藍針織背心的辛格，用他平緩的中西部腔調，面對著鏡頭如此說道，衣領上還夾著一個小型的黑色麥克風。「我每天目睹的事情都非常神奇，那是全美各地的家庭裡都在發生的事情。」

由於影片的剪輯太過草率，因此辛格的每句話聽起來都有點跳躍，但他想釋放的訊息非常明確：這是一個戰場，而像辛格這樣的人，就可以讓家長放心，並為孩子取得勝利。

在辛格的描述裡，那些家長會對他說，他們的孩子從週六的晚餐派對回到家之後，就覺得更加沒有安全感，無法確定自己做的夠不夠。他們會在隔天一大早，就跑去尋求他的幫助。「我的電話總是一直響個不停，他們失去控制了。」他如此說道。

辛格表明，他面對的是有錢人家的孩子；住在伊利諾州香檳市（Champaign）和邁阿密的家庭，會為了幾個小時的面談，就派他們的私人飛機去接他，然後再送他回來。但他也曾提及，想光靠捐款就把小孩送進大學，是一種不切實際的想法。「對有些學校而言，光是給一千萬美元是不夠的，因為這個數字對學校來說根本不痛不癢。他們想要的是三千、四千、五千萬。」

辛格最後沒有能夠被這個實境秀選上，而精彩電視臺後來也沒有製作這個節目。但辛格最後還是上了電視——只不過跟他原本預想的方式不太一樣。

到了二〇一〇年左右，辛格在沙加緬度的一些同行，也開始覺察一些警訊，比如瑪姬·亞摩特（Margie Amott）就是其中之一。她曾在一九九〇年代初聽過辛格在某個家長之夜上的演講；而此時的她，也在沙加緬度提供升學顧問的服務。

她知道辛格提供的是「全套式服務」：他會幫學生報名測驗，也會幫他們完成線上申請手續。在一些家長的轉述之下，她逐漸發現，有些辛格提供的服務顯然是非法的。

舉例來說，有個住在沙加緬度地區的母親前來向她諮詢時，說她和丈夫曾經雇用辛格為自己的兒子服務，而且他們直到當時都仍是辛格的客戶。他的確幫了不少忙，但那位母親卻開始因為一些事情而感到不安。她聽到鎮上有傳聞指出，辛格居然會幫小孩寫小論文，或做一些不合道德規範的事情。

於是那名母親和自己的兒子在亞摩特的面前坐了下來。亞摩特接著從網路上，把那個孩子的申請資料給調了出來；那些資料當時還沒送交給任何一所大學。

亞摩特開始讀起那份資料。上頭寫道，申請者的家庭平時在家都以西班牙語溝通；申請者曾寫過一齣劇本，而且還被搬上電視螢幕。雖然這個孩子在真實生活中，的確很喜歡參與「范特西美式足球」（fantasy football）[10]，但他的申請資料上卻寫道，他曾經組織過五十個體育隊伍。

「我覺得他把我和別人搞混了。」那個孩子如此說道。辛格的團隊在他的申請資料中，加入了許多誇大不實的陳述。

那家人最後決定付錢給辛格，並告訴他，他們會自己進行大學申請的手續，但沒有提到那份誇大不實的申請文件。如果辛格真的擁有那些他提到的人脈，他們也不想和他們有任何瓜葛。

那家人對於出現在申請資料中的謊言感到震驚，但亞摩特倒是不怎麼訝異。她在同期間也接到過一通電話，是一位她認識的年輕男子打來的，他的職業是老師。他說辛格向他開出了一千美元的酬勞，要他幫辛格的某個學生參加線上化學課程的考試。他並沒有接下這筆生意。辛格最後找到了另一個人來幫忙——一個住在佛羅里達州的哈佛畢業生。

到了二〇一一年底，辛格和他的妻子在沙加緬度和夏威夷的茂宜島（Maui）都購置了房產，而且還擁有一個金額可觀的退休帳戶。很快地，他就會把自己的升學顧問事業，變成一個大型的犯罪集團。

10 譯注：一款讓玩家模擬管理職業美式足球隊的遊戲。

第四章　黃金男孩

二〇一一年十二月二日，馬克・李德爾在佛羅里達州的坦帕（Tampa）搭上了一架班機，離開怡人的坦帕灣海岸，準備展開一趟約五千公里的旅程，前往加拿大的溫哥華。

在冬天飛往加拿大並不是個尋常的舉動，而當年二十九歲的李德爾之所以踏上這趟旅程，其實是為了出差。李德爾有份正職工作，平常都在坦帕南部的寄宿學校IMG學院（IMG Academy）裡工作；然而此次出差，他卻不能讓其他同事知道。

李德爾平時在學校裡的工作，是帶領學生準備學術能力測驗和美國大學測驗，而他在學校裡也總是非常顯眼。身高一百九十公分的他，有著典型美國人的外表，經常會發出急促而宏亮的笑聲。他似乎總是有任務要忙。他會跟你簡短地聊上幾句，然後用指關節抵住眼鏡鼻梁架的中央輕輕往上推，再換上一副嚴肅的神情，列出他需要面談的十個學生的名字。他在校園裡總是行色匆匆，以至於其他人有時會以為是不是發生什麼大事了。

他之所以顯得如此突出，還有其他的原因：雖然畢業自哈佛大學，但李德爾的工作似乎讓他有點大材小用，但他依然會跟上司說，希望自己能再多做一些。他似乎也有點太想要取悅別人了。他實在不需要為了幫忙那些踩死線、趕作業的學生，在夜裡開車回學校。但他卻常常這麼做。

「你知道的，馬克，你只要說『不』就好了，其實並不難。」他在IMG學院的好友兼前同事傑夫．狄瑞特（Jeff DeRuiter），記得自己有次如此和他說道。「就算你說『不』，我也不覺得會有人會因此生你的氣。」

但李德爾還是答應赴這場出差旅行。抵達溫哥華之後的那個早上，他步入了學術能力測驗的測驗中心。他帶著自己的身分證件，準備在報到櫃檯出示；萬一監考人員要核實身分，他也可以拿出來作證。那張身分證件上的照片的確是他，留著一頭金髮，面孔俊俏。

然而寫在照片一旁的名字卻是：傑克．希督（Jake Sidoo）。

就在李德爾搭機前往溫哥華的那個月，長島北岸區的一個上流社區，則在處理一起厚顏無恥的作弊事件。

位在紐約市郊外的大峽北高中（Great Neck North High School）的校長伯納德．卡普蘭（Bernard Kaplan），接到了一通來自模擬測驗家教的緊急電話，對方要求立刻與他見面。這種私人家教在富裕的大峽地區很常見——那裡有不少來自爵士時代（Jazz Age）[11]的豪宅；費茲傑羅（F. Scott Fitzgerald）的《大亨小傳》（*The Great Gatsby*）裡，虛構的西蛋鎮（West Egg）上的房子就是長這個模樣。然而這名家教捎來的警告卻讓卡普蘭大吃一驚：一位來自大峽區的學生，正在炫耀自己找了別人當槍手代考，頂替自己在紐約市的考場參加學術能力測驗。

的確，那名學生的分數高得十分可疑。憂心忡忡的卡普蘭，於是要求學校輔導老師查看學術能力測驗的成績，並標示出其他分數看起來有問題的學生，最後挑出了七到八個名字。卡普蘭將這些學生叫到了辦公室。經過詢問之後，他們大多數都坦承自己作弊。於是這場危機便延燒了開來。有些家長感到非常羞愧，有些則揚言如果消息走漏，他們便會提告。卡普蘭認為，考試的防弊機制一定是出了問題，所以也通知了當地的政府機關。

到了二〇一一年的十一月底，納紹郡的地區檢察官（Nassau County District Attorney's Office）起訴了來自該地區幾所高中的二十名學生，因為他們都曾付錢請別人代考學術能力測驗或美國大學測驗，或是曾幫別人代考這些測驗。檢察官說，他們之中最主要的「槍手」，是年僅十九歲的山姆·艾沙葛夫（Sam Eshaghoff），他也是畢業自大峽北高中的學生。在將近三年的時間裡，艾沙葛夫使用偽造的學生證，至少考了十五次學術能力測驗，甚至還曾幫一位擁有中性名字的女生代考過。

這起醜聞暴露出了測驗防弊機制的大洞。監考人員雖然會檢查他們的身分證件，卻無從對比證件是不是真的，也無法確定眼前的孩子是否就是報名參加考試的人。艾沙葛夫說，他通常會低著頭走進考場，然後在監考人員面前晃一眼身分證件，但他們只會確認證件上的名字和自己的名單上的是否一致。

他每次代考都會收取兩千五百美元的酬勞，有次還拿到了一千一百美元的小費。就算離家上了大學，他也會在週末飛回去「應考」。艾沙葛夫最後接受檢方提出的認罪協商，必須從事社區服務，以及對低收入戶的學生提供家教服務。

這種錢很好賺；他甚至會告訴自己，他只是在幫助可憐的學生重獲新生而已。二〇一二年，

11 譯注：亦即一九二〇—一九三〇年代。

他在接受新聞節目《六十分鐘》（*60 Minutes*）的專訪時說，他知道自己做的事情是不對的，但就是很難收手。

「我不斷告訴自己，『再一次就好、再一次就好、再一次就好。』」

和艾沙葛夫一樣，李德爾也是那種完美的孩子。他在佛羅里達州的薩拉索塔（Sarasota）長大，父親是一名知名律師，母親則在房地產業工作，在地方慈善組織裡也很活躍。

大約在十二歲左右，他的網球技巧引起了知名網球教練尼克．伯勒提埃里（Nick Bollettieri）的注意。伯勒提埃里曾於一九七八年創立知名的網球學院，舉凡安德雷．阿格西（Andre Agassi）和莫尼卡．莎莉絲（Monica Seles）都曾在那裡接受過訓練。運動界的行銷巨擘IMG全球（IMG Worldwide），後來在一九八七年買下了這所學院。李德爾還在薩拉索塔高中念書時，也曾獲得一部分獎學金在IMG受訓過。

在大人眼裡，李德爾是個很棒的孩子；一位經常和他搭檔雙打網球的朋友回憶道，他就是「每個祖父母都想要有的那種孫子」。他們兩人曾在二〇〇〇年獲得佛羅里達州高中網球比賽雙打冠軍。

哈佛後來錄取李德爾成為網球校隊的隊員，而他也成為校隊中前八強的選手。他也加入了哈佛大學的史匹俱樂部（Spee Club），美國前總統甘迺迪都曾經是這個社團的成員。雖然他的確非常親切、英俊，但他當時的一位同學回憶道，李德爾最特殊的一點，就是他看起來其實很正常。他似乎只是不小心進了哈佛，然後調適得很好，既冷靜又順利地在課業和競爭的壓力之下游刃有餘。

如果你是哈佛大學畢業的校隊生，要直接在華爾街找到工作幾乎就是輕而易舉的事情，而李德爾的許多朋友，也的確都在那裡工作。然而當他在二〇〇四年拿到生物學位之後，卻選擇了一條不一樣的道路。他曾說自己想成為一名醫生，但後來卻決定嘗試打職業網球。

大學校隊球員想在職業球壇試試身手，並不是一件太稀奇的事；嘗試看看，總比後悔沒嘗試過還好。但這麼做的代價並不小。當時在哈佛大學的一位教練心想，既然李德爾的家境不錯，家人也願意支持他，那麼試試又何妨呢。後來李德爾在西班牙、以色列、加拿大和美國都打過球。然而他只贏過幾場比賽、獲得的獎金並不多，因此並沒有在職業球壇待太久。他後來提到這段經歷時，都會說那段經歷豐富他的人生。到了二〇〇六年，他又回到了ＩＭＧ的校園裡，在那裡主掌學生的入學測驗準備工作。

於是他在那裡有了個新同事。

辛格發現，佛羅里達州南部的市場其實很值得經營，那裡有許多獨立的學校想找人來協助升學輔導工作，於是他便將自己的顧問事業擴展到了那裡。他的大規模運作模式——「大學源」，就為那些學校提供了解決方案。

他開始為邁阿密大學線上高中（University of Miami Online High School）提供升學顧問服務；這所高中後來也被卡普蘭企業（Kaplan Inc.）買了下來。其他的私立高中，也開始如雨後春筍般出現，而它們服務的對象，則是那些有孩子在佛羅里達州接受體育訓練，因而需要彈性課程安排的有錢父母。

當時的ＩＭＧ學院，正在從一個以網球項目為主的體育搖籃，擴張成一個包含各種體育項目的寄宿體育學校，目標是將學生送進大學，因而也孕育出了一個需要許多升學輔導老師的生態系。「每個人和他們的叔叔都跑來ＩＭＧ學院了。」曾任職於ＩＭＧ學院的校方主管葛雷格・布勒尼希（Greg Breunich）如此說道。「那是一個讓人振奮、充滿魅力的環境。」

辛格也是個讓人振奮、充滿魅力的人，布勒尼希回憶道。他當時經營的，似乎是個老實、合法的事業：他在全國各地都有家教和代表，會以三千五百美元的代價，為學生提供大學申請的諮詢服務，而費用的一半會上繳公司，家教則能拿到另外一半。

辛格大約在二〇〇三年的時候和ＩＭＧ學院簽了一份契約，並雇用了兩名正職員工，專門在ＩＭＧ學院的校園裡擔任公司代表——這兩位員工，分別就是在學校裡非常受歡迎的網球教練史考特・特雷布里（Scott Treibly），以及馬克・李德爾。

當時的ＩＭＧ學院，正逐漸從一間原本就已經非常知名的網球名校，轉型成為一所六百英畝大的校園，擁有最先進的運動場和設施，提供棒球、籃球、美式足球、高爾夫球、長曲棍球、足球、網球和田徑項目的訓練。此外，校園裡還新建了「加托雷德體育科學研究院」（Gatorade Sports Science Institute），致力於提升運動員的表現，以及一個擁有一百五十個房間的旅館，為來訪的教練和家長提供住宿。門禁森嚴、精心維護的校園門口有警衛駐守，而白得發亮、以玻璃為材質的建築物，則在校園裡閃耀著佛羅里達的陽光。

他們的課程吸引到了許多正在嶄露頭角的一流選手，以及那些沒那麼有體育天分、但有錢追夢的孩子們。他們的學費比新英格蘭州的寄宿學校還要貴，不過學校也會提供不少財務上的支持。在IMG學院裡，有學生家族在南非擁有鑽石礦場，還有位來自百慕達（Bermuda）的青少年，經常會開著藍寶堅尼（Lamborghini）的高爾夫球車到處亂逛。薩拉索塔機場裡，就停放著好幾架IMG學院的學生家的私人飛機。

有些學生是第一類（Division I）校隊生，但有些家長則希望自己的孩子能轉往第三類（Division III）校隊。不少家庭對於這類學校，都抱持著不切實際的幻想，以為自己的孩子不論在體育或學術上，都能獲得獎學金——不過所有人都知道，李德爾總是有方法能說服這些家長，讓他們把目標放在比較有可能達成的事情上。

隨著IMG學院逐漸轉型成一個更全面、以進入大學為目的寄宿學校，他們也在二〇〇九年終止了和辛格的合約，因為他們想要開始自己進行升學輔導的工作。特雷布里於是被提名為升學輔導主任，而李德爾則負責進行輔導面談、帶領學生準備大學入學測驗。

李德爾充滿熱情地接下了這份工作。他上班的時間比任何其他人都還要早，看起來更像在哈佛大學工作，而不是在佛羅里達。李德爾就像一根針般一絲不苟，每天都穿著平跟皮鞋上班，也經常將馬球衫紮進自己的短褲，而且一定會繫皮帶。他在學期間和暑期間都會為學生舉辦學術能力測驗和美國大學測驗的預備課程；如果學生在某堂課裡需要幫助，或想要安排家教的話，也都會去找他。

李德爾會花好幾個小時帶領學生重寫申請大學的小論文，如果家長要求的話，他自己也會擔任家教。他似乎每天都在工作。「他幾乎就像聖人一樣有耐心。」當時在IMG擔任學務處副主任的理查・歐德爾（Richard Odell）如此說道。「他就是那種永遠都在付出奉獻的人。」

李德爾是個有條有理、善於溝通的人，對工作也非常投入，但他最出色的技能或許是：他很擅長對付那些標準化的測驗。

曾就讀安柏瑞德航空大學（Embry-Riddle Aeronautical University）航太工程系的安德魯・桑德森（Andrew Sanderson），曾經應徵過ＩＭＧ學院的模擬測驗教學工作；他當年接受面試時，就曾被李德爾的表現給嚇了一跳。李德爾當時提議，要桑德森和自己一起進辦公室，實際來場學術能力考試的模擬測驗。在ＩＭＧ確認錄用他之前，那只是要確認桑德森知道自己要做什麼工作的一個形式上的步驟而已。「你沒問題的。」李德爾向他保證。

李德爾的桌子面向門口，桌子後方則是一扇看得見校園的窗戶。辦公室裡，有張小桌子旁放了兩張椅子。李德爾將一份縮短版的模擬試題放在桌上，一共大約有十五道問題，然後拿出了鉛筆。由於李德爾從來沒看過那份試題，因此他也想試試看。

桑德森因為緊張而皺起了眉毛，並開始小心翼翼地解題，那些模擬試題從英文、寫作到數學題都有。他覺得自己答題的速度還算正常，然而等他看了李德爾一眼之後，他才知道自己錯了。

閱讀題目，用鉛筆作答。閱讀題目，用鉛筆作答。李德爾幾乎沒有花任何時間思考答案選項。直到做完所有題目之前，李德爾都沒有停筆；當李德爾寫完時，桑德斯才大概完成了三分之一而已。（不過他後來還是得到了這份工作。）

在菁英科學高中就讀的桑德森，早已習慣被各種超級聰明的人包圍，但李德爾完全是另一個境界的人。那已經不只是課業上的能力了。李德爾已經從事學術能力測驗的教學工作太久，因此對於這種評分系統瞭若指掌；他知道那些題目是如何設計出來的，也知道出題的人希望學生如何作答。

桑德森後來在帶領學生練習模擬試題時，就時常被考題考倒，尤其是那些比較主觀一點的題目，比如有些題目會要求學生在讀完文章之後，描述作者的語氣和文章的基調。

遇到這種時候，他便會衝去李德爾的辦公室求救；不論題目來自哪個科目，李德爾也都會跟著他回到教室，接著態度客氣、毫不費力地講出正確的答案。「那感覺幾乎有點可怕。」桑德森回憶道。「他會背出那些答案，彷彿只是在呼吸一般。」

李德爾知道自己很有天分。他有時也會和別人說，他覺得自己正在透過工作，為別人帶來一些貨真價實的影響，也能幫助學生走上正確的道路，而不再需要因為平庸的測驗成績而受阻。他偶爾也會提到，自己在哈佛的朋友都已經開始賺大錢、買得起名貴的玩具，但他不在乎。他也很開心自己的工作和生活取得了很好的平衡，讓他有時間可以接些家教工作，而他也很喜歡那些工作。

李德爾在佛羅里達灣區的生活似乎過得還不錯。他的父母在鄰里間非常活躍，而他住得也離父母很近。二〇一〇年，他與桑德里納・瑪耶拉（Sandrina Mayela）結了婚。瑪耶拉也是一個非常聰明的人：她學的是經濟學，剛到美國時以保母為業，後來在雷曼詹姆士（Raymond James）這個知名的金融集團找到了金融分析師的工作。他們會一起打網球、參加薩拉索塔哈佛校友會（Harvard Club of Sorasata）舉辦的活動。她也曾登上地方報紙的版面；照片裡的她戴著一頂寬緣帽，當時正和李德爾的母親一起出席一場慈善活動。

但李德爾並不滿足。他會在學務處副主任歐德爾的辦公室停下腳步，討論自己的職涯目標。他想要成為管理階層，最後在某個私立學校獨當一面。歐德爾也覺得李德爾充滿了熱情。然而雖然李德爾在課業上很有一套，但外人也經常覺得他有些好高騖遠、過於天真，對於需要達到目標的那些務實的步驟不屑一顧。歐德爾希望他能認清現實；他說李德爾必須一步一步往上爬，或者再進修一個學位，或者多花些時間在教室裡從事教學，因為光是幫孩子提供家教服務是不夠的。

李德爾不只和歐德爾談過這些，他也和辛格談過，只不過他們當時討論的，是另一種工作。「辛格大概是說了什麼，讓他覺得自己值一百萬美元吧。」歐德爾說。

大衛．希督（David Sidoo）有個很勵志的成長故事。希督的父親是一名來自印度旁遮普省的伐木工，最後卻靠著打工和獎學金念完大學，並成為一位加拿大的職業美式足球選手。他把自己的球隊簽約獎金用來支付母親的房貸，後來又進入了投資銀行，並在某個石油公司擔任主管。他的豪宅占地一千兩百平方公尺，位在溫哥華某個被稱為「億萬富翁巷」（Billionaire's Row）的水岸旁。

為了滿足虛榮心，他還擁有一個個人網站，裡頭記載了他在商業上的豐功偉業，以及參與過的慈善活動。那些照片，有些是他出席某個歌劇節目的場景，有些則是他因為善行而獲獎。他曾捐過一千五百美元作為獎學金，並和獲獎的孩子一起合照。網站上還有一句激勵人心的聖經名言：「人們經常聽大衛說：『獲得愈多，給予也愈多。』」

希督對自己的大兒子傑克，似乎也有不少期待——或者不如說，是更多的期待。傑克當時已經考完了學術能力測驗，但成績卻差強人意，在兩千四百分的滿分裡，只拿到了一千四百六十分。

辛格為他提供了一個提高分數的方案，但要價十萬美元。

就在溫哥華的那個十二月天裡，擁有一頭褐金髮色的李德爾走進了考場，拿出他的偽造證件，代替這位印度裔的年輕人參加了學術能力測驗。

一年過後，同樣的事情李德爾還會再做一次，只不過這次他幫忙代考的對象，輪到了希督的小兒子。他打算繼續這樣做下去。

第五章　新港灘

新港灘是個極為迷人的城市。這座城市位於沙加緬度以南約七百公里處，到處點綴著水岸豪宅和私人船舶碼頭。這裡的居民都擁有亮眼的學歷，而且幾乎全都是白人；他們對自己的小孩都期許甚高，也有足夠的銀彈能支持他們的目標。二〇一二年四月，辛格跨出了下一步：他以一百五十五萬美元的合理價格，在新港灘買下了一幢近五百平方公尺的地中海風格別墅；這棟別墅擁有五個房間，以及五套半衛浴設備。事後證明，辛格的這個決定非常正確。

當時的辛格已經準備好要重新出發；他選定的地區，不只距離他的妹妹和同父異母的弟弟很近，也有更多有錢的潛在客戶。早在二〇一一年底，辛格便已和妻子艾莉森離婚，結束了他們二十多年的婚姻；他們的離婚協議要求辛格每個月必須提供六千美元的贍養費，效期長達十年。艾莉森獲得了他們的兒子布萊德利的監護權。辛格在沙加緬度還留有一棟住宅，他把那裡當作據點辦公室，偶爾回去沙加緬度時至少也有地方可住。

辛格住在新港高地（Newport Height）的一個社區，那裡離海邊的車程並不遠。他住的那條街上，還有很多其他大型豪宅，每一棟的建築風格都不盡相同，有像盒子一般方方正正的現代風格，也有新英格蘭魚鱗板風格（New England clapboard-style）的大型豪宅。家長們會擠在一個街口以外的小學前接孩子放學，而遛狗則是種社交活動。

辛格非常嚴肅看待自己的慢跑和游泳習慣，而他對運動的認真態度，在這個隸屬於橘郡的小鎮裡也如魚得水，因為那裡本來就有很多像他這樣肌肉結實、熱愛健身的居民。那裡的海灘為小鎮提供了某種看似悠閒的氣氛，但住在那裡的每個人為了維持這種形象、為了負擔這種生活型態，其實都是拚了命在工作。

不論孩子們是否真有付出心力，這裡的家長都無法容忍自己的孩子失敗，因此的確非常需要一個積極的升學顧問來為他們服務。雖然許多孩子為了盡量增加錄取機率，確實都積極地投入了許多活動、希望把握機會，但還是有許多人並非如此。這些孩子閒暇時會在法國坎城（Cannes）或夏威夷考艾島（Kauai）度假，而不是在洛杉磯或宏都拉斯為窮人蓋房子。與其熬夜準備學術能力測驗，他們更寧願去滑雪。

然而他們（或他們的家長）往往要到升上三年級之後才會發現，光是透過傳統的方式，不足以讓他們獲得名校錄取通知（甚或只是一些中等名校的錄取通知）這個階級勳章的。普林斯頓大學和古馳（Gucci）、普拉達（Prada）一樣，在橘郡都是非常重要的名牌。

在新港灘從事升學顧問的艾里絲・伯克莉（Iris Berkley）發現，那裡的人們只看得上五所大學。她總會在高中的停車場裡，看見「一大堆名貴豪車，而駕駛它們的人則是一群才十六歲的小鬼頭。」很顯然地，他們非常重視品牌這玩意。

為了獲得這些名牌，他們有時會耍些手段。一位名叫提摩西・賴（Timothy Lance Lai）的家教，就曾在二〇一三年和一群可樂納・德・瑪高中（Corona del Mar High School）的學生想出一個計畫，登入校方的電腦系統竄改成績——而這所高中，就距離辛格的家不到幾公里。在這個精心策劃的計畫裡，他們必須在夜裡潛入高中、在電腦上安裝側錄裝置，藉此取得用來登入成績資料庫的密碼，並偽造幾份化學科和其他科目的考試卷。他們只會在成績上做些小幅度的更動，比如把B＋改成A，以避免因為分數變化太多而引起懷疑。

於是這整個故事，都頗為幽默地與《飛越比佛利》（*Beverly Hills, 90210*）這部二十年前的電視劇有些類似。有趣的是，這部電視劇有一集的劇情，就是主角桑德斯（Sanders）正在調查一起駭客事件，而另外一個角色狄倫·麥凱（Dylan McKay）則遭指控在學術能力測驗中作弊，因為他的分數高得出奇。

然而在可樂納·德·瑪高中的真實案例裡，事件最後導致十一名學生被開除學籍或自願轉學。至於那位賴姓家教，最後則是承認自己曾潛入學校、登入電腦竄改資料達二十次，最後獲判一年有期徒刑，緩刑五年。

辛格形容關鍵顧問是「世界上最大的私人生涯指導與大學申請顧問公司」，在八十一個城市裡提供服務，有紀錄的輔導對象超過九萬人。他在提供顧問服務的時候，偶爾會提及他服務過的其他知名客戶，不過有時虛實參半。

他有次提到，自己曾為大約三十名執行長和二十四名美國職籃球員進行過生涯指導。他還曾告訴一位朋友，自己在iPhone 問世的前一年，就已經先看過這款手機，因為他說賈伯斯（Steve Jobs）也是他的客戶之一。「他提過賈伯斯，提過各式各樣的人。『哇，感覺很厲害！』」一位來自加州核桃溪（Walnut Creek）、雇用辛格為兒子服務的父親心想。「他認識這些人耶。」辛格會幫助他的孩子思考一些事情，比方說，為了被某所他心儀的大學錄取，他需要上哪種數學教程。

諷刺的是，辛格其實也有提供一些合法的服務，而且表現得似乎還不錯。多年來，他都會固定且公開地為美式足球運動員喬・蒙坦拿（Joe Montana），以及高爾夫球選手菲爾・米克森（Phil Mickelson）的孩子提供諮詢，而凱鵬華盈（Kleiner Perkins）的創投資本家約翰・杜爾（John Doerr），也曾雇用辛格為孩子進行測驗教學，以及一些尋常的大學申請諮詢服務。

一位拉斯維加斯的執行長說，他曾在二〇一二年因為一位他信任的好友——沙加緬度國王隊（Sacramento Kings）的共同持有人馬克・馬斯特羅夫（Mark Mastrov）的推薦，雇用辛格為自己的女兒服務。這個來自拉斯維加斯的家庭，以一年七千美元的代價，向辛格購買基本的諮詢服務；他們會開玩笑地說，由於辛格的頭太大，因此他們必須擴建家裡的前門才能讓他進來。然而他們被辛格的自信和人脈所吸引，儘管他們其實不一定知道自己要相信什麼。他們把他視為可開創新機會的造雨人，可以讓孩子的道路順暢許多。

辛格告訴那些家庭自己每年在三所大學裡擔任入學申請資料的審查員，所以他擁有第一手的資訊，知道那些學校想要看到什麼。針對這種說法，他提到過加州大學洛杉磯分校、西北大學、喬治城大學、達特茅斯學院和耶魯大學這些名字。尤其是加州大學體系的學校，這些學校的招生辦公室的確會雇用校外的人，來幫忙閱讀成堆的申請資料。然而辛格其實從未做過這件事，只是在誇大其詞而已。

他會在家長的面前傳訊息給大學教練，表現出能和大學高層直接聯繫的樣子。就某個程度而言，這的確是事實。辛格曾在二〇〇五年和二〇一二年分別和查普曼大學（Chapman

University）時任的校長吉姆・朵提（Jim Doti）見過面，也曾在二〇一〇年左右和招生及註冊辦公室的人員共進過午餐。

有一次，辛格在拉斯維加斯遇到一位父親，對方提到自己朋友的女兒，當時在查普曼大學的備取名單上。辛格於是問了那個人的名字，並打了通電話給查普曼大學，看看那個女孩的名字是否真有在錄取名單上。

結果電話那頭的校方人員說，那名女孩的成績曾在高中期間稍微變差，但大學通常會希望在這個階段看見學生有所進步。

掛上電話後，辛格看著那名父親說，剛好他幾天之後要和查普曼大學的校長見面。「她會被錄取的。」他如此和那名父親保證。最後那個女孩的確被查普曼大學錄取了，而所有牽涉此事的人都認為，多虧有辛格的幫忙，那名學生才能被錄取。

然而辛格之所以能看似搞定這件事，也許只是因為運氣很好罷了。根據查普曼大學的資料，這名女孩被從備取名單移至正取名單的時間點並無任何異狀，而她的學業表現，也和其他被錄取的申請者沒有太大差異。其實，像她一樣從備取名單轉為正取的人數，就超過了一百位。查普曼大學後來說，並沒有紀錄顯示當時辛格曾經和朵提會面過。

二〇一三年七月底的某個晚上，麥金・卡羅爾（Mackin Carroll）拖著沈重的腳步，走進加州大學洛杉磯分校裡的某個大教室裡簽到，並展開了這個為期一週的營隊。辛格當時保證，只要參加這個營隊，就能讓他的大學申請資料出色許多。

卡羅爾是一位想要在大學裡學習音樂的作曲人，當時正準備升上馬特・戴高中（Mater Dei High School）四年級；從辛格位在新港灘的家往內陸方向走，只要幾公里就能抵達這所天主教學校。他的姊姊曾經接受過另一個顧問的指導，而那名顧問向他們推薦了辛格，於是他從一年前就開始和辛格合作。

辛格當時已經舉辦這種夏季營隊好幾年了。起初，他在羅耀拉・瑪麗蒙特大學（Loyola Marymount University）租借空間，後來又把場地搬到加州大學的洛杉磯分校。有錢家庭的孩子可以在履歷上填入各種志工服務經歷，強調他們的企業家能力，也強調他們善良的心。

卡羅爾並不覺得辛格有什麼了不起的。不過他當時就是個青少年，本來就不太看得上任何人。然而他的母親，卻會牢記辛格在討論入學申請時所說的一切，以及關於他們需要如何應戰的建議。「好好修飾一下你的故事。」辛格建議卡羅爾告訴那些大學，說九一一恐怖攻擊事件影響了他的音樂，讓他開始創作一些愛國歌曲。然而這起恐怖攻擊事件發生時，他明明就才六歲大而已。於是他拒絕了這項提議。

在那個夏季營隊裡，像卡羅爾這樣的學生所繳的費用，也會被用來協助另一些曾被虐待、受過創傷的青少年參加營隊；那些青少年都是洛杉磯非營利組織「一七三六家庭危機中心」（1736 Family Crisis Center）的服務對象。當辛格第一次和這個危機中心聯絡時，他並沒有講到太多關於這個營隊的詳細資訊，但他暗示他們，他能給予這些青少年一個機會，讓他們學習一些實用的技巧。那些孩子如果參加營隊的話，就可以待在校園裡免費吃喝，還可以進行學習。在營隊初期的策劃階段裡，這個計畫就被定位為慈善活動，而合作的對象就是一七三六家庭危機中心。

一七三六家庭危機中心後來將大約三十個孩子送了過去，而該中心的資深職員托比．昆提里亞尼（Tobi Quintiliani），也曾在營隊開訓前的幾個禮拜裡，和關鍵顧問的員工一起工作，其中包括米開拉．桑福德（Mikaela Sanford），以及和辛格認識多年、偶爾會在事業上和他合作的喬爾．瑪格里斯（Joel Margulies）。來自一七三六家庭危機中心的籌辦人員，還幫忙請來了幾位鼓動人心的講者。然而等孩子們被實際分配到任務之後，情況很快就變得不太順利了。他們把孩子分成幾個小組，而卡羅爾則被分配到一個「音樂會委員會」，儘管大家都不太清楚這個委員會是什麼意思。卡羅爾和其他四個孩子於是便一起坐在某個角落，開始用手機上網，搜尋打光和音效設定的方法。在那個星期裡，辛格還一度嚴厲斥責一位患有注意力不足過動症的孩子。然而營隊最後並沒有舉行任何音樂會。

整個營隊最有趣的行程，顯然是迪士尼樂園一日遊。嗯，至少主辦方是這樣說的。卡羅爾最喜歡的行程，則是在營隊期間偷偷溜去附近的希臘戲院（Greek）看郵局音樂會（Postal Service concert）。「這什麼鬼地方，真的是爛透了。」卡羅爾在逃離營隊時如此告訴自己。他對自己感到非常驕傲。也許，那個營隊的確教會了他一些很實用的技巧——比如萬一遇到一個毫無助益的活動時，要如何判斷該在什麼時候逃離。

辛格從此之後，便再也沒有和一七三六家庭危機中心合作過；而就算他真的提議，昆提里亞尼也不會答應。

隔年，辛格在網路上張貼了另一個營隊的廣告，保證可以讓青少年「建立個人品牌、增加自己的追隨者，並將熱情轉化成財富」。結果這個營隊並沒有比卡羅爾之前參加過的那個好多少。在加州大學洛杉磯分校裡的某個教室裡，辛格讓一群孩子坐在臺下。「開一個推特帳號，然後開始經營你自己的品牌吧。」他如此告訴他們。那些孩子們彼此面面相覷。他們開始叫披薩外送到宿舍裡。因為覺得太無聊，六個參加營隊的學員最後決定提前離營。

辛格似乎可以隨時出現在任何地方。他曾告訴一位父親，他一年有超過三百二十天的時間不在家。他也曾告訴另一位升學顧問，他手下有幾百名顧問，在他擁有的「關鍵系統」裡受訓，而他自己每週也有四、五天要去見自己的客戶。

辛格還創立了一個慈善機構——關鍵全球基金會（Key Worldwide Foundation）；該基金會宣稱曾服務過亞特蘭大與波士頓的高中生、為加州的中學生提供數學教程，以及其他慈善事務。有些事蹟似乎真有其事，有些卻是在誇大其詞。

他們用了一句看起來有些陳腐的敘述，描述他們的服務（尤其是和大學運動校隊有關的計畫），「可以幫助無法透過正常管道被錄取的學生成功入學」，也透露了一些不太尋常的意味。

辛格的鄰居丹尼爾．達羅（Daniel Darrow）說，辛格不再為自己的孫子提供建議，還說他似乎是個「非常敏銳的人」，「只想為別人做些好事」。但他也疑惑：「他一個人怎麼做得到這麼多事？」

辛格也持續在安排他散布各地的「教練」網絡，那些遠端的員工，會在私立高中或線上高中為學生提供輔導。他曾在佛羅里達的一所高中的大學之夜上，和其中一位員工牽上線：他當時遇到了一位母親，她剛和孩子經歷過大學申請的流程，也很有興趣把這件事當成一種職業。他於是很快便開始讓她上工，而她則以自己住的地方為核心開發客源。他曾透過分類廣告網站「Craiglist」找到另一名員工。二〇〇七年，他也曾和勞雷爾泉（Laurel Springs）這所位於賓州西雀斯特（West Chester）的線上學校簽訂買賣契約。那些顧問會根據學生的成績，對每名學生收取五百或一千美元的費用，然後再分一些給辛格。其運作模式就像東尼・羅賓斯（Tony Robbins）[12]這種直銷組織：顧客會因為辛格的名氣而報名，希望獲得一些能激勵自己的指導服務，但最後實際被指派來提供顧問服務、指導如何自我實現的人，卻是一個沒人聽過的老師，而不是辛格。辛格多半會讓他的團隊自由行事。他沒那麼多時間。這位總教頭還得忙著拓展自己的客戶名單。

每隔一到兩個月的某個星期天，艾瑞克・偉布（Eric Webb）都會和兒子一起站在伊利諾州香檳（Champaign, Illinois）某個低矮的辦公大樓的走廊上。這棟大樓看起來，和這個單調無趣的產業園區裡的其他大樓沒什麼兩樣。只有一點不太一樣：這裡的會議室每到週末，就會有許多焦慮的年輕人和家長不斷進進出出。

在整個佩歐里亞（Peoria）和香檳地區裡，有數十個中上階級的家庭都在使用辛格提供的服務——而偉布父子倆就是其中之一。

---

12 東尼・羅賓斯：美國著名作家、演說家、心靈潛能開發者。

辛格會穿著運動褲和大學T恤坐在會議室裡，把自己的一天切分成好幾個時段，每個時段為一個小時；那些青少年會輪流拿他們最新的小論文草稿、更精練的履歷，以及更短的目標學校名單給辛格看。

對偉布父子來說，這個流程從二〇一二年就開始了：當時辛格曾在一場活動上，為年輕總裁組織（Young Presidents Organization）這個國際商業俱樂部發表演說。這場活動當時在伊利諾大學厄巴納—香檳分校（University of Illinois at Urbana-Champaign）附近的一間旅館裡舉辦。偉布當時覺得那是場「很棒的演說」，讓他大開眼界。雖然他的妻子，在和他定下來、生下三個小孩之前，也曾在幾所大學的招生辦公室工作過，但他們知道從她離開那些職位之後，大學申請的流程已經變了許多，也絕對和他們年輕念書時很不一樣。偉布是一名來自伊利諾州佩歐里亞的公司主管，他認為自己是「那種只要做得到，就會想要讓小孩獲得競爭優勢的人。但當然是合法的那種。」

辛格並沒有洩露什麼國家機密。在那場演說之中，他穿著卡其褲和顏色鮮豔的運動衣，活力十足地講述，在這個年代裡想把孩子送進好大學需要注意哪些關鍵，比如：在一連串艱難的課程中取得好成績、在美國大學測驗或學術能力測驗中拿到高分，以及一個強大的個人品牌。他還提到，那些在學業上或體育上特別有天賦，或是有意在音樂領域發展的孩子們，可以獲得哪些機會。

對辛格留下深刻印象的偉布，在那場演講之後又過了一陣子，才和辛格進行面談。他在兩個月之後報名，同意在接下來的三年裡，每年都付給他大約六千美元的費用，而辛格則會帶領他的兒子（然後是女兒）申請大學。

辛格為他兒子指定了一位美國大學測驗的家教，還幫忙安排了北卡羅萊納州幾所大學的私人校園導覽，並要求他想想，還有沒有哪些學校其實也很適合他，但他還沒放進志願清單上。辛格非常希望學生選擇的學校是真正適合他們的，也會考量學生想要的學校類型、規模和地點。偉布的兒子原本並沒有考慮南方衛理會大學（Southern Methodist University），但辛格改變了他的心意。

於是他繼續為這個家庭提供協助：偉布的兒子喜歡打籃球，但沒有優秀到可以打大學錦標賽；辛格將他介紹給了南方衛理會大學體育辦公室的某個人，幫他在該校的籃球隊裡找到了一個球隊經理志工的名額。後來那個孩子成功進了南方衛理會大學，而且表現得很不錯。

偉布也聘請了辛格為自己的第二個孩子服務。孩子們拿到的獎學金金額，比他支付給辛格的費用還要高，因此他認為，想讓這筆投資獲得回報「只是小事一樁」。

不過他的女兒有個問題。

辛格告訴偉布，雖然他的女兒成績優異、履歷也很不錯，但有些學校她可能就是進不去。「那些學校就是非常、非常搶手。」他如此說道，「但如果你用運動選手的身分申請，可能就能占到一點優勢。」偉布心想，聽起來滿有道理的。他的女兒是啦啦隊隊長，整體而言還算是個有體育細胞的人。辛格建議她可以試試划船項目。

於是偉布買了一部室內划船機，想看看女兒的速度是否至少有些競爭力。然而她對划船並不怎麼感興趣，所以他們放棄了這個計畫。偉布後來才意識到，「喔我的天哪，還好當時放棄了。」

辛格回到加州時甚至更忙，他在沙加緬度、矽谷、橘郡和洛杉磯都有固定行程。他的下一步是：找到更多教練，以及想要透過有錢家庭來改善財務狀況的大學。

當文斯・庫賽奧（Vince Cuseo）於二〇一二年的某天，收到一封讓他覺得有點尷尬的電郵時，他人正在西方學院（Occidental College）校園北端的辦公室裡。

在西方學院這所小型的私立文理學院裡，到處都能看到西班牙殖民式建築、高大的橡樹以及尤加利樹。在洛杉磯的市區裡，這裡就像是個綠洲一般。然而在幾十年前，這所學校其實就已經決定，不能讓自己成為這座城市裡的一座孤島。

校方當時決議，他們不會追求那些有錢家庭的學生，也不會優先錄取運動員以及校友或捐款人的孩子。這所學校投注了更多經費，提供獎學金給沒那麼富裕的少數群體學生，希望能更好的反映洛杉磯的多元性。然而這種做法是有代價的。當時許多大學（包括附近的南加大）都在進行基礎設施和設備的軍備競賽，西方學院在這場競賽中開始落居下風。西方學院裡沒有流速緩慢的淙淙小溪，也沒有高級豪華的學生宿舍。如果這所學校看重的是名聲和財富，那麼它收到的捐款可能會比實際數字還要高。然而西方學院有些特點，比如高比例的學生來自工薪階級家庭，一直以來，也都非常關注和社會正義議題相關的運動。

當時，西方學院剛剛拒絕了一位來自南加州的富裕家庭，但課業成績不太理想的女學生，而身為招生辦公室副主任的庫賽奧，則收到了一封電郵，寄件者就是那位女學生怒氣沖沖的升學顧問——辛格。庫賽奧幾乎從來沒有直接被私人的升學顧問聯絡過。

「你在開玩笑嗎？」辛格寫道。他希望和副主任進行面談，討論如何幫助那名女孩「找到在今年秋天進入西方學院就讀的方法。」他還在電郵裡暗示，她的家人會捐錢給校方：「我認為我們可以創造雙贏。」

庫塞奧自豪地回覆辛格：不了。

「你搞錯了。」庫塞奧寫道。他不禁對辛格感到疑惑：「他是否寫過這樣的信給其他人，然後獲得了不一樣的答覆呢？」

多年以來，辛格都會坦率地和別人提到，有些大學比較有彈性，如果家長願意捐錢的話，校方就會讓未達錄取標準的孩子入學就讀。他曾告訴一些朋友，西方學院實在非常「愚蠢」，在招生辦公室和校務發展辦公室之間放置了太多障礙。

但那些障礙，也讓辛格不斷思考，如何透過一些更有創意的方法，讓顧客的孩子能夠獲得申請優勢。

特蕾．康薇（Tre Conway）不斷聽到自己的男朋友提起瑞克．辛格——而她的男朋友克里夫．辛格（Cliff Singer），就是瑞克．辛格同父異母的弟弟，也住在洛杉磯地區。

和自己的哥哥相比，克里夫也有過一個不太光彩的過去——他曾在一九九〇年，利用優比速（UPS）和美國郵政的貨運，透過電話向一位住在達拉斯的男子販賣古柯鹼，每週達八十五克到兩百克，最後遭逮捕入獄。那名顧客後來改變態度，決定和聯邦檢察官合作。

但克里夫很有幹勁，也很聰明，而且很欣賞自己的哥哥。後來成為一名合法商人的克里夫告訴康薇，她應該和他同樣在從事教育業的瑞克見個面。當時的康薇，正在哈爾斯壯姆學院（Halstrom Academy）這個連鎖的私立盈利學校裡擔任行銷主管。於是他們有次約在一個星巴克裡見面，而在會面之後，康薇很快便同意將辛格介紹給哈爾斯壯姆學院的校長。

辛格以新港灘為基地的事業，當時已經在加州最富裕的社區裡頗有斬獲，而辛格當時結交的一些學校，也都紛紛開始使用辛格的服務。這些學校都在不斷擴張、學費高昂，卻並未對學生提供完整的升學輔導服務，而口袋很深的家庭，也很想要在升學上獲得更多建議。那些學校對一些學生提供了另一個捷徑，可以讓他們在申請大學的競賽中搶得先機。

和一般的學校相比，有些另類學校（alternative school）並不那麼嚴格。在一些批評者（包括教育者、學校管理者，以及一些曾經擔任監管人員的人）眼裡，有些學校會因為家長付錢施壓，而調高學生的成績。哈爾斯壯姆學院會對某些孩子提供一對一的指導（比如演員、運動員，以及患有注意力不足過動症的學生），他們需要更多的照料，以及更有彈性的課程表。但這種學校，也吸引了一些想要在比較輕鬆的環境中，完成進階先修課程或進階榮譽課程（Honors courses），藉此改善在校成績、增加平均分數的學生。

辛格曾在二〇一三年，和哈爾斯壯姆學院有過一段短暫的合作關係，他當時同意為學生提供顧問服務，並在學校裡找尋自己的客戶。校方的一位主管發現，他們完全是天造地設的搭檔。辛格在一件事情上特別有幫助。一般的學校不太會希望學生在其他地方上像生物科、數學科這樣的課程。「去和學校發個脾氣。」他會這樣告訴想報名哈爾斯壯姆學院的家長，但學生主要就讀的學校，卻通常不會太喜歡這種計畫。他會在這類討論裡，對許多家長提及自己的服務。他曾受邀前往哈爾斯壯姆學院位於曼哈頓海灘（Manhattan Beach）和伍德蘭丘（Woodland Hills）的校區，在一些活動上擔任演講人。

辛格在曼哈頓海灘的那場演說，康薇也參加了。真的是個業務奇才，她心想。辛格非常有自信，也非常有料。他提供了可靠的建議，還提到自己將孩子送進名校的輝煌紀錄。如果家長願意聽從他的建議，他能讓那些遙不可及的目標，變成可行的事情。臺下的聽眾都聚精會神地聽著他的每一句話。

不過有天，辛格和康薇說了一個奇怪的故事。康薇回憶道，當時他提到，有個客戶想要把孩子送進美國東岸、能真正符合孩子能力的頂尖學校。辛格似乎非常確定他能做到。

「要怎麼讓他進入那些學校？」康薇如此問道。

「走側門。」辛格告訴她。「有些人會走後門，但我走的是側門。」

康薇不知道這句話是什麼意思，但聽起來有些可疑。她沒有追問細節。她不想知道。

本身就是大學申請顧問、同時也是舊金山灣區卡爾蒂諾教育（Cardinal Education）老闆的亞倫·古（Allen Koh），也聽說過名氣愈來愈響亮、「能把學生送進大學」的辛格，但他不知道辛格到底是怎麼辦到的。他猜辛格只是運氣不錯而已。亞倫自己的顧問方案，收費從兩萬美元到六位數的金額都有——如果要客製化的方案，收費最高能達一百萬美元。

二〇一三年的某天，亞倫出現在某個金融家位在舊金山半島的家中。那個莊園門禁森嚴，後面還有個網球場、游泳池、滑水道，以及看得到港灣的開闊視野；屋子裡則坐著他的客戶、客戶的兒子，以及辛格。家長有時的確會面試好幾個升學顧問，但同時雇用兩個人的情況並不常見。那名父親解釋了他的計畫：辛格將會成為「策略顧問」，而亞倫的公司則是「小論文協助團隊」。

辛格和亞倫對那篇小論文的看法不同。校方要學生描述自己遇過最大的挑戰——對很多青少年而言，這是個不容易回答的問題；對於來自阿瑟頓（Atherton）這個超富裕小鎮的人來說，在抱怨自己遇到的挑戰時，也需要格外小心。

辛格手下的指導員，通常不願意彰顯申請者的優渥家境，因此可能會要學生寫一些沒那麼爭議性的挑戰，像是從運動傷害之中復原之類的。然而這次，辛格卻給出了一個對亞倫來說，顯然不太合適的建議：他要學生寫道，自己上公立學校的朋友能輕鬆面對課業，但自己卻必須在矽谷的頂尖私立學校裡更加努力地讀書，但獲得的分數卻沒辦法像朋友那麼高。

「這個主題很難獲得青睞。」亞倫如此告訴那家人。「我想，你不需要成為一名升學顧問或是火箭科學家，就能知道這是一個非常沒有同情心的視角。」

但那家人並沒有被說服。他們還是想要接受辛格的建議。不過反正他們已經付亞倫錢了，他也沒什麼好爭論的。後來的另一次互動，也讓亞倫對於辛格這個同行／競爭者另眼相看。

亞倫曾為了另一個客戶向辛格求助：那家人的孩子資質不差，但稱不上頂尖聰明；亞倫經過扎實評估之後，認為他們的孩子無法進入南加大，但他們卻不願意接受。那家人不斷拜託他，彷彿那樣就可以改變他的答案。但他不會為了一點錢就給別人不切實際的希望。

然而為了滿足那家人，亞倫覺得至少還是可以考慮用「幫助校務發展的方式」試試看，也就是捐錢給南加大。亞倫記得，辛格總會說自己非常了解南加大的運作方式。「嘿，你說你跟南加大很熟。關於這個案子，你沒有什麼看法？」他在電話上如此和辛格說道。

亞倫將那個學生的相關細節，以及他的課業表現告訴給辛格聽。結果辛格聽了之後沒有展現出一絲猶疑。

「噢，這個沒問題。」他說。

亞倫沒想到他會這樣說。

接著辛格解釋了那個可以讓他被錄取卻有些迂迴的方法：先捐錢給他的慈善機構「關鍵全球」，他會再將捐款轉交給南加大的體育部門。辛格說，至少需要五十萬美元。

亞倫接著又問了很多問題，但他獲得的答案卻讓他變得更加困惑。辛格提供了很多毫無道理的理由，告訴他為何應該要將錢匯給他的組織，而不是像大部分捐款那樣，直接匯錢給南加大。這種將顧問組織和捐款綑綁在一起的做法並不常見，而且根據亞倫過往幫客戶擠進各大學VIP名單的經驗，雖然辛格提出的金額的確不是一筆小數目，但也沒有大到能讓校方看上眼。

然而辛格依然非常堅持，這種做法絕對有用。

亞倫心知肚明，就算那筆捐款的數字後面多加個零，也不能保證學生就能被校方錄取（尤其是在這種情況之下）。各大學都即將進入錄取季了，這種做法太引人注意了。而且那個家庭和南加大也沒有任何真正的連結。

亞倫並不覺得他會賄賂校方，但他知道事有蹊蹺。

「這種做法不適合我們。」亞倫如此告訴那個家庭，他們最後也找到了更適合兒子的學校。

然而，這個世界上，多的是願意冒險、無所不用其極的家庭。

第六章　競爭激烈

當蕊貝卡・涵德肖（Rebekah Hendershot）看到她指導的一名青少年的小論文草稿主題時，她顯得有些吃驚；那篇小論文的主題是：成長於貧困家庭的苦惱。然而他們當時明明就在那個學生的家裡會面——一棟豪宅裡。

那名學生的升學顧問瑞克・辛格建議他，可以將焦點集中在這個敘事上，看看克服困難的故事能否讓入學審查人員留下深刻的印象。身為寫作者和審稿員、受辛格委託幫忙學生修改小論文的涵德肖，於是充滿狐疑地看著這位客戶使用各種心理上和修辭上的技巧，來捏造他成長於貧窮之中的個人經驗（雖然那位學生本人對這種策略也充滿疑慮）。

有時，辛格也會自己嘗試拼湊那些惹人同情的虛假故事。

二〇一三年秋天，他曾為住在溫哥華的青少年伊桑・希督（Ethan Sidoo）草擬一篇小論文；那篇文章詳細地描述了，申請者在洛杉磯一個反幫派暴力組織實習時，曾經遇到的慘痛衝突。那篇充滿戲劇性的小論文提到，伊桑經歷過一場搶劫事件。

就連付錢給辛格、請李德爾幫自己兩個兒子考試的加拿大商人大衛・希督，也覺得這篇小論文有點太超過了。「我們可以少寫一點他和幫派互動的內容嗎？還有槍……？」希督在看過那份草稿之後，在寫給辛格的信中如此寫道，「這些情節聽起來很恐怖。」

但希督依然讓辛格依照他的判斷行事。「你知道他們要的是什麼。」

他的確知道。辛格早就知道，那些入學申請審查員，想看到獨特的幕後故事、特別的才能，以及引人注意的東西。他們有太多申請者都是符合錄取資格的，他們想要的是可以在所有人之中閃耀發光的人。

由於大學希望能以更全面的方式審查申請資料，申請者的背景也開始扮演了新的角色，而這也意味著，他們不會只看成績和分數。申請者曾經克服過哪些障礙呢？他或她在成長的一路上有多艱難呢？有家人驟逝、曾經無家可歸，或發生過什麼戲劇性的事情嗎？小論文就是用來展現這種幽微差異的關鍵所在。

能占有優勢的申請者，不只是既有錢、又有關係的學生（畢竟這兩種特質幾乎都是一起出現的）。來自某些背景、擁有有趣的個人故事的申請者，也能攫住審查人員的目光，比如必須面對貧窮或種族偏見的人。

比方說，葉勝（Thang Diep）幾年前在申請哈佛大學的時候，就知道他有些特別的東西是值得告訴學校的。以哈佛大學的標準而言，這位青少年的學術能力測驗分數，在舊制滿分的兩千四百分裡只拿到了兩千零六十分，並不算特別突出。但這位近期才來到美國的越南裔移民，卻寫出自己經歷了種族侮辱、努力學習英文，甚至還曾咬著鉛筆，花上好幾個小時的時間大聲把書上的文字唸出來，藉此來改進自己不太自然的英文發音。

入學審查人員在他的申請資料上寫下的評語，顯示出他們對他在知識上的好奇心、能感染其他人的樂觀態度，以及似乎真的想影響社會、投入藝術這點，都留下了非常深刻的印象。

如果那些中上階級的孩子，從來都不需要靠打工來分擔家計，也不會聽到父母為了大筆開銷而煩惱，他們要怎麼跟別人競爭呢？如果某個孩子唯一經歷過的逆境，只是去宏都拉斯做過社區服務志工的話（而且父母可能還為此支付了幾千美元），他怎麼可能脫穎而出呢？

當學校都在疾呼要增加種族和族裔的多元性時，一個舒舒服服長大，但父母又捐不起一棟建築物（或沒辦法幫校隊教練付薪水）的白人小孩，要怎樣才能獲得公平的機會呢？

至少，這就是一些白人申請者的疑問。

一位來自佛羅里達州那不勒斯（Naples）的高二學生，在一封寫給記者的電郵之中提出了這個問題：「作為一位白人男性，我要如何才能加強自己的申請條件，而不會被我的族裔背景影響呢？」

與此同時，一位父親則在一次採訪中提到：「現在最好的身分，就是印度裔美國人或黑人。白人男性則是最糟的類別。」

而那也正好就是瑪爾裘莉（Marjorie）與傑夫・克拉伯（Jeff Klapper）夫婦倆的小兒子所屬的類別。他們一家人住在高級社區，那裡的街道都以常春藤聯盟的大學命名，而且距離史丹佛大學清新的校園只有幾分鐘的路程。瑪爾裘莉經營一間珠寶店，而傑夫則在聖馬・蒂奧（San Mateo）經營電訊服務供應商。他們的孩子當時在門洛—阿瑟頓高中（Menlo-Atherton High School）讀四年級；這所公立學校的學生，在種族和社經條件上都相當多元，有百分之九十的學生畢業之後會繼續念大學。這所高中也提供諸如進階先修中文課，以及俄國史與俄國文學這樣的課程。

辛格和他的團隊幫這位男孩填寫了大學申請資料，並至少勾選了「非裔美國人」或「墨西哥人」的選項。他們還表明他的父母並沒有受過大學教育。對此，瑪爾裘莉倒是猶豫了一下，因為她不確定哪一種做法會比較好——是要說自己是家族中第一個念大學的人？還是讓孩子直接去申請她丈夫念過的大學，並表明自己的父親也是校友？

有些家長在看了數據之後，認為他們必須想辦法取得一些優勢。大學的錄取率不斷下跌，比如史丹佛大學從二〇〇五年到二〇一四年間，錄取率便從百分之十二下跌至百分之五．一，而范德比大學（Vanderbilt Unicersity）則從百分之三十五．三下降至百分之十三．一。至於杜克大學（Duke University）、賓州大學（Penn）以及克萊蒙特．麥肯納學院（Claremont McKenna College）的錄取率，則是都下跌了一半左右。

這些不斷下跌的數字，在高中走廊和升學輔導室裡引起了不小的恐慌，並導致下一年度的四年級生只能申請更多所學校，以防萬一。但這種現象也推高了申請數，同時壓低了錄取率，於是形成了惡性循環。

那些大學倒是樂見於此。他們通常都希望有更多的學生對自己的學校感興趣，儘管招生人員會開始抱怨，必須審查的申請件數實在太多。錄取率愈低，學校的聲譽和光環就愈堅實。雖然光是刷掉申請者，並不會讓學校在《美國新聞與世界報導》裡的排名上升，但錄取率很低的形象，卻可以在其他方面帶來助益：這種具有話題性的名聲，表示學校只挑選最好的申請者，而更好的品牌認知度，也可以帶來捐款、吸引到優秀的教授，並且合理化校園裡的改善工程。

到了二〇一〇年左右，一個從一九九〇年代便開始發生的轉變，則已經升高到了前所未見的程度。申請大學，已經成為一種狂熱的行為。比方說，位於波士頓的東北大學（Northeastern University）就派出了一個二十多人以上的團隊，在全國各地拜訪了超過一千所高中，並寄了數十萬封信或電郵給學生。這個舉動導致該校的申請數遽增，於二〇一四年收到了將近五萬份申請，比十年前的數字翻了一倍。在這段期間裡，由於該校的班級規模相對來說沒有太大變化，因此在《美國新聞與世界報導》的排名從普通的三位數，躍升至了令人欽羨的前五十名。在很短的時間之內，這所學校便從一所學生會為了預防落榜而申請的學校，搖身一變成為熱門目標。

在諸如布倫特伍德（Brentwood）和貝爾．艾爾（Bel Air）這些自成一格的社區裡，空氣中瀰漫著某種不太一樣的東西。那些母親在開著保時捷、富豪汽車（Volvos）和賓士休旅車送孩子上學之後，會穿著健身服出現在當地的咖啡店裡，而店裡放置吸管和紙巾的區域，則貼滿了各種模擬測驗服務和家教公司的廣告。

她們會心想：「我的孩子需不需要找人來幫忙化學科呢？如果在亞哲高中（Archer）或十字路高中（Crossroads）念書的學生，真的像廣告傳單上所說的，都在找家教了，那我的孩子應該也需要吧？」

有些保證學生在美國大學入學考試中獲得多少分數、能提供機會讓學生戰勝測驗的廣告，則宣稱完美主義（或者近似於完美主義的東西），或許是買得到的東西。

手裡拿著無脂香草拿鐵和低脂瑪芬蛋糕的她們，接著就會去預約家教服務，好確保不落人後。

活在這種泡泡之中的家長所感受到的焦慮，大多是他們自己造成的，因為他們相信（同時也讓他們的孩子認為），雖然美國其實有很多非常棒的選擇，但只有少數幾所競爭激烈的大學才是值得念的。就像一位母親的律師所言，她的家人愈來愈相信，如果少了辛格的協助，他們的孩子就無法進入「正確的大學」。他們想上的大學變得比以往都還要更加遙不可及，而即使是那些過往以來者不拒聞名、學生用來預防落榜而申請的學校，也都不再輕易就能進入。

然而並不是所有家長都如此算計。從二〇〇三年便開始經營狀元升學指導公司（A-List Admissions and Tutoring）的亞勒克西斯·懷特（Alexis White）說，有些家長其實只是因為太忙、有點不知所措，或者想要看到奇蹟。「這就像一個人跑去看婦產科，然後說，『我已經四十八歲了，有多大機會能懷孕呢？』」

其他家長，則對於升學道路變得如此不可預測、和他們當年念書時截然不同，而感到非常傻眼。

「我孩子的平均成績要拿到三·六才進得了科羅拉多大學波德分校（CU Boulder）？你在跟我開玩笑嗎？」他們會這樣問懷特。「想進南加大居然有這麼困難？」她將這種現象和房地產做了類比：「換作二十年前，有些社區你連一步都不想踏進，結果那些地方到了今日卻變得炙手可熱。申請大學也是這樣。」

討論什麼才是合適的大學（也就是真正適合某個學生的大學，而不只是外人眼中最理想的大學），就「像在跟空氣說話一樣」。在哈佛大學教育研究所（Harvard Graduate School of Education）擔任講師的亞歷克斯·布魯克·雷丁（Alexis Brooke Redding）如此說道，這位講師，當時正在研究「必須取得成就」的文化心態，並針對申請大學的壓力寫過不少文章。

即使在辛格剛崛起的時期，大多數美國人上的大學，都還是會錄取多數申請者的。這裡說的不只是社區大學或一些區域性的學校，比如東伊利諾大學（Eastern Illinois University）或西密西根大學（Western Michigan University）。譬如說，維吉尼亞理工學院（Virginia Tech）的錄取率，最高曾在二〇一四年達到百分之七十二，而密蘇里大學（University of Missouri）的主校區則有百分之七十八。許多熱門的私立學校，比如紐約大學和貝勒大學（Baylor University），錄取的大門在當時也是頗為敞開的，比如他們在二〇一四年的錄取率分別都還有百分之三十五和五十五。如果那些被辛格吸引的父母們能開拓一下視野的話，就會發現很多很棒的學校錄取率其實更高、畢業之後也不乏成功的機會。

升學輔導、研究人員，甚至是家長們，都曾經使用過「浴血運動」（blood sport）這種生動的詞彙，來形容今日的大學申請流程。所以，要如何安全通過這片詭譎幽暗的水域呢？要如何在看似不可能的情況下，奪得至少一封錄取信呢？要如何找到那個亮點，讓審查人員在茫茫人海之中對某個申請者留下印象呢？

找一個專家來幫忙，然後好好研究一番。

《普林斯頓評論》（*Princeton Review*）的「最佳大學」指南，雖然提供了關於學校的資訊，但未必會告訴你如何才能被他們錄取。針對後面這件事，家長可以透過某些類型的書來獲取先機，比如《你不知道這些事會讓你上不了大學》（*What You Don't Know Can Keep You Out of College*）和《大學之鉤：要包裝，才能在大學申請這個競賽中脫穎而出》（*The College Hook:*

Packaging Yourself to Win the College Admissions Game）。

辛格曾在二〇一四年，自費出版了自己和小論文名師涵德肖合寫的一本書；這本書承諾會和讀者分享五十個祕密，能幫助申請者進入心目中的理想大學。他把這本書的書名訂為《入學》（*Getting in*）。

「若想擠進最好的大學，競爭是非常激烈的。」他寫道。「聰明的學生，會盡可能地利用每一分優勢。」

這本薄薄的指南，提出了一些能讓人獲取優勢的合理建議和推薦，比如鼓勵學生在課外社團中取得領導職位，以及在學期中參訪大學校園。然而這本書也充滿了矛盾的指示和頗為膚淺的意見。他一方面說招生人員其實不太在乎學術能力測驗的成績，一方面卻又要學生購買模擬試題本、請家教，因為「有了這些幫助，你很容易就能拿到高分。」

金伯莉．蘿爾德（Kimberly Lord）目睹了家長們費盡千辛萬苦，只為了讓孩子脫穎而出的過程。當她二〇一五年在德州一所菁英私校擔任升學輔導人員時，「我遇過一位家長直接過來問我，可不可以幫某位學生寫小論文。」（後來她拒絕了。）

家長們會抱怨說，學校應該要將學生送進某些競爭激烈的大學裡，如果孩子沒有被錄取，他們還會怪罪升學輔導人員。有一次，一位對升學輔導老師非常生氣的家長，居然真的修改了學校在維基百科上的頁面，「直接把我們每個人的名字都列了出來。」蘿爾德說道。「我在維基百科上還出名過一陣子。」

有些家長之所以會跑去找校外的專家，就是因為他們不喜歡校內的升學輔導人員對他們說的話。他們說傑米（Jamie）不應該把眼光放在普林斯頓大學，是因為他真的資格不符呢，還是因為他們想要讓他打退堂鼓，讓班上其他同學更有機會申請上呢？

其他家長則只是寧可信其有、買個心安，證明他們為了幫助孩子真的盡全力了。

曾在四所私立高中工作過的蘿爾德說，校外的升學顧問只會增加焦慮感而已。「我曾把好幾個校外的升學顧問稱為恐懼製造機。那就是他們販賣的東西。」她如此說道。

有些人會認為，大學招生過程有些內幕是他們不能不知道的，也有些方法能幫他們取勝，但也就是這種想法，讓這個產業迅速茁壯。獨立教育顧問協會（The Independent Educational Consultants Association）在二〇〇七年只有不到六百名會員；到了二〇一五年，也就是辛格出版他的書沒多久之後，該協會的會員數便成長到了超過一千四百人。雖然私人升學顧問以服務有錢以及需要花費心力照顧的客戶聞名，但許多客戶其實只是靠著專業人員和中產家庭的生意在維持生計而已。服務全包的費用，在二〇一五年平均為四千六百美元。那些家庭希望顧問能幫他們找出合適的學校（他們連從何找起都不知道），並在選課、課外活動和模擬測驗上提供指導。

然而並非只有專家會給予建議。在二〇〇九年左右，有三分之二在校外獨立接案的升學顧問，都是從學校退休的升學輔導人員。然而到了二〇一四年左右，心理諮商師、老師、律師，以及來自其他行業的人，也都紛紛湧入了這個產業。有些的確有相關經驗的人，只是在高中升學輔導辦公室或招生部門任職過幾年，就轉往私人顧問的領域發展了。

除此之外，還有不少人，則是因為曾經幫助自己的孩子進入麻省理工學院（MIT）或達特茅斯學院，因而覺得自己可以傳授一些經驗，所以才開始幹起了這行。有些人則會在加州大學洛杉磯分校或其他地方進修，上些教育學程、獲取證書。（「光是從癌症中復原，也不會讓你變成一個腫瘤科醫師。」一位升學顧問尖銳地如此解釋道——而他的確擁有許多證書。）有些升學顧問業的組織，會為升學顧問提供訓練和最好的練習，但是否要成為會員，仍然完全由顧問自行決定，而且也不需要執照才能執業。

這就是為什麼會有這麼多人想加入升學顧問這個行業，因為它的進入門檻非常低，潛在的利潤又非常豐厚。

有些家庭會為了奪得更多先機，提早開始準備升學程序。許多高中會一直到十一年級[13]的冬季，才開始提供正式的升學輔導，希望能藉此平息躁動的升學情緒。私立學校會提供許多課業上建議，但有些家長希望能獲得更明確的方向，比方說：一個孩子在高一的時候，究竟應該要上哪一種數學課，三年之後能才會更有機會進得了史丹佛大學。

亞倫在灣區的客戶，至少就有一個是和辛格的客戶重疊的；像他這樣的升學顧問，會說如果某個學生沒有把高一的成績顧好，就會毀掉自己進入好大學的機會。他通常會在學生還在念初中時就開始帶，甚至還會跟著客戶一家人去度假，以便更加了解那些學生。

那些父母本身都很成功，也很習慣得到自己想要的東西。他們也用一樣的方式來面對兒女的教養問題：擬定計畫、設定目標，然後達成目標。

在比佛利山莊擔任親子教養專家的貝奇・布朗（Betsy Brown Braun）會為顧客解答問題，

比如哪家托兒所，能讓孩子進入最好的小學，然後再讓他們進入最好的高中，最後則是哈佛或耶魯。「我實在沒辦法告訴你，家長有多常問我：『我要怎麼做才能把小孩送進某某大學？』然後我就會回答說，你的小孩沒問題的。」

壓力、奮鬥、對完美的期待，這些都會對高中生帶來傷害。

有些學生會走上作弊這條路，就像那些來自可樂．納德瑪高中，曾經和提摩西．賴合作的學生一樣。紐約市的史督維森高中（Stuyvesant High School）似乎就非常流行作弊。在洛杉磯，許多家長都流傳著辛格的名字，而當地的巴克雷學校（Buckley School）也曾爆發過一些事件。

二〇一五年三月二十日，《學生之聲》這份學校報刊用兩頁的篇幅，報導了某些學生見不得人的行徑。「作弊不只會傷害作弊的學生，也會傷害到沒有作弊的學生。」高二學生班．森普雷維沃（Ben Semprevivo）如此寫道，「如果作弊的人愈來愈多，分數線也會被他們改變，而沒有作弊的人就會因此而吃了悶虧。」

作弊是會傳染的，他警告道，「如果作弊的情況變得愈來愈嚴重，原本沒有作弊的學生為了要和作弊的學生競爭，便也會開始覺得自己有必要跟著作弊。」

作弊到底有多危險，森普雷維沃的家終究會親身體驗到。

13 譯注：美國的學制一般是小學五年、初中三年、高中四年；十一年級即為高中三年級，換算成臺灣學制則相當於高二。

不過整體而言，在高中這個必須步步為營的環境裡，作弊並不是最大的問題。位於舊金山附近的帕羅．奧圖（Palo Alto）有許多科技新創公司、創投基金，以及沒有人知道到底人數是多少的百萬富翁。那裡的家長都有大學、碩士，甚至是博士的學歷。他們相信，他們的孩子也會跟他們一樣功成名就。

在如此關注成就的環境裡，學校課業甚至比睡覺還要重要，因而讓青少年難以招架。二〇〇九年，岡恩高中（Henry M. Gunn High School）因為一連串的學生自殺事件而震驚社會；到了二〇一四年底，該校與帕羅．奧圖高中又再次傳出了其他自殺事件。一共有九名學生結束了自己的生命，其中包括即將入學的新生、在學生，以及剛剛畢業者。二〇一五年三月，一位就讀於帕羅．奧圖高中的高一生寫了一篇文章，向《帕羅．奧圖線上報》（*Palo Alto Online*）投書，生動而尖銳地描述了她同學的精神狀況，希望能夠改變學生面臨的這種處境。

「我們不是青少年。我們是一群沒有生命的軀殼，身處在一個孕育競爭、仇恨，而且不鼓勵團體合作和真誠學習的體制之中。我們缺乏真正的熱情。我們生病了。」在學區委員會中擔任學生代表的卡洛琳．華爾沃斯（Carolyn Walworth）如此寫道。「作為一個群體的我們，已經完全忘記學習和接受教育的意義是什麼。」她要求變革，也希望違反回家作業政策的老師能受到懲處，並重新思考他們的教學方式。「是時候清醒一下、認清事實了：帕羅．奧圖的學生每天都在精神耗竭的邊緣上蹣跚地前行。是時候該理解一下，我們是如何讓學生們步向死亡的。」

如果說《美國新聞與世界報導》的排名，在二〇〇〇年以後的十多年裡，助長了大學申請的狂熱現象，那麼社群媒體則是讓收到錄取信這件事情，也變成了一個公開的奇觀。有些在網路上熱播的 YouTube 影片，錄下了青少年們屏息點開學校通知連結的樣子，而他們的爸媽和兄弟姊妹，則會在當事人的身後看著，背景裡還有一張混亂的床鋪或餐桌。他們會開始唸道，「恭喜！我們想邀請你加入……班級」，然後開始用只有狗才聽得到的音調高聲尖叫。

這些十七歲的學生當然會想把他們的喜悅時刻，現場轉播給所有人看。對於二〇一〇年之後的青少年而言，一件事情如果沒有放到網路上，就等同於沒有發生過。但在這種儀式之下，學生卻必須考量：萬一我上的是某個中等的州立大學，還在那邊歡呼，有人會想看嗎？如果錄取我的是某個沒沒無聞的地區性大學，那還值得放到網路上嗎？

升學顧問和家長都會提到一件事：要為申請者找出亮點。光是多才多藝是不夠的——你必須要在某個領域特別出眾。

「記著，大學希望自己的學生是多元的——不論是地理上、族裔上或性別上，你想得到的都是。那感覺就像在拼拼圖，他們會從邊緣處開始拼，等進展到中間的區塊時，只要是能放得進去的，通通都會被塞進去。」辛格在他的書中如此寫道。「能夠看起來與眾不同的學生，最後才會被錄取。」

想要在學業上表現出眾，已經幾乎是不可能的事情了。當時有大約三分之一的公立高中畢業生，至少參加過一門進階先修課程的測驗，然而在二〇〇三年時，這個比例只有百分之十九而已。而且他們的成績也比以前好：有百分之二十的學生，在滿分五分之中至少拿到了三分，但在十年前，能拿到這個成績的學生只有百分之十二。

與此同時，通用申請入口網[14]則為學生在課外活動那欄提供了十二個空格，彷彿像在嘮叨地對著你說，高年級的高中生要填滿十二個課外活動才行唷。

那些招生人員其實早就已經習慣，看到這麼多人都在高中的階段就上過艱深的課程，或在一兩個進階先修測驗中拿到不錯的分數。每個申請者彷彿都來自沃貝貢湖（Lake Wobegon）[15]，能力遠高於平均。

雖然這種現象在新港灘、芝加哥的北岸郊區（North Shore Chicago suburbs）以及舊金山灣區等地方特別常見，但其實在全美各地都看得到。美國各地的家長，都在雇用小論文專家和家教固定授課，希望能讓孩子脫穎而出。他們會花費數十萬美元，把孩子送去瓜地馬拉和盧安達進行人道志工服務，好讓他們可以把在當地蓋房子、蓋水井這種改變一生的經歷，寫在申請資料上面。他們還會雇用私人的小提琴老師和網球教練。誇張的是，就算你的小孩在地區級的拼字比賽中落敗，你還是可以支付七百五十美元，以及交通和住宿的費用，讓小孩參加國家級的全美拼字比賽（Scripps National Spelling Bee）。

此外，他們還呼籲高三學生及早開始找尋心儀的大學、及早開始準備申請工作。

並不是每個人都能夠在「早鳥綁定錄取」（binding early-decision cycle）[16]這輪申請之中，就提交申請資料。能夠只申請一所學校的人，無法比較不同學校提供的財務援助方案，但這種學生一般都會自費就讀，本來就不會在意那難以想像的高額學費。此外，「早鳥綁定錄取」的申請者也必須確保他們的升學輔導老師，有時間在十一月之前寫得出有意義的推薦信（如果是一般的申請流程，繳交推薦信的期限則落在一月初），然而這在公立高中裡，卻是一件很難做到的事情，因為每位升學輔導人員，都有數百名學生要進行輔導。

一份針對二〇一三年和二〇一四年大學申請的分析發現，家庭年收入超過二十五萬美元、美國大學入學測驗或學術能力測驗成績至少排在前百分之十的學生，選擇採用「早鳥綁定錄取」方案申請大學的比例為百分之二十九；至於家庭年收入少於五萬美元的學生，申請「早鳥綁定錄取」的比例則只有大約百分之十五。

包括紐約大學和約翰・霍普金斯大學在內的許多學校，都提供了「早鳥綁定錄取」方案，而該方案意味著，一旦學生被學校錄取，就一定會入學。其他學校則稍為寬鬆一點，譬如普林斯頓大學，就允許提早提交申請的學生，繼續申請其他的州立大學或軍校（不過依然不能申請其他私立大學）。

大學其實和那些正在為人生下一步煩惱的青少年一樣，也想早一點確認入學名單。由於有愈來愈多申請者，會向許多學校提交申請資料，因此校方愈來愈難預測，到底有多少學生在錄取之後真的會來註冊。因此對校方來說，「早鳥綁定錄取」這種方案其實非常誘人，因為那能確保一大部分的生源不會放棄入學資格。

14 譯注：Common Application，一個為美國大學和申請者提供「一站式」標準化申請流程的網路平臺。

15 譯注：出自廣播節目《大家來我家》（*A Prairie Home Companion*）的一個虛構小鎮，住在該鎮上的男女和小孩，不論是外貌和能力都在平均之上；這個地名後來被社會心理學引用，用來形容人會傾向於覺得自己的每個面向，都高於平均水準。

16 譯注：使用這種方式申請的學生，一旦被學校錄取就一定要入學。

達特茅斯學院、范德比爾特大學（Vanderbilt University）以及西北大學，都有半數的學生，是透過這種提早申請的方案入學的。在某些學校裡，提早提交申請的學生的錄取率，是一般流程的學生的兩、三倍。

因此，如果學生能夠負擔得起提早提交申請，就能獲得非常大的優勢。能夠負擔得起模擬測驗、個人指導，以及私人家教的學生也是如此。至於那些能出錢讓學校聘教授、蓋大樓的家庭，就更是遙遙領先了。

第七章 灰色地帶

二〇一三年十一月，由於招生辦公室主任費茲辛蒙斯（Fitzsimmons）的要求，哈佛大學校務發展辦公室的職員亞力珊德拉．布查（Alessandra Bouchard），請羅傑．奇佛（Roger Cheever）這位更資深的募款人員考慮一位申請者。那位申請者的親人並不是哈佛校友，但他們已過世的祖父，一生中曾捐給哈佛大學約八百七十萬美元。

隔天奇佛回覆她，該名捐贈者的藝術品收藏可能都會進入美術館而不會捐給大學，而那家人可能也已經沒錢了。「再找找別人吧。我不認為他們家會再捐給我們什麼大禮物。」他建議將那名申請者的評分，定在比「最熱心」還要次一個等級的級別裡。

好幾個世紀以來，金錢都能換取高等教育。在很多學校裡，學生甚至只要表明能支付全額學費、自己不需要獎學金，就能獲得更高的錄取機會。

學生的父母親和祖父母們都很了解這種遊戲。即使是有錢的學校，也總是希望能獲得更多資金；如果願意捐款的話，就能讓招生人員對你的親戚多看一眼。一如辛格的某位客戶說的：「只要把你的名字放在圖書館牆上，此後五代子孫想上哪所大學都沒問題。」由此，合法的捐贈和見不得人的賄賂之間，真的有差別嗎？這兩種行為的界線在哪裡？不論如何，捐款到底擁有多大的力量？

兩萬美元？大概不怎麼樣。幾百萬呢？可能就有點用了。

需要多少捐款才會有影響力這點，我們並不知道確切的數字，不過這種現象可能也是刻意造成的結果。頂尖大學都會用一種微妙的方式，來討論校務發展辦公室和招生辦公室之間的關係；他們喜歡讓捐款者懷抱希望、覺得自己能獲得特別的關注，而不會直接叫他們支付過路費。帶有對價關係的安排，是不會被接受的。這樣做會違反校方自己公開的宣示：他們應該透過公平、全面、以表現為基礎的方式來審查申請資料，讓努力用功的學生能獲得回報。

多年過後，辛格會解釋進入大學有哪些不同的入口。「想進大學，首先有前門可以走，靠自己的學生會從這扇門進去；接著還有後門，你可以跑去校務發展辦公室，然後捐一大筆錢，但他們不會保證讓你入學；而我呢，則創造了一扇側門，能保證把學生弄進去。」他如此說道。「這就是為什麼，這扇側門對很多家庭來說都很誘人，因為我能保證學生獲得錄取。」

辛格主要使用被他稱作「側門」的這個途徑，把客戶送進大學。所謂的「側門」，其實是賄賂和作弊，只是說起來比較好聽而已。然而大學的後門依然敞開，鉅額捐款者的家人、名人、校友的孩子，以及其他被視為對大學具有重要性的群體，還是能獲得一些特權。

辛格經常會模糊側門和後門之間的界線。在他的心目中，這兩扇門可能是彼此挨著的，甚至可能還共用同一個門檻。二〇一四年，他曾在一封寄給家長的電郵中寫道：「好吧，側門其實沒什麼不妥的，後門也一樣，它們都是所有學校為了建立特別計畫、滿足需要的籌資方法。」他解釋道，這兩扇門之間最主要的差別，就是後門比較貴。如果走側門，只需要捐錢給一個沒那麼大型的計畫，雖然金額依然不小，但已經比後門少很多了，而且非常有效。比如說，你可以捐錢給學校的樂隊，或是被人忽略的體育校隊。

他曾告訴一位父親，想走哈佛大學或史丹佛大學的側門，要價一百二十萬美元，然而如果走後門的話，價格則分別要四千五百萬和五千萬美元，因此相比之下，走側門其實非常划算。「而且你真的會被錄取，這就是最棒的一點。」他如此告訴那名父親。「不論你是來自舊金山灣區，還是來自紐約，全都進得去。」

傑里德·庫什納（Jared Kushner）大概就是這種「後門」交易最知名的案例。記者丹尼爾·高登（Daniel Golden）於二〇〇六年在《錄取的代價》（*The Price of Admission*）中，曾經詳細地記錄了他的故事。庫什納是一位曾遭判重罪的房地產巨擘的兒子，同時也是川普總統的女婿；他在高中時期最多只是個成績中等的學生而已，測驗分數並未達到常春藤聯盟的錄取標準。

他的父親查理斯（Charles）於一九九八年捐了兩百五十萬美元給哈佛大學，而當時正在紐澤西州弗里西高中（Frisch School）就讀的傑里德，也是在這個時候開始進行大學申請。這筆捐款以每年二十五萬美元的方式分期支付，而哈佛前校長說，這筆資金會用於獎學金。「弗里西高中的校方，在知道他申請哈佛大學的時候感到很驚訝，而在得知他被錄取時，也感到很沮喪。」高登在書中如此寫道。他的書，粉碎了大學擇優錄取的假象。

庫什納集團（Kushner Companies）的發言人後來說，外界對於查理斯·庫什納捐錢給哈佛大學，和傑里德被錄取一事有關的「指控」，「是子虛烏有，也一直都是子虛烏有的。」該發言人還說，查理斯和賽莉爾（Seryl）夫婦倆「本來就是非常大方的人，一直都有在捐款給大學、醫院和其他慈善機構，捐款金額至今已經超過一億美元。」

關於錢有多重要這件事，無論經過幾年，答案依然顯而易見。二〇一三年六月，哈佛大學甘迺迪學院（Kennedy School）的院長大衛．艾爾伍德（David Ellwood）寄了一封電郵給招生辦公室的主任費茲辛蒙斯，讚揚他願意考慮幾位申請者的錄取資格，因為那些申請者可能擁有某些人脈資源，可以為學士後的公共政策學程帶來不少資金。

「我的英雄，」艾爾伍德在那封電郵的主題欄如此寫道。

「和以往一樣，你幹得很好。」艾爾伍德還說他「很興奮看到你錄取的所有學生」他們都是「大咖」：其中一位已經答應會捐贈一棟大樓，還有一位則答應會提供大筆財源，供學校聘請師資。

二〇一四年一場針對哈佛大學的官司，則將大學對申請者的差別待遇攤在了陽光底下。這場官司由大學生公平錄取組織（Students for Fair Admissions）發起，該組織宣稱其代表的是一些亞裔美國學生；他們指控，哈佛大學會對亞裔學生設下更高的錄取標準，導致他們因為種族背景而未被錄取。這場官司在二〇一八年秋天進入審理階段，將近一年後，聯邦法院判決哈佛大學勝訴。（不過學生也提起了再上訴。）這場官司的法庭紀錄和宣示過後的證詞，讓外界對這個問題有更多的了解，而那些證詞令許多人憂心忡忡。

只要能拿到校隊隊員的資格，幾乎就能保證會被錄取。杜克大學一位經濟學家，曾對哈佛大學長達六年的錄取資料（將近十六萬七千筆）進行數據分析，他發現校隊運動員有百分之八十六的機率會被錄取，而非校隊運動員的錄取率只有百分之六。哈佛大學和其他常春藤名校一樣，並沒有運動員獎學金的制度，然而大學生公平錄取組織的律師，卻在二〇一八年的審判過程中說，對哈佛而言，「運動員」這個標籤「不只是一個可以提供學生背景的訊息，而更像是一種在要求校方錄取某個人的指令（command）。」

能獲得特殊待遇的，不只是運動員而已。校友後代被錄取的機率，也高達將近百分之三十四。此外，院長手中也有張名單，上頭列了一些神祕的申請者，校務發展和其他辦公室每年都會將他們的名字，轉交給負責審查入學的費茲辛蒙斯主任。

當費茲辛蒙斯在法庭上被問到，錄取捐款大戶的孩子和親戚是否重要時，他的回覆是：「就學校能否長期經營、獲得所需的資源而言，他們確實很重要。」

哈佛大學的男子網球教練大衛．費許（David Fish）曾在二〇一四年十月寄了封電郵給費茲辛蒙斯，感謝他願意與一位校隊運動員見面。在過去的四年之內，該名運動員的家長捐贈了一百一十萬美元給學校，其中包括對兩名教授的薪資提供全額資助。費許提到，那個家庭有些親戚曾是哈佛校友，但他們「家族」裡多數人都畢業自賓州大學。他們想要讓孩子進入哈佛，「所以我們鋪開了紅地毯。」

費許寫道，那名學生並不是校隊一直積極想爭取的對象。「換作一年前，我可沒辦法面無表情地提供（那位運動員）一個名額。」但那個孩子進步了不少，排名不斷上升，還和另外一位實力堅強，後來也被哈佛錄取的選手一起打雙打比賽。因此費許要求費茲辛蒙斯在秋季審查早鳥申請件的時候，讓那名孩子獲得一封「可能錄取」的通知書。

費茲辛蒙斯則回覆道，那個孩子「完全適合」獲得可能錄取的資格。

二〇一四年五月，一位憂心忡忡的母親打了通電話給加州大學洛杉磯分校，詢問校方是否可以重新考慮她女兒的申請案。那名母親還說，她願意付更多的錢。她知道自己需要給十萬美元，沒問題。

這位母親於二〇一三年八月雇用了辛格，向他支付了六千美元購買顧問服務。他說他可以幫她的女兒進入加州大學洛杉磯分校，但必須準備支付一大筆捐款。他告訴她，那筆錢的一部分會交給學校，一部分則會交給教練。「如果他們能幫忙的話，給他們一些回饋也是好事。」辛格如此向她解釋。把它想成是在「表達謝意」就好了。

由於這名女學生有在打高中網球，因此辛格在二〇一三年十月將她介紹給了加州大學洛杉磯分校的網球教練比利・馬丁（Billy Martin），以及馬丁的助理葛蘭特・陳（Grant Chen）。馬丁認識辛格已經有十年的時間，他告訴那位母親，辛格過去幾年來幫他找到了許多的校隊運動員。辛格曾在二〇〇八年直接對加州大學洛杉磯分校捐了三萬美元，而馬丁就是當時的牽線人。馬丁也認識曾在ＩＭＧ學院裡受雇於辛格、後來自己出來創立顧問公司的史考特・特雷布里。

馬丁後來說，辛格曾告訴他，這位學生的家庭相當富裕，而且可以資助加州大學洛杉磯分校，但他們並未討論確切的金額。

然而，女子網球校隊招生名額已經滿了，因此馬丁的助理葛蘭特・陳，便將他們介紹給了加州大學洛杉磯分校頗負盛名的水球隊教練——布蘭登・布魯克斯（Brandon Brooks）。那位女學生後來在十二月和布魯克斯見面；雖然她從來沒有打過水球，但布魯克斯說她似乎可以為球隊帶來一些幫助，能成為球員或球隊經理。辛格對此給了建議：去告訴布魯克斯，妳可以為了申請入學而先成為一名球員、參加訓練，然後再轉為球隊經理。「如果妳需要水球球員的運動經歷的話，我有個朋友……可以幫妳弄到。」

那名女生於是寄了封感謝信給布魯克斯，而布魯克斯將那封信轉給葛蘭特・陳。葛蘭特・陳迅速地擬了封承諾書，希望這位女生的家長同意在未來的四年裡，每年都捐贈兩萬美元。葛蘭特・陳後來告訴校方他喜歡「積極行事」，也理解募款是他工作內容的一部分。

辛格在十二月時傳了一則簡訊給女學生的母親：「一切都搞定了。」他寫道，「她會被列入一月份錄取會議的名單裡，毫無疑問，她會立刻被錄取。假期愉快！！！」不過在第二輪審查時，體育辦公室某個監管人員發現，這女孩其實沒有打過水球。於是最後，她沒有被錄取。

未錄取的結果讓女孩的母親決定致電學校。她提到，辛格暗示她，想要被錄取就需要捐錢，而這個說法也讓加州大學洛杉磯分校的監管單位，正式開始調查整起事件。調查結果顯示，葛蘭特・陳並不是第一次這樣以錄取入學為誘因，欺騙家境富裕但資質平庸的運動員。

校方在調查中發現，葛蘭特・陳在前一年也曾使用類似的手法，宣稱一名來自布倫特伍德的年輕女性，有潛力加入加州大學洛杉磯分校的田徑校隊。她被田徑總教練標記為校隊隊員的那天（那名教練說，他們是在校務發展辦公室的要求之下才這麼做的），葛蘭特・陳也拿到了兩份捐款單，一份是八萬美元，另一份則是十萬美元。他很快便證實，那家人曾承諾會在接下來的四年裡，每年捐贈兩萬五千美元給學校。

校方認為，這種捐款行為明顯具有對價關係。教練預期她會成為校隊經理、而不是選手，而教練們也不應該用校隊隊員的名義來稱呼校隊經理。

因葛蘭特．陳涉入這兩起案件，校方決定也審視網球校隊，看看是否有其他同樣資質普通的運動員，家裡剛好捐了款給學校。事實證明，這種現象的確存在。從二〇〇〇年到二〇一四年間，在那些資質被評為「有限」的男子網球校隊成員裡，其家庭有「相對高的比例」都曾捐助網球校隊，且金額不小。而這些學生當中，至少有兩位曾經是辛格的客戶。

這份由監管辦公室主任完成的調查報告，後來被呈交給了校方高層；該報告指出，這個事件「顯示了一種錄取模式，在這個模式中，某個申請者會否被錄取，和申請者家庭是否可能會提供捐助有關。」

該模式被揭露並引起了一些注意。接著，卻又被人淡忘了。

加州大學洛杉磯分校決議，雖然有些教練的確違反了學校政策，但那些網球校隊隊員的錄取案還不算太過離譜，因為他們至少都擁有基本的資質，而且那些捐款匯入的時間點，和孩子們被錄取的時間點也不算太過接近。這份報告公布之後，校方實施了一個新的政策，要求學校必須在校隊隊員正式註冊之後，才能接受學生家庭的捐款。

另一個類似的情況發生在德州大學奧斯汀分校（University of Texas at Austin），該校入學申請審查人員，陷入了一個尷尬局面。有名申請者完全不符錄取資格（「從很多理由來看，他都不是個理想的人選」，校方人員如此說道），但他們別無選擇，只能錄取這名學生。校長希望他能夠被錄取。於是他的確被錄取了。

這個情況反映出了一個疑慮：和議員，以及其他有影響力的人有關係的申請者，會在主校區獲得特殊待遇。這起事件讓校方展開了內部調查，但他們後來認為這樣還不夠，於是又聘請了調查公司德安華（Kroll）負責調查工作。

二〇一五年，德安華公司在其對德州大學奧斯汀分校招生辦公室的調查總結報告中，並沒有發現任何具有對價關係的交易行為，或其他違法的情事，但該報告的作者認為，發生在該校裡的事件，似乎也不完全是適當的。德安華公司警告，如果校長、院長和其他能認定誰會帶來特殊利益的人，鼓勵、施壓要求入學申請辦公室接受他們的推薦的話，現有的政策可能會讓「擁有優勢的人獲得更有利的結果」。

從二〇〇六年便在德州大學奧斯汀分校擔任校長的比爾．鮑爾斯（Bill Powers，這裡的比爾．鮑爾斯，和將道格．荷治介紹給辛格的那位剛好同名，但並非同一人），承認自己曾在校董事和其他人的要求之下，介入入學申請的錄取決定。他說這麼做，有助於和重要的利益關係人維持良好關係，比如擁有該州財政大權的議員。

德安華的調查發現，從二〇〇九年到二〇一四年間，被德州大學奧斯汀分校大學部錄取的學生裡，有七十三位的學術能力測驗成績低於一千一百分，而高中時期的平均分數則低於二．九——這兩個數字，都明顯低於該校錄取學生的整體水準。此外，這七十三位學生，有將近半數都來自年收入超過二十萬美元的家庭。

德安華公司正在校內調查的當時，德州大學奧斯汀分校的院長、校長和其他幾位人士，都能要求在申請資料上標註「特件」，這表示審查人員必須通知他們，才能正式給予該申請人「不予錄取」的決定——而這也意味著，那些推薦人有機會挑戰審查結果。

在德安華公司調查的六年期間，每一輪申請流程都有數百名的申請者被標註過「特件」字樣，而這類學生有百分之七十二的比例會被學校錄取；相較之下，該校整體的平均錄取率只有百分之四十。如果州議員、校董事，以及知名校友、重要捐款人、教職員和其他校職人員提出要求，某些申請者就能獲得特殊的待遇，入學申請書上被打上「特件」字樣。

鮑爾斯在學校網站上的個人部落格《象牙塔之談》（*Tower Talk*），回應了這起調查報告，「就我的觀察而言，美國幾乎每一所競爭激烈的大學，都存在類似的做法，而大學之所以會這麼做，是因為這種做法對學校有益。」

西北大學校長摩爾提．沙皮洛（Morty Schapiro）也有類似的看法。「我認為，在私立名校大學部的錄取機制裡，捐款者和其他制度性因素是否會扮演任何角色，根本就不是一個問題。真正的問題應該是，他們是**如何**在其中扮演角色的。」他在二〇一九年夏天接受專訪時如此說道。

沙皮洛自己每年都會審查超過五百份入學申請資料。他說，當他在進行推薦時，學生的才智和能力絕對是最重要的條件。「真正重要的，是學生能夠在課堂裡、課堂外做出哪些貢獻，而不是學生的家庭能為學校的募款工作帶來多少幫助。但話雖如此，我在考量是否錄取一名學生時，如果完全不從大學整體的角度去思考的話，那也是非常愚蠢的。」

沙皮洛審查的申請件，是那些和大額捐款人有關的申請者、教職員的孩子、當地高中生、教師、校友志工的孩子、自己學生的兄弟姐妹，以及現在正在「為美國而教」（Teach for

America）工作的校友推薦的人。

二〇一八年至二〇一九年的入學申請期間，在沙皮洛審查過的申請件中，有四百到四百五十個申請者，早就已經被入學申請審查辦公室註記上了「明確錄取」或「不予錄取」。他曾和大學部招生主任克里斯・華生（Chris Watson）見面，討論其他一百名落在錄取邊緣線上的申請者。

西北大學的官方立場是，第三方背書和推薦信很少會影響申請結果。沙皮洛說，每年通常都會有兩到四個學生，是他會告訴華生他希望錄取、但華生和華生的團隊不同意的，會有這種狀況，通常都是因為沙洛皮認為某個學生在高中時期的高年級成績，明顯比低年級時進步許多。沙皮洛說，他會提出異議，但不會「利用自己的位階來改變審查結果」。

身為經濟學家的沙皮洛，其學術研究關注的是高等教育的資金來源、學生援助方案，以及其他和大學招生相關的主題，因此他說自己之所以會對申請資料如此關注，有部分原因，其實就和他的研究興趣有關。他也是個務實的人。他說如果某個傑出的教授正好有孩子提交了申請、卻又沒有被錄取，他就必須給出個合理的答案。至於那些大額捐款者的孩子，「如果我不去仔細看看他們的申請資料，那我一定是瘋了，不然我要怎麼跟他們交代，為什麼他們的孩子沒被錄取？」

二〇一八年十月底，位在波士頓海濱的聯邦法院裡，一位七十幾歲的非裔女性在擠滿人的法庭上出庭作證，試圖捍衛大學校園裡的多元性——以及哈佛大學對校友後代、運動員、捐款者的親戚和其他特殊申請者的特別「優惠」。

乍看之下，茹絲・辛門絲（Ruth Simmons）並不像這種做法的擁護者。她出生的家庭有十二個孩子，她自己排行老么，年幼時都在德州格雷普蘭（Grapeland）一處農園裡的佃農農舍裡度過。她在休士頓一個完全由非裔居民居住的區域讀完小學、中學和高中，接著在一九六〇年代進入迪拉德大學（Dillard University）就讀。身為一名羅曼語（Romance language）學者的她，曾在幾所學校裡擔任高階的管理職，比如斯貝爾曼學院（Spelman College）的教務長，以及史密斯學院（Smith College）和布朗大學（Brown University）的校長，並且提前退休，回到自己的老家德州擔任普雷里維尤農工大學（Prairie View A&M University）的校長。

當辛門絲在波士頓出庭時，她並沒有直白地為這種「用捐款換錄取資格」的做法進行辯護。「你絕對不會因為一個家庭答應要捐款，就錄取某個學生，」她如此說道，那樣就「完全不妥了」。

然而。然而……

「但當然有可能，有些被錄取的學生，他們的家庭可以為學校帶來很棒的貢獻。」如果他們的能力都很好，「我不覺得錄取那些學生有什麼問題。」辛門絲說。

一所學校要怎樣才能存活四百年？「光是坐在那邊、什麼都不做，學校是活不下去的。學校之所以能夠持續運作，就是因為我們會盡可能地，不斷四處尋求資源。」

父母是誰是申請者唯一真正無法控制的因素，然而這個因素卻也在大學申請過程中至關重要。哈佛大學稱其為「家世狀況」（lineage status），但大多數其他學校則將這種申請者稱為「校友後代」（legacies）。

「如果沒有家世背景，就很難會被錄取。如果有的話，我們就會繼續看申請資料。」一位哈佛大學的招生人員曾在幾十年前，提及一位申請者時如此寫道。「經歷不用太好，但只要夠好的名次和成績，就能因為家世背景而獲得一些優勢。」另一個人則如此寫道。

雖然在過去五十多年來，大學生的人數出現了巨幅的變化，但今日的大學生，和他們在二、三十年前畢業的父母輩依然非常類似：家境富裕，而且多半是白人。在聖母大學（University of Notre Dame）二〇一八年的秋季班裡，有超過百分之二十的學生，其父母親也是這所學校的畢業生。至於在貝勒大學（Baylor University），這個數字則是百分之三十二。這種優待校友後代的做法曾招致不少批評，其中包括紐約聯邦儲備銀行（New York Federal Reserve Bank）總裁威廉・杜德利（William Dudley）；他說他不能理解為什麼這個國家最好的大學，可以繼續認為這個「只會維持現狀、對經濟流動性不利」的做法是合理的。

校方則會這麼比喻：從樹上掉下來的蘋果，總不會落得太遠；如果某個孩子的爸媽都能進入頂尖大學，那麼這個孩子很有可能會遺傳父母的聰明才智，表現不致太差。擁有大學學位的人的孩子，也更可能進入較好的高中，最後在標準化測驗中的成績通常也會比較高，因此本來大學本來就會想要錄取他們。

近幾年來，喬治城大學錄取這類校友後代的比例，大約是整體錄取率的兩倍。至於普林斯頓大學，校友後代的錄取率則是百分之三十，但該校在最近五年的整體錄取率，卻只有百分之七。

然而，如果校友的後代和那些非校友的後代一樣都符合資格，那麼為什麼要給予前者特殊待遇呢？這讓這種做法變得很難自圓其說，尤其學校們都在宣稱想讓學生來源變得更多元。

一份為了控告哈佛大學而分析了該校六年來錄取資料的報告指出，那些學業表現不錯、但還不到特別突出的申請者（就哈佛大學而言，這類學生會在四個等級之中，被歸類為第二級，而第一級是最高的級別），通常會有百分之十的機率能被錄取。然而如果這些學生被列在院長的特別名單之中，或是他們的父母親也是哈佛畢業生或哈佛大學的教職員的話，那麼他們被錄取的機率就會躍升至百分之五十。

根據哈佛大學這起官司中的證詞，被歸在特殊待遇族群（比如運動員、校友後代、院長名單、教職員小孩）裡的白人小孩，過去六年來被校方錄取的人數，和拉丁裔和黑人申請者兩者加起來被錄取的總數一樣多。

如果能讓畢業生相信，自己的孩子有更大的機會能被錄取，那麼學校就能讓畢業生擁有更多的誘因和學校保持聯繫、感到安心，並捐款給學校。杜克大學校友網站上的「好處」欄目裡，就有一整頁是關於招生的主題，為畢業生的孩子和孫子提供了「建議和協助」。網站上寫道：「雖然具有校友後代的身分，並不代表就一定能被杜克大學錄取，但這所大學非常重視學校的傳統，以及學生和學校之間有意義的連結；我們在審查申請入學的資料時，也的確會標註校友後代的身分。」換言之，就是：我們願意提供協助。

第八章　打球

「由於我總是會把頭髮綁起來、露出手臂，而且全身上下都是血跡和瘀青，所以在足球場或袋棍球場上的一群女孩子中，我看起來就像一個男孩子。」二〇一三年，麥蒂森・麥克法連（Madison Macfarlane）在她的小論文裡如此寫道。「我的父母每次去看足球比賽的時候都會不太舒服，因為我們球隊對手的家長，總會用一些粗魯的言詞形容一位背號八號的球員；這位球員總是奮不顧身，不管自己或場上其他球員會不會受傷。那個球員就是我，而我的動作也確實有點激烈。」

二〇一三年，麥蒂森還在聖迪牙哥的拉喬拉高中（La Jolla Country Day School）就讀四年級。頭腦聰明的她，想念的大學清單包括紐約大學、波士頓大學，以及加州大學聖塔芭芭拉分校（UC Santa Barbara）。她在學校裡並非以前鋒、中鋒或後衛這些身分聞名。她來自一個本來就很富裕的地區，而其家庭在該區也稱得上格外有錢；她個性不錯、頗受同儕歡迎，也還算跟得上流行。她不是那種很難管教或特別搞笑的人，也不是會製造麻煩的學生。她會踢足球，但球技沒有好到能進校隊，更遑論能以校隊球員的身分被大學錄取。

她甚至連申請學校的小論文也沒寫過：麥蒂森升上四年級的那個九月份，辛格轉寄了一份措辭充滿戲劇性的草稿，給她和她的父親托比（Toby），準備讓她申請南加大的足球校隊。為了獲取這項服務，他們後來支付了二十萬美元給辛格。她的母親克莉絲蒂（Christy）提供了一張麥蒂森正在踢足球的照片，而辛格則稱讚這位女孩，從二年級到四年級，都打入過「美國足球俱樂部全美大賽」（US Club Soccer All American）。

在產權保險公司上班的麥克法連（Macfarlane），是一位頗受好評的高階主管。他住在加州高級的德爾．馬（Del Mar），從自家就能眺望太平洋。除了在保險公司的工作之外，麥克法連也有一些商業房地產的投資項目，比如餐廳店面。此外，他也活躍於聖地牙哥的慈善圈。

一切看似完美，但他和妻子克莉絲蒂當時正在進行婚姻諮商，結果很遺憾地並不順利，他們的婚姻很快就要走到盡頭。年幼時也曾見證父母離異的托比，不想讓自己的孩子們失望。他也想要有人來幫他分擔孩子申請大學的壓力；他曾短暫地在當地聘請了一位顧問，但在麥蒂森升上三年級之後沒多久，就決定改聘請辛格來提供服務了。托比想要確保自己的孩子升學無礙，也不排斥孩子最後進入他自己很喜歡的母校南加大就讀。

「我心裡所想的，只是希望可以不用操煩孩子上哪所大學而已。」托比後來如此解釋道。

辛格提供的非法途徑，試圖利用的是運動員在申請過程中擁有的巨大優勢。運動員通常被視為最理想的學生：他們充滿動力、行為自律，而且可以同時做好很多事；他們是天生的領導者，也能在團隊裡和別人合作。如果他們在比賽場上表現出色，還能吸引觀眾、讓校友和母校保持連結，甚至還能讓他們慷慨解囊。

校方常常會用形容超人的詞彙來描述他們的體育生，而那些詞彙，你通常不會聽到他們用來描述演員或電腦科學家。「我們的體育校隊為全校師生帶來榮耀；我經常都說，我們是沐浴在他們閃耀的光輝之中；那些榮光，讓耶魯大學的每一分子，都和彼此變得更加緊密。」在一封寫給全校師生的信中，耶魯大學校長彼得・薩洛維（Peter Salovey）曾經如此寫道。他接著繼續解釋為什麼他會這樣說：運動員「學習自律、學習如何在團隊中行事、學習如何以團隊成就為重，也學習如何在面對失敗時保持韌性。這些技能在每個領域都非常重要，包括學術。」

大學非常希望能招募、錄取這些特殊的學生；有些學校會另外開闢和一般入學平行的管道審查他們的申請資料，將之與一般申請者區隔開來。學校說，這些校隊體育生的名額，他們只會給那些表現出願意投入，而且體育技能優異的學生。光是在高中二年級踢過球是不夠的；招生人員希望能看到學生的申請資料上寫滿了關於體育活動的陳述，比如比賽獎杯、比賽成績，以及描寫他們為了準備比賽，因而花了多少時間、犧牲社交生活和身體健康的小論文。

然而對校方而言，大部分的體育項目明明就都是虧錢的，為什麼他們還要努力支持這些運動員呢？批評者說，這種做法只是在幫助有錢人家的小孩申請大學而已。菁英社團、營隊，以及其他能將小孩送到大學校隊教練面前的選秀活動，很容易就能讓主辦者賺進數千美元。滑雪纜車票和鄉村俱樂部的會籍並不便宜。此外，各種族的申請者之間也存在著差距。參加全國大學運動協會（NCAA）的學生裡，有大約百分之六十五是白人，比白人在全國學生人數的占比還高。至於在滑雪、袋棍球和草地曲棍球等運動項目裡，白人運動員的比例更是超過百分之八十。

教練在學生申請大學的過程中，通常擁有非常大的權力。只要他們為某個學生背書，說某個學生是頂尖運動員，甚至是校隊會優先錄取的人員，那麼就算那位學生只滿足了最基本的學業成績要求，也能夠讓招生人員蓋下錄取章。

就算在那些不是以校隊聞名的大學裡，運動技巧也依然重要。比如阿姆赫斯特學院就是所謂的第三類學校，該校並不會發放獎學金給體育生，也幾乎從來沒有哪個校隊生最後能進到職業體育界；然而一份於二〇〇六年對該校做的調查發現，在大約四百五十名的入學學生裡，至少有一百二十七名學生的錄取因素和體育有關。一些學生被教練標記為優秀運動員；其他學生則被標記為運動技能不錯，而他們的錄取率，也依然比學業成績差不多的非體育生還要高。

體育生的錄取流程一般應該是這樣的：一個教練或教練的助理找到一個資質不錯的運動員。這種挖掘運動員的場合，可能是在各州的高中錦標賽；今日更常見的場合，是在地區性的社團活動，或是在某個大學校園舉辦的營隊裡。教練人員接著會整理一份優選名單。對全國大學運動協會的第一類、第二類學校來說，這份名單裡的人，就是體育獎學金的潛在人選。每種體育項目的獎學金名額都不同，比如第一類學校的男子籃球隊就有十三個名額，幾乎足以撐起一整個球隊名單。

然而第一類學校的女子足球校隊，卻只有十四個獎學金的名額，只夠供應球隊一半的球員。至於男子網球隊，獎學金的名額則是連一半的隊員都不夠。

除了這些獎學金名額之外，許多學校的教練也會列出一些可能進得了校隊的申請者，他們也許會對球隊有些幫助，但並非值得花錢補助學費、食宿的超級明星。這些孩子會被稱作「優先候補運動員」（preferred walk-ons）。

不論是哪一種體育項目，教練人員都能決定誰會被優先錄取，並將他們的名字轉交給招生辦公室。這些名單通常會由一位體育辦公室的聯絡人負責呈交，但教練本人也可能會和招生辦公室直接聯繫。在許多大學裡，這些名單會和「運動員檔案」一起呈交，這種檔案就像是針對每位申請者而寫的一頁評估報告。報告裡最重要的資訊包括：該名學生的體育表現有多突出，比如：比賽成績、全國錦標賽的賽果、在地區性社團裡的參與情況，以及該名學生的學業成績是否達錄取的最低標準。

全國大學運動協會對符合資格的體育生的學業要求並不高。這類學生高中畢業時的核心課程平均分數，只要至少達二．三分即可。在校平均成績愈高，學術能力測驗和美國大學測驗的表現就愈不重要，但許多學校依然希望體育生的學業成績能比前述的標準還要好一點。在常春藤聯盟的學校裡，體育生的在校成績和標準化測驗分數，就不能比其他一般生低太多。這八所常春藤名校[17]，每一所都擁有自己的學業平均指標，體育生的成績和這個標準的差距也有上限，而每個校隊的平均成績也必須維持在這個特定的範疇之中。

在某些案例裡，體育辦公室的人員或教練人員會在初秋，也就是在對運動員提供校隊名額之前，就把優先錄取名單交給招生辦公室，試探看看若想錄取一位學業成績平均只有C的明星運動員，到底會不會遇到太多困難。「的確有些運動員的情況是這樣的，他們之所以可以入學的唯一原因，就是因為他們在某個體育項目上超級有天分。」曾在賓州大學招生辦公室擔任校隊聯絡人的伊莉莎白．希頓（Elizabeth Heaton）如此說道；現在的她在光明地平線升學指導公

17 編注：布朗大學、哈佛大學、耶魯大學、哥倫比亞大學、康乃爾大學、普林斯頓大學、達特茅斯學院、賓州大學。

司（Bright Horizons College Coach）擔任副董事長。這間升學指導公司的母集團，就是光明地平線家庭解決方案公司，該公司不只提供日間托嬰，也為許多大企業提供教育諮詢服務（有些企業會把這種服務當作員工福利）。

真心想用體育生身分入學的學生，會被鼓勵在早鳥的申請階段就提交申請資料，好讓教練可以快速準備名單。雖然「早鳥申請」管道（也就是提早申請，或錄取了就一定要註冊的申請方式）的截止日期一般都在十一月，而錄取與否的通知則會在十二月中發出，但許多學校的運動員都會透過「可能錄取通知書」，來提早知道自己的申請結果。

賓州大學在官方網站上寫道：「這些『可能錄取通知書』，效力等同於正式的錄取通知書。只要你能維持申請資料上的學業成績、個人紀錄，我們就會在適當的時候，另外寄發一份正式錄取通知書給你。」

教練在制定名單、決定校隊名額要給誰這些事情上擁有的自主權，給了他們很大的影響力——尤其在耶魯、喬治城和南加大這樣的大學裡，錄取信是非常有價值的。

某些學校的招生人員，可能必須在八分鐘之內審完一份申請資料，因此就算他們知道排球的舉球手和副攻手之間的差別，他們也不會有時間去檢查一個校隊生申請人到底有多厲害。「我不是排球專家。教練才是專家。所以如果他們說某個學生很棒，我就必須假設他說的是真的。」在波士敦的「包錄取公司」（AcceptU）擔任升學顧問的傑米．摩尼漢（Jamie Moynihan）如此說道；二〇〇八年到二〇一三年間，摩尼漢也曾先後在兩間全國大學運動協會的第一類大學擔任過招生人員。他經常和那些想要把某些申請者納為校隊生或優先候補隊員的教練直接共事，也曾在其中一所學校裡擔任體育辦公室的聯絡人。

在摩尼漢的經驗裡，教練一般都會指名他想優先錄取的學生。「你還是要符合學校的錄取資格，但如果你是校隊生……」他說著說著，聲音變得愈來愈小。

如果你是優先候補隊員，那麼你就不會有那些正式被錄取的體育生所擁有的權力，摩尼漢說道，但「教練會希望把他們弄進去，所以我會盡可能地讓他們能夠入學。」如果你是正式錄取的體育生，就會獲得更多的寬待。比方說，一個厲害的籃球選手，就不需要每個學科都拿Ａ。「我知道如果學生的體育表現非常出色，那是要花很多時間訓練才會有的結果。這樣的運動員還能拿到Ｂ就已經很了不起了。」摩尼漢說道。

多年來，史丹佛大學的體育教練在將名單送交招生辦公室之前，都只要審核申請者的體育表現證明即可，不過現在他們也需要由另一位校方人員，來確認那些證明的真偽。但之前在賓州大學招生辦公室任職的希頓，就不記得自己有被要求，或被鼓勵去做經歷調查，或透過其他的檢查方式，來核實教練對運動員的評價。「我們的假設是，教練能否保住自己的職位，就是看他的選手最後能不能贏得比賽。為什麼他要讓一個對球隊不會有貢獻的孩子進來呢？」

辛格會幫教練們想辦法，把自己的顧客包裝成值得錄取的孩子。他會幫他們草擬小論文、內容會提到體育活動，並建議學生們自己寄電郵給教練，好建立一些可以看得出他們和教練維持關係的證據。

再怎麼說，雖然招生人員不會去仔細檢查那些優異的經歷，但如果申請者沒有在小論文或課外活動表裡提到體育經歷、卻又宣稱自己生活中不能沒有籃球或風帆的話，難免還是會啟人疑竇的。

就像辛格為麥蒂森・麥克法連所做的那樣，他也曾於二〇一五年提供過類似的資料，給貝爾蒙特（Belmont）的聖母女中（Notre Dame High School）的四年級學生茱莉亞・亨利奎茲（Julia Henriquez）。

茱莉亞本來就來自一個頗為富裕的區域，但她家在該地區又屬於特別有錢的那種。還在念大學的時候，她就會繫愛馬仕的皮帶、穿古馳（Gucci）的運動鞋去參加派對。她的父親曼努埃爾・亨利奎茲（Manuel Henriquez），曾和別人一起創立海克力斯資本公司（Hercules Capital），並且持續經營著；該公司是一間公開上市的特種金融公司，業務內容則是提供貸款給創投基金和私募基金投資的新創公司。他於二〇一四年的總薪資超過八百二十萬美元，二〇一五年時也有將近七百九十萬美元。他和家人住在阿瑟頓，矽谷裡一個充滿綠意、氣氛閒適的社區，而占地寬闊的豪宅前則有大門和圍籬，看起來更像在康乃狄克州（Connecticut）的格林威治（Greenwich），而不是在加州。

曼努埃爾和他的妻子伊莉莎白，後來和辛格的來往變得愈來愈密切，因為這位升學顧問能幫茱莉亞和她的妹妹梅甘（Megan）在入學考試中作弊（茱莉亞是學術能力分科測驗和學術能力測驗，而梅甘則是兩次美國大學測驗，和一次學術能力分科測驗）。他們也曾推薦辛格的服務給同社區的其他家庭。

茱莉亞交給喬治城大學的小論文，不只提到了該所學校是她最心儀的大學，也寫到她一直都想要參與喬治城大學的一項活動。「成為喬治城大學女子網球校隊選手，一直都是我的夢想。多年來，我每天都會花四個小時努力訓練，希望變得厲害到能夠加入大學的網球校隊——尤其是喬治城大學的校隊。最棒的是，我很快便認識了恩斯特教練。他曾在校園裡，以及我參加過的幾場錦標賽裡，和我共度過一些時光。」

她還在申請資料中宣稱，她高中四年都在某個網球俱樂部裡打球，而且二至四年級在全美網球協會的年輕女子組裡排名前五十；她在高中的最後兩年裡，甚至還曾經入選全美網球協會的學生網球隊。（但根據全美網球協會的紀錄，茱莉亞和佩頓・荷治一樣，高中時期其實從未參與過任何一場該協會的錦標賽。）

於是，某個教練在貪婪地看過那份履歷之後，對茱莉亞發出了一份「可能錄取通知書」，告訴她如果她能維持學業成績，就有百分之九十五以上的機會能被學校錄取。在那之後亨利奎茲的家族信託帳戶，則將一筆四十萬美元的資金，轉給了辛格的慈善基金會。

第九章 「不覺得今天很適合當個特洛伊人嗎！」

二〇一〇年十月的某天，天空灰得不太尋常，麥克斯・尼奇亞斯（C. L. “Max” Nikias）站在一頂紅色帳篷下方，穿著一襲黑色的學位袍，脖子上還掛著一條附有南加大勳章的金色項鍊。

「早安啊各位！」他的臉上堆滿笑容，「哇！」

這位戴著眼鏡、出生於賽普勒斯（Cyprus）的電機工程師，當時正式接下南加大第十一任校長的職位，並且正在一個公園裡發表就任演說；公園裡到處都是花朵和旗幟，那些旗幟的顏色是代表南加大的深紅與金。尼奇亞斯對所有「特洛伊人」表達歡迎之意——特洛伊人是南加大學生和校友的暱稱。他對校董事會和研究委員表達了謝意，也對前一任校長史蒂芬・桑普爾（Steven Sample）致謝；外界一般認為，南加大的地位之所以能在一九九〇年代末和二〇〇〇年代初期迅速崛起，就是桑普爾這位校長的功勞。他也感謝自己的妻子妮琪（Niki），他倆在三十多年前一起來到了美國。

「妮琪和我都相信，如果別人賦予了很多東西給你，你就必須要有所回饋。」他一邊說著，左手一邊快速地揮舞，彷彿自己是個指揮家，正在為每一個重要的詞彙打拍子。「而我們回饋的方式，就是攜手讓南加大更上一層樓，將這所大學送上無人能及的巔峰。」

無人能及的巔峰。在整場演說裡，尼奇亞斯會用好幾種不同的方式，複述他這種宏偉的企圖心。他的意思非常清楚：雖然南加大現在已經可以和強大的對手平起平坐，但這所學校還沒有得到其應有的榮光。

直到二、三十年前，南加大除了電影科系名聲較好之外，還會被戲稱是「紈褲子弟大學」（University of Spoiled Children[18]），是那些有錢人家小孩，在進不了加州大學洛杉磯分校時，會拿來墊背的保險選項。史丹佛大學的軍樂隊曾在一九八七年嘲諷，說南加大學生的學術能力測驗分數，平均起來連一千分都不到。

然而在那之後，南加大學生的學術水準開始大幅提升，而在桑普爾的帶領之下，南加大也逐漸成為一個教職員、慈善團體、研究基金和聰明學生的熱門選擇。然而尼奇亞斯的演說，卻依然到處都流露著這種「我們還未獲得我們應得的認可」的感覺。這位新上任的校長，在引經據典、想要強調語氣的時候，偶爾會用拳頭輕敲講桌；他呼籲南加大的師生，應該踏上一場足堪羅馬建城的史詩級旅程。

他不希望這所大學繼續被別人說是「大有可為」。是時候讓南加大變成「世界上無庸置疑，最頂尖、最有影響力的大學之一」了。南加大一定要進入下一個境界，「毫無疑問、無可爭論」地，成為世界級教育殿堂的一分子。

他承諾會前往加州的州議會和首都華盛頓特區，代表南加大去見那些掌握權力的決策者。他會將洛杉磯豐富的資源融入校園的體驗，並和周邊社區分享南加大的專業。他預測南加大在「高等教育界裡」，將會成為一個不亞於「新羅馬」的存在。他會讓南加大的校友會，成為環太平洋地區最重要的領袖網絡。他會招攬頂尖的師生，讓南加大轉型成為二十一世紀的知識巨人。他還答應要持續不懈地到處募款。

特洛伊正在崛起。

「我個人對你們的承諾，就是我會用短跑選手的速度，來參加下一場馬拉松比賽。」他如此說道。

一邊聽著這些誇張的臺詞，威廉・提爾尼（William Tierney）一邊感到憂心。提爾尼是一位教授，同時也是南加大普立亞斯高等教育中心（Pullias Center for Higher Education）的創始主任，從一九九四年起，他就一直在這所學校任教。大學應該是個讓人思考、進行理性辯論的環境，而不是一個要快速獲取某個地位的地方。自己也有在跑馬拉松的提爾尼，在這場演說結束之後，向尼奇亞斯靠了過去，並和他表達了自己的憂慮。他說馬拉松的譬喻有點荒謬，因為沒有人可以用短跑的速度跑完馬拉松。

尼奇亞斯聽了之後笑著回應道：「我們就是必須用這個速度跑。」

「後來發生的事情，就是你想用跑十公里路跑的速度，去跑全馬的後果。」多年之後，提爾尼如此說道。

熱情而討人喜歡的尼奇亞斯，之所以能從南加大一個工學院院長，一路升為副校長、校長，有一部分原因就是因為他很擅長募款。身為新校長的他，上任之後沒有浪費一丁點時間，很快便力排質疑者和募款專家的眾議，開始推動六十億美元的募款計畫。這起計畫的另一個名字，

18 譯注：縮寫和南加大同樣是USC。

是用拉丁文書寫的「Fas Regna Trojae」，也就是「天注定的特洛伊王朝」（The Destined Reign of Troy）的意思；該計畫於二〇一一年公布時，是高等教育史上最高額的一次募款活動。

尼奇亞斯在南加大開始被稱作「六十億的那個男人」（"$6 billion man"），沒日沒夜地進行募款；南加大於是成了一個高級的品牌，進一步強化了自己在加州精神中的地位，而那些熱切追逐地位的家長，則開始對南加大抱著幾近非理性的崇拜情緒。南加大的名字會出現在車牌框上、棉質T恤，以及足球賽季期間掛在房子外的橫幅布條上。特洛伊家族俱樂部的會籍通常會世代相傳，讓這種熱情可以流傳給下一代。許多人乾脆會用「南加」（SC）來稱呼這所學校。南加大的校董會就像一個熱門的社群團體，有從事房地產開發的億萬富翁，有工業和媒體巨擘，還有一支運動隊伍的老闆。有些校友則在賽富時（Salesforce）、迪士尼動畫和NBC環球傳媒集團擔任高層。

每逢五月，住在南加大北側的拉卡尼亞達．弗林楚奇（La Cañada Flintridge）社區裡居民，都會興高采烈地湧上街頭，慶祝一年一度的嘉年華日，而活動過程中，也會有一位特洛伊戰士坐在一批名為漫遊者（Traveler）的白馬（也就是南加大的吉祥物）上，參加富特希爾大道（Foothill Boulevard）上的遊行。

南加大的錄取率開始大幅下降；想進入這個有錢小孩的俱樂部，變得像在賭博一樣。一九八七年，南加大的錄取率還有百分之七十五，但到了二〇一一年，這個數字卻只剩下百分之二十三。南加大甚至還在二〇一〇年的《美國新聞和世界報導》排行榜中，超越了加州大學洛杉磯分校。到了二〇一四年，向南加大提出申請的學生超過了五萬名；南加大最後錄取了大約九千四百名學生，而最後實際註冊的學生人數，則是錄取人數的三分之一。

直到二〇一五年為止都在洛杉磯知名的哈佛—西湖學校（Harvard-Westlake School）擔任升學輔導老師的塔瑪爾·阿德格拜爾（Tamar Adegbile），就看過許多家長為了孩子的大學極度苦惱。「大家為了上大學，都像是在玻璃碎片上面匍匐前進一般。」她如此說道。

一邊是焦急的家長，另一邊則是亟需資金的大學。辛格注意到了這點。當家長詢問自己的孩子是否上得了南加大時，他總會告訴他們同一個答案——就像某位父親在電郵裡寫道的，他的兒子「想都不用想，一定上得了的!!」

「不。」辛格當時如此回答道，並說他的兒子並未達到錄取標準，「但我可以試試，幫你想出個好辦法。」

尼奇亞斯在正式成為南加大校長的幾個月之前，便氣勢恢宏地發布了一項任命計畫：派特·哈登（Pat Haden）將會離開私募基金，轉任南加大的體育部門主管。當時五十七歲的哈登待人親切，渾身散發著一股南加州特有的酷炫氣味。他會繫著領帶、戴著運動型太陽鏡，頭戴一頂紅金雙色，上頭有兩個連在一起的「SC」字樣的帽子，開著高爾夫球車在陽光普照的校園裡穿梭。

在他接下這個職位的很久以前，哈登在南加大就已是個傳說，也是當地學童在〈我的英雄〉這種主題的作文裡經常會寫到的人物。他是一名來自羅德島的學者，也是一位美式足球四分衛，曾在一九七〇年代帶領南加大打入兩屆全國美式足球冠軍賽，在南加州的體育界和商業界都頗負盛名。後來他在國家美式足球聯盟（National Football League）裡的洛杉磯公羊隊（Los Angeles Rams）效力了六年，隨後成為一名體育主播，並和洛杉磯前市長李察・雷登（Richard Riordan）共同創立了一個私募基金。

長期擔任南加大校董的哈登，被尼奇亞斯賦予了一個重任：將多年來醜聞纏身的南加大（比如提供非法獻金給美式足球明星雷吉・布希〔Reggie Bush〕和籃球選手梅歐〔O. J. Mayo〕）導到正確的道路上。國家大學體育協會在歷經四年調查之後，曾在二〇一〇年六月裁罰南加大；調查結果顯示，布希和他的家人，曾在他還是一名業餘學生運動員的時候獲得過旅館招待、一棟房子和其他好處。此外，外界也指控梅歐在學時，曾透過一名教練從經紀人那邊獲得一筆資金；這起事件曝光之後，南加大自請裁罰。國家大學體育協會指控，南加大對自家校隊缺乏制度性的管控措施。

南加大在哈登擔任體育主任的時候，體育監管人員的編制擴充了一倍，而哈登還說，他不希望「監管文化」對體育發展產生不良的影響。「我們必須要繼續做該做的事，但也不能破壞競爭的精神。你不能為了符合法規，就對一切事情都說『不』。」他如此說道。

有件事情是肯定的：南加大非常歡迎資金，尤其他們還有六十億美元的募款目標。

南加大算是較早開始採用去中心化預算模式的大學，這種模式要求校內的單位（比如電影學院和工程學程）自行負擔成本，也讓它們保留自己大部分的收入。相較之下，較為中心化的大學則會將經費分發給各個學系。有些人將去中心化的預算模式稱為責任導向的管理模式，這種模式為系所帶來不少機會，卻也帶來了壓力。

一些沒有盈利的單位（比如圖書館），於是有了自行募資的動機。校隊也是如此，但規模大上許多；它們需要確保自己能夠支付自己的花費。當時有在賺錢的校隊只有美式足球和籃球校隊而已，但所有教練都想要擴充編制、取得最酷炫的裝備，也都想參加最好的錦標賽。然而，校方無法為他們支付所有費用。

由於有在私募基金任職過的經驗，哈登非常擅長說服別人進行投資；他擔任體育主任期間，就花了至少三分之一的時間在財務發展相關的工作上。「你需要經常參加募款活動，也要多少開創新的營收來源、開闢接近人群的新方式。」哈登曾於二〇一一年，在用來表揚南加大校隊的三層紅磚混凝土廊柱建築——傳世廳（Heritage Hall）裡如此說道；這座建築物，恰如其分地就坐落在整個校園的正中央。「我們必須持續發展，才能餵養這頭野獸。」

哈登其中一個最重要的目標，就是為南加大所有校隊運動員（總共大約兩百五十名）的獎學金募資，一個人大約需要一百萬美元，如此一來運動員就能不間斷地獲得資助。二〇一二年，哈登發起了一項被稱為「傳世計畫」（Heritage Initiative）的募款計畫，總值達三百萬美元，除了用來支付獎學金之外，也被用來購置加侖中心（Galen Center）體育館的設備，新建梅爾·諾曼體育場（Merle Norman Stadium）——該體育場是個有棕櫚樹圍繞的沙灘排球設施，而體育場命名的來源，是一位已過世的化妝品企業家（也就是捐款者的一位姨婆），場內還會使用來自美國奧運訓練中心的沙子。

這個傳世計畫，是在約翰·馬偕中心（John McKay Center）的揭幕儀式上公布的；該中心是一個兼納體育和學術的訓練樞紐，耗資七千萬美元興建，裡頭配有水療池和一個營養中心。

「特洛伊」不斷地發展茁壯。南加大開始以極快的速度整頓校園空間，光是在二〇一四年，就有超過八十個工程計畫在進行。有些人還開玩笑說，校園裡的吊車和建築工地，就跟南加大的代表色（紅色和金色）一樣，都是南加大的象徵。捐款讓南加大新的生命科學中心有了資金來源，也為學校新增了一萬七千多平方公尺的實驗室和辦公室空間。還有一棟新大樓，用來服務喜歡跳舞的人。

傳世廳在花了三千五百萬美元整修之後，兩層樓高的大廳變成了一個冠軍堂（Hall of Champions）博物館，中央還有一座沉著臉的特洛伊戰士雕像，戰士的拳頭在空中揮舞。這座現代的建築物有一個體育表演中心、新聞攝影棚，以及室內虛擬高爾夫練習場。每一個看得到的東西似乎都在待價而沽，甚至連電梯命名權都在出售，電梯旁還會有牌子註明，是哪個慷慨捐款的家庭正在幫我們一把，把我們從某個樓層「向上運往」下一個樓層。

在所有的計畫裡面，最雄偉的是南加大於二〇一四年破土動工的「南加大村」（USC Village），該計畫占地約六萬平方公尺、耗資七億美元，最多能為兩千七百名學生提供住宿空間，裡頭還有一間喬氏超市（Trader Joe's）、愛芙趣服飾店（Abercrombie & Fitch），以及一座傳統建築樣式、約四十五公尺高的鐘塔。「一個簡易版的歷史遺產幻想曲，有點像迪士尼樂園（Disneyland）和《哈利波特》裡的霍格華滋（Hogwarts）。」《洛杉磯時報》（*Los Angeles Times*）的一位建築評論家如此形容。

這位評論家還說，南加大校園裡「看似若無其事，其實很想要引起注意」的學院哥德式（Collegiate Gothic）建築，以及隨處可見的莊嚴塔樓和尖塔，都在傳達出一個訊息：「南加大正在準備和常春藤聯盟一較高下。」

當時的南加大，已經成為一個有錢家庭會想把孩子送進去的大學。在尼奇亞斯擔任校長的前幾年裡，有百分之十四的學生，來自收入位於前百分之一的家庭；百分之六十三的學生，則來自收入在前百分之二十的家庭。而來自收入在後百分之二十的家庭的學生，只占全校學生的百分之四．九。

校園裡的商店都在招呼著有錢的學生。南加大的書店裡賣著昂貴的太陽眼鏡，比如要價三百美元的凡賽斯（Versace），以及售價三十美元的契爾氏（Kiehl's）潤髮乳。校園外，還有一座於二〇一三年啟用的羅倫佐（Lorenzo）學生宿舍，可容納三千六百名學生（主要是南加大學生），建築樣式模仿的是威尼斯的聖馬克廣場（St. Mark's Square）。這座宿舍以豐富的設施著稱，有服務臺、皮拉提斯和瑜伽房、四個帶小屋的度假村式泳池，每個房間裡都有四十六吋的平板電視，而且還有個百樂宮酒店（Bellagio）[19]風格的水舞噴泉。

由於他們有六十億美元的募款目標，因此南加大校方可能會注意申請者的捐款紀錄，或是未來可能捐款的能力。體育辦公室的人員會將希望錄取的名單送至入學審查辦公室，上頭詳細記載了哪些學生有多希望被錄取，以及「父親是外科醫師」、「已簽署二十五萬美元的認捐書」、「十萬美元的跳水臺」和「一千五百萬美元」之類的附註。

校方人員固定會透過電郵，取笑、爭論某個申請者和申請者的家庭財富與影響力，而各學

19　譯注：一間位於拉斯維加斯的豪華賭場酒店。

系也會耍小手段，爭取大戶的捐款。

比方說，南加大商學院和體育部的代表，就曾在二〇一四年為了誰能獲得一位水球校隊候補球員起了爭執，因為那位球員的家人「很有可能會捐贈一至五百萬美元」。商學院的募款人員說，他們希望討論商學院是否也能獲得，原本要捐給校隊的「那一杯羹」。「在我看來，各方都有足夠的空間，能從這個家庭身上『贏取』一些東西。」某個人曾在一封電郵中如此寫道。

校隊辦公室不願意妥協。當時某個校方人員曾對校隊的募款主任說：「如果這事的發展和你原本預期的不同，我可以叫招生辦公室撤銷錄取決定。」

「爛透了。別撤銷，我們會說服他們的。」他在當天晚上的稍晚如此回覆。

南加大的後門，似乎是敞開的。

「也太，嗯，商業化了吧。」一位來自舊金山灣區、非常有錢的父親，如此對辛格說出了自己的觀察。「我可以清楚地看出，如果他們感覺得到我會開支票給他們，他們就會竭盡所能地把我的孩子弄進去。」辛格也同意他的說法。「這就是為什麼「南加大會變得愈來愈強大。」」辛格如此說道。

有錢且態度明確的媽媽和爸爸們，經常會回報辛格，說學校想為他們安排一場特別的校園導覽或面談，或是想要和他們討論，請他們資助某個學程的可能性。

道格．荷治於二〇一五年捐款給南加大後，他和妻子就曾被邀請到校長家參加私人晚宴。在那場晚宴上，校長還邀請荷治在校長的專屬包廂裡觀看南加大的美式足球比賽。南加大的發言人後來曾說：「我們會向學生提供獎學金、課程、服務和財務協助，而學費和慈善捐款，兩者都是非常重要的。」

雖然你很難不注意到，南加大所有的大樓、教室和磚塊，都在等待可能有孩子或孫子正在挑選大學的捐款人，但辛格也會老實地提醒他的客戶，捐款並不代表保證錄取。校方還有其他的追求，比如讓學生群體多元化，以及持續提升標準化測驗成績的錄取標準。人們會試著拍招生人員馬屁，在電郵裡寫些阿諛奉承的句子，比如「你的工作非常困難，但你表現得非常出色」、「這所大學能由你這樣的人來操舵實在太幸運了」，或是每個人都很愛聽到的那句話——「你看起來變瘦了。」

南加大的錄取率變得愈來愈低，就算是有關係的人，想被錄取也變得愈發困難。為了一個可能被錄取的希望而花那些錢，真的值得嗎？

這種現象讓絕對能被錄取的保證變得格外誘人——而且你在申請資料送出之前就能確認所需的金額，也比六位數、七位數的市場行情還要低。

第十章　可以，你被錄取了

住在舊金山以南約二十七公里的約翰．B．威爾遜（John B. Wilson），擁有美好生活的一切特徵。他有哈佛大學的工商管理碩士學位、一張飛行員執照，會到世界各地滑雪，從杜拜到阿姆斯特丹都能看到他的經商足跡。他結婚後擁有三個小孩，曾經擔任過GAP的執行副總裁、貝恩顧問公司（Bain & Company）的合夥人，後來又成為史泰博辦公用具連鎖店（Staples Inc.）在歐洲分部的總裁。

辛格吸引到的客戶，經常都是一些認為「只講實話是不夠的」人（就算原本已經夠好了亦然）。波士頓的國家公共廣播電臺WBUR曾指出，威爾遜在領英網站（LinkedIn）上張貼的履歷，有些關於商業紀錄的陳述頗為可疑，比如他誇大了自己擔任主管期間某公司的財務狀況。威爾遜的律師則說，這則報導雖然準確地引用了該公司提交給美國證券交易委員會的財務報表，但那份報表並未充分衡量威爾遜長期為公司帶來的影響。

因為如此，當我們發現威爾遜可能也會吹噓自己兒子山姆（Sam）的表現時，大概也就不會感到太意外。當時的山姆，正在阿瑟頓的私立學校門洛（Menlo School）就讀，他是水球校隊的隊員。身高一百八十公分左右的山姆，臉上總是掛著燦爛的笑容，一直都以一名認真的水球員著稱，而且是個慷慨大方的隊友。

山姆在希爾斯堡（Hillsborough）長大，那裡是全美國最富裕的小鎮之一；有段時間，出現在鎮上的新建工程，都是一些超過一千八百平方公尺的大型建案，但鎮上大部分的舊房子都沒那麼大，為此，居民還在鎮議會上辯論這些新房子是否適合這個社區。這個能俯瞰聖馬刁（San Mateo）的社區，有一棟棟別墅散立在蜿蜒的道路旁，看起來就像義大利的鄉間。約翰．威爾遜的妻子萊絲莉（Lesley）曾在希爾斯堡美化基金會（Hillsborough Beautification Foundation）當志工，而約翰則會為了保護希爾斯堡的形象，在鎮議會上發言。（他曾經提出的其中一個建議，是希望某位鄰居能像他一樣，將自家的網球場適當地退縮一些。）

他們曾捐款給門洛學校，也在自家舉行過校隊晚宴。他們都鐸式風格的豪宅，占地約一千兩百平方公尺，還配有一座滑水道——據說，這個滑水道是整個密西西比河以西，同款滑水道中最長的一座。

到了二〇一三年二月，也就是山姆正在念高三的時候，他的父親寄了一封電郵給辛格，詢問進大學的側門選項。

「約萬（Jovan）給了我一個男學生的名額。」辛格如此回覆道。

由於辛格的客戶本來就比較喜歡南加大（或者那些家長本來就是南加大畢業的），此時的辛格已經很熟悉南加大了。他甚至還曾在二〇〇七年，讓南加大當時的校長桑普爾和一位有錢客戶見上了一面。他很清楚校方希望學生在族裔組成上是多元的；他可以滔滔不絕地講解，工學院要求學生的性別比例不能失衡；他也會告訴家長「特洛伊轉學」（Trojan Transfer）這個計畫，要學生先在其他大學拿到不錯的成績，再藉由這個管道轉學到南加大。

辛格在二〇〇七年認識了約萬．瓦維克（Jovan Vavic），他是南加大知名的水球教練；瓦維克的律師後來表示，辛格當年說自己擔任過柏克萊大學的籃球教練，後來才改行當起升學顧問。辛格也會把瓦維克稱作「我的夥伴」。

膚色晒得很深的瓦維克，總是頂著一頭蓬鬆凌亂的金髮，看起來就像一位上了年紀、個性慵懶的衝浪者，但他實際上完全不是這樣的人。他會用濃重的東歐腔調對選手怒吼，還有一次曾因為太用力踹一個球籃，害得自己的腳趾嚴重受傷。他曾創下歷史紀錄，帶領南加大的男子水球隊，在二〇〇八到二〇一三年間連續拿下六次全國冠軍，並在水球項目獲得過十五次「全美年度教練」的榮譽。他以共同教練的身分第一次帶領南加大奪下全國冠軍時使用過的黃色水球，還被裝在一個玻璃櫃裡，放在傳世廳裡公開展示。

起初，被辛格以「側門」方式送進南加大的學生都是運動員，不過他們並不是最頂尖的校隊生。辛格和瓦維克保持聯絡，並陸續將其他孩子送進南加大；檢方指控他們的這種合作行為具有非法的對價關係。瓦維克的律師則說，校隊有募款的壓力，而且某些潛在捐款者的小孩會有意成為運動員，他也必須和那些捐款者會面。

辛格在二〇一三年秋天帶給了約翰．威爾遜一個好消息：直到招生辦公室確認錄取山姆之前，約翰都無需付款。但辛格也說，瓦維克希望他能再「美化」一下這位學生的履歷。（雖然瓦維克的確曾在一封電郵裡告訴辛格，山姆「需要擁有一份好履歷」，但瓦維克的律師後來說，瓦維克從來沒有要求任何人在申請資料上造假，而他也堅持自己推薦的學生必須是符合資格的。）山姆在門洛學校的確是一位很好的水球球員，而且本來也可以在其他大學裡繼續打水球。然而如果想進南加大，就沒那麼容易了——不過，他如果被南加大錄取，也不會是什麼太不合理的事就是了。

辛格後來遞交了一份造假的履歷給瓦維克。他們在裡頭撒了些謊，其中一個是：山姆從高二開始就擔任水球校隊的隊長。

由於瓦維克的高度讚許和背書，南加大於二〇一四年初錄取山姆為水球校隊隊員。「再次感謝你讓這件事情得以實現！」威爾遜在給辛格的電郵裡如此寫道。

在整個過程中，威爾遜也曾對辛格表達過擔憂：山姆的隊友會知道他其實是「走側門入學的板凳球員」嗎？威爾遜希望他至少能為校隊參賽，但辛格說這種入學方法並不需要山姆實際「下水」。山姆只需要出現在球員名單上一陣子，然後「老實說，第一個學期結束後，他就可以想幹嘛就幹嘛了。」山姆只有在大一的時候，有被列入南加大的水球隊員名單。他在秋季學期結束之後便告訴瓦維克，因為練習時間過長，他的學業成績並不理想，而且在發生幾次腦震盪事件之後，他也想要小心一點。

南加大體育部門的人員對威爾遜的捐款感到有些困惑；其中一位職員形容，威爾遜的捐款是「神祕的十萬美元支票，而捐款對象則是水球隊」。整體而言，瓦維克的水球隊會從辛格的基金會和客戶那邊取得一共二十五萬美元。

檢方後來曾提到，瓦維克也收到了自己小孩的學費。（辛格的基金會曾在財務報表上認列了一項二〇一五年的捐款，金額將近三萬八千美元，而捐贈對象則是洛杉磯的洛優拉高中。瓦維克的律師說，基金會給了瓦維克的小孩一筆水球獎學金。）

威爾遜的律師後來說，這筆給南加大的資金是一筆檯面上的捐款，並不存在任何對價關係。

瓦維克並非辛格在南加大唯一認識的人；辛格還有其他幾個祕密武器，甚至更加有力。熱情的阿里．柯斯洛沙辛（Ali Khosroshahin）皮膚黝黑、一雙碧眼；你很難忽略作為南加大女子足球隊教練的他的存在。他在足球場上就是顆大火球，總是在大吼大叫、情緒激動，但一離開球場就會變得比較內斂。他也曾激勵過不少球員，他們在離開他領導的球隊之後，還會長期和他保持聯繫。二〇〇七年，柯斯洛沙辛離開他在加州州立大學富勒頓分校（Cal State Fullerton）的教練職位，跳槽到南加大，並帶著蘿拉．楊克（Laura Janke）和他一起過去，擔任他的助理教練。

楊克已經追隨柯斯洛沙辛許多年了。柯斯洛沙辛在她的生命裡一直影響著她，先是在富勒頓分校作為她的教練，後來又成為她的老闆。當時二十多歲的楊克，是一個冷靜而可靠的人，柯斯洛沙辛則仰賴她處理很多球隊的組織事務。她平時也有兼差，擔任兒童俱樂部的足球隊教練，而且會在球季開始的九個月之前，就開始進行訓練計畫。家長們都覺得她非常在乎孩子與他們的未來發展。

他們帶領的球隊訓練強度高，會在清晨五點半開始練習，還會唱著：「又怎樣？熬過去！」南加大第一次獲得國家大學體育協會的女子足球賽冠軍，就是在二〇〇七年，也就是他們擔任教練的第一年。

為了見證柯斯洛沙辛的勝利，校方還在傳世廳裡一面高聳的展示牆上銘刻了他的事蹟。他把國家大學體育協會冠軍賽的風衣送給了自己的父親；他的父親長年在教育界服務，是一位來自伊朗的移民，他原本期待自己的兒子走上比較常見的職涯道路，但後來當然也十分以他為傲。

不過到了二〇一一年，當時四十二歲、作為球隊領導人物的柯斯洛沙辛，處境卻變得愈來愈危急。他的球隊在那個球季裡落敗了——打從二〇〇一年以來，這種事情還沒發生過。

他也擔心他的老闆哈登，會因為多年前的一次摩擦而對他懷恨在心。柯斯洛沙辛曾經擔任過哈登兒子的足球教練；有次哈登開車大老遠來看自己的兒子比賽，柯斯洛沙辛卻因為他的兒子沒有帶防滑鞋而坐冷板凳，一次也沒上場。哈登偶爾會開玩笑地提起這件事，但柯斯洛沙辛覺得他們之間還是存在著一些張力。

球隊的敗戰場數不斷增加。柯斯洛沙辛和別人提起，他覺得南加大不會和他續約。就在此時，辛格多次接近柯斯洛沙辛，告訴了他大學側門的生意，還要他和瓦維克聊聊，認識一下這筆生意是怎麼做的。

到了二〇一二年秋天，也就是柯斯洛沙辛連續輸掉的第二個球季，他接受了賄款，同意將辛格的其中一位客戶列為校隊生。他們倆之間的非法關係於是變得愈來愈緊密。辛格捐了三十五萬美元，給柯斯洛沙辛和楊克在校外經營的一個合法私人足球營隊，而代價則是必須將四名非校隊生的申請者列入名單，比如太平洋投資管理公司的前老闆道格．荷治，以及聖地牙哥的托比．麥克法連的女兒。

由於校隊連續三年表現不佳，南加大最後在二〇一三年開除了柯斯洛沙辛，並在不久之後也解雇楊克。由於實在太過沮喪，柯斯洛沙辛甚至丟掉了好幾袋印有南加大標誌的衣服。他後來專心照顧自己剛出生的女兒，並努力尋找下一個大學教練的好職缺。

儘管當時的他已經沒有直接聯絡南加大招生辦公室的管道了，但他依然持續和辛格合作，擔任他的掮客，負責將辛格介紹給其他願意用錄取名額換錢的教練。柯斯洛沙辛後來承認，他曾經成功進行三次引介，一共為此獲得了七萬五千美元，包括將辛格介紹給耶魯大學和加州大學洛杉磯分校的教練，以及一位曾在南加大任教、後來轉往威克森林大學（Wake Forest University）的教練。

楊克後來在一所私立學校獲得了教練的職位，負責帶領一個足球社團，並曾短暫再次和柯斯洛沙辛合作，靠著向足球員的家長講解大學校隊的申請流程來賺錢。當時已經結婚生子的楊克，也開始更積極地和辛格合作。有一次，辛格在一封電郵裡問楊克：「如果給妳一筆錢，妳願意處理一下這些履歷嗎？」他指的履歷，來自那些想要以假校隊生身分申請大學的學生。她在兩天之後回覆電郵，並答應了辛格的請求。截至二〇一五年，楊克靠著將辛格的客戶列為校隊生、幫他們撰寫假的運動員履歷等方式，賺進了十三萬四千美元。

二〇一五年，南加大的體育辦公室完成了三億美元的募款目標；這是那個六十億美元募款活動中第一個達標的計畫，而且達標時間比原本預期還要早了許多。哈登將這次達標稱為「重要的里程碑」，但不會是計畫的終點。為了設備升級以及體育辦公室的預算，他也會繼續推動募款。（他們獲得的捐款金額，後來會從三億美元成長為將近七億五千萬美元。）那個時期的他們，有很多事情值得慶祝，比如他們當時堅信南加大的校隊生錄取流程是乾淨透明的。監管團隊擴編之後，曾讓一些教練感到頗為頭痛，但就整體而言，這的確是件好事。那代表國家大學體育協會無法繼續制裁他們了。

問題是，這個制度還是有漏洞。

時間回到二〇一一年，哈登當時做了一個關鍵的決定：賦予長期擔任南加大體育辦公室行政人員的唐娜．海內爾（Donna Heinel）更多的職責。

年約五十歲的海內爾留著金色刺蝟頭，講的英語帶費城口音。她年輕時曾代表春田學院（Springfield College）參加全美游泳比賽；在進入南加大任職之前，她曾在麻州大學（University of Massachusetts）擔任游泳隊和水球隊的教練。哈登決定將她升為資深女性主管——這是一個由國家大學體育協會建立的職位，目的則是提升女性在大學體育領域中的領導地位。她也會負責處理校隊招生以及申請資格的日常監管工作。

在那之前，海內爾可能就已經開始在利用自己在南加大的人脈賺取外快。她在二〇〇八年創立了一個名叫必勝清算所（Clear the Clearinghouse）的副業，和另一位南加大的體育主管人員開設針對教練、升學輔導，以及其他和校隊生申請流程有關的主管工作坊。他們在南加大舉辦的講座門票，曾一度要價一百美元。她也會前往不同學區辦活動，每次收費兩千七百美元。她提供的訂閱服務，每年要價最高可達七百美元。

那些工作坊其實有點奇怪，因為許多學校（包括南加大在內），本來就會提供類似的活動作為某種公共服務，而且價格非常低廉，甚至免費。就算舉辦這些營利的工作坊並沒有違反規定，而南加大校方人員也都知道海內爾在這麼做，但那給人的觀感還是不太好。

海內爾後來承認，她其實是個有點倔強的人。她有次參加一個南加大的研討會，在會議中討論關於同性戀、雙性戀和跨性別運動員的議題；她形容自己「這輩子大部分時間裡都是個孤單的人」」。自從她向父母出櫃之後，有超過兩年的時間，她和他們的關係不是很好，一直要到她姊姊得癌症之後，他們才和她和解，但這些和父母間的痛苦張力，卻形塑了她這個人。

「我一直就是那種，『只做自己想做的事，而且只在想做的時間做』的人。」她如此說道。

哈登非常信任海內爾，她也非常信任哈登；哈登的兒子也是同性戀，哈登很以他為傲。不久前，他曾邀請海內爾和她的伴侶和一起去夏威夷，參加一場南加大的比賽；海內爾通常會將私生活和工作區隔開來，但對海內爾而言，這件事是個很重要的轉折。她現在會更常在工作場合提到自己的伴侶（她在一所特殊教育學校擔任教職員），和她們兩個年幼的孩子。

辛格一直努力接近海內爾和哈登。二〇一五年，他請一位客戶將他介紹給哈登。那名客戶在電郵裡熱情地介紹了辛格，說他是「最頂尖的升學顧問之一，也是個大好人」，還提到他曾提供諮詢服務給哈登熟識的幾個家庭。哈登的體育辦公室副主任認為和辛格見面是個不錯的主意，但原因並非是想見辛格，而是因為邀請他們的人擁有一些很有價值的人脈網絡。當時的哈登和那位副主任正在試著推銷幾間新建豪華套房，那些套房是洛杉磯紀念體育館（也就是南加大美式足球隊的主場）整修案的一部分。

那年六月，辛格、那位客戶、哈登以及那位副主任，一起在洛杉磯鄉村俱樂部的會所見了面，並在某個安靜的房間裡喝咖啡。這場會面持續了十分鐘，大部分時間裡，都是辛格在講自己有很多有錢的客戶，可以為南加大帶來更多幫助。「你們很棒，但我覺得還有另一個管道的學生，可以讓南加大變得更棒。」他如此說道。哈登和他的副主任心想，辛格只是想自抬身價，所以才會一直提到自己認識的人。

辛格接著嘗試進一步打開和哈登的溝通管道，有次還想請哈登幫忙，將一個德州客戶的女兒送進南加大。但哈登在二〇一五年七月寫了封電郵給海內爾，說自己對辛格已經豎起了「紅旗」，還提到了辛格和業餘運動員聯盟（AAU）青年籃球圈之間的關係，似乎有點可疑。他要她去「做些功課」。

同樣是在二〇一五年七月，大學部的招生辦公室主任察覺到了異狀。當天稍早，他剛和海內爾談過話，希望她能把事情說清楚。「我不知道這個叫辛格的傢伙在搞什麼，我只知道要離他遠一點！」他在電郵裡如此寫道。

海內爾在面對自己和在面對教練們時，可能有兩套不一樣的規則。她在決定校隊生名單的過程中擁有巨大的影響力。有些教練認為她是個不願妥協，而且很頑固的人，對於錄取校隊生一事嚴格得無可理喻。南加大的前田徑主任隆．艾利斯（Ron Allice）說她「就像釘子一般強硬」。他還說，只要有些地方不夠完美，她就會把一些能力很強、極有潛力的運動員刷掉。「她對我們的態度非常強硬。」

這種權力對辛格來說很有用。「每個人都要通過她那關。」辛格會這樣說。

他在南加大採取的方法，每個步驟都變得非常有組織而系統化，而第一步要做的，就是假造申請者的履歷。辛格曾提到，他會在海內爾的辦公室裡請教她如何編造履歷。有時海內爾也會參一腳，直接用筆在履歷上做修訂。

海內爾一整年裡，會和其中幾位被特別指派要對運動員申請者進行審查的招生人員見面。教練會將他們的名單交給她，她會將名單轉交給那群審查委員（亦即招生辦公室主任，以及兩位助理），然後努力推薦他們。她曾成功把一個從未參加過田徑比賽的學生包裝成頂尖撐竿跳選手，也曾把一位明明不是運動員的學生塑造成全國等級、甚至是世界級的體育新星，甚至曾把一個身高只有一百六十五公分的孩子，說成是身高一百八十五公分的籃球選手。（雖然她的律師後來說，沒有證據顯示她真的親眼見過那個孩子。）

辛格出現在南加大的頻率不低，他在那裡也認識一些教練。他曾經接觸過至少一位教練，在校園裡直接和他們討論側門管道這件事，並在體育主任辦公室的大樓參加過幾次會議。他會認識海內爾，絲毫不令人意外。檢方後來指出，她在某個時間點和辛格建立了夥伴關係，並把這層關係變成一種替運動員進行制度化募款的方式。二〇一四年至二〇一八年間，辛格的客戶一共支付了超過一百三十萬美元的金額到海內爾控制的南加大帳戶。作為回報，她將學生包裝成校隊選手，幫助超過二十四名學生進入南加大，有時那些學生甚至根本就不會那些體育項目。（海內爾的律師後來則說，體育辦公室的主管一直都在做這些，這原本是南加大預期她要做的事情。）

辛格後來聲稱，他並沒有讓其他南加大的校方人員知道他和海內爾的合作關係，比如體育辦公室主任哈登就不知道。

海內爾（或者某個向她報告的下屬）會將申請者名單交給招生辦公室，而招生辦公室在同一個時間點，也正在忙著審查數以萬計的申請文件。

就像辛格本人曾向一位父親解釋的那樣：「審查人員只需要一些可以看得出來他是運動員的東西就好了。唐娜把名單轉交給他們之後，他們不會再去追查。」

南加大普立亞斯高等教育中心的第一任主任威廉・提爾尼後來曾說，他相信募款的壓力就是讓南加大體育部門出現不法情事的原因之一。「當學校裡存在著一種『只要能弄到錢，做什麼都可以』的精神時，你就會真的不擇手段。」然而曾於二〇一〇年至二〇一六年在南加大擔任體育辦公室副主任的約翰・馬偕（John "J.K." McKay）卻說，哈登會不斷重複地說，「沒有對價關係。」他回憶道，「『沒有對價關係』這句話經常出現。」

二〇一六年，哈登卸下體育辦公室主任一職，新任的主任林恩・司萬（Lynn Swann）是一位傳奇人物，曾在南加大和國家美式足球聯盟（NFL）踢過球，他持續賦予海內爾很大的權力，似乎很少、甚至完全沒有進行監督。海內爾和辛格之間的財務往來關係，並不僅止於南加大的募款業務而已。辛格後來每個月都會預付她兩萬美元作為諮詢費。

到了最後，南加大也開始起疑心：為什麼會有這麼多頂尖校隊生，他們的個人履歷都大有問題？

南加大找了人來調查，而那個被任命來進行這件事的人，就是海內爾。

第十一章　教練

二〇一五年六月二十二日晚間，麥可．森特（Michael Center）告訴自己的妻子和兒子們，自己要去和一個朋友見個面，很快就會回來。

德州的夏季非常窒悶，森特坐進自己的雪佛蘭休旅車，從他在奧斯汀（Austin）西北丘（Northwest Hills）社區裡的房子駛下山坡，沿著三十五號州際公路越過科羅拉多河，前往三十多公里外的奧斯汀．伯格史東國際機場（Austin Bergstrom International Airport）。

森特在德州大學奧斯汀分校擔任男子網球校隊總教練，當時他剛剛結束在該校的第十五個球季。根據許多人的說法來看，這是一份相當輕鬆的工作：待在戶外幾個小時、指導年輕人，在一所受尊敬的學校裡，參與一個你很喜歡的體育項目。他的薪水也很不錯，一年將近二十萬美元，而且舉辦夏季訓練營還有額外收入。

然而，森特一直苦於他無法知足、感到挫折的情緒。

為了參加錦標賽，他必須經常出差，無法一直陪伴正要進入青春期的兒子們。此外，雖然他為工作投入了很多心力，但美式足球才是德州大學奧斯汀分校的主要焦點，因此他很難被注意到。他也和二〇一三年上任的體育主任發生過衝突。不過最讓他感到受傷害的，其實是校方拆除了他的室外網球場，卻沒有明確計畫要重新蓋一個。他甚至曾悲嘆，校方要求他自己去想辦法籌措新球場的資金。

因此當瑞克・辛格對他說，他付出了這麼多心血，應該值得更多收入時，他心裡其實是很認同的。是啊，他真的很認真，應該要賺更多才對。

森特開著車駛入了機場。把辛格接上車，駛向附近的一間旅館。

認識森特的人，都覺得他是個認真誠懇、循規蹈矩的人。有次他為了幫朋友開的慈善成人網球營當一天志工，還向校方提出了書面的請求，請校方准許。停車的時候，如果某個輪胎壓到了白線，他會倒車重停一次、挪動個幾公分，直到車子完美地停在停車格裡為止。年約五十的他已婚，有兩個孩子；大概很少有人的生活方式，能比他還要遠離意外和危險。

森特也曾經是個球員。他先是在堪薩斯大學（University of Kansas）擔任教練；到了一九九〇年代，他則在加州門洛公園（Menlo Park）的投資銀行普惠公司（Paine Webber）擔任股票經紀人。一九九八年，他再次回到了球場上，在德州基督教大學（Texas Christian University）擔任總教練。二〇〇〇年，他搬到了奧斯汀。

熱情、好勝又多愁善感的他，把得失看得很重。他以高標準看待自己的運動員，但也會在他們打贏球賽時好好慶祝一番，因而能獲得球員的尊敬。森特帶領的球隊雖然不是最傑出的，但表現一直不錯。他每年都能帶領球隊打入國家大學運動協會的錦標賽，偶爾還能進入前十六強，甚至決賽。他曾經四度獲得「年度十二大教練」的殊榮，也經常因為球員在體育和學業上的表現獲得不少好處。

然而，二〇一四年底，森特卻覺得自己快要撐不下去了。

自從校方為了興建新的醫學院大樓，而在二〇一四年拆除網球場，他的球隊便只能到處尋找練習場地。校方已經物色了幾個新網球場可能座落的位置，但一切都是未定數。此外，由於德州大學奧斯汀校區剛剛挖角了一位美式足球教練，因而支付了數百萬美元給另一所大學，經費似乎有些不足。

為了準備二〇一四年至二〇一五年的球季，他的球隊必須在城郊的一個鄉村俱樂部、公共網球場、大學網球場，以及距離校園開車要半小時、靠近特拉維斯湖（Lake Travis）的一個室內球場之間不斷更換場地，才能練習和比賽。

不是每個人都能理解，為什麼森特會覺得自己似乎被虧待了。對森特而言，他們的後勤設備是不合格的，而這種現象也讓他愈來愈不安：如果長時間缺乏正規的球場，他們可能很難吸引到優秀的運動員。

與此同時，像南方衛理會大學這樣的區域性校隊，卻在不斷啟用嶄新亮眼的設施。他認為，如果這種狀況長時間持續下去，網球校隊的狀況就會愈來愈糟。

當森特於二〇〇〇年接掌男子網球總教練的時候，這個職缺的敘述是他必須鼓勵「校友、學生、教職員的支持，持續在全國網球界獲得認可，並創造最大的收益，以協助體育辦公室達到財務目標。」

他曾在二〇一〇年和二〇一一年的工作評鑑中提到，他有意識到募款的需求，對募款計畫也提供了協助。

然而美式足球校隊卻帶來了許多資金，可以和籃球、棒球一起，支持其他所有的無營利體育項目。由於體育電視頻道、企業贊助，以及一定會有的門票收入，那些重要的體育聯賽每年都能帶來好幾億美元的收入，但幾乎全都只和眾多體育項目中的其中幾種有關。

各種體育項目之間的貧富差異，在薪資水準上特別容易看得出來。德州大學奧斯汀分校的美式足球教練查理·斯壯（Charlie Strong），於二〇一四年至二〇一五年的球季收入高達五百萬美元，而籃球教練瑞克·巴恩斯（Rick Barnes）的收入則超過兩百六十萬美元。森特的薪水只有這些數字的零頭而已，不過他的年薪至少還有二十萬美元，已經比其他無盈利體育項目的教練高出不少了。

當史提夫·派特森（Steve Patterson）於二〇一三年十一月接掌體育辦公室主任時，體育辦公室正在想辦法解決數百萬美元的赤字問題，而這種依賴美式足球來維持其他體育項目支出的模式，也被改革了。派特森對那些無盈利體育項目（比如網球）的教練們表明，他們必須想辦法承擔自己的開銷。

「老實說，那些教練都被寵壞了。」派特森回憶道。他們直到當時為止，都被照顧得服服貼貼，也從未被要求付出更多。

這種強硬的命令讓一些教練憤恨不已，森特也是其中之一。他怎麼知道要如何募到那麼多錢？難道除了指導球隊、選秀和籌備錦標賽之外，這現在真的也是他工作職責的一部分了？

校方同意用來新建網球場的位址，是棒球場、壘球場和足球場附近一塊不太平整的土地，上頭還有個停車場和一個老舊的倉庫，而且工程造價從一千五百萬美元漲到了兩千萬美元。

體育辦公室能提供的協助，是幫忙找出潛在的捐款人，並安排一些會面，然而森特依然要為自己的新工作負起全責。當時的他，覺得自己受到了差別待遇。

喬治城大學位於德州大學奧斯汀分校以東的兩千四百公里，一個能眺望波多馬克河（Potomac River）的地方；當時的戈爾頓・恩斯特（Gordon Ernst），在喬治城大學裡有非常穩固的地位。

被大家稱為高爾迪（Gordie）的他，從二〇〇六年開始，就在擔任男子和女子網球校隊的教練，但這所頂尖的學校每年只付給他六萬五千美元的薪水。

他曾抱怨，甚至取笑過自己的薪資，以及外界針對網球隊的一些嘲諷。（大家不會熱切期待喬治城大學網球校隊球季開打前的深夜集會活動，但會期待男子籃球校隊的。）

然而恩斯特還是留了下來。「這裡有些東西不太一樣。喬治城大學有些東西，是值得我留下來的。」他曾經這樣告訴自己的朋友。喬治城大學的網球教練這個職位，可以為他帶來不少榮耀。在首都華府的幾所大學裡，喬治城大學的名氣最為響亮。他曾經教過歐巴馬的妻子蜜雪兒（Michelle Obama）和她的兩個女兒瑪麗亞（Malia）和薩莎（Sasha）打網球。他也教過大使和教授的孩子們。當職業網球選手安娜・庫妮可娃（Anna Kournikova）拜訪華府時，恩斯特也曾和她一起舉辦過兒童網球營。

在這樣一個以性格內斂、工作狂文化聞名於世的城市裡，恩斯特是個讓人耳目一新的角色：他會放飛自己有點辛辣刻薄的幽默感，逗得人們搖頭大笑。

在恩斯特的成功故事裡，喬治城大學也代表著另一個踏腳石，讓他在自己的家鄉羅德島成為一位英雄。他在中產階級聚集的克蘭斯頓（Cranston）長大，母親和父親分別是一位老師，以及當地的一位網球和曲棍球教練；由於他非常受到歡迎，當地的一個公用球場後來甚至以他為名。

作為一位年輕的曲棍球和網球明星，他曾被稱為「羅德島高中體育界的黃金男孩」。高中畢業時，他原本能直接成為職業的曲棍球選手，最後卻放棄了這個機會，選擇就讀布朗大學，並在該校打曲棍球和網球。

大學畢業後，他先是待過一陣子職業網球界，後來憑著自己常春藤名校的文憑，進入了華爾街的投資銀行雷曼兄弟（Lehman Brothers）工作。然而他非常想念在球場上比賽的興奮感，對於整天坐在桌子前的生活也愈來愈感痛苦。

恩斯特開始在西北大學擔任網球教練，接著在賓州大學獲得職缺，後來又在瑪莎葡萄園（Martha's Vineyard）的一個青少年網球營隊裡擔任執行董事，最後才在喬治城大學落腳。

恩斯特如果留在華爾街的話，原本或許可以晉升前百分之一的金字塔頂端。但現在的他卻忙著在鄉村俱樂部當教練，而那些俱樂部裡通常存在著一個非常奇怪的定律：教練們的身家地位往往遠不如他周遭的人，比如校友、球員的家長，或是那些想要成為選手的人。

募款活動只會讓他跟比自己更有錢的人，更頻繁地互動。

喬治城大學網球校友團體荷亞內特俱樂部（Hoya Netters Club）的主席，曾在一封會員通訊中提到，新任的教練已經從現役校隊生的家長那邊，談妥了大筆的捐款。「我們需要這些資金來幫助我們的校隊擴充資源。」這位俱樂部的主席如此寫道。「但我們也需要向校方證明，我們是真的想要看到球隊贏球。」

恩斯特不斷物色有天分的球員——以及有錢的球員。他並不覺得這樣有什麼不對。對於無盈利體育項目的校隊來說，有錢家庭的青少年就是他們獲得資助的主要途徑。

要怎樣才能找到那些有錢的運動員呢？大學教練仰賴各種來源。他們可能會透過自己在預校的人脈，或是服務有錢家庭的私人升學顧問那邊獲得情報。

恩斯特至少最早從二〇〇七年開始，就在和一個關鍵的人物往來：他透過自己在IMG的朋友，和升學顧問瑞克·辛格見了面。

瞄準有錢的網球選手，也有不少挑戰之處。有些球員認為恩斯特可能會嫉妒那些富裕的運動員。如果一個教練賺的錢只夠買啤酒，卻擁有名貴香檳的品味，他怎麼可能不會感到有些痛苦呢？

此外，那些捐錢的家長當然希望自己的孩子能上場比賽，但不是所有的孩子都那麼擅長打球。

於是，辛格的「側門」管道成了一個很棒的資金來源，而且他也不需面對那些希望孩子能夠在校隊表現更好的煩人家長。辛格會直接匯錢給教練，教練會利用他們的影響力，讓孩子以假的候補球員身分錄取。沒有人期待這些孩子會上場比賽——就算是他們的家長，也不會期待。

而教練，則可以把那些錢用在校隊——或者在某些案例裡，中飽私囊。

雖然無盈利體育項目的教練可能會抱怨自己的薪水，但他們有一個特別有用的好處：他們挑選校隊生的過程不會受到太多的監管，而且對招生辦公室的影響力又很大。

恩斯特最早是在二〇〇七年開始向辛格和其他人收取費用，而他也曾多次以獨立承包商的角色，被列在辛格的基金會年度稅務報表之中；根據稅務報表，他收取的金額高達六位數。作為交換，恩斯特曾將至少十二名申請者列為校隊生，而其中有些學生其實並沒有參加網球比賽。檢方後來說，除了辛格的客戶之外，他也曾從其他家長那邊牟利，並向一位父親收取了二十二萬美元的賄款；賄款以支票、現金，以及幫恩斯特的女兒支付學費等形式支付。

久而久之，恩斯特的身家開始追上他身邊的有錢家長。他和妻子於二〇一二年以將近一百六十萬美元的價格，在馬里蘭州的雪威・雀斯（Chevy Chase）買下了一幢傳統殖民風格的五房宅邸，後來又在二〇一五年以五十三萬美元的價格，在鱈魚角（Cape Cod）買了一間公寓。他們是雪威・雀斯俱樂部（Chevy Chase Club）的會員；該俱樂部標榜自己是「俱樂部中的女王」（“Queen of Clubs”）。

一位拉斯維加斯的商人，在一次回母校的行程中拜訪了喬治城大學風景如畫的校園，然而當時這所學校其實讓他頗為煩心：他非常希望自己的兒子也能進這所學校就讀。

這位父親打了通電話給辛格，想請教他自己的兒子有多大機率能進喬治城大學。在此之前，辛格曾經為他的大女兒提供服務，現在，該輪到他兒子了。

辛格沒有半點遲疑。當然進得去，他說。只要捐四十萬美元給網球隊，他的兒子就幾乎保證進得了喬治城大學。

這位父親絲毫不卻步。他何必退縮呢？這種交易在申請大學的競賽裡，不過就是個尋常的玩法罷了，是有點位於灰色地帶但依然完全合法的途徑：大額捐款，可能會讓捐款人的孩子，在申請過程中獲得一些額外的優勢。

他還記得自己在喬治城大學網球校隊時，球隊連去比賽的交通費都有問題，而他現在可以幫他們一些忙了。而且，他的小孩也沒有厲害到真的可以打校隊。這是雙贏啊，他心想。

辛格當天幫這位父親和恩斯特安排了一場會面。只要一通電話，這位父親就能在恩斯特位於體育中心裡的辦公室和他握手問好。

他們輕鬆風趣地交談了幾句，而恩斯特則隨口談了一下自己的體育背景、過去打網球和曲棍球的歷史，似乎表現得有些太過自信。恩斯特問了一些關於他兒子的問題，那位父親強調，他兒子會為球隊帶來很棒的新血。一切似乎都光明正大、毫無不妥。

接著他問道：這筆捐款，確切來說可以為球隊帶來哪些幫助呢？是資助獎學金嗎？還是球員比賽的交通費用？

恩斯特看起來有些困惑，於是先確認了一下這位父親有和辛格談過。他發現這位父親遺漏了一些資訊，於是開始解釋他們會如何運用捐款。「這個嘛，網球教練總是要吃飯的嘛。」

這位父親聽了之後大吃一驚，旋即起身和恩斯特握了握手，快速地離開了辦公室。

幾分鐘之後，辛格在電話中模糊了賄賂和捐款之間的界線。

「瑞克，我不明白。我以為這筆錢是要給校隊的。」這位依然非常困惑的父親如此說道。

辛格說，是要給校隊的沒錯呀。

「不，是要給戈爾頓的。」這位父親回覆道──戈爾頓指的就是那位教練。

「對啊，給他錢，就是在支持校隊啊。」

才不是，那只是在支持恩斯特罷了。這位父親不願意只是為了讓兒子在申請學校時可以獲得一些優勢，而直接把錢匯給那位教練。

然而，還是有其他人願意這麼做──即便他們的孩子根本不會打網球。恩斯特從二〇一二年到二〇一八年間，從辛格那邊賺取了超過兩百七十萬美元；雖然喬治城大學給他的年薪只有區區六萬五千美元，但他現在不那麼拮据了。

高中和大學的網球圈並不大。很多人都認識馬丁．福斯（Martin Fox）這位像蒼蠅一般、到處社交的人物──他不只在網球界人脈廣闊，在青少年和大學籃球界亦然。

福斯在休士頓營運一所網球學校，也為各種體育項目的選手提供非正式的後勤服務，比如開車接送、安排交通等等。在口耳相傳之下，他最後取得了一些地位，在休士頓的青少年體育界中成為一個權力的掮客，不只組織大學錦標賽，也在青少年籃球界中成為一位重要人物。

人脈就是他的資產。

索尼．瓦卡洛（Sonny Vaccaro）曾為耐吉（Nike）、愛迪達（Adidas）和銳跑（Reebok）之類的體育品牌擔任顧問；他說，福斯的人脈使他成了地方知名人物。

有些人認為福斯就是個騙子，卻也「非常、非常聰明。」瓦卡洛在一場訪談中如此說道。「他就是有種能力，可以讓許多不同情況的孩子們一起合作。馬丁就是那種知道怎麼破解拼圖的人。」來自北卡羅萊納、聲音迷人的福斯，身高一百八十多公分，身材高䠷，一頭花白的頭髮，並有一對彷彿能刺穿人心的藍色眼珠。他擅於交際也很愛和人聊天，對自己喜歡的體育項目也很在行。他曾與柯比・布萊恩（Kobe Bryant）、魔術強森（Magic Johnson）、肯塔基大學籃球教練約翰・卡利帕里（Kentucky's John Calipari），以及路易斯維爾大學籃球教練瑞克・皮提諾（Louisville's Rick Pitino）開心合照過。

他是個很適合一起喝啤酒的酒伴，不過一位長期教網球的教練回憶道，他也經常會耍些小手段。「他總是在四處奔波，總是有事情在忙。」這位教練說道。

辛格需要的，正好就是這種人。

福斯當然也有他狡猾的一面。這點其實有點諷刺，畢竟他大學畢業拿的可是刑法專業的學位。二〇〇五年，他被控竊盜罪，因為他曾和一個大陸航空（Continental Airlines）的員工，以及一位和自己合夥開旅行社的人合作，在好幾個禮拜之前預先購票，然後再把票改到一個更靠近的日期，藉此規避搭機前最後一刻購票的高額票價。這些犯罪事實發生在一九九九年和二〇〇〇年間。福斯後來轉為汙點證人，因而獲得緩起訴，只要兩年內沒有犯罪，案件就能撤銷。

此外，他的名字也曾出現在國家大學體育協會的貪汙案中。在那起案件裡，某位籃球助理教練被指控收受賄賂，並付錢給球員，以及可能成為校隊生的高中生，藉此要求那些新秀選手選擇某些經理人和財務顧問的服務。福斯最後並沒有被檢方起訴，但這起案件的某個核心證人說，福斯曾匯給他四萬美元，而這筆錢後來輾轉落入了一位助理教練的手裡，再由他轉交給新秀高中生。

似乎很少人知道福斯到底靠什麼維生，但不論職稱是什麼，他廣闊的人脈對辛格來說都很好用。辛格之所以會認識福斯，是透過他一個曾在青少年營隊和大學擔任教練的老朋友——丹納・潘普（Dana Pump）介紹，這位教練本身在籃球界享負盛名。潘普和他的哥哥籌劃過幾個錦標賽和營隊，認識很多大學教練和球員。福斯經常會出現在德州大學奧斯汀分校裡，也認識籃球校隊的幾位教練，甚至擔任過森特後來錄取的幾位網球選手的教練。

因此，當辛格在二〇一四年秋天打電話過來，說他希望福斯能幫一個客戶的忙時，他並沒有拒絕。

辛格的客戶名叫克里斯・謝普（Chris Schaepe），是矽谷創投業者，曾經雇用辛格協助自己的兒子申請大學，德州大學奧斯汀分校是他們申請的學校之一。謝普的兒子就讀規模不大但名氣響亮的烏塞教會學校（Woodside Priory School），但說到他的體育表現，他其實更像是個球隊經理，而不是球員。雖然他曾在高一時打過網球，但他在提交給德州大學奧斯汀分校的申請資料上，寫自己是高中籃球校隊和美式足球校隊的經理。進入大學後，他也想要繼續擔任校隊的經理。

福斯能幫上忙嗎？福斯是網球圈的人，而且也是德州體育界……算了，管他是什麼，反正他認識德州大學奧斯汀分校的網球教練麥可・森特就對了。於是他把辛格介紹給了森特，解釋說這位升學顧問有個學生想進德州大學奧斯汀分校，成為籃球校隊的經理。但光是以這個身分是無法被錄取的，所以想問問，或許他可以被安插在網球校隊裡？

辛格於二〇一四年十一月，將那位學生的成績單和申請學校用的小論文傳給了福斯。兩天過後，福斯則將這些文件轉交給森特。

森特向福斯確認自己收到了那些文件，然後提到，那個學生「念的似乎是個非常高端的學校啊。」這件事很吸引森特，畢竟他當時正在募集新建網球場的資金。他要福斯在感恩節過後打電話給他，以便進一步討論。

隔月，森特用電郵將那位學生的申請資料，寄給了一位體育辦公室的職員，並將他列為校隊生。

由於福斯在那年春天的幫忙，森特將謝普的兒子列為校隊生，讓他在申請學校的過程中取得了很大的優勢。德州大學奧斯汀校區後來錄取了謝普的兒子，並給了他一小筆獎學金支付圖書費用。謝普父子則提交了一份正式的同意書給校方，表明他將會加入網球校隊。

他們也捐了價值六十二萬五千美元的股票給辛格的關鍵全球基金會。謝普一家人後來並沒有被起訴，而其家庭代表後來說，他們的捐贈行為和其他青少年及教育計畫常見的捐贈行為並沒有差別。這位代表還說，他們希望自己的兒子能成為球隊的經理，而不是成為一位球員。然而加入校隊的同意書，其實只有球員才需要簽署，而且必須經過體育主任和學費提供者的簽署，才會送交監管人員進行審查。這位學生入學之後，將獎學金還給學校，轉而加入籃球校隊，成為新任球隊經理。

森特知道這個情況不太正常，但他並不認為那是犯罪。他曾聽過美國各地的其他教練，也會把某些根本不夠資格進入大學校隊的孩子加進校隊名單。

針對福斯提供的服務，辛格則從他的基金會匯了十萬美元給他。

他還和森特說，有大約十萬美元的資金已經準備就緒，可以匯給他了，這筆錢是給德州大學奧斯汀分校的，但要如何分配運用，當時依然未定。辛格後來在四月和六月分別給了森特兩張支票，一張兩萬五千美元、一張一萬五千美元，受款者是德州大學的體育室。

就在他們討論資金時，辛格打中了森特的其中一個痛點——校方似乎並不尊重他，而森特對此的憤恨情緒，就像一個不斷潰爛的傷口。

——這筆錢裡面，有一部分是你應得的。

那天春天，辛格從自己的帳戶分六次提領了六萬美元，以免引起注意。然後，他搭上了一班飛往奧斯汀的飛機。

在某個溫暖的夏夜，森特做出了改變一生的決定。他告訴家人自己要出門一下，然後去機場接了辛格，再載他前往七十一號州際公路旁，位在星巴克附近的一座平凡無奇的機場旅館。

他們抵達旅館之後，瑞克·辛格交給了他一個塞滿百元鈔票的袋子，裡頭裝著六萬美元，接著跳下了車，而森特則開車回家。

隔天清晨五點半，辛格搭機返回加州。

第十二章 測驗日

終於，艾蜜莉・弗拉克斯曼（Emily Flaxman）度過了高中地獄般的生活，要重見天日了。她說她想要上大學。

她在比佛利山莊做房地產開發的父親羅伯特・弗拉克斯曼（Robert Flaxman）鬆了口氣。

羅伯特是一名單親父親，獨自扶養著兩個孩子；他和艾蜜莉過去幾年來一直都在摸索。老實說，他自己都很懷疑女兒有沒有辦法活到高中畢業。

身材健美、看起來很年輕的羅伯特・弗拉克斯曼，當時其實已經六十歲了，渾身散發著白手起家的闊綽氣質。他十七歲的時候和繼父大吵了一架，從此便離家出走，接著進入了南加大，但因為付不出學費，最後只念了三個學期就決定輟學。他曾受訓並任脊骨按摩師五年，後來才在房地產界找到了自己想畢生投入的事業，成為皇冠房地產開發的老闆（Crown Realty & Development），興建了許多豪華度假村和大型的商業開發案。他的生活過得頗為張揚。他開的車是勞斯萊斯，在比佛利山莊也有房子，而且會和《花花公子》的兔女郎約會。他在拉古納海灘的家位在一個門禁社區裡，裡頭還有一間電影放映室、大得能讓人走進去的酒窖，以及海水水療池。

羅伯特對家人和朋友花錢毫不手軟。他會一次帶十五個人去托斯卡尼海岸或加勒比海度假。他在家族裡顯然還有另一個角色：一個可以簽支票、解決事情的闊氣佬。他雇用自己的親戚，甚至還會金援遠房親戚。

然而，金錢並不能讓家人免於藥物濫用的折磨，也不能讓孩子免於疼痛。

艾蜜莉一頭金髮滑順、帶點薑黃色，鼻子上長了些雀斑。她是個很細心、有活力的女孩，也和很多孩子一樣，因為不想做功課或家事，會用各種方式跟家人討價還價，逗得眾人哈哈大笑。她會踢足球，也喜歡衝浪和芝多司（Cheetos）餅乾，平時會在網路上買些二手衣物。然而，艾蜜莉的心緒紊亂。她的成績一落千丈，並開始翹課。

羅伯特．弗拉克斯曼讓女兒上的是蒙大拿學院（Montana Academy），這所學校是一個治療性的寄宿學校，一個月的收費高達九千三百美元，位於一個偏遠山谷的牧場裡，周遭被山脈環繞。那裡的管教非常嚴格。不能用社群媒體，限制學員使用電話的時間。家庭治療。專注於讓學生變得更好。

事情似乎終於迎來一線轉機之光。當艾蜜莉在二〇一六年夏天升上四年級時，她開始談到自己的未來，而且語帶希望。她的哥哥當時剛開始在聖地牙哥大學（University of San Diego）念大一，而她則表達自己也想念四年制的大學。學校裡負責為她提供療程的團隊，也認為她的狀況很樂觀。所有人都同意，對艾蜜莉來說，最糟的情況就是在不知道要幹什麼、沒有例行事務要持續進行的情況之下從高中畢業。沒人想看到她漫無目標地回到家，再次掉入那個自我毀滅的舊模式。

羅伯特．弗拉克斯曼重新連絡上了瑞克．辛格；一年前，他雇用他擔任兒子的升學顧問。羅伯特問他，務實點談，艾蜜莉上得了哪些學校呢？

羅伯特的律師後來說，辛格當時的回答其實頗讓他失望。辛格說，艾蜜莉的學業成績並不出色，而且對於招生人員來說，治療性學校的文憑也不怎麼吸引人。羅伯特聽了之後非常沮喪。

辛格繼續說道，除非大幅提升艾蜜莉的美國大學測驗成績。

其實艾蜜莉在當年稍早已經考過這個測驗了，但因為太過緊張沒有做完。她在三十六分裡只拿到二十分，獲得第五十一個百分位。

辛格說，他可以幫忙她拿到更高的分數。但如果羅伯特同意他安排的話，他必須先把艾蜜莉送到三千多公里以外的休士頓去。

辛格和羅伯特交涉的那段時期，辛格處理測驗的方法已經和以前不一樣了。

在過去，他手下的測驗大師馬克．李德爾，會使用假證件在考試那天幫學生代考。但李德爾的個子太高、長得又很好看，而且當時已經三十四歲了，很難再繼續假冒成青少年，況且，他本來就沒辦法幫辛格的所有客戶代考。

主辦學術能力測驗和美國大學測驗的測驗機構，當時也已經加強了防弊措施，比如要求學生在報名的時候繳交照片，准考證上也印有考生的相片。到了考場，考生還要和個人證件上的照片做比對。監考人員也會接受一些額外的訓練，藉此辨別作弊的人。

這些措施，是在二〇一一年長島爆出學術能力測驗舞弊事件之後開始實施的，當時有些學生買通其他學生當槍手。「我們填補了那些漏洞。」納邵郡（Nassau County）的地區檢察官賈絲琳．萊斯（Kathleen Rice）在一場記者會上如此說道。「從今而後，付錢請人當槍手這件事，會變得非常困難。」

但百密必有一疏。

聯邦政府後來在二〇一五年破獲一起舞弊事件：一群中國人在至少四年的時間裡，參與了匹茲堡的集體舞弊；他們收取費用，替其他人代考大學或研究所的入學測驗。他們會使用變造或偽造的護照進入考場。

就算這種代考的舊手法變得愈來愈難以成功，但坊間也還是出現了新的對策。由於美國大學理事會（College Board）通常會回收美國的測驗題目，在後續的海外測驗中重複使用，因此有些來自中國和南韓的模擬考公司會利用這點，掃描那些外流的考試題目，賣給學生背答案。

辛格也找到了一個可以打敗測驗機構的新方法：和測驗中心的主管合作。

每一年，大約會有四百萬名學生在指定的日期湧入考場（一般都是在學校裡），參加美國大學測驗或學術能力測驗。測驗一般在星期六舉行，而每次這兩個測驗機構各自都有大約四千個測驗中心在同時運作。

他們仰賴大量的約聘人員來監考（通常都是當地的學校職員），由他們檢查考生證件、執行測驗，並在考試結束之後收集考卷。

上述這些意味著，辛格的客戶現在必須親自參加考試了。但如果辛格付錢給考場的主管，他就可以把李德爾安插進去當監考人員，讓他洩漏答案給考生，或是在考試結束後檢查他們的考卷。

就像辛格說的，「要讓這個計畫可以成功運作，唯一的方法就是控制監考人員和考場主管。」

為了找到可能願意合作的考場，辛格將目標瞄準那些嗅到銅臭有可能會隨之起舞的人。

傑克．葉慈高中（Jack Yates High School）為休士頓第三區（the Thrid Ward）的居民帶來了至高的榮耀——在歷史上那裡是一個非裔美國人的社區，就位在休士頓市中心的東南邊。傑克．葉慈高中的男子籃球隊曾經打破德州和全國的紀錄，並因為壓倒性的勝利獲得許多球迷支持，但也招來不少批評。

在這個滿是年輕籃球好手的城市裡，傑克．葉慈高中顯得格外突出。那些天才球員，也滋養了一個由顧問、教練和攀權附貴者組成的生態系，他們都在想辦法從中獲得些好處。馬丁．福斯也是這個生態系裡的一分子——他就是為辛格接洽德州大學奧斯汀分校的那個籃球掮客。福斯成功地與傑克．葉慈高中的人搭上線，比如妮基．威廉絲（Niki Williams）這位廣受歡迎的助教和啦啦隊教練。

當時四十一歲的威廉絲非常活潑外向；她每年的薪水，只比兩萬五千美元高一些而已。不過她還有個副業：在高中裡擔任美國大學入學測驗和學術能力測驗的主管人員。

檢方指出，辛格從二〇一五年就已經開始付錢給福斯，再由他賄賂威廉絲，目的則是讓李德爾進入測驗中心。（威廉絲後來否認自己有犯下任何罪行。）

同樣是在二〇一五年，辛格的客戶開始大量湧向休士頓這所偏僻的學校；由於數量太多，就連辛格自己也說，他們被稱作「去別州的孩子」（the outta-state kids）。

傑克．葉慈高中於是成為辛格喜歡用來作弊的其中一個考場。「我有兩個學校可以進行這個計畫。」他這樣告訴那些家長。

另一所學校，距離辛格在南加州的家近多了。

到了二〇一五年左右，洛杉磯的西好萊塢學院預校（West Hollywood College Preparatory School）陷入了無庸置疑的難關。

這個由烏克蘭移民艾琳娜．德沃爾斯加亞博士（Dr. Elina Dvorskaya）於二〇〇〇年創立、原本名叫德沃爾斯基學院預校（Dvorsky College Preparatory School）的小型非營利學校，吸引了一些在繁華的洛杉磯附近落腳、來自東歐或前蘇聯的難民社群的孩子。這所學校承諾會將他們從家鄉帶來的一些傳統延續下去，不只雇用會說俄語的老師，也安排語言和文化的課程及社團。德沃爾斯加亞這位創辦人，是一位穿著優雅但作風專制的女性，在學校裡更像是一位傀儡校長。

創辦人的兒子伊戈爾．德沃爾斯基（Igor Dvorskiy）年屆中年，擔任學校董事，致力於幫助母親實現夢想。有三個小孩的他，舉止彬彬有禮、兢兢業業，永遠都在維持這所學校的運作。這所學校吸引了一小群死忠追隨者，但情況對校方並不有利。他們的校園（如果你可以稱呼它為校園的話）風貌迥異於洛杉磯西區的其他頂尖私立學校。德沃爾斯基學院預校位在一個繁忙的路口，一棟陰鬱大樓裡租來的空間中，同棟大樓裡還有猶太會堂。這座權充校舍的石造建築，外觀是單調乏味的米黃色，方方正正地就像積木，帶點一九八〇年初政府機關會有的那種建築風格。教室空間極度局促，老師的薪水並不高，而且校方有時還會延後發薪。

為了吸引更多主流客群，校方於二〇一七年將學校的名字改為西好萊塢學院預校，但學校有時還是會在虧損的情況下維持營運。該校從幼稚園到十二年級的學生總人數，在兩年前還有七十三個；到了二〇一七年，卻只剩下四十二個。

後來，一個新的賺錢管道出現了。二〇一七年三月，身為學術能力測驗和美國大學測驗的約聘測驗主管的伊戈爾．德沃爾斯基，開始從辛格那邊收取賄款，讓學校重新盈利。

辛格搞定了可以作弊的考場，但他依然需要能讓孩子前往那些考場的招數。再怎麼說，絕大多數的高中生都是在某個平日或週六於本地學校參加考試，一起參加考試的也都是他們自己的同學。

辛格利用了「學生得以提出特別需求」這個大漏洞：這給了他們很大的彈性，讓他們可以選擇如何，以及在哪裡參加大學入學測驗。

能在測驗時獲得特別待遇的高中生，突然在全美各地激增；這些特殊待遇是為那些有焦慮症或注意力不足過動症等障礙的人設置的，有需求的學生可以在個人房裡應試，或者增加答題時間。

和該現象同時出現的，還有另一個值得注意的轉變。過去，獲得這些特殊測驗安排的學生在申請學校時，名字旁會有一個星號，但一些為障礙人士發聲的人為此提出訴訟。美國大學理事會（也就是學術能力測驗的主管單位）因此於二〇〇三年開始，不再通知大學某個考生是否獲得了特殊待遇。美國大學測驗的主管機構也採同樣做法。

對此，一些校方人員提出了警告。「給予特殊待遇是正確的，但這也會衍生出非常負面的影響。」在位於波士頓高端郊區的牛頓北高中（Newton North High School）擔任升學輔導的布萊德．麥克高文（Brad MacGowan），在這項改變開始實施時，曾經對《紐約時報》如此表示。「在一個完美的世界裡，如果有學生真的需要延長答題時間，才能完整發揮自己的能力的話，那麼他們不應該被特別標注出來。但其實也就是那個星號，在幫助防止這個制度被濫用。這為那些認為自己可以花錢買診斷證明、讓孩子額外獲得答題時間，藉此擊敗這個制度的家庭，打開了那道閘門。」

他說得沒錯。自此以後，向美國大學理事會要求特殊待遇的學生人數的確增加了：從二〇一〇—二〇一一年度，到二〇一七—二〇一八年度之間，申請特殊待遇的學生一共增加了百分之兩百。同一期間，參與應試的考生人數卻只增加了百分之二十五。根據《華爾街日報》分析九千所公立學校的資料的結果顯示，來自富裕區域的學生比來自其他區域的學生更可能取得這種正在快速成長的特殊待遇。

對辛格來說，這些特殊待遇就是他花招的關鍵所在。

獲得兩倍答題時間的考生，不需要在自己的學校參加測驗，也不需要和其他人一起考試，甚至可以分幾天考完。這些都意味著，李德爾可以在不被別人注意到的情況之下，好好施展他的魔法。

家長會帶著心理諮商師或醫師的信現身高中，說他們的孩子有學習障礙，考試時需要額外的答題時間。許多孩子的確有那些問題，但也有些人的診斷證明頗為可疑。如果校方不願意花錢進行評估的話，那些來自有錢社區的家長就更可能自費帶孩子去外面看醫生。這種評估在洛杉磯地區要價五千到一萬美元。由於學校一般不願指控家長造假，因此校方會將這類請求送交給美國大學理事會，也就是學術能力測驗的主辦單位。有百分之九十四的這類請求，最後都會獲得核准。至於主辦美國大學測驗的機構，則不願透露他們的核准比率。

辛格簡化了整個流程。他長久以來都很擅長駕馭那些測驗機構。（有一次，測驗機構認為他某個學生的學術能力測驗分數高得可疑，他因此還為學生做了一張假的家教費用收據。）現在的他心裡有份名單，上頭都是可以幫家長寫信、讓他們使用這種作弊手法的醫師。

比方說，辛格有次就用電郵通知一位心理醫生，說他有個客戶的女兒「需要多一倍的答題時間，而且想要分幾天考完。」

「我會跟我們的心理醫生說。」他也曾如此告訴另一位父親。「我們可能要請她過去一趟，或請你過去找她，這樣她才可以幫忙完成評估流程。」

額外的答題時間。腐敗的測驗中心。聰明的監考人員，能幫你拿到任何分數。所有這些，都在週末的測驗日湊在了一起，構成一齣精心編排的大戲。

多數家長會試著不讓孩子知道這種祕密計畫，因此會對自己的孩子解釋說，他們不希望他們缺課兩天，或者可以多出時間順便造訪一下其他州的大學校園，喔對，還有，我猜我們需要幫你找別的地方參加考試，這樣就有理由可以出去玩了。他們付給辛格的基金會一萬五千到七萬五千美元換作弊服務，接著便帶孩子飛到休士頓或洛杉磯。李德爾則會旋風式地從坦帕飛過來，每次停留一般不超過四十八小時。

星期六一早，那些學生會走進傑克・葉慈高中或西好萊塢預校，而李德爾則會在那邊和他們會面。學生們會根據特別指示，用他們的二號鉛筆開始作答。辛格的手法甚至還包括在斯坎特龍（Scantron）答題卡上動手腳，學生通常會在這種機器可以辨讀的紙卡上作答，將紙卡上的圓圈塗黑。他會要孩子們把答案寫在另外一張紙上，以避免畫錯卡。但他之所以要他們這麼做，其實是為了方便李德爾在事後畫上正確的答案，這樣就不用把答題卡上的錯誤答案擦掉了。

孩子們會用手寫的方式完成作文，但測驗的其他部分一般都不會由他們自己完成。他們通常會以為是自己完成了測驗，但他們的家長、李德爾以及考場主管，都知道事實根本不是這麼一回事。

在某些例子裡，孩子會知道自己正在作弊，而李德爾則會在測驗過程中告訴他們答案。在這種情況下，他會建議每個孩子在不同的題目上故意答錯，以免引起懷疑。

學生們會在考試結束之後離場，而且通常會比他們要求延長的時限還要早很多，讓李德爾有幾個小時的時間可以動手腳。考場的主管威廉絲和德沃爾斯基則會簽署文件，說測驗進行正常，並將測驗結果送交美國大學測驗和學術能力測驗的主辦機構。

接下來，一如辛格所說的，「在十一到十七天之後，學生就會收到他們的成績，而且會非常高分。」

威廉絲直接從辛格那邊收取五千美元，而且還會從一位中間人那邊再拿到一些。至於西好萊塢學院預校的德沃爾斯基，則因為作弊計畫收到過將近二十萬美元，前後一共有二十個孩子，分別在他的學校裡執行過十一次作弊計畫。李德爾接下來會繼續飛來飛去，在德州、加州，甚至是加拿大或其他地方，參加幾十次的作弊行動。

隨著愈來愈多家長加入，這個作弊計畫變成了一個瘋狂的例行任務，有複雜的後勤和謊言要處理。家長和孩子們要經歷煩人的移動，前往休士頓或西好萊塢。「我們昨晚搭上了最後一班離開亞斯本（Aspen）的航班。」一位母親在抵達洛杉磯之後如此告訴辛格。

李德爾在佛羅里達ＩＭＧ學院的同事，偶爾會好奇他週末的行程。他有次解釋說，「有人付錢讓我飛去洛杉磯地區，為一個非常有名的客戶提供家教服務。」由於李德爾在西好萊塢預校作弊的次數實在太多，因此德沃爾斯基有時會佯稱監考人員是別人，而不是李德爾。很顯然地，沒有人希望測驗機構起疑，懷疑為何全美各地的小孩都跑來這所小小的學校，參加由同一個人監考的測驗。

有些回頭客，會要求李德爾幫忙處理後續的其他考試。「好吧，她（指作弊的學生）很喜歡那個男的。她說他長得很帥。」一位母親曾如此告訴辛格。

李德爾變得非常忙碌，於是辛格雇用了第二個來自聖荷西的假監考人員作為支援。

有些父母實在太常使用這個服務了，以至於幾乎搞不清楚他們到底作弊過幾次。

有位母親曾若有所思地和辛格說，他們幫她女兒在美國大學測驗做了兩次弊，還有幾次是學術能力測驗的分科考試。（也就是美國大學理事會針對個別科目進行的標準化測驗。）但他們動過手腳的到底是哪幾次考試？她已經全部弄混，搞不清楚了。

「好像是數學B，還是數學二，反正就是那個，我也不知道名字是什麼。」那位媽媽告訴辛格。「然後她也考了西班牙文，幾次西班牙文、幾次英文，還是歷史之類的。喔天哪，我記不起來了。」

家長要孩子去別的地方考試的說詞，必須和他們告訴學校的說詞不同，因為有時他們甚至要在酷熱的夏天前往德州。辛格會建議他們說，自己有些家族的活動要參加，比如婚禮或是猶太教的成年禮。

二〇一六年九月，伊莉莎白・亨利奎茲寄了一封電郵給女兒學校裡的升學輔導老師。雖然姊姊茱莉亞念的是聖母高中，但妹妹梅甘卻在老家阿瑟頓的聖心學校（Sacred Heart Schools）上學；這所天主教學校擁有一個空間寬闊、非常漂亮的校園。

梅甘想要在十月二十二日參加美國大學測驗，但他們必須前往休士頓。

「我們透過認識的人，在休士頓預約了一個考場和監考人員。」梅甘的母親寫道。

「沒問題。」那位升學輔導老師回信。

伊莉莎白和她在金融業當執行長的丈夫曼努埃爾，早在一年前就雇用過李德爾，為他們的大女兒茱莉亞進行舞弊。幫大女兒作弊的時候，辛格其實為他們量身訂製了一個計畫：利用李德爾的魅力，讓那個女孩願意在自己高中的教室中獨自考試，並且由他來擔任監考人員。李德爾當時坐在茱莉亞的旁邊，告訴她答案；後來他說，他曾和女孩與她的母親洋洋得意地描述，他們是如何作弊成功的。

亨利奎茲一家人這次則要前往辛格所謂的「休士頓測驗中心」。曼努埃爾這次不用付錢，但他答應會為辛格在東北大學董事會裡的另一個客戶背書。不過辛格和他的團隊最後仍會從亨利奎茲一家人那邊，拿到至少四十五萬美元，作為各項服務的報酬。

比佛利山莊的房地產開發商弗拉克斯曼，當時也在考慮是否要在同一天送女兒去那個被買通的測驗中心。亨利奎茲一家人的目標是喬治城大學或西北大學，但弗拉克斯曼的目標沒那麼高。他只希望艾蜜莉可以進入任何一所還過得去的四年制大學，這樣她從蒙大拿寄宿學校畢業之後，就可以繼續走在正確的道路上。

當然，辛格在八月份的時候，就已經和弗拉克斯曼坦承過，除非艾蜜莉能提高美國大學測驗的分數（她在滿分三十六分裡只拿到了二十分），否則上好大學的機會不大。

弗拉克斯曼猶豫了。艾蜜莉在九月時又自己參加了一次考試，而且覺得自己考得比第一次還要好。她這次有寫完考卷，弗拉克斯曼如此向辛格寫道。

然而她的測驗結果還沒出爐，而申請大學的時間又快截止了。辛格說二十分根本不用想進好大學，萬一艾蜜莉這次的成績沒有顯著進步的話該怎麼辦？

弗拉克斯曼想要買個保險，而他最後決定跟辛格買。他幫艾蜜莉報名了第三次的美國大學測驗，並將考場改到了休士頓。他編了一個故事，說他們本來就要去那裡看學校。

弗拉克斯曼是個知道怎麼面對危機的商人；他知道花七萬五千美元作弊這件事，並不符合猶太教的教規。他後來回想起自己誤入歧途時，情緒會變得非常激動：有憂鬱症孩子的家長並非只有他一個人，而他也沒有比其他家長擁有更多權利可以這樣違反法律。但在那個當下，他實在太過焦急，也沒有其他好選擇，而最重要的目標就是搞定女兒的考試成績。

他告訴自己，至少艾蜜莉不會知情。

艾蜜莉一步出休士頓的考場，就立刻打了通電話給爸爸。弗拉克斯曼一邊聽著，吃驚之餘憤怒不已。

艾蜜莉向父親描述道，他和梅甘以及李德爾一起考試，而李德爾幫他們做答。李德爾甚至還鼓勵她們故意寫錯不同的題目，以免引人懷疑。

和其他許多家長一樣，辛格也曾向弗拉克斯曼保證，他的女兒不會知道自己在作弊。在大多數情況下，李德爾都會等孩子離開考場之後才去竄改考卷。那天李德爾變更了做法，很明顯是為了節省時間。

弗拉克斯曼想打電話給辛格，臭罵他一頓。他認為自己被欺騙了。但他又不想要影響到艾蜜莉的成績。她辛苦了這麼久，而終點近在眼前。

「什麼都不要說。」他告訴女兒。「好好過接下來的日子吧。」

那場作弊的測驗讓她拿到了二十八分、位於第八十九百分位，而且比她九月份自己考的二十四分還要高，是她考過的最高分。她於二〇一七年就讀舊金山大學。

一切終於塵埃落定。弗拉克斯曼以為，他們可以就此把往事拋諸腦後，不再重提。

第十三章　划船訓練機

奧莉薇亞．潔德．吉安努里（Olivia Jade Giannulli）高中時每天早上的行程，大致上是這樣的：急忙爬下床；匆匆穿上一件鑲白邊的灰色百褶裙、白色馬球衫，以及背心或運動棉T；在吐司上塗抹花生醬和香蕉，或是煎幾顆蛋；然後前往離家大約一百多公尺的學校。

在馬里蒙特高中（Marymount High School）這所天主教女子學校上學的她，連化妝都免了。這所學校和他們家八百多平方公尺的地中海風格豪宅一樣，都背靠著高級的貝爾艾爾鄉村俱樂部高爾夫球場（Bel-Air Country Club golf course）。

她的生活基本上圍繞著自己的YouTube頻道。她在二〇一四年八月，也就是剛進高中的時候創立了這個頻道；等到二〇一七年九月時，已經達到一百萬訂閱。她的影片部落格提供化妝訣竅、時尚建議、「每週生活」集錦，以及一個與網友互動的問答集——奧莉薇亞會回答網友關於朋友、護膚療程、服裝，甚至是如果生活拍成電影會想由誰來飾演她（最後一個問題的答案是珍妮佛．羅倫斯〔Jennifer Lawrence〕，至少她有次是這麼回答的）。比她大一歲的姊姊伊莎貝拉（Isabella）也會固定於影片現身，負責大量地挖苦和吐槽她。她的父親，也就是設計師摩西莫．吉安努里，偶爾也會客串演出，而她的母親——演員蘿莉．拉芙林，則比較常上鏡。

隨著申請大學的時間逼近，她聘了一個作文家教。她早期曾經寫過一篇小論文，聚焦的主題是自己如何逐漸成為服裝品牌賽佛拉（Sephora）和其他公司的品牌大使，以及對她來說，獲得名氣和影響力的意義是什麼。奧莉薇亞希望可以創立自己的化妝產品線。

另一篇小論文則提到了她的YouYube頻道。

不論是哪一篇小論文的草稿，都沒有提到划船。

然而等到她要申請大學時，奧莉薇亞卻做了一件她姊姊一年前也做過的事：坐在家中健身房裡的划船訓練機上，挺直腰背，伸出雙手抓著T字橫槓，膝蓋彎曲，狀似準備好進行訓練。

辛格和其團隊假造的運動員履歷之所以能蒙混過關，一部分要感謝辛格在南加大內部深厚的人脈關係，而南加大這所學校的制度本來就非常腐化。不過，他之所以能讓年輕女孩進入那些不那麼熱門的體育校隊，其實也是一個結構性缺陷造成的結果，而不只是南加大的責任。

一九七二年，美國政府頒布了一道名為第九條（Title IX）的法令，禁止在教育領域中的性別歧視，這大幅影響了學校分配校隊名額的方式，也讓資質普通的女性運動員更容易被錄取為校隊生。擁有美式足球校隊的學校，可能會錄用超過一百名男性球員，因此為了維持機會平等，他們可能會建立非常、非常大編制的女子划船隊。

國家大學體育協會第一類學校的女子划船隊員數，平均是六十三人，比男子划船隊的平均人數還要高出不少。在密西根大學和克萊門森大學（Clemson University），女子划船隊的人數都超過一百人，而在威斯康辛大學，甚至超過一百七十人。

他們會錄取高中划船隊的運動員，雖然過程並不像美式足球那樣激烈，不過教練也會在校園四處張貼廣告，招募有運動員體格、曾經打過排球或籃球的球員，以及體型較小、能擔任舵手對全隊下指令的人。這些女性運動員報名後，會在秋季受訓，而且只要能在隊上待到第一個比賽結束，就算是運動員了。雖說如此，還是有不少人在進入春季特訓、了解早起晨訓和參加比賽有多辛苦之後，就決定退出了。

辛格把他的這個手法，描述為一件「好事」。

他曾經告訴過一位拉斯維加斯的年輕人他的那句至理名言：申請大學有幾道門可走，「正門」讓申請者用一般的方法進大學，有錢家庭則可以走「後門」，靠捐一大筆錢來提高錄取機率；至於「側門」，則是他發明出來的策略，而且保證錄取。那個拉斯維加斯的年輕人還記得，他曾說大學的校隊教練每年都有沒用到的多餘候補名額，而他則會媒合客戶和那些名額。他還解釋道，學生們不用真的參加比賽，而這也不會危害到什麼，因為「那些名額本來就會被浪費掉」。

奧莉薇亞和伊莎貝拉的爸媽沒有念過大學。吉安努里曾跟別人說，他把自己念大學的基金拿去創立自己的第一個時裝品牌了。拉芙林則是出演過哥倫比亞廣播公司（CBS）的電視劇《夜的邊緣》（*The Edge of Night*），然後在一九八八年開播的影集《歡樂滿屋》（*Full House*）裡軋上一角。他們希望自己的女兒們能走上傳統一點的道路，而這也是他們送女兒去念馬里蒙特高中的一部分原因——二〇一七年，這所高中的畢業生全都申請上了四年制的大學。

馬里蒙特高中占地二・二公頃的寧靜校園裡，能俯瞰日落大道，校舍是漂亮的西班牙傳教士風格（Spanish Mission–style）。這所學校的正門口有一座宗教人物的雕像和禱告園，標榜學校的「核心目標，是教育並培力年輕女性，讓她們能夠以道德領袖的身分活出有意義的人生，同時擁有國際視野，以及促進公共利益的堅定意志。」這所學校的校友包括名人金·卡戴珊（Kim Kardashian）和演員瑪莉絲卡·哈吉塔（Mariska Hargitay）。

學校從學生還在念高一的時候就會進行輔導，關注學生的學業表現，並幫助她們找到志向所在。到了高二，學生會開始討論哪些科系適合自己；到了高三，她們則會深入探討自己想要從大學得到什麼，以此提醒自己，收到大學錄取信只是這個探索過程的開端，不是結局。

然而在馬里蒙特高中，就像其他當地的頂尖高中，許多家長都會在校外雇用升學專家。吉安努里一家人於二〇一五年夏天雇用辛格，給孩子上家教、諮詢升學事宜。二〇一六年四月，吉安努里寫了一封電郵給辛格（拉芙林則是副本收件人），詢問在奧莉薇亞和伊莎貝拉下一次的諮詢結束之後，是否可以和他見面談談，「確認我們擁有讓她們通往成功的藍圖」，讓伊莎貝拉「能上的學校不只有亞利桑那州立大學（ASU）！」

辛格回信道，「如果你想要南加大，那我已經準備好一個計畫了。再打給我討論討論。」辛格在當年七月告訴吉安努里，伊莎貝拉的成績剛好在南加大錄取的低標附近。但她不用再考一次學術能力測驗，只要能保持成績、專注向前，進南加大沒問題。

除了要確認伊莎貝拉能繼續用功之外，他們還有其他計畫正在進行中。那個夏天稍晚，辛格要吉安努里拍一張伊莎貝拉坐在划船訓練機上的照片，「要穿訓練衣，就像一個真的運動員那樣」。吉安努里照著他的指示做了。辛格說，他會把她推薦給南加大，讓她在划船隊當舵手。

吉安努里夫婦原本可能會和其他有錢的父母一樣，採取更加傳統的路線，也就是讓募款人員注意到自己，希望能在申請入學時獲得優惠待遇（但不一定會保證入學）。南加大的校務發展辦公室甚至還聯絡了吉安努里，說可以為伊莎貝拉安排一趟量身定做的校園導覽，並「讓她在申請資料上更加突出」。他告訴妻子他沒有理會他們。

和辛格談過之後，他們決定接受唐娜．海內爾的幫助：捐錢、讓孩子被標註為候補運動員，接著被錄取。他們後來稱辛格告訴他們他已經做過很多次，這種入學方式是合法的，他們沒有占用其他人的名額，而且還可以資助南加大划船隊。他們還說，辛格告訴他們，如果他們的女兒最後沒有在划船隊練習也沒關係，他們可以說她們離開校隊只是為了更專注於學業。

吉安努里夫婦後來在堅稱自己無罪好幾個月之後，終於才坦承自己參與了這場舞弊，並在宣示過的證詞中承認，他們知道辛格會偽稱他們的女兒是經驗豐富的划船舵手；他們在法庭上也承認，他們並沒有讓高中的升學輔導老師知道這些安排。

然而他們依然堅持，自己是在辛格的引導之下才會相信這件事很多人都做過，也才會相信他們的女兒不會占用其他人的名額，而且還可以幫忙南加大的划船隊改善財務狀況。他們還說，辛格告訴他們如果有人問起，可以說女兒們只是為了專注學業才離開校隊的。

辛格則表示他們之間的對話並沒有這麼單純。他告訴檢方，拉芙林和吉安努里之所以不告訴別人自己女兒的錄取狀況，就是因為他們知道她們並不是真的校隊錄取生，而且他們也知道那些錢「是這場交易的一部分，他們必須付錢才能讓女兒進到南加大。」

辛格的招數之所以能如此成功，其中一個原因就是他知道合法的校隊錄取制度如何運行。

光是受校隊教練邀請前往接受校園導覽，並不代表某個高中生就一定能被錄取，而且四年級那個春天取得的比賽成績也不太有意義，因為大學那時早就已經選好校隊人選了。更重要的是，他知道教練在決定誰可以被列為校隊生這件事情上，擁有很大的自主權，而名單建立之後，也幾乎沒有人會去監督。

二〇一六年十月，某個陰天的週五，近中午，辛格坐在華盛頓特區L街上的一間小型辦公室裡，那裡距離喬治城大學並不遠。

辛格身為大學申請權威的形象，在當時變得愈來愈知名，而這也讓他被選為席德威爾友誼學校（Sidwell Friends School）的專家證人；包括尼克森、柯林頓、歐巴馬，以及其他華府的大人物，都曾送孩子就讀這所私立學校。

席德威爾友誼學校當時被一個畢業生家長控告；家長指控，校方妨礙了女兒申請大學的過程，而當家長質疑女兒的數學成績時，校方還報復了他們。儘管他們的女兒成績很好，也是個很優秀的跑步選手，但她後來申請的十多所大學全都沒有錄取她。然而，他們的女兒隔年就上了賓州大學。（法院最後判決校方勝訴。）

這所學校之所以會選辛格擔任專家證人，是因為席德威爾友誼學校使用的保險公司，選擇戈爾頓與里斯律師事務所（Gordon & Rees）作辯護律師，而這個律師事務所推薦辛格出庭作證。他們的目的是讓辛格表明，該女學生並非足夠優秀的申請者，而校方也沒有必要主動破壞她的申請機會。辛格是一個非常有戰鬥力的專家證人。

「有些事情我會想記下來，但有些事情就不會了。」他在被問及自己過去作證過的民事訴訟時，曾經如此說道，但他無法，或不願回想，誰在什麼時候、曾因為什麼案件請他作證過。

你可以說，席德威爾友誼學校和他們的法律團隊顯然被坑了，因為辛格說他一共花了四十個小時以上的時間，準備那份二十八頁的專家報告和出庭作證，而他們每小時會付他三百美元。在那份專家報告中，辛格連自己的履歷都懶得附上，在被問及自己為何有資格做證時，他也含糊其辭。他會打斷律師的話，還會試圖說服律師。根據他的證詞，他並不知道那個女學生曾任學校的物理社團和非裔社團的社長，不知道她曾因成績優異而獲得表揚，不知道她在課餘兼職打工，也不知道她參與過很多其他活動。此外，辛格在計算那位女學生的平均成績時，也沒有區分 A- 和 A 這兩種成績。

由於教練是他的人馬，因此辛格從來不需要注意自己客戶標榜的比賽成績是否為真。他在專家報告中寫道，哈佛大學女子四百公尺賽跑的候補選手標準成績是四十八．五三秒，但這個成績比二〇一六年里約奧運的金牌還快將近一秒。

不過，雖然辛格有些地方會隨口胡謅，但他依然展現出了他對運動員錄取流程的基本認識，以及一個關鍵：他提到，如果想進入頂尖大學，非運動員可能會比運動員更加困難。

別管社區服務和推薦信了，他在十月出席作證的那天如此說道。教練真正在意的，只有那個女學生的賽跑成績、學術能力測驗成績和在校平均成績而已。

她能被加州理工學院（Caltech）、哥倫比亞和普林斯頓這樣的大學錄取嗎？「不能。」有個哥倫比亞大學的田徑教練發給她一份邀請信，對她「展現出了一點興趣」，但僅止於此，他輕蔑地說道。另一個布朗大學田徑教練的紀錄，則顯示自己對這位學生只有「一些興趣」。

辛格以他特有的直白語氣評斷，這個女學生其實並不突出，而這種說法也不無道理，因為許多被教練邀請前去參訪校園的運動員，最後其實未必會正式錄取為校隊生。那些教練只是想要更清楚地看看他們，但依然可能會認為某個運動員並不合適、沒有在影片中看起來的那麼好，或是學業成績根本就不夠資格。

辛格也說，那名女學生一個星期只訓練大約八小時，看不出來她有準備好要在大學運動會中出賽。辛格在幫客戶修飾運動員履歷時，通常都會寫客戶一天練習四小時、一週二十小時，有次還寫客戶為了參加某個賽季，一週甚至練習了四十四小時。

就在辛格前往華府，出席講述他對校隊錄取流程的認知的兩個星期之後，海內爾和洛杉磯的一位校隊生招生委員見了面，並將伊莎貝拉．吉安努里的申請資料交給了他。伊莎貝拉在划船訓練機上練習的那張照片，後來並沒有出現在入學審查團隊的眼前，因為那位擅長偽造履歷的前南加大教練楊克，已經換掉了原本那張照片，而把某個人真的坐在船上的一張照片附在了伊莎貝拉的運動員履歷之中。

她的履歷宣稱，她參加過查爾斯河划船賽（Head of the Charles），還在聖地牙哥經典划船賽（San Diego Crew Classic）中拿過金牌，也參加過華盛頓大學和奧克拉荷馬大學的訓練計畫。

在伊莎貝拉的申請資料裡，一份推薦信上寫道，她是一個「誠懇、坦率，而且非常正向樂觀的人」。信裡還提到，她的家人可以支付全額學費。

她在二〇一六年十月二十七日獲得了南加大的有條件錄取通知；兩天過後，辛格寄了一封電郵給吉安努里，要他把五萬美元交給南加大體育辦公室的主管海內爾。吉安努里說，他會請他的公司主管用快遞把支票送過去。

伊莎貝拉最後被錄取了，而他們一家人又回到了原本如旋風一般的忙碌生活。

拉芙林當時正在拍《歡樂再滿屋》（*Fuller House*），這部電視劇，是網飛（Netflix）為她知名的情境喜劇製作的續集。她在兩個霍爾馬克頻道（Hallmark Channel）的招牌影集《喚你心靈時》（*When Calls the Heart*）和《車庫市集疑案》（*Garage Sale Mysteries*）中出演主角。她和伊莎貝拉在六月份的大多數時間裡，都待在溫哥華拍攝霍爾馬克頻道的假期電影《愛在聖誕》（*Every Christmas Has a Story*），而那也是伊莎貝拉第一次在銀光幕上演戲。

當年十一月，拉芙林在電視節目《今日秀》（*Today*）中告訴艾爾．羅克（Al Roker），她希望那次演出能讓伊莎貝拉打消這麼早就想進入演藝圈的念頭。「我想要讓她看看，必須離家、在片場拍戲三個星期的真實情況是什麼，這樣她可能就不會喜歡這行了。當然我的如意算盤最後弄巧成拙，因為她現在更愛演戲了。」

馬蒂奧．史隆（Matteo Sloane）也是貝爾．艾爾學校的學生，當時正在努力熬過他的高中生涯。

他高一的時候原本就讀洛杉磯舍曼．奧克斯（Sherman Oaks）很有名望的私立巴克雷學校（Buckley School）學校（那裡高中部的學費一年超過四萬美元），但並不開心。那裡讓他心煩氣躁。巴克雷學校裡有很多升學輔導老師，他們會讓他和他的朋友（儘管他們當時才九年級）認清事實，申請大學的競爭是非常激烈的。「你必須努力學習。」他們告訴馬蒂奧。

他照做了，報名了進階先修課程，有時回到家之後，明明已經因為足球練習而累壞了，卻還是要熬夜念書念到凌晨兩點。

他開始成為榮譽榜上的常客。高中三年級那年，除了參加體育項目之外，他還擔任巴克雷學校多元性社團（diversity club）的副社長。他曾在一個地方會議中，以「特權的責任」為題進行演講。他也跟著老師精進作文能力──用他的話說，他當時是搭上了「升學小論文的列車」。升高三前的那個暑假，他甚至還參加了一個辦在耶魯大學校園裡的領袖營隊，因而對環境科學愈來愈感興趣，甚至希望未來自己能制定環境政策，對抗全球氣候變遷。

馬蒂奧善於交際，也是個友善的人，他的體格還不錯，長得也很好看，擁有橄欖色的皮膚，嘴巴兩旁的酒窩，則像一對括號一樣掛在他的臉上。在他大大的笑容、南加州人的講話節奏，以及對衝浪的熱愛之下，藏著他異於常人的成熟和思考深度。以一個青少年來說，他的視野非常寬闊：他曾在義大利居住過，也在印度待過一段時間。除了英語之外，他還說得一口流利的西班牙語和義大利語。

高中就像個壓力鍋，但他對於自己的表現非常自豪。

「我一直都知道我做得到，而我也的確做到了。」他曾在一次訪談中如此回憶道。

德文和克莉絲丁娜・史隆有四個孩子，馬蒂奧是他們最大的孩子。他們住在貝爾・艾爾丘陵地一條蜿蜒小路上，房子是優雅的西班牙式風格，而且門禁森嚴；在貝爾．艾爾一帶，有很多像這樣的宏偉豪宅，就藏在大門和高聳的樹籬後面。

大學畢業後，德文．史隆開始發展、經營他的汽車保養中心，那些保養中心還附有洗車房、加油站和便利商店。他們一家人曾於二〇〇五年移居義大利，在那裡住了八年，而史隆則在他岳父開在義大利的石油天然氣公司裡平步青雲，不斷升遷。

一回到美國，他便轉換跑道專心經營一間投資水循環和處理系統、並為大型供水系統提供專案管理服務的公司。他的哥哥蘭斯（Lance）在好萊塢當製片，史隆本人也曾幫忙製作過一部電影，那部影片甚至還在日舞影展（Sundance）中獲得過不少好評。

史隆在馬蒂奧身上看到了自己，於是發誓要保護這個男孩，並給他一些他覺得自己過去沒得到過的指引。他是那種會一肩攬起責任的人，覺得如果想把事情做好，就應該要什麼事情都自己來。史隆後來承認，他「實在太想要解決問題了，然而那些問題根本就還沒發生」。

由於巴克雷學校已經提供很多支援了，因此當馬蒂奧看到爸爸又請了一個升學顧問時，其實有點意外。畢竟，他當時才高中二年級而已。但馬蒂奧並沒有反對。家長本來就會非常關注小孩的成就。這就是巴克雷學校這樣的地方會出現的情況。

「老實說，看到他們介入小孩的人生，那感覺有點，嗯，有點噁心。」他說。「那會讓小孩沒有呼吸的空間，而且這樣他們也很難成長、發展成為自己的樣子。」

他認為自己的爸媽和那些父母一樣，可以試著稍微鬆手一下。

「我能接受爸媽對我投注太多心力這件事。」他回憶道。「現在回顧起來，那就是為什麼我沒有那麼抗拒他們所做的一切的原因，但我其實應該要抗拒的。」

瑞克．辛格從二〇一六年開始，便會在週日晚上出現（通常是在當地的游泳池游完泳後），給馬蒂奧上家教課。

辛格對馬蒂奧很好、很友善，對他的爸爸則有些阿諛奉承。辛格會問馬蒂奧想上哪間學校。他心裡有幾所心儀的學校，包括加州大學聖塔克魯茲分校（UC Santa Cruz）、聖塔．克拉拉大學（Santa Clara University）以及羅耀拉．瑪麗蒙特大學；至於加州以外，他則對喬治城大學也有興趣。

「我並沒有想要去那些錄取率很漂亮的學校。」他說。「我根本不在乎那些。我只想念一所適合我的好學校，可以在社交生活和學業上取得平衡，然後多少發展成為我自己的樣子。」

馬蒂奧說，辛格當時說服他申請南加大，他還強調南加大是附近一所很棒的學校，而他的母親也會很開心。史隆說，辛格利用了克莉絲丁娜不希望馬蒂奧離家太遠的焦慮心情。當然，美國西岸有很多學校都能讓馬蒂奧不至於離家太遠，而馬蒂奧自己也提到過幾間。但辛格有錢的客戶們都只想讓孩子進入某幾所特別有名的學校，南加大就是最主要的其中一所。南加大對辛格來說也是一個很好的目標，因為他可以利用在那邊的人脈，進一步增加他保送孩子入學的成功案例。

馬蒂奧參訪過南加大校園後，便喜歡上了這所學校。但他卻想到了一個破壞自己興奮之情的問題，那就是南加大的錄取率已經愈來愈低了。馬蒂奧是個很不錯的申請者：他能講多國語言，在校成績和測驗分數也都很高，但史隆的律師後來說，馬蒂奧的父親在和辛格談過之後，卻開始以為有很多人都跟他兒子一樣，而他的兒子必須再更有看點才行，或許應該在履歷上加上其他的興趣愛好。

二〇一七年六月，史隆上亞馬遜網站買了一些水球的裝備：一顆球、一套速必濤（Speedo）泳衣、一個有填充墊料的泳帽，以及一個乙烯基材質的義大利國旗花樣，可以用來裝飾泳帽。他讓馬蒂奧穿上新的裝備，在家裡的游泳池裡拿著球，然後擺拍了一些照片。

至於為什麼需要拍這些照片，史隆跟馬蒂奧說了一些有點模糊的理由。馬蒂奧覺得有點不悅，但還是照著做了。他和父親之間的關係是這樣的：只要史隆要求，馬蒂奧就會照著做。史隆把那些照片傳給了一位視覺設計師，希望把照片加工得更像運動攝影的感覺。

「哇！你好厲害！」他對那位幫忙裁切照片的設計師如此寫道。

但其實一點也不。照片的馬蒂奧看起來就像站在游泳池比較淺的那一端，水深只有到他的腰部左右，而他的右手臂、胸部和腹部，全都暴露在水面上。

「這張照片可以嗎？」史隆問辛格。

「可以，但水位好像有點太低了——沒有人打水球的時候可以跳這麼高。」辛格如此回覆。

於是他們再度修圖；那位設計師抱怨這份差事「超級困難」。在第二個版本裡，馬蒂奧幾乎沈在了水裡。

「希望這個可以過關。」史隆對辛格說。

「完美。」他回答。

他們的計畫不僅止於讓馬蒂奧變得更多才多藝、更有趣。

當時在辛格的生意裡已經成為關鍵人物的蘿拉．楊克，製作了一份運動員履歷，說馬蒂奧是一個外場球員，曾為義大利的青少年國家代表隊，以及洛杉磯水球俱樂部隊效力。某個熟悉他們家的人說，史隆並沒有告訴兒子這個計畫，而申請資料最後也是由辛格的團隊提交的。

海內爾於二〇一七年十一月二日成功地將馬蒂奧推薦給了校隊委員會。

作為回報，史隆給了海內爾一張五萬美元的支票，收款人是南加大的女子體育辦公室。他同時也答應，隔年三月等馬蒂奧收到正式錄取信之後，他便會向辛格的基金會支付二十萬美元。辛格後來在他的網站上張貼了德文．史隆的現身說法，並放上穿著南加大棉T的馬蒂奧，照片背景則是南加大的校園。德文在現身說法中感謝辛格，說他讓一個夢想得以實現。

但，那到底是誰的夢想呢？

二〇一七年四月，吉安努里寄了一封電郵給辛格，標題寫著「特洛伊人的幸福」。「我想要再次感謝你為伊莎貝拉做的努力，她非常興奮，蘿莉和我都非常感謝你的付出和最後的結果。」他滔滔不絕地寫道，還發了一份副本給拉芙林。

吉安努里也將關鍵全球基金會（辛格的慈善基金會）給他的二十萬美元發票，交給了他的財務顧問，並寫道，「好消息」，伊莎貝拉被南加大錄取了，「但壞消息是，我還是要搞定這些稅務問題。」

辛格問他們夫婦倆，奧莉薇亞是否也會有類似的需求。

「是的，奧莉薇亞也要。」吉安努里回覆道。

「要，奧莉薇亞要上南加大！」拉芙林也加了一句。

雖然奧莉薇亞小時候參加過徑賽運動、打過排球和其他體育項目，甚至還會讓自己的動物玩偶組成球隊，想像它們在踢足球，但於高中二年級轉學到馬里蒙特高中的奧莉薇亞，早在好多年之前，就已經不再參加那些有組織的體育項目了。她告訴她的線上觀眾，她不知道自己是否能夠撐得過這場生存遊戲。「我可能只會在那邊喊：『我的口紅咧?!』」

奧莉薇亞會在家裡做的心肺運動，大多只是踩飛輪而已。她喜歡在家裡的健身房裡，從事經過安排的訓練課程，尤其是腳踏車和皮拉提斯瑜伽。她還在念高中的時候，就已經有一位私人教練，而那位教練的其他顧客包括演員寇特妮・考克絲（Courtney Cox）、茱莉安・摩爾（Julianne Moore）和大衛・杜考夫尼（David Duchovny）。

她從不隱瞞自己有多不喜歡學校的課業。她很討厭物理科，還會因為作業而哇哇叫。她曾說：「我最喜歡的科目，就是自由活動時間，因為什麼都不用做。」還有一次，她在 Snapchat 上被人問到，自己是如何在高中課業和 YouTube 頻道之間維持平衡。

「哼，妳才沒有維持平衡咧。」伊莎貝拉一邊插嘴，一邊咯咯地笑；鏡頭上的姊妹兩人，坐在一張軟厚的灰色沙發上。

「就是要把 YouTube 看得比學校重要，因為學校就是很不重要啊。」奧莉薇亞一邊說，眼睛閃爍著光芒，而伊莎貝拉則在旁顯得有些愈來愈激動。

她其實沒有那麼不重視學校。她在畢業紀念冊裡對她的父母寫道：「我很感謝你們逼著我完成高中的學業，儘管我總是說我不想再念書了。」但她真正的興趣和才能，其實是對她在

YouTube上的大批關注者施展影響力。她會坐在鏡頭前，塗抹乳液或卸妝液，講解美容療程的每個步驟。她會展示她「一批批」的新產品，在鏡子前無止境地試穿衣服。

有數十萬人鎖定她的頻道看她吃披薩、評論聖誕節禮物，或是聽她講述自己每天的飲食內容。網友的留言會不斷湧入，而她則固定會在影片裡花時間回答觀眾的問題。由於奧莉薇亞的影片已經成為美國青少年日常生活中的一部分了，那些影片甚至還曾出現在電影《八年級生》（*Eighth Grade*）的開場片段之中。

二〇一七年，亦即她升上高中四年級之前的那個夏天，辛格請楊克為奧莉薇亞假造了一份運動員履歷。他也在大約同個時間點，寄了封電郵給吉安努里和拉芙林，問了一些關於奧莉薇亞的細節，並指出她會被列為洛杉磯馬利納俱樂部划船隊（L.A. Marina Club team）的划船舵手。

辛格跟他們要了一張她在運動的照片。四天之後，他又開口問了一次。「如果我們想要讓她上南加大，我會需要一份成績單、測驗成績，以及她坐在划船訓練機上的照片。」他如此對吉安努里和拉芙林寫道。

「摩斯（Moss）會搞定這個，」拉芙林回覆道，「我們星期一會回到城裡。」

升上高中四年級的第一天，奧莉薇亞躺在床上，連頭髮都還沒梳，就開始錄影片了。

「我……不想相信我真的四年級了。」她低聲地說，聲音還因為剛起床而顯得有點沙啞。

「不——」她把頭重新埋進白色枕頭。

進到學校的奧莉薇亞說，「我才剛上完一堂課，就已經想要死了。」

她在放學回到家之後找到了慰藉；在潔白的廚房裡錄影片時，她的臉上開始浮現了笑容。

「我知道我會抱怨學校的事情。我的意思是，誰真的喜歡去學校啊？如果你喜歡的話，那我嫉妒你。但我覺得我有必要說幾句，對於我們這些喜歡抱怨學校的人來說，我知道學校到底有多爛，但我們依然要記得我們有多幸運，能接受教育，因為很多人拚死拚活，就是為了接受良好的教育而已。」

她繼續說道，「所以雖然我很討厭上學、直到現在也都依然痛恨上學，但我很感激自己可以受教育。雖然我真的很討厭，你知道嗎？」

這支影片的收看次數超過一百萬次。

海內爾在二〇一七年十一月二日左右，將奧莉薇亞的資料交給了負責審查校隊生入學的委員會，而她被校方有條件錄取了。那份假造的划船履歷上寫著，她曾在聖地牙哥經典划船賽和地區冠軍賽中獲得獎牌，而且「非常有天分，不論在男子或女子的船上的表現都很成功。」履歷還提到，她的姊姊也在校隊的名單中，在其中一艘船上擔任舵手。

「恭喜！」幾個禮拜之後，辛格在一封寄給吉安努里和拉芙林的電郵中如此寫道。拉芙林高興極了。「這真是天大的好消息！」她寫道，還加上了一個擊掌的表情符號。

吉安努里給了他一張五萬美元的支票，收款人則是南加大的加侖中心募款單位，並且同意當奧莉薇亞在隔年春天收到正式錄取信之後，還會開出另外一張二十萬美元的支票給辛格的慈善基金會。

和她的姊姊一樣，奧莉薇亞最後以候補舵手的身分被南加大錄取，但她並沒有打算要真的加入校隊。

第十四章　一切都是為了孩子好

布萊恩・沃德斯海姆（Brian Werdesheim）坐在板凳上，全白的背景和清脆的藍灰色西裝，將他晒黑而親和的臉龐，襯托得更加突出。

他看起來流了些汗，但那對沃德斯海姆來說其實不太尋常——他可是孫馬公司（the Summa Group）極富魅力的創始合夥人；這間公司是大型金融服務公司歐本海默（Oppenheimer & Co）旗下的一個財富管理部門。當時正值炎炎夏日，沃德斯海姆為了他得意的新計畫，正在洛杉磯的一個倉庫裡拍照。

年約五十出頭的沃德斯海姆，在自己的運動外套上別了一個小型麥克風，在攝影機前描述他財富管理公司的慈善部門：孫馬兒童基金會（the Summa Children's Foundation）。他的團隊二〇〇五年創立了這個基金會，一直都在為南加州關注健康、社會和教育議題的組織募款。

沃德斯海姆一邊說著，螢幕上一邊閃過幾個受益組織的名字：為貧窮青少年設立的夏令營、受虐兒的資源中心，以及一個以受慢性病影響的家庭為對象的藝術與運動計畫。

「如果我們伸出援手的話，我們就能真的帶來一些進展。」沃德斯海姆解釋道。他接著繼續說道，他們曾多次在宴會廳裡舉行盛會，邀請有頭有臉的人物出席，一邊說著，臉上掛著笑臉的克莉絲和布魯斯・珍納（Kris and Bruce Jenner）夫婦、歌手麥可・波頓（Michael Bolton），以及知名的南加大和職業美式足球教練彼特・卡羅爾（Pete Carroll）也都出現在了畫面上。

「快轉到今天，二〇一七年了。」他笑著說。

這個非營利組織有了一個新名字，改叫慈榕基金會（the Banyan Foundation），而且還有了完全不同的新方向：以慈善方式提供高中生訓練資源，讓他們也能貢獻己力，比如為募款進行研究、挑選目標，甚至製作宣傳簡報。

他們還成立了一個新的董事會。

「我很高興能在這裡和大家宣布，瑞克・辛格將會成為慈榕基金會的董事成員。」他說道。鏡頭很快轉到辛格身上。影片裡的他，正坐在洛杉磯一座摩天大樓裡的一排窗戶前；關於他的片段，是在另一天進行拍攝的。

「能成為慈榕基金會的一分子，我非常榮幸，也非常興奮。」為了這個場合，他特地盛裝打扮，穿著一件白領襯衫，外罩灰背心。

他正在幫助孩子。和一位英俊貌美、擁有許多有錢客戶的財富管理師站在一起，營運一個基金會，並擔任一所知名私立學校的董事——藉此，辛格其實也是在幫助自己。

畢業自南加大、在歐本海默工作的沃德斯海姆，人生充實非凡。他的妻子賈內爾（Janelle）是室內設計師，她設計了他們位於洛杉磯影視城（Studio City）的家，這個設計案後來還上過生活風格雜誌《文圖拉大道》（*Ventura Boulevard*）。他會開著奢豪的休旅車到處亂逛（保險桿上貼著滑雪貼紙），也是個熱愛運動的人，對他兩個孩子來說，他是個很酷的爸爸。兩個孩子念的是巴克雷學校，而沃德斯海姆也是該校董事會的成員。他和自己的母校維持親近的關係，並曾在南加大馬歇爾商學院（Marshall School of Business）的創業計畫中擔任顧問，任期三年。

在歐本海默工作時，沃德斯海姆讓孫馬公司成為一個擁有十二個人的團隊，而公司管理的資產在接下來的幾年之內，則會成長到超過二十億美元的規模，顧客來自洛杉磯的娛樂產業、運動界和商業界。

沃德斯海姆知道那些高端客戶晚上都在擔憂什麼：不只是投資報酬率而已。這些客戶在事業上已經有所成就，生活各方面也都維持著很高的水準。他們希望有間公司能幫他們照顧關於健康、慈善捐款、事業接班方案的議題；最重要的是，還要幫忙照料孩子的升學計畫。和其他公司一樣，孫馬也想為客戶推薦這些領域的專家。

包括沃德斯海姆在內的一些洛杉磯財富顧問，都曾在多年前的一場晚宴上，討論過他們對升學顧問的需求；當時有個與會的人提到，他曾經在沙加緬度雇用過一個人，那個人的名字叫瑞克．辛格（當時他還住在沙加緬度）。幾個月後，辛格和沃德斯海姆見了個面，他們互利的職業關係從此萌芽。

不論是孫馬還是其他地方的財富顧問，都曾請辛格去和家長講解大學申請流程的基礎資訊，談談這段必定會為他們生命帶來不小壓力的時光。辛格會使用「教練」這個詞來推銷自己，把自己包裝成一個可以帶領孩子，從高中邁向高等教育的人。

在高盛證券（Goldman Sachs）子公司艾科（Ayco）工作的某位財富顧問，曾為他介紹一位客戶。多年來，辛格曾做過許多次關於申請大學的演講，對象包括：年輕總裁組織（Young

Presidents Organization，現在一般稱作YPO）的成員、品浩投資顧問的員工，以及從內布拉斯加到佛羅里達的數百個，甚至數千個家庭。他也曾在西雅圖某座摩天大樓的頂樓，出席自由石資本（Freestone Capital）公司的一個活動，演講給客戶聽。

沃德斯海姆即將成為辛格和洛杉磯地區的有錢家庭之間，最重要的人脈連結之一。

孫馬會邀請客戶（或潛在客戶）參加活動，那些活動有時會辦在他們位於威爾夏大道（Wilshire Boulevard）上，擁有玻璃立面的歐本海默大樓（Oppenheimer Tower）。

開場時，沃德斯海姆往往會稱讚辛格一番。外型亮眼的他和辛格形成強烈的對比：辛格穿著隨性，總是背著一個背包前來，率性地將電腦連接上大螢幕之後便開始演講。

二〇一五年秋天，一位電影製作公司的律師毫無預期地收到了一封來自孫馬公司的邀請信。「進大學沒什麼祕密……想進大學，你需要的是科學。」那封信上如此寫道，邀請他前去參加一系列兩小時的講座。「演講來賓：關鍵全球的瑞克・辛格。」

這位律師的女兒才剛上高中一年級，但他們家希望她能上史丹佛大學，而想進這所學校，必須盡早開始準備。在那場活動上，辛格身著寬鬆長褲和有領襯衫，在會議室裡四處走動、大聲演講，還會直接走近提問的人。他提及了幾位知名的客戶，並給出一些申請訣竅。

這位律師母親注意到，辛格和孫馬之間存在共生關係：參加活動的人可以獲得辛格的大學申請指南《入學》。孫馬的一位代表則一邊熱情地介紹辛格，一邊推銷孫馬的服務。

她匆匆記下辛格提出的一些訣竅，比如：列出一大堆課外活動，只是在展示學生的廣度，但無法呈現深度或投入的程度；針對落在錄取邊緣的學生，頂尖的學校會選擇那些在學術能力測驗個別科目中拿到高分，或是擁有傑出自我介紹和推薦信的學生；帶一件棉T去考試，因為測驗中心裡通常很冷。他在簡報的投影幕上比劃著，還說人們經常忽略了聖路易斯（St. Louis）的華盛頓大學，以及麻薩諸塞州威廉斯鎮（Williamstown）的威廉斯學院（Williams College），同時也提醒家長，位於康乃狄克州紐．黑文（New Haven）的耶魯大學和校園周邊居民的關係非常緊張。他也強調，南加大已經變得愈來愈有吸引力。

在這類活動上，辛格通常會播放一段二〇〇二年的電影《橘郡》。這部電影的情節圍繞著一個聰明的高中生，他只申請了史丹佛大學，但因為自己的升學輔導老師不小心給錯成績單而沒有被學校錄取。藉由這部影片，他想告訴大家：只要一個小錯誤，就能讓你多年來的努力和期待成為泡影。

家長們於是開始在椅子上汗如雨下、躁動不安，有些人在辛格簡報結束之後，還直接衝向講臺和他談話。

辛格已經很習慣像他們這樣壓力如山重的聽眾了。幾年之後，他在豪華的貝爾．艾爾大飯店（Hotel Bel- Air）裡，對另一群孫馬的客戶（和潛在客戶）進行簡報。那個晚上的演講主題非常的長：「在充滿挑戰和不確定性的時代裡，揭開醫療保健和大學申請的神祕面紗：如何積極為您和家人，獲得改變遊戲規則的指引和專家意見」。

沃德斯海姆其實原本可以和比較正統的升學顧問合作，但他們講話可能會很無聊，而且辛格的紀錄良好。辛格有點古怪但非常坦率的個性，以及他因為太過專心投入，導致連剪個漂亮髮型、買漂亮衣服的時間都沒有的外型，更增添了他的魅力。

沃德斯海姆是那種會樂觀解讀事情的人，他總會在人們身上看到可取之處。他似乎確實對辛格，以及辛格和他說話時的那種自信與信念，留下了非常深刻的印象。同樣吸引他的還有：辛格會說，要讓孩子成功，就必須讓他快樂。該訊息對聽眾來說是極其重要，因為他們可能會在孩子身上施加難以忍受的壓力。

而且，孫馬從雇用過辛格的人那邊聽到了很多好話。這家公司持續和辛格合作，也看不出有什麼理由需要檢查他在活動中宣稱的一切，比方說，辛格曾說他每年都擔任兩所不同大學的入學申請資料審查員。

沃德斯海姆也在慈榕基金會的成立影片中大大稱讚辛格，重述了一些他誇大不實的說詞，比如他曾為全球超過七萬個家庭提供過顧問服務。

「他擁有的技能組合，比如在慈善領域中的豐富經驗，和我們正在做的事高度契合。」沃德斯海姆說道。

辛格當然擁有很多宣傳自己生意的方法。他有一個規模龐大而且合法的輔導事業，也和全國各地的測驗家教及作文老師簽訂契約，為顧客服務，他收的費用雖然不低，但也不算是天價；那些顧客想要的別無他物，就是一些指引、幫忙改稿，以及一些數學模擬測驗，好讓他們能夠進入一所好大學。只要能進德州基督教大學（Texas Christian University）和西雅圖大學（Seattle University），他們就會心滿意足。

然而，有一群野心勃勃的家長不願降低自己的標準，而辛格正是在他們之中找到了特別有利可圖的顧客基礎。成功完成這些交易後，辛格可賺進財富、解決問題——以及或許最重要的是，他可以滿足自己天生對勝利的需求。

辛格的律師唐諾・海勒（Donald Heller）後來寫道，他的非法行為牽涉的是貪婪與愚蠢，但他也是讓那些「苦於自大和驕傲」的有錢家長「能做些好事的主要原因」。

通常，辛格會用同樣的「社會連結、口耳相傳」方式認識許多有錢的家長（包括合法雇用他，以及願意作弊的家長）。不過還有另一個特別有用的方式，是積極參與慈善事業；他的目標客群有不少都會被這類活動吸引。

辛格曾和一位律師朋友談過，那位律師幫他準備了成立慈善基金會的文件；二〇一二年十二月，他成立了關鍵全球基金會這個非營利公益團體，並在隔年三月將其登記為慈善事業。辛格多年後說，這個基金會的成立目的是為了幫助弱勢兒童，但他後來認為，它也可以用來收受那些想送孩子進大學的家長的賄款。他把這種行為形容為多贏局面：家長可以把款項申報為捐款、報稅時得以減稅，而他也能幫助別人。

該基金會在描述自身使命時，如此寫道：「我們捐款給重要的大學校隊，幫助學生獲得他們在正常管道中無法獲取的錄取名額。」

這句話像任何一句無害的敘述，可以用來描述任何幫助弱勢學生獲得高等教育資源的慈善組織，但在辛格的案例，這句話有兩個含義。

這真的是完美的掩護，真的。該基金會讓辛格得以付錢給教練們，並且看起來像慈善行為：

他不過就是在資助大學校隊以及青少年俱樂部的球隊嘛。

更重要的是，他提供了讓家長付錢從事非法活動的地方。基金會讓辛格和他的客戶成為雙面人：表面上慷慨大方，但其實是在保護自己。有了這個慈善基金會，他們的錢和名聲就能繼續保持潔淨。

一位父親後來說，透過捐錢給基金會的方式，他的確以為他是在幫助弱勢孩童。但他也承認，「我知道我的女兒會獲得一些法律允許範圍外的幫助。我不知道他到底是怎麼做到的，老實說，我也不想知道。」

二〇一六年五月，就在茱莉亞·亨利奎茲透過作弊的學術能力測驗成績，以及一篇關於網球的小論文被喬治城大學錄取不久，亨利奎茲的家族信託基金捐了四十萬美元給關鍵全球基金會。錢匯入幾天之後，辛格的團隊寄了一張捐款收據給捐款人，亦即住在舊金山灣區的曼努埃爾和伊莉莎白·亨利奎茲夫婦。

那張收據上寫道，那筆捐款「讓我們能夠繼續執行計畫，提供弱勢青少年教育和自我充實的課程」。上頭也提到，該筆款項「不牽涉物品或服務的交易」。換句話說，除了因為幫助弱勢而萌生的溫暖和模糊感受外，亨利奎茲一家人並不會因為這筆錢受益。

在接下來的幾年內，關鍵全球基金會開出多張這樣的收據給其他家長。他們都因為辛格幫助他們在測驗時作弊，或是幫他們以校隊生的身分擠進大學，曾捐贈一萬五千美元、七萬五千美元、二十萬美元給關鍵全球基金會。那些錢接著會被分給教練、監考人員和其他人，以此作為提供服務的報酬。

大多數家長都很希望能以慈善或商業支出的名義支付這筆錢。一位母親在和辛格討論如何幫兒子的美國大學測驗作弊時，一聽到費用可以報銷，還曾驚呼：「噢，這樣更好！」辛格也曾告訴一位父親，說他可以用捐款的方式付錢給基金會來報銷，或是從辛格的盈利公司（也就是關鍵公司）拿到商業顧問費用的收據，這樣他就可以把那筆費用報成商業支出了。

還有一位家長，將一張由關鍵全球基金會開立、金額二十萬美元的收據傳給了自己的會計，說那是他為了自己女兒而捐的「最後一筆大學『捐款』」。他還問說：「這個不能報銷嗎？」

對於可以報銷私人升學顧問的費用這件事，有些家長依然存有疑慮。

二〇一二年，丹・拉爾森（Dan Larson）在沙加緬度的亞登丘體育和社交俱樂部，聽到辛格對游泳隊員家長的演講時，起初也很感興趣。拉爾森有一個女兒，是個聰明的游泳選手，但不太擅長考試。辛格告訴他，自己是很多頂尖學校的內部人士。

那場以游泳隊家長為對象的簡報結束後，拉爾森私下和辛格見了一面，討論為她女兒提供家教的事宜。

辛格輕鬆地談了談自己的服務。他認識的醫生可以幫拉爾森的女兒開立焦慮症診斷證明，讓她獲得特殊待遇，並和辛格手下的監考人員一同赴試。拉爾森覺得這個計畫聽起來很奇怪，但辛格接著又提到，該服務的費用為一萬五千美元，會以捐款給關鍵全球基金會的名義支付，還能抵稅；如果她需要其他協助的話，也可以支付「更多捐款」。

嗯？怎麼會有人用家教費來抵稅？自己也在經營幾個商業培訓業務團隊的拉爾森，於是對辛格提出了質疑：一個非營利組織，怎麼能從事明顯是在營利的服務呢？

辛格於是開始含糊其辭，而拉爾森則說，他會再找其他人協助。他沒有用上辛格的服務，辛格也再沒有找過他。「我想，他知道我可能會帶給他很大的麻煩。」拉爾森說道。

一般來說，洛杉磯的慈善界很封閉，那些能找到捐款者的人，會在彼此的董事會裡任職，或對彼此高貴的使命進行捐款；然而辛格卻能和這個封閉的圈子建立很深的連結。和辛格合作其實也頗為合理。他認識很多有錢、慷慨大方的家庭，可以將他們介紹給慈善組織。如果募款人在吸引捐款人時，也能夠提供一些很有價值的服務，比如推薦升學顧問的話，那就更棒了。

曾在幾年前擔任過籃球教練，因而認識辛格的丹納．潘普，就非常了解這個道理。

他和哥哥大衛（David）一起創立了哈洛與卡洛．潘普基金會（Harold & Carole Pump Foundation），該組織曾為癌症研究和治療方法募得好幾百萬美元，每年也都會舉辦餐會，吸引眾多A咖演員、傳奇體育明星，以及一些知名歌手前來。「對付那些身價很高的人、跟他們要錢的時候，如果能照顧到他們的小孩，你就能加很多分。」他曾如此對《企業家》（*Entrepreneur*）雜誌表示。

許多捐款人緊張於要幫孩子申請大學。潘普認為，辛格是一位見識極廣、經驗豐富的升學顧問，曾將他介紹給十來個家庭做合法顧問。那些他引介的家庭似乎都很滿意辛格提供的服務。（後來大家發現，他介紹的這些客戶，也讓辛格做成了一筆違法的生意：菲力普．艾斯佛姆斯〔Philip Esformes〕這位來自邁阿密的商人，就曾請辛格將他的女兒以足球校隊生的身分送進南加大。艾斯佛姆斯後來因為其他更過分的行為而被起訴，比如一起大型的醫療詐欺案。）

這種引介的過程是雙向的。辛格有天曾告訴潘普：「我幫你找到了個有錢人。」他於是將潘普介紹給了大衛．希督（亦即那位來自溫哥華的前足球選手和石油公司主管），但沒有提到他曾幫西督的兒子在學術能力測驗中作弊。潘普後來成功地向西督那裡募得了一些款項。

潘普也曾讓關鍵全球基金會捐款給他妻子的慈善基金會「如女基金會」（Ladylike Foundation），該基金會的宗旨，是提供弱勢女性諮詢。

對沃德斯海姆來說，辛格既有名又受尊敬，很適合出現在孫馬公司新的教育慈善組織董事會名單之中。慈榕基金會將會帶領高中生從事慈善工作，而大人則在旁提供指導。學生們每年會挑選不同主題，比如營養議題和青少年的心理健康，然後評估地方上的慈善組織，看他們可以在哪裡帶來最多影響，並透過捐款以及深入了解資金如何運用等方式參與。

慈榕基金會曾於二〇一七年吸引到一些名氣響亮的捐款者，比如避險基金投資人史丹利．卓肯米勒（Stanley Druckenmiller），以及賽斯．麥克法蘭（Seth MacFarlane）。辛格的公司也捐了些錢，雖然金額小很多。

辛格加入慈榕基金會的董事會時曾經提醒，他可能沒辦法花這麼多時間投入。確實，他前後只參加過一次會議，但依然保持著在該會的頭銜，也依然享有擔任董事在名聲上的好處。

在董事會任職，意味著辛格能夠更加接近洛杉磯私立學校的圈子。參加過該基金會舉辦的活動人，包括在某個法律事務所擔任執行長的亞當．巴斯（Adam Bass）的女兒；亞當．巴斯是巴克雷學校的董事，而且也雇用過辛格。參加該基金會活動的青少年，有些念的是布倫特伍德和坎貝爾．霍爾（Campbell Hall）這類貴族學校，也有些來自弱勢家庭，是透過「成就基金」（Fulfillment Fund）引介而來的。「成就基金」的宗旨，是對低收入戶的學生提供諮商和升學輔導，沃德斯海姆本人也在該組織的董事會服務，而辛格的客戶德文．史隆，以及辛格自己的基金會，都曾經捐錢給這個基金會。

與此同時，辛格的關鍵全球基金會出現了爆炸性的成長。該組織於二〇一三年募得的捐款金額為四十五萬一千六百美元；到了二〇一一年，數字成長到了九十萬美元；二〇一五年是一百九十八萬美元；二〇一六年，則是三百七十四萬美元。

根據報稅資料（經過沙加緬度一位會計師的簽字確認），該基金會投入了大量心力支持家境貧窮，以及需要一些額外指導的兒童。

該組織說，他們在二〇一三年資助了一千四百位來自「瘸幫和血幫」（Crips and Bloods gangs）的成人和孩子打籃球，「並發展了一些用來建立共識的活動，透過四十週的體育活動阻止幫派暴力、創造更好的溝通行動。」該組織據說也曾捐款給W世代（Generation W）；這個非營利組織的創辦人，是前職業籃球選手唐娜．歐倫德（Donna Orender），她同時也是國家女子籃球協會（WNBA）的官員，而辛格曾和她在佛羅里達合開過一間壽命不長的公司，名叫機會引擎（Opportunity Engine）。

他們還捐了幾筆五位數和六位數的捐款，給南加大的水球隊和足球隊。乍看之下，一切都很正派，沒有任何不法。然而一旦你知道辛格和那些教練的關係，事情就沒這麼單純了。

根據稅務報表，由加州大學洛杉磯分校男子足球教練喬爾治・薩爾塞多（Jorge Salcedo）擔任執行長的普林斯維爾企業（Princeville Enterprises），曾在二〇一六年獲得一筆十萬美元的捐款。關鍵全球基金會也曾將錢匯往其他盈利事業，其中包括一間由辛格弟弟克里夫擔任主管的連鎖墨西哥餐廳。

我們很難知道這個慈善基金會到底做過多少好事。一個家教計畫的確曾經在加州的奧克蘭（Oakland）出現過，辛格也確實曾在加州大學洛杉磯分校舉辦過一個長達一星期的兒童營隊，而參加者皆來自一七三六家庭危機中心（1736 Family Crisis Center），不過，稅務文件顯示，他誇大了自己和該機構的關係。

二〇一五年，關鍵全球基金會說他們花了二十八萬七千美元，用來「發展、研究美國東部一流大學錄取學生的流程，以及每名學生的平均花費」。同一份文件的後面幾頁，則說關鍵全球基金會，曾支付戈爾頓・恩斯特這位喬治城大學的網球教練二十八萬七千美元，他在文件上的身分是獨立承包人員，但未詳列服務內容。到了二〇一六年，關鍵全球基金會以「諮詢」為由，又支付他八十二萬五千美元。

辛格後來曾說，家長們捐錢給基金會時，其實都知道那些錢是要用來讓孩子走側門進大學的，而他們只是在假裝捐錢幫助有需要的兒童罷了。

幫辛格記帳的史提芬・馬瑟拉（Steven Masera）、關鍵全球基金會的稅務人員，他通常會負責確認家長有遵守約定、匯入款項，並負責在事後寄交捐款收據。二〇一六年七月，他將一張二十五萬美元的發票交給達維娜・伊薩克森（Davina Isackson），因為達維娜和她的丈夫布魯斯（Bruce）曾付錢給辛格，讓他們的大女兒以足球校隊生的身分進入南加大。

然而，他們的申請文件送到學校之後出了些紕漏，這位女學生的資料被歸在一般申請者的類別。辛格因此又在檯面下動了些手腳，聯繫加州大學洛杉磯分校的足球教練，讓那位學生能在申請期間的最後階段保住一個名額。

收到發票的幾天後，布魯斯寄了封電郵給辛格。「根據我們的討論，請你先寄給我一封電郵，確認如果「我們的女兒」沒有被加州大學洛杉磯分校錄取、進入二〇一六年秋季班的話，關鍵全球基金會就會退還我們二十五萬美元的捐款。」

辛格於是正式回了信作確認：「您捐給關鍵全球基金會的二十五萬美元，是用來支持教育計畫的，我們創立這個計畫就是為了幫助最需要幫助的人」，不過如果貴千金收到的非正式錄取通知最後被取消的話，「那筆捐款將會退還給您。」

另一名父親也曾直白提過捐款給基金會的目的。當他的會計寄了封電郵，詢問他為何會收到一則有關鍵全球基金會帳戶訊息的簡訊時，他回覆道：「我今年要捐五十萬美元給他們。用來抵稅，還有幫忙進大學。」

與此同時，辛格和他的團隊開出的捐款收據，宣稱那些捐款「沒有牽涉物品和服務的交易」。

第十五章　目標

二〇一六年在兒子傑克的那場球賽中聽到其他媽媽提到升學顧問，珍・白金漢（Jane Buckingham）便馬上採取了行動。

她先取得辛格的聯絡資料，另一個朋友則向她推薦丹尼・魯德曼（Danny Ruderman）。魯德曼在洛杉磯非常熱門，他因為曾經輔導通訊軟體 Snapchat 的創辦人進入史丹佛大學而變得知名。珍於是聯繫了這兩位升學顧問。

魯德曼實在太忙，而且還要求客戶必須去他的辦公室進行諮詢，辛格則正好有個空檔，而且可以到客戶的府上拜訪。

於是，她選擇了辛格。

珍當時正處在人生的轉捩點。她的丈夫馬爾克斯（Marcus）在二〇一六年初，也就是他們結婚邁入二十週年的一個月前與她分居。珍一直都很以自己的婚姻為傲；看到這段婚姻結束，她非常難過。朋友凱伊・克蘭默（Kaye Kramer）覺得她變成了「另一個人」，一個似乎不斷在自我懷疑的人。「她這一輩子的生活都圍繞著孩子，而她對愛的需求，也都投注在孩子身上。」

當時十二歲、跟著媽媽生活的克蘿伊（Chloe），是一個很早熟也很有企圖心的孩子。有次，電視臺來拍攝白金漢一家，當時還是小女孩的她就不怕生地衝向了攝影機。到了十四歲，克蘿伊在 Instagram 上已經擁有七十萬粉絲，成為社群媒體上的網紅和數位網路明星。如果有天她必須寫申請大學的小論文，你可以想像，大概不會太難寫。

另一個孩子，當時十四歲的傑克則很內向，他希望媽媽永遠不要在公共場合提起自己的名字，但他擁有更多幽微的天賦。傑克又高又瘦，可以躲在路燈的燈柱後面而不被發現，笑起來會露出牙齒，給人一種甜美的感覺；雖然他的聲音比較低沈，但笑聲卻頗為尖銳。他會踢足球，也會打棒球，不過從來沒有人認為他有天能進大學校隊。傑克的特別之處在於，他非常熱愛研究體育賽事的數據。他甚至還研究過球隊吉祥物的歷史。

當時的傑克還沒有展現出太多企圖心，但他是個和善大方的人，大家都覺得他天生明辨是非，看見不公義的事情時願意挺身而出，而這相當罕見。小時候，他有次曾和父親一起搭飛機，看見父親想關上機艙的窗戶，但那扇窗戶其實位在父親和前座的乘客之間。

「不要這樣，爸，那是他的窗戶！」傑克當時這樣大叫。他不希望自己的父親或任何人拿走屬於別人的東西。

辛格第一次前去白金漢家時，傑克並不想和他見面。他不知道為什麼自己需要一個升學顧問。他們坐下面談，辛格開始討論起籃球和比賽數據，甚至還討論了哪支球隊在交易哪些球員。傑克於是變得挺喜歡他的。

「傑克，我們會讓你的成績進步，對吧？」辛格如此問他。「你可以在哪些方面好好努力呢？」

這樣的結果正是白金漢先生期待的。辛格可以讓傑克心力專注。白金漢夫婦可以不用一直念他，那已經成為他們父子間的衝突來源。辛格會代替他們做這些事。生活可以變得更輕鬆了。

對於像白金漢這樣的成功客戶來說，辛格之所以如此吸引人的其中一個原因，就是他會設定目標，並保證那些目標得以達成。

辛格總是被目標吸引；對他來說，它們就像毒品。在很多意義上，他依然是那個愛吃堅果和葡萄乾的小孩，仍然會為了擺脫「肥仔辛格」（Fatman Singer）這個綽號，而願意在上高中之前的暑假裡不斷慢跑。

「他超級、超級認真。」在洛杉磯前往西雅圖的班機上認識辛格的芮尼・薇爾科（Rene Vercoe）如此說道，「他是那種會在清晨四點半起床，在上班之前去慢跑的人。」

辛格曾向薇爾科提到，自己住在沙加緬度的兒子很喜歡打電動遊戲，「那些東西讓他如癡如醉。」辛格總希望能更精進自己，並閱讀大量的書籍。他不太碰酒精，而且幾乎只植物性飲食，不過偶爾他也會想揮霍一把，吃上一頓帕瑪森小牛肉。雖然有些人會覺得他講話太直，但其他人卻覺得那是他坦率直爽的性格表現，很有吸引力。

辛格總是在結識朋友，但幾乎都是為了工作——他的幹勁令人驚異。

當他的許多鄰居正安穩地看電視、喝葡萄酒的時候，辛格則夜訪可樂納德瑪高中由市政府營運的瑪莉安・伯格森水上運動中心（Marian Bergeson Aquatic Center），在那努力游泳；有時候，因為游的圈數實在太多，他的名字甚至還會出現在泳池的排行榜上。在健身房裡，他彷彿正在接受訓練的角力選手，總是穿著帽T猛力做仰臥起坐。

曾和辛格交換過名片並和他保持聯絡的薇爾科，認為他樂於助人，也很願意付出時間，尤其是當你帶著某些他能把握的目標上門的話。她剛認識辛格的時候，正好在思考自己的下一步。薇爾科當時剛離婚，正在空巢期，又剛賣掉了自己的旅遊事業。辛格把她的故事記了下來，在他們認識彼此的六個月之後打了通電話給她，說他知道有個人需要一個助手，而她正是完美人選。

薇爾科很快住進了舊金山灣區一幢豪宅的客房，帶領馬克．馬斯特洛夫（Mark Mastrov）的孩子們在家自學。馬克．馬斯特洛夫是沙加緬度國王籃球隊的老闆之一，也是「二十四小時健身房」（24 Hour Fitness）的創辦人。從二〇一三年到二〇一六年間，薇爾科一直從事這份工作。在她看來，辛格是一個很有洞見的人，可以幫助她打破框架思考、找到從來沒想過的機會。她說：「瑞克是個人脈通達的人。」

辛格在橘郡和洛杉磯的許多家庭之間來回奔波。有時他也會去舊金山灣區；如果行程太滿，他偶爾會在賓士小貨車上過夜。

雖然辛格見多識廣，但那些金字塔頂端的有錢人，不時還是能令他大開眼見。有一次，某個客戶要他把隔年七月份的某個日子空下來，以便參加生日派對。

「我租下了凡爾賽宮。」

是的，就是法國的那個凡爾賽皇宮。

「噢我的天哪，你真的太誇張了。」辛格說道。

辛格會在任何時間回覆電郵，不論晝夜。他的一位前員工如此說他「對這種忙碌的生活方式，以及這一切帶來的腎上腺素上癮了。」

有些客戶會不斷煩他、想和他確認一切都沒問題。

當然，這些客戶的孩子在沒那麼厲害的學校也能過得很好，但他們也知道名聲響亮的學校可以開啟很多扇大門。「一所好學校，是一個人人生故事的一部分。」一位曾雇用辛格、來自拉斯維加斯的父親如此說道，「你總會被問到是哪個學校畢業的。」

對這些當爸媽的來說，最恐怖的其實是不確定性，那位父親對此表示：「家長都想要快速解決問題。所有人都是這麼想的。」

有些時候，辛格看起來就像其他傷透腦筋的升學顧問，必須說服那些挑剔的家長試著把眼光放在美國東岸的常春藤名校，或加州熱門學校以外的地方。

「呃，亞特蘭大其實不是只有保守的農民而已。」「其實亞特蘭大非常非常時髦。」為了回應一位看不起喬治亞理工學院（Georgia Tech）的父親，辛格曾如此說道；那位父親認為，那所學校位處的南方州有點太鄉下了。

辛格也曾對這位客戶提過，耶魯大學是個「風氣太過自由」的學校，但對方並不同意這種說法。

有些人會把所有事情委託給辛格代勞，而他們在必須現身的時候，偶爾還是會讓辛格傷透腦筋。比方說，他們會在約好的前一刻取消會面，或者需要不斷提醒，才會把資料傳過來，或是支付幾千美元的費用。有一位從事房地產開發的百萬富翁，便曾經雇用辛格的員工幫自己的女兒上網路課程（其中包括一門叫作「初級健身二」的課程），好讓她能夠獲得足夠的學分從高中畢業。然而那位富翁收到發票之後隔了很久都沒有付款，辛格只好威脅對方如果沒有「盡速處理」，他就會暫停服務他女兒。

還有一次，一個很有錢的母親希望針對一筆三千塊美元消費獲得一些折扣。那位母親當時雇用了辛格的團隊幫兒子上線上課程（他當時已就讀喬治城大學），但對他們的服務很失望，因為她兒子的那個替身最後拿到的成績只有C。她抱怨整個經驗是場「夢魘」。辛格則反駁道，因為整個過程「對大家都是場夢魘」，所以他不會給她打折。

曾在辛格手下工作的一個員工，則是從來就搞不懂，辛格到底是如何知道哪些客戶會想要獲得非法服務的。根據該員工所述，有些客戶會直接明說，比如他們會問辛格：「我可以付錢給誰？」

這位員工還說，有些客戶則只會給人一種「感覺」，讓人知道他們非常想要獲得某個結果，而且不會放棄目標。

他總結道：「這些家長有些是極其成功的人士，他們無法面對自己的孩子很平庸這個事實。」

曾在巴納德學院（Barnard College）和哥倫比亞大學擔任入學審查員，後來和別人在曼哈頓合資創立「專家大學申請顧問公司」（Expert Admissions）的巴利．諾爾曼（Bari Norman），就看過不少家長過度期待的樣子。「他們這輩子第一次聽到別人跟他們說『不』，就是申請大學的時候。」她說。「他們沒辦法理解這種事情。」

又或者，辛格的客戶可能會想要找出申請大學的「黑色優勢」（black edge）；一位測驗家教如此解釋道。這個源自風險基金的術語，原本意指內線消息，也就是某個能讓人搶占先機，卻很可能違法的方式。

離白金漢家幾公里之外，史蒂芬・森普雷維沃（Stephen Semprevivo）這位住在洛杉磯的公司主管，正要使用一些同事曾經試過的方法幫自己的兒子亞當（Adam）申請大學，那就是：及早準備、雇用辛格。

森普雷維沃住在貝爾・艾爾最高級的一條街上，一棟門禁森嚴、托斯卡尼風格的美麗別墅，裡頭還有一座帶瀑布的無邊際泳池，幾座露臺，而且從家裡就能眺望峽谷全景。

他們在二〇一四年，也就是亞當十五歲的時候開始雇用辛格。他們是在認識很久的家族好友——馬克（Mark）和芮尼・保羅（Renee Paul）夫婦的介紹下和辛格會面，而住在比佛利山莊的保羅夫婦之所以識得辛格，也是透過他們兒子就讀的私立高中的同學家長介紹。

森普雷維沃彼時即將滿五十歲，專注於發展中型的市場和新創公司。他的身形高高瘦瘦的，長得很像演員強納森・西蒙斯（J. K. Simmons）。他曾在兩個兒子還小的時候當過棒球、籃球和足球教練，而亞當也通常都是隊上最好的球員，這點讓他很驕傲。

從很多方面來看，亞當都沒有讓父親失望。森普雷維沃是個很聰明的學生，當他還在紐澤西高檔的里奇伍德（Ridgewood）念高二的時候，就已經參加過哈佛大學夏季的科學課程了。他除了在里奇伍德高中身兼校隊隊員之外，成績也很優異，最後被哈佛大學錄取，主修生物化學。

因為森普雷維沃自己念過哈佛大學，所以他知道選擇對的學校可以為人生打開許多大門。

大學畢業之後，森普雷維沃透過校友通訊錄找到了一份工作，後來又回到哈佛大學念商管碩士。

森普雷維沃受公司董事和主管重用來拓展業務，或是挽救某個深陷危機的部門。他是一個以數據為核心的問題解決者，會冷靜地追求效率、達到目標。這種要求不斷進步的態度，也延伸到了他對待小孩的方式。他會出席孩子的每一場家長會、體育活動和獨奏會。他會在廚房裡的「字典布告欄」貼要學的新單字，然後在晚餐複習。

森普雷維沃一直希望亞當能就讀知名大學——可能是南加大、喬治城大學，也可能是康乃爾。亞當很聰明能幹。他參加了學生會、上過榮譽榜，也有在打籃球。他甚至從巴克雷高中轉到另一個地區性的私立學校——坎貝爾．霍爾基督教學校（Campbell Hall Episcopal School），好讓自己置身競爭更激烈的體育環境。但他也深受憂鬱和自我質疑之苦。

森普雷維沃並沒有真正意識到這件事。他希望自己的兒子能像他一樣，好好壓抑自己的情緒，並找到一個「有建設性的方式來分散注意力」，而不是總是陷入內心的掙扎。他決定了一件事：一條能讓兒子進入頂尖大學的明確道路，能給予他亟需的自信心。

辛格開始為他們家提供顧問服務時，他就知道森普雷維沃想要什麼：生產力，以及可測量的結果。辛格提到，他會建立一份谷歌文件，把各種收集到的資料都放進去，並為亞當的未來打造一個行動方案。辛格和亞當開始固定會面，教他學術能力測驗的技巧，一切由辛格負責安排，一小時的收費是三百美元。

這些努力帶來了一些成果。有了家教之後，亞當的學術能力測驗成績從原本他自己並不滿意的第八十三百分位，提高到了第九十二百分位。辛格也幫亞當找到一份暑期工作：在當地一位女國會議員以及一位波士頓的州議員處工作。

二〇一五年初，辛格幫亞當列出了長長一串適合他的大學名單：規模從中到大型、擁有很好的商業科系課程，以及充滿青春活力的大學，比如范德比大學、德保羅大學，以及加州大學柏克萊分校。

那年三月，亞當的弟弟班（Ben）則在一份報告中，談到同學試著在學業一事上走捷徑的危險性。「隨著作弊的現象愈來愈常見，許多原本不作弊的學生，為了能和作弊的學生競爭，於是也開始覺得自己有必要同流合汙。」

亞當其實不太確定父母對成功的定義到底是什麼。森普雷維沃說，他和他的妻子芮塔（Rita）經常告訴亞當，不論他在哪個領域，都會成為一個成功的人，而且「最重要的是一個人做了什麼，以及如何做事」。然而森普雷維沃卻也希望他「努力進入名單中最好的大學」。

亞當先被印第安納大學（University of Indiana）錄取了，但那只是一個用來預防落榜的保險選項而已。

根據他於二〇一五年八月（也就是他即將升上坎貝爾・霍爾高中四年級之前）某個星期六早晨寄給辛格的電郵來看，他一直都在考慮把范德比大學以及喬治城大學當作優先志願。辛格把這兩所學校都歸在「最有野心」的類別（也就是「需要再加把勁的學校」），而這個類別裡還有其他九所學校。被歸類為「比較安全」或「比較有機會」的學校，則有超過二十多所。

亞當曾在一封電郵中問辛格，喬治城大學的麥克唐諾商學院（McDonough School of Business）和范德比大學的行銷學位相比，哪個更容易獲得企業的青睞。亞當也想知道，若想直接被喬治城大學商學院的大學部錄取，這件事到底困不困難。

辛格在幾分鐘之內便回覆了他的電郵。他說，喬治城大學的學位可能會帶給他更多的機會，因為這所學校就位在華府，而且學位「在美國境內被認可的程度也更廣泛一些」。他還說，范德比大學也很有名，「但有名的程度不如喬治城。」

他寫道，亞當可能需要先申請喬治城大學的一般大學部，想辦法在經濟學和微積分等科目上拿到高分，然後再轉到商學院去。

辛格的意見似乎很合理。

當然，辛格之所以這麼推崇喬治城大學，可能是因為他在這所學校裡有「內線」（也就是網球教練戈爾頓·恩斯特），也可能是森普雷維沃只想要兒子進入一所「需要再加把勁」的學校。

亞當似乎被辛格的答覆鼓勵到了。他在回信裡寫道：「好的，謝謝。我會把喬治城當作第一志願，范德比第二。」

當時一切正常，他們只是在尋找適合的大學而已，但接下來很快畫風驟變。他們通過電郵的八天後，辛格寄了另一封電郵給森普雷維沃、他的太太，以及他的兒子，並要亞當將電郵裡的附件寄給恩斯特。

那份附件是辛格代替亞當撰寫的，他將亞當形容成一個非常認真的網球選手，而且還寫得讓人覺得他一直都有在和恩斯特聯繫似的，但這一切都是假的。

「我的表現非常好，今年夏天參加的雙打非常出色，單打也打得不錯。」那封電郵上如此寫著，「我很期待能有機會為您的球隊效力。」

當天稍晚，亞當將該附件寄給恩斯特，並附上了自己的高中成績、學術能力測驗的分數。恩斯特則將那封電郵轉寄給了喬治城大學招生團隊的其中一位人員；該招生人員回覆道亞當的資歷「看起來還行。」

到了該年十月，辛格寄給森普雷維沃一份要給喬治城大學的小論文的最終版草稿；辛格也要他的員工記得在幫亞當提交申請資料時使用那篇作文。「每當我走進某個房間，人們通常都會抬起頭來看我，評論一番我的身高——我有一百九十五公分——然後問我是不是有在打籃球。我會笑著點點頭，但也會堅持地說道，我最認真從事的運動，其實是網球。」那篇文章詳細敘述了亞當不太尋常的訓練方式，也描述了他是如何靠著專注於步法來找到「平衡」——不論是哪種平衡，身體的平衡感或對生活的譬喻。（然而，他提交給其他學校的申請資料，比如密西根大學和杜蘭大學〔Tulane University〕，卻完全沒有提到網球活動。）

亞當要等到好幾個月之後，才會收到正式的錄取通知：他被列為「可能」錄取，基本上就是會錄取的意思。

與此同時，辛格在自己的電郵帳號裡做了這樣一個註記：「森普雷維沃，四十，喬治城」，意指四十萬美元的賄款。

多年後，森普雷維沃聲音沙啞、眼眶泛淚地對一位心理諮商師說，他被辛格騙了：「我只是失去了信心，對亞當失去了信心，我任由辛格讓我覺得亞當無法達成目標。」

他還說，辛格「靠著一些伎倆，讓我開始相信並做出一些事情，我非常羞愧，也非常後悔。」

然而在辛格的詭計裡，森普雷維沃可不單只是袖手旁觀。他們在提交給喬治城大學的小論文裡，明明就曾經謊稱亞當對網球非常有熱忱，而森普雷維沃也參與了整個過程。此外，他兒子提交給喬治城大學的正式申請資料充滿了虛構的網球榮譽和獎項，比方說，他在裡頭謊稱自己讀高中的四年都在打網球，而且單打和雙打都有很好的成績。

有沒有可能辛格只是利用了森普雷維沃對名聲的渴望，而不是引誘他犯罪呢？森普雷維沃的律師堅稱森普雷維沃是辛格的一個「獵物」。的確是——從辛格似乎很了解自己的客戶這點來看，他的確是。

「許多成功商人和專業人士的小孩，其實都在南加州的預備學校裡讀書；在他們的世界裡，小孩能上頂尖大學這件事就像聖杯一般，夢寐以求。」該律師如此主張。

亞當在二〇一六年就讀喬治城大學。他的平均成績超過三・〇，但他在念大一時仍然深受焦慮症所苦。

森普雷維沃說，他的目的是想減輕兒子的焦慮，但其實他的所作所為，只是把事情變得更糟。

第十六章　誘惑

二〇一七年八月，某個很適合拍照的日子，菲力西提·哈芙曼（Felicity Huffman）坐在自己位於好萊塢丘（Hollywood Hills）工匠風格（Craftsman-style）的紅色宅邸裡，腿上還放著一臺筆記型電腦。

她正和辛格私下磋商，討論自己的大女兒蘇菲亞（Sophia）可以上哪些學校。哈芙曼一直都是很認真的學生，她用鍵盤打下了筆記：

- 「掌控學術能力測驗的分數：一萬五。」
- 「聘請監考人員在考場裡陪她，告訴她正確答案：正在等待監考人員確認。」
- 「七萬五就可以確保成績完美。」

哈芙曼的人生像小說一樣精采：她的演藝事業非常成功，曾演出《慾望師奶》（*Desperate Housewives*）、《美式懸罪》（*American Crime*）這些電視影集或電影；她和另一位知名演員威廉·梅西（William H. Macy）結婚二十多年，過著非常恩愛的日子；他們育有兩個謙遜大方、舉止穩重的孩子——蘇菲亞對表演藝術很感興趣，而喬治婭（Georgia）則是騎師，對政治學也很有熱忱。

這家人時常一起共進晚餐，一起玩「玫瑰與刺」這個遊戲，和彼此分享生活中遇到的好事（玫瑰）和壞事（刺）。哈芙曼會為萬聖節精心打造鬼怪布景，為全家人準備奪旗遊戲[20]。梅西會彈烏克麗麗。他們常常去科羅拉多州度假。

然而，母親的身分經常讓哈芙曼不知所措。她很喜愛女兒們，也很喜歡和她們在一起，但始終覺得自己作為母親並不夠好，也常覺得自己比不上其他為母之人；她覺得家庭旅遊應該要能寓教於樂，卻又苦惱著不知該如何計畫這樣的度假行程。

「我覺得帶這兩個小孩讓我戒慎恐懼、感到疏離和寂寞，而且是個非常困難的工作。」她在育兒部落格「靈光閃動？」（*What The Flicka?*）裡如此寫道。

哈芙曼在幾年前開設了「靈光閃動？」這個網站，希望該網路空間可以成為某種虛擬的廚房料理臺，讓媽媽們在那裡交流訣竅，或是發洩自己的挫折感。《富比世》（*Forbes*）雜誌曾將她的網站列入女性讀者的前一百大部落格。她還在網站上販賣以母親為主題的回憶錄，書裡有一些直白的標語，像是「媽媽安寧的臉」，和「你他媽的自己做三明治吧」。

她在專欄裡給人的感覺是既脆弱又真誠，還建議其他父母應該讓孩子經歷一些挫折、讓他們自己來，才能變得更有力量。但她也承認，「放手讓他們經歷失敗，並不是一件容易的事。」

對哈芙曼來說，她的那個網站提供了一個機會，讓她可以持續吸引那些曾被她在《慾望師奶》中的角色打動過的粉絲們，而那也讓她得以獲得自己多年來一直在找尋的東西：她心目中比她還要懂得如何養育小孩的人們的意見。

從二〇一二年開始，哈芙曼和梅西有長達六年的時間，都在和溫蒂·摩格爾（Wendy Mogel）這位心裡諮商師見面——她同時也是暢銷書作者，曾經討論如何「在一個緊張的世界裡養出自立自強、不會抵抗違逆，同時又懂得感恩的孩子」，而且在洛杉磯的一些圈子裡很受尊敬。哈芙曼有次慌張地前去見摩格爾，想向她諮詢該如何規劃孩子的暑假。

「我在她的辦公室裡坐下，然後對她說出我對暑假的計畫、目標和恐懼，以及我有多麼不適合擔任那個負責打理一切的人。」她回憶道。

摩格爾對哈芙曼留下了深刻的印象，並逐漸覺得她是個格外聰明、務實的母親，而且也反對她一直跟在孩子旁邊、幫她們處理一切。

梅西有時會懷疑，哈芙曼在育兒這件事情上是否應該如此仰賴外面的專家。梅西後說：「她一直都在專家的建議和自己的常識之間，努力尋求平衡。」

然而，他們的女兒蘇菲亞一直到四歲都還無法好好完成一幅拼圖，而且會因為衣服的標籤碰到身體，或因為打赤腳碰到草而崩潰；經歷過這一切的哈芙曼覺得，諮詢專家意見依然是有其必要。

托兒所當時建議她送女兒蘇菲亞去職能治療，而那的確大大改善了情況。幾年後，蘇菲亞苦於上學，哈芙曼再次尋求了醫生協助：蘇菲亞八歲時被神經精神科醫師診斷患有注意力不足過動症，並在十一歲的時候，取得考試能有額外答題時間的資格。

20 譯按：capture the flag，一種由兩隊人馬進行的傳統遊戲，目標是奪下對方基地的旗幟。

隨著蘇菲亞申請大學的時間愈來愈近，焦急的哈芙曼會尋求朋友和其他人的建議，再自然不過了。

蘇菲亞當時在洛杉磯郡藝術高中（Los Angeles County High School for the Arts）念二年級，那是一所需要試鏡、試演才能入學的公立學校。他們一家人都很喜歡那裡，但有些畢業生的母親卻警告哈芙曼，該校的升學輔導編制不足。

洛杉磯郡藝術高中有時頗為短缺經費，比如劇場技術主任甚至曾經需要用收集空瓶回收換得的錢，去購買像紙膠帶這樣的基本用品。為了幫助學校，哈芙曼和梅西捐過一些錢，主持過幾場募款活動、在展覽會上擺點心攤，也打掃過學校廁所。

不少家長非常推崇辛格，於是哈芙曼在二〇一六年雇用了這位升學顧問為蘇菲亞服務。辛格後來也為喬治婭提供諮商，甚至還曾在喬治婭升上高中二年級時，前往她就讀的私立女校——帕薩迪納（Pasadena）的威斯里治學校（Westridge School）和校方見面。

他為蘇菲亞提供了家教老師，並開始為她評估被某些學校錄取的機率。哈芙曼後來說，辛格在服務幾個月之後，認為她的前景並不樂觀；她記得他曾說，蘇菲亞在很多學校都面臨著激烈的競爭，而她的對手可不只是那些好萊塢明星的孩子，還有運動員、校友的後代，以及名字被冠名在圖書館和宿舍建築上的孩子們。她還記得他曾說，雖然其中某所學校的錄取率據說有百分之十，但那不代表蘇菲亞被錄取的機率就是百分之十。就她的情況而言，像她這樣和學校沒有關係、數學成績又差的女孩，被錄取的機率應該是三十分之一或五十分之一。

辛格建議他們，蘇菲亞一週要上兩次數學家教，並提醒他們，光是那樣是不夠的。哈芙曼後來這麼回憶。

一位熟悉辛格的友人指出，辛格的確也覺得大學申請流程有很大的問題，比如過度依賴測驗成績，以及不公開的招生政策。他並沒有打破這個體制，但他想到了一些可以對付這個體制、很有創意的點子。

辛格也很擅於洞察人類的情緒，或許那也讓他能夠透過自己的魅力和操弄，精準地瞄準家長的恐懼心態，並好好地善加利用。

他似乎非常了解許多有錢客戶都有非常深層的憂慮。這種憂慮可能是他們的孩子不太擅長考試，可能是他們渴望自己能不斷向別人炫耀吹噓，也可能是他們就是非理性地感到恐懼，覺得萬一孩子沒辦法進入最有名的大學，他們的人生就會完蛋。

他會告訴家長一些壞消息，比如他會說，關於把孩子送進大學這件事，家長可能沒有自己想像的那麼厲害。如果有家長質疑他的判斷，他就會表現得非常輕蔑、含糊其詞，然後再把問題丟回給對方：為什麼要質疑一個專家呢？難道他們不想讓孩子得到最好的嗎？

他會讓他們知道，他有一些絕對能讓孩子被錄取的策略，在大學的招生辦公室裡也有認識的人。他從來不會低聲下氣地推銷自己的生意。他會好整以暇地讓客戶聽話。

對家長來說，他發出的訊息非常明確：你可以試著自己來，不用靠我，但祝你好運。

哈芙曼的律師後來說，二〇一七年八月二十八日，辛格在哈芙曼位於洛杉磯的家中提出了幾個要克服的問題：不論蘇菲亞多有天分，如果她想要錄取頂尖表演藝術學院，必須提升學術能力測驗的分數。她要拿到至少一千兩百五十分，或者最好是一千三百五十分，才會有機會。我們無法確定辛格為什麼會那樣說。那可能是因為他不太了解表演藝術的科系，也可能只是因為，他想要把錄取標準講得很高，這樣才能為他提供的非法服務鋪路。

從哈芙曼真心相信這個分數目標的情形來看，我們也能理解，為什麼明明可以輕易從別處得知一二，她卻連一些最基本的資訊都要仰賴辛格提供。蘇菲亞就有些同學申請並錄取了她想念的學校，而且他們的學術能力測驗分數只有一千一百多分。紐約知名的茱莉亞學院（Juilliard）甚至就在自己的網站上明白寫道，他們不會要求多數申請者提交標準化的測驗成績。

但哈芙曼當時已經太過依賴辛格，辛格已經是她升學資訊的主要來源。

「我覺得事情已經非常急迫，然後那逐漸讓人恐懼，讓我覺得，為了我女兒好，就必須處理掉眼前那個巨大的障礙。」哈芙曼後來如此描述這時的情況。

蘇菲亞於當年九月升上關鍵的三年級之後，他們一家人暫時因為一些（只有好萊塢明星才會有的）例行活動分了心：哈芙曼和梅西都被艾美獎（Emmy Award）提名了——哈芙曼是因為《美式懸罪》，而梅西則是因為在 Showtime 電視臺的《無恥家庭》（*Shameless*）中飾演法蘭克．加拉格（Frank Gallagher）而被提名；他倆因此必須出席艾美獎頒獎典禮前和典禮後的各種派對和晚宴。

在那之後他們回到了現實，面對逐漸逼近的學術能力測驗。

哈芙曼當時還在考慮，到底要不要接受辛格於八月底提出的見不得人的建議：「控制學術能力測驗的成果」。她最後採納了辛格的另一個建議，合法的：高三開始，幫蘇菲亞找一位新的數學家教。

自此，事情開始朝著辛格預想的方向，一步步發展。

十月十六日，哈芙曼收到來自大學理事會的消息：他們已經同意了蘇菲亞精神科醫師的請求，讓她在參加學術能力測驗時獲得兩倍的答題時間。那位醫師在六月份，也就是辛格提出他的計畫之前，便重新對蘇菲亞進行了評估。

「太棒了！」哈芙曼轉告辛格和洛杉磯郡藝術高中的輔導老師這個好消息。

哈芙曼知道，額外的答題時間可以為蘇菲亞帶來很多好處，比如可以讓她集中注意力，並讓她在考試的時候服用所需的藥物。她也知道，特殊待遇能讓蘇菲亞彈性選擇在**哪裡**參加考試。這給了辛格實現他計畫的機會：讓蘇菲亞在西好萊塢測驗中心參加考試，李德爾可以幫她修改寫錯的答案。

十月十七日，哈芙曼傳了一封訊息給辛格。而那天也正好是梅西參與拍攝的《尋根》（*Finding Your Roots*）在公共廣播電視公司（PBS）上公映的日子。她已經說服自己：就像辛格說的，她只是在讓女兒獲得公平的機會，讓女兒可以專心照顧自己的在校成績和試鏡，而不需要擔心測驗。

她告訴辛格，她想要蘇菲亞在十二月前往考場參加考試。但辛格需要知道一件事。

「妳要讓她自己考，還是要我幫她些忙？」

「你幫她吧。」哈芙曼回覆道。

然而，他們還有個難題要解決：洛杉磯郡藝術高中希望蘇菲亞能在該校參加學術能力測驗。學校的輔導老師寫信給哈芙曼，要她幫蘇菲亞報名十二月初某個週一和週二的考試，而輔導老師本人則會擔任監考人員。

哈芙曼於是將那封電郵轉寄給了辛格，並加上了一句：「糟糕了！」

他們後來想出一個辦法。哈芙曼告訴那位輔導老師她不希望蘇菲亞缺課，所以會幫她在別的地方安排一場週末測驗。

面對這一切，哈芙曼的心情似乎非常平靜，至少表面上看起來確實如此。

她和梅西去了他們以前在紐約常去的地方、張貼了幾張中央公園的照片，並醉心地討論一場百老匯歌舞劇。

十二月一日，李德爾飛到了洛杉磯。隔天早上，哈芙曼開了五公里的車，把蘇菲亞載往西好萊塢學院預校。他們駛離私家道路，從可以俯瞰洛杉磯天際線的山丘上下坡，經過一個髮夾彎以及茂密的尤加利樹、梧桐樹和橡樹林。車子很快便穿過了一個很有活力的商業區，那裡有幾間瑜伽房、拉麵館、優格冰淇淋店、旅館，還有林立著一些電影看板。

蘇菲亞問她，考完試之後她們可不可以去吃點冰淇淋、慶祝一下？

哈芙曼同意了，但她有些暈眩。雖然車子的導航系統正領她前往作弊的考場，但她的道德指南針有一瞬間，卻在矯正她行駛的方向。她知道，自己在做的事是不對的。

「迴轉、迴轉，快調頭。」她告訴自己。但她最終並沒有回頭。

蘇菲亞踏入那間樸實的私立學校；等她步離考場，李德爾就會去修改她的答案卷。她拿到的測驗成績，是一千四百二十分。

十二月四日，為了幫《無恥家庭》這部影集打廣告（其宣傳活動後來還會巡迴到蘇菲亞念的高中），梅西用自己飾演的角色（也就是劇裡那位遊手好閒的父親法蘭克．加拉格）發了一則推文：「你可以給孩子最好的禮物，就是放手什麼都不做，讓他們準備好面對自己的未來。」

二〇一八年二月，哈芙曼交給關鍵全球基金會一張一萬五千美元的支票，名義是慈善捐款，目的是支付考試作弊的服務費。

同月，布倫特伍德學校（也就是傑克．白金漢就讀的那所學校）的學生們對升學一事發出了警訊。他們認為大人們正在失去控制。「如果你願意的話，請不要每次看到我就問我大學的事，這樣或許我就不會那麼焦慮了。」某個學生在那年二月的校刊《傳單》（*The Flyer*）上如此寫道。

申請大學的過程，原本其實可以是孩子人生中很珍貴的一課，讓他們學會接受自己的侷限、學會推銷自己，也能讓他們體會生命其實並不總是公平的。

然而，家長們卻沒有認清自己孩子真正的價值在哪，也總是不太相信他們能面對失敗。

對此，曾長期在洛杉磯另一所頂尖私校——哈佛西湖學校擔任校長的湯姆．哈德納特（Tom Hudnut）如此表示：「我想，可能有些人的確會把孩子申請大學的結果，當作他們養小孩的成績單。」

他說，自從《美國新聞與世界報導》開始發布大學排名之後，「美國社會便出現了一種恐慌症，開始瘋狂計較學生可以上哪個學校。該心態不只感染了學生，在很多例子裡也會擴散出去，影響到他們的父母。」

孩子們收到學校的拒絕信時，通常會比父母還要更淡定一點，甚至即使是被他們的夢幻學校拒絕也是如此。哈德納特說，孩子們的心情很快就能恢復，「但他們的父母卻會如喪考妣」，陷入絕望。家長們「對自己小孩的韌性，通常都不太有信心」。

辛格為傑克．白金漢提供合法的升學顧問服務，比方說，他有超過一年的時間，都在為他安排測驗家教。傑克不太喜歡額外花時間念書，但他的努力獲得了回報。

他分別在二〇一八年的冬天和春天（高三），各考了一次美國大學測驗，並拿到了第九十二和第九十四個百分位。傑克的在校平均成績大約在三．三至三．四之間，絕對是一個屬於前段班的學生，但珍．白金漢後來卻說，辛格當時認為那還不夠好。

個性有點散漫的傑克認為，不論自己的志願清單中有幾所學校都沒問題。由於他有一對聰明、人脈廣闊的父母，因此你不難想像，他不論進哪所學校都能過得不錯。珍總會告訴孩子，他們最後一定不會有問題的，她也不在乎他們是否會賺錢。只要他們夠體貼，作為母親的她就會很高興。

然而說到底，珍當時還是很擔心傑克會表現得不如預期，而其他人則會覺得那是她的錯。

她怕她和前夫火爆離婚的過程會給傑克帶來壓力，並讓他的課業一落千丈。「我需要讓自己覺得，我是個更好的母親。」她後來這麼說。

傑克對南方衛理會大學一見鍾情，而珍．白金漢也很喜歡那裡。這所位於德州的學校，當時已經愈來愈受來自加州的私立高中、成績中等的小孩歡迎，而且他們的商學院很不錯、學生人數不多，校園充滿朝氣。這所學校滿足傑克的所有需求，甚至還有體育管理學位的課程，而那正好是他非常有興趣的領域。南方衛理會大學的新生錄取率大約是百分之五十。

不過，南加大也在傑克的志願清單中，並向前挪了幾個順位。自從父母離異，他在家裡就擔起了小大人的角色，因此不太確定自己應不應該離開洛杉磯。

珍也五味雜陳。如果離開加州，傑克能有新體驗。但另一方面，傑克必須在覺得舒適、安全的情況之下，才會有最好的表現，因此將他留在自己身邊或許會比較好。

以傑克的能力，要上南加大有點困難。珍和辛格也談過，是否要先讓他念社區大學再轉去南加大。那是一個頗為常見，用來進南加大的方法。二〇一八年秋季，南加大一共錄取了一千四百四十八位大學部轉學生，其中幾乎半數是來自社區大學。但珍覺得，要是讓傑克念社區學校，自己就稱不上是個好媽媽了。

於是有一天，辛格帶著一個提議來找她。他有個想法。他手下有些人，可以幫傑克在他的某個考場裡參加美國大學測驗。他可以幫忙提高傑克的分數。如果拿到第九十九百分位，就能彌補他只有B的在校成績——這是第九十四個百分位的分數辦不到的事情。

珍沒有讓自己思考太多。她知道這就是在作弊，雖然她當時沒想到這居然是聯邦調查局會偵辦的罪行。她沒有告訴任何人這件事。那似乎是個直截了當的解法。辛格會幫忙提高傑克的分數，她知道這麼做不對，但終究沒那麼糟，對吧？如果她和馬爾克斯能成為一對更好的父母，傑克肯定就可以進入那些學校。如果這是她可以用來彌補遺憾的方式，那麼她的確應該試試，對吧？

二〇一八年夏天，傑克．白金漢正在享受進入高中四年級之前的最後一段自由時光；再過一陣子，他就要開始繃緊神經、申請大學了。

他最要好的朋友是他在布倫特伍德學校的同班同學；他們兩人當時剛創立一個業餘的播客（podcast）頻道，內容和籃球有關。

「哈囉，大家好！歡迎來到《籃球播》（*BasketPod*）的播客頻道。」他的朋友在節目中如此說道；當天是七月十二日，他們將這個播客網址張貼在推特上。「接下來，我要和我最好的朋友傑克．白金漢一起聊聊。」

當天最重要的議題，就是勒布朗．詹姆斯（LeBron James）和洛杉磯湖人隊簽約了。「傑克，你、覺、得……怎麼樣呢？」

一如往常，傑克給出了一個頗有深度的回覆：勒布朗之所以會搬到洛杉磯，可能不是為了贏球，而是希望住在一個可以養育家庭的好地方。

這兩位年輕的主持人實在太興奮了，他們不時對著麥克風大吼大叫。他們張貼在網路上的簡介寫道，「我們只是兩個十七歲的小孩，想搞點有趣的事。」

七月十二日，也就是他們籃球播客頻道開張的同一天，珍・白金漢和辛格通了兩次電話。「我知道這實在太瘋狂了。」她告訴辛格。「我知道。」

辛格和珍的那個複雜計畫，是將傑克在二〇一八年七月送往德州，進行跟哈芙曼的女兒一樣的計畫，只是地點改在休士頓某個被他們滲透的測驗中心。

辛格和白金漢在實行計畫之前，事先討論過了他們想要拿到的分數：滿分三十六分的美國大學測驗，他們希望能拿到三十四分。然而這個計畫卻在測驗的前兩天，遇到了意想不到的問題。

傑克原本要在考完試的那週進行鼻竇手術，但他當時的身體狀況實在太差，因此醫生說他沒辦法搭飛機去休士頓。麻煩大了。

珍於是向辛格提出了另一個點子。

「他有沒有辦法在不出席測驗的情況之下完成這場考試？」她在七月十二日和辛格通電話時，若有所思地如此說道。當天稍晚，辛格回撥了電話給珍，並敲定了一個不太尋常的計畫：傑克可以待在家裡，而李德爾則會在休士頓幫他參加美國大學測驗。這種做法當然更糟，但她也可以合理化這種做法：如果傑克沒有前往那個測驗中心，或許他涉入舞弊的情節就不會那麼嚴重。

為了不讓測驗機構起疑，辛格請珍傳給他傑克的筆跡。他解釋道，這很有必要，因為傑克之前已經自己參加過美國大學測驗了。

珍當時正帶傑克去看醫生，便在候診室裡把他的字跡傳給了辛格。當時十七歲的傑克，是一個信任父母、相信父母的孩子，當時也的確生了病。突然間，他的美國大學入學測驗出現了很多變數。那位醫生不知道他們在休士頓的考試其實是在作弊，還說可以幫傑克開張證明，讓他們改期。由於醫生並不知道這場考試不能線上參加，因此他還猜測，他們或許可以讓傑克在線上參加測驗，而這也是為什麼當珍告訴傑克，她需要他的筆跡時，傑克並沒有起疑。

「敬啟者，在此，我提供自己的手寫字跡範本。感謝您的留意。」傑克用潦草難辨的字跡寫下了這段話。

白金漢接著幫兒子的字跡範本拍了張照片，然後用附件夾帶在電郵裡寄給辛格：「用這個吧，祝你們好運。」她寫道。

到了隔天，雖然傑克人還在洛杉磯，但李德爾已經在休士頓，幫他在美國大學測驗中拿到了近乎完美的成績，還簽上了傑克的名字。

然而有時候，人們一旦說了一個謊，就必須說下一個謊去圓它。事情會脫離他們的掌控。而珍下定決心，要好好保護傑克。

她要辛格將那次考試的題目副本寄一份過來，這樣她才可以拿給在家裡的傑克。她告訴兒子，她被主辦單位獲准擔任這次考試的監考人員。

她要他在家裡一個小房間裡坐下，然後給他考試的題目卷；平常他和克蘿伊就是在那個房間裡做作業的。她監視著房間、看錶計時，然後在時間到的時候把答案卷收走。她甚至還把考卷放入了信封，然後寄給辛格，彷彿這些舉動能讓她覺得心安一些。

七月十八日，珍匯了五萬美元的一部分給辛格，這筆錢是用來支付美國大學測驗的作弊服務的。傑克的分數結果出爐之後，他一看到自己在滿分三十六分中拿到了三十五分，就打了通電話給自己的父親，語氣滿是自豪。

帶著祕密生活並不容易。那年十一月，前夫馬爾克斯留給了她一則祕密訊息：「我剛知道妳做了什麼，我實在太生氣了，不想討論那件事。」珍看到了之後非常緊張。

她在電話裡和辛格表達了自己的憂慮：「我唯一做過見不得人的事，就是關於傑克的這整件事。」辛格向她保證，他並沒有和她的前夫提到過任何相關的事情。（後來她才知道，原來馬爾克斯以為珍屏蔽了他一天，不讓他打電話或傳訊息給克蘿伊。珍後來告訴他，其實是克蘿伊的電話壞掉了。）

哈芙曼的大女兒蘇菲亞，當年秋天也正忙著申請大學。哈芙曼也因為自己說了謊而非常不安。辛格再次向她保證，請李德爾提高蘇菲亞的分數是一個正確的決定。這樣蘇菲亞就能專心準備試鏡了。

與此同時，辛格也正在為喬治婭（哈芙曼的小女兒）提供學術能力測驗的家教服務。但哈芙曼已經幫蘇菲亞占到了一些便宜。她心想：如果喬治婭沒有，對她來說是不是有些不公平呢？

第十七章 開個價吧

二〇一六年，郭虎林（Hulin Guo）在比佛利山莊半島酒店（Peninsula Hotel）的一個聯誼活動上認識了一個女人。他們的相識，雖然未必改變了他的人生，卻肯定改變了他女兒的人生。

楊秋雪（Qiuxue Yang，音譯，並非中文原名）在孫馬公司擔任助理分析師，這間歐本海默集團旗下的財富管理公司，就是辛格幾年前曾經滲透過的那家公司。郭虎林並不是孫馬公司的客戶，而是一位來自中國的富商，剛移居美國沒多久。

一般被人稱作瓦蕾瑞（Valerie）的楊秋雪，幾年前從中國來美國讀大學；她從普度大學（Purdue University）畢業之後，又拿到了加州大學洛杉磯分校的碩士學位。她在孫馬公司負責共同基金的研究，而一如自介上直白描述的，她「認識很多」說中文的客戶和潛在的客戶。

楊秋雪開始積極接近郭虎林。她邀請他參加一場古董珠寶的拍賣會，以及一個在比佛利威爾夏大飯店（Beverly Wilshire Hotel）舉辦的投資項目說明會。她在那些活動上擔任翻譯，還聊及他的家庭。

郭虎林於是稍微敞開了心胸，提到自己的女兒雪莉（Sherry）正在就讀附近一所私立學校。

楊秋雪持續和他保持聯絡。二〇一七年十一月初，她撥了通電話給郭虎林，再次和他描述孫馬公司可以為他帶來哪些機會。她特別提到了一個小技巧，跟郭虎林的女兒有關。她知道一位非常厲害的升學專家，他已經服務過歐本海默的幾十個重要客戶。

在潔瑟拉天主教高中（JSerra Catholic High School）念四年級的郭雪莉，當時已經提交了幾份申請文件。反正多做一些升學諮詢也無妨，郭虎林心想。

楊秋雪於是寄了一封電郵給瑞克・辛格，讓這筆生意繼續發展下去。

在十五、六歲時移民到美國的郭雪莉，住在爾灣（Irvine）某個恬靜社區的兩層樓棕色宅邸裡。爾灣這個隸屬於橘郡的城市，當時已經變成一個巨大的磁鐵，吸引了許多有錢的亞裔家庭來此追尋美國夢。

郭雪莉於二〇一四年抵達美國、進入潔瑟拉高中，開始自學英語；在潔瑟拉高中裡，有大約百分之十的學生來自海外，很多學生也都希望能在大學裡打校隊。潔瑟拉高中的網站上，有個清單列出了該校畢業生的去向：聖母大學、杜克大學、史丹佛大學、加州大學洛杉磯分校，以及其他常見的大學志願。

郭雪莉在攝影、漫畫、複合媒材和數位藝術等領域，曾經獲得過不少地區性的獎項，而潔瑟拉高中這所擁有一千兩百名學生的高中的校長，則認為她是一個「超級有才華」、「令人不敢置信的藝術家」。她在課堂上的表現也很好，還是國家榮譽學會（National Honor Society）潔瑟拉高中分會的學生幹部。

然而提到申請大學，她們一家人可就沒那麼在行了。

在中國，一旦申請上美國大學，似乎就能讓所有人欣喜若狂。

電視新聞記者曾經湧向某個有學生申請上哈佛大學的學校。而在另一所學校，老師則圍著一位即將進入常春藤名學就讀的學生，搶著和這個地方上的新風雲人物合照。許多企業和中學，都會引用美國頂尖學校的名字來命名，藉此提高自己的聲譽，比如：哈佛美容學校，或是哈佛幼稚園。

有些觀察家認為這種追求美國頂尖名學校現象的源頭，可上溯至一本於二〇〇〇年出版的書籍：《哈佛女孩劉亦婷：素質培養紀實》（*Harvard Girl Liu Yiting: A Character Training Record*），這本書的作者是一對中國夫妻，內容詳述了他們用來讓女兒進入哈佛的育兒技巧。（為了強健女兒的人格，他們曾經嘗試讓女兒長時間捧著冰塊。）這本暢銷書後來成為了育兒聖經，並開啟了一個新的出版類型，比如：《我們怎麼把孩子送進耶魯的》（*How We Got Our Child into Yale*）和《你也可以上哈佛：進入美國知名大學的密技》（*You Too Can Go to Harvard: Secrets of Getting into Famous U.S. Universities*）。

「我第一次知道哈佛這個地方，以及其他『常春藤聯盟』大學，是在中學讀這本書的時候。」二〇一五年時正在哈佛大學的張薩拉（Zara Zhang）如此寫道。「那讓我了解到，如果我想接受世界上最好的教育，就得去美國。」

隨著中國經濟起飛，這種對美國大學趨之若鶩的現象也變得愈來愈流行。截至二〇一三年，中國已經有超過一百萬個百萬富翁，而富裕家庭的花錢則五花八門。古馳皮帶或是格子翻領的博柏利（Burberry）外套可以讓他們證明自己賺了不少錢，而孩子念的大學也是其中之一，因為家長會將資源全灌注在自己唯一的孩子身上。

到了二〇一八—二〇一九學年度，中國學生在美國大學註冊的人數，已經竄升到了約三十七萬人，是十五年前的將近六倍。

長期以來，任何一所美國大學的文憑，在年輕留學生回到中國找工作時，都是一個能讓他們顯得與眾不同的標記。但到了二〇一四年，中國的一些大學也開始在泰晤士高等教育世界排名（Times Higher Education World Rankings）中擠進前五十名；從那時起，威奇塔州立大學（Wichita State University）的學士學位就沒那麼吸引人了。

此外，中國家庭當時也在面臨一個難題：他們不知道美國學校到底想要怎麼樣的學生。在中國，高考成績決定了學生能進什麼大學。然而美國和英國的大學卻會參考其他因素，比如課外活動、關於領導技巧的小作文等。諸如「博雅教育」（liberal arts）和「整體評估的招生方式」（holistic admissions），都讓他們難以理解。

於是北京、上海和一些比較小的城市開始出現一大票顧問，他們承諾自己能帶領家長和孩子們申請美國大學；這些顧問有許多是在美國受教育，由於自己是過來人，他們因此認為自己有資格帶領其他學生。

他們讓人覺得似乎人人都有機會進哈佛念書。但事實上，絕大多數人都進不去。和妻子在北京經營「中國菁英學者」（Elite Scholars of China）的湯莫．羅斯柴爾德（Tomer Rothschild）估計，每年大約只有兩百名中國學生能進得了八所常春藤聯盟名校，其中大部分學生進的都是康乃爾大學和賓州大學。他們需要優異的英文能力、漂亮的在校成績，測驗成績也必須非常突出（比如在學術能力測驗拿到一千五百三十分），才有機會被知名的科系錄取。

許多顧問光明正大地在做這筆生意，比如曾在中國的美式或英式學校擔任招生人員或職員的人。他們推薦的大學清單裡，可能會包含一些公立大學以及名聲還不錯的科系。但有些顧問卻會開出誘人而古怪的承諾，因而為他們帶來激烈的競爭。

中國升學顧問的收費機制通常和美國不太一樣。他們可能會先收一筆不那麼鉅額的費用，接下來要等學生申請上頂尖學校之後，才會獲得一筆高額的獎金；如果學生上的是二線大學，他們也依然能得到一筆不小的費用。比方說，一開始你可能必須先付五千美元，等到成功錄取才會再支付一萬或兩萬美元的費用，金額多寡則視該學校在《美國新聞與世界報導》的排名而定。（這些費用可能會像氣球一般膨脹，有些顧問最高可收到十五萬美元。）

此外，有些顧問也可能會先收一筆高額的天價，比如十萬美元，但他們會向家長保證：如果孩子沒有進入頂尖大學，會退回部分款項（通常是百分之八十）。

但不論是哪種收費方式，最後的總費用，大概都落在一萬五千美元到兩萬五千美元之間。很多家庭對於哪些學校是最好的這個問題，都只有一些基本的認識。他們會希望孩子進入《美國新聞與世界報導》的前五或前五十名校。除非那些升學顧問提及，否則像「校園文化」這樣的詞彙，不會進入他們的討論範圍裡。

家長其實也搞不太清楚，他們的孩子到底是怎麼申請進那些大學的。如果那些家庭能支付學費，是否就夠了呢？如果他們能多付點錢，或是給些捐款，對申請是否會有幫助？那些家長都是在一九八〇年代成年的，在當時的中國，人們依然需要靠關係才能得到想要的東西。雖然現在這種現象已經沒那麼嚴重，但他們那代人還是會想，或許這就是事情運行的方式。

升學顧問會向家長表明，客戶不可以走進美國大學的招生辦公室，直接交給他們一百萬美元的支票。對校方而言，家長是非親非故的陌生人。如果有大筆的外國捐款，美國的大學必須先向教育部通報這筆資金的來源，並完全了解資金是從哪裡來的。

好吧，所以說，直接付錢換錄取名額是違法的。那麼，還有其他的門路嗎？

二〇一五年三月的某個早上，傑羅德・周博士（Dr. Gerald Chow）在波士頓的聯邦地區法院裡出庭作證。

從聯邦檢察官起初對周博士禮貌提出的幾個問題來看，周博士是一個擁有家庭的成功男士、一位退休的牙醫，同時也是香港一個家族珠寶連鎖事業的共同持有人。

他當時出庭，是為了作證指控一位教育顧問：馬可・辛姆尼（Mark Zimny）。這場訴訟在當時並未引起太多關注，卻隱約顯示出一些亞洲家庭為了讓孩子進入美國的頂尖大學，會願意將多少主控權——以及金錢——交給位在美國的中間人。

檢察官指出，辛姆尼說服周家透過他捐錢給某幾所特定的學校，卻又沒有真的將錢轉交給那些大學，因而犯下了詐欺罪。

周家希望自己的兒子們能就讀美國的寄宿學校，然後再進入知名的美國大學。他們覺得自己需要協助。

「我們完全不熟悉美國的教育制度。」周博士用有點生硬的英語說道。

坐在被告席上的辛姆尼，當時穿著一件藍色西裝和白色襯衫，並繫上了一條紫色的領帶。

曾在哈佛大學擔任訪問助理教授的辛姆尼說，他經營的事業是幫助亞洲學生進入頂尖的美國寄宿學校和大學。周博士在證詞中指出，辛姆尼曾吹噓自己和各校招生辦公室的關係很好，還說由於美國的學校「對來自亞洲的申請者存有偏見」，因此他們必須支付捐款，而且那些資金必須經由像他這樣人脈通達的中間人轉交才行。

周博士於是雇用了辛姆尼。從一份他們為他其中一個兒子準備的手寫計畫看來，他們的最終目標是哈佛大學。

辛姆尼的確提供一些合法的升學服務。他曾幫幾個孩子進入新英格蘭一所頗受推崇的預校。他也成了那些孩子在美國的實質監護人（這個服務是收費的），會參加他們的家長會，甚至還會幫他們挑選生日蛋糕。

辛姆尼的詭計在二〇〇九年被揭發：當時周博士的一個兒子就讀的學校校長，正好前往香港進行巡迴募款；周博士當時好奇，詢問她是否透過辛姆尼收到了他的捐款，校長卻說她毫不知悉。

陪審團認定辛姆尼犯了詐欺罪，法官在二〇一五年九月判處他辛姆尼六十三個月的有期徒刑。辛姆尼在宣判庭上說，自己很自豪於為周家人提供的服務，很遺憾地他未能妥善管理他們的預期和帳目。（在宣判庭上，其中一個替辛姆尼寫信給法官的人，就是傑里德．庫什納；他們兩人是在哈佛大學認識的。）雖然美國政府將辛姆尼繩之以法，然而利用那些想把孩子送進大學的中國家庭的無知和渴望來賺錢的，絕對不只有他一個。一個更加光鮮亮麗的產業——金融服務業，其實早就已經在全力經營這個市場了。

辛格的名字在投資銀行界裡廣為流傳，有段時間，他甚至還曾出現在摩根・史坦利（Morgan Stanley）顧問的官方推薦名單之中。

「他像是有神奇的萬靈丹，能把你的小孩送進大學。」育兒專家貝琪・布朗（Betsy Brown Braun）如此回憶，她曾在另一個西雅圖的財富管理公司的活動上和辛格說過話。

然而當時吸引辛格的，其實是金融服務業的一個特殊利基：他們有些顧問正在服務富裕的中國家庭。

那些顧問提供的服務包括：管理跨國資產、指引房地產投資，以及一些帶點管家助理性質的工作，比如為客戶介紹藝術品買家、離婚律師和會計師等。他們擁有各個領域的專家聯絡清單。

在加州爾灣經營這類服務的孫薇妮（Winnie Sun），甚至還曾經幫客戶篩選寵物狗的日托服務；有次客戶購買寶馬汽車，她還出面幫忙殺價。「任何跟錢有關的事情，你都可以先來找我們。」她說。

漸漸地，客戶們愈來愈常問到他們如何才能捐款給知名的美國大學——以及，如何把他們的小孩弄進去。

吳麥可（Michael Wu）從二〇一五年開始，一直在摩根・史坦利位於帕薩迪納雙塔（Pasadena Towers）的辦公室裡工作；這棟辦公大樓位於帕薩迪納的商業區，棕色大理石的外牆閃耀動人。

中國東方航空的分處就坐落在優雅大廳的邊上，說中文的顧客不時會在那裡進進出出。吳麥可服務的對象是身價非凡的國際客戶，尤其是來自東亞的客戶。

那裡附近有個社區叫阿爾卡迪亞（Arcadia），近來又被稱作「華人的比佛利山莊」。摩根．史坦利接待廳裡的閱讀刊物，包括一份當地的報紙，以及一本關於中國的精裝畫冊（很適合放在咖啡桌上當擺飾的那種）。

雖然辛格曾經出現在這家公司的推薦名單之中，但他在二〇一五年的時候已經不在清單上了。吳麥可是從帕薩迪納集團（Pasadena Complex）的主管處得知辛格的消息；那位主管告訴他，辛格是個「經過考驗」的專家，而且曾被介紹給摩根．史坦利的高階員工。

於是，當一位有女兒正好要準備申請大學的客戶問起時，吳麥可便將辛格推薦給了他。

那位女孩名叫趙雨思（Yusi Zhao），曾在英國的寄宿學校讀書；而她的父親趙濤（Tao Zhao）則是一名從事製藥業的億萬富翁，和其他家人一起住在北京郊外。他們在北京的家前面停著幾輛豪車，有賓利、法拉利和其他汽車，附近還有一些模擬測驗公司和招生顧問，在廣報看板上用中文寫著各式各樣的承諾；那個地方，就像是中國版的布倫特伍德。某間課業輔導機構的門市外頭，張貼著成功錄取的學生清單：大學部的成功案例有耶魯和布朗大學，寄宿學校則有安多佛（Andover）和格羅頓（Groton）。

「有些人會想，『妳能進史丹佛，不就是因為妳們家有錢嗎？』」趙雨思在一段影片裡如此分享道。那支影片是二〇一七年夏天，她在入學之前錄的，儼然就是那些激勵人心、非常受努力奮鬥的中國家庭歡迎的「我如何進╳╳大學」的書籍的另一個版本。

不，不是這樣的，她說，「我是透過自己的努力、通過考試，才進到史丹佛。」但她沒提到，除了考試之外，其實還有一些來自辛格的祕密配方。

辛格原本試著將趙雨思包裝成一位帆船校隊生以利錄取史丹佛，但當他聯繫教練約翰・范德摩爾（John Vandemoer）的時候，時間已經來不及了，只得另尋他法。史丹佛大學最後還是錄取了趙雨思，而她的申請資料上還列著偽造的帆船獎項。

趙家在二〇一七年四月匯了六百五十萬美元給辛格的基金會；趙母後來透過律師表示，那筆錢原本是要給史丹佛大學的捐款，用來作為教職人員的薪水、獎學金，以及用來發展運動項目、提供金援。「這筆捐款，就和許多有錢的家長，一直都在公開對知名大學進行的捐款沒什麼兩樣。」她在聲明中如此解釋。

任職於摩根・史坦利的吳麥可，後來則會宣稱自己也是受騙上當的人。他說他以為那筆錢會從辛格的基金會轉交給史丹佛大學，使用在那些良善的目的上。

當趙雨思正在帕羅奧圖的史丹佛大學度過第一學期時，郭雪莉則正在南邊六百多公里的爾灣準備大學申請資料。她的美術作品集、優秀的成績和測驗分數，確實讓她成了一位實力堅強的申請者。

但郭雪莉的家人，卻想進一步提高她原本就很不錯的錄取機率。

任職孫馬公司的楊秋雪在該年十一月寄了一封電郵給辛格，告訴他，郭雪莉的父親想要「捐款」給「其中一所頂尖大學」，因為他的女兒要申請大學了。一天過後，辛格將郭雪莉準備的履歷和個人簡述，寄給了耶魯大學的女子足球教練魯迪·梅雷迪斯（Rudy Meredith）。那些文件裡有她的美術作品集的網址連結，他和梅雷迪斯保證，他會替換成跟足球有關的內容。

一個星期之內，辛格交給了梅雷迪斯一份造假的體育運動員檔案；檔案的其中一段內容，將雪莉描述為南加州一個知名的俱樂部足球隊的副隊長，而實際上她根本就沒參加過足球比賽。梅雷迪斯後來將郭雪莉標註為校隊生。為此，他在元旦前後，從辛格的基金會那獲得了一張四十萬美元的支票。

郭雪莉的家人在接下來的春季和夏季，一共付給辛格和他的基金會一百二十萬美元。他們的律師吉姆·斯波圖斯（Jim Spertus）後來說，這家人之所以會放心捐款，是因為他們和孫馬公司的沃德斯海姆見過面，而他當時曾為辛格背書。斯波圖斯說，郭雪莉原本想念哥倫比亞大學或牛津大學，但辛格堅持耶魯是唯一的選擇；斯波圖斯還說，辛格宣稱自己就是牛津大學的董事，而他知道牛津大學不會錄取雪莉。

斯波圖斯還說，中國學生在自己的國家選擇學校時，並沒有太多的自由，因此或許對於來自中國的郭雪莉來說，辛格的那句話並不可疑。

郭雪莉當時已經準備好要以足球校隊生的身分進入耶魯大學，還在六月的時候詢問潔瑟拉高中的校方，要如何才能在國家體育協會註冊——所有的校隊運動員都必須要進行這道手續。她的校長回憶道，當時她聽了覺得有點奇怪，但負責註冊的人員，最終還是幫雪莉送出了註冊文件。

為了解釋自己為什麼沒有參與耶魯的校隊練習，郭雪莉後來謊稱，那個夏天她受傷了。

第十八章 「全隊一心，史丹佛齊心！」

對史丹佛大學帆船教練約翰．范德摩爾來說，從船庫到他位於學校附近的家那二十分鐘的車程，就是讓他能好好放鬆的時間。

多數夜裡，他都會開著他的富豪（Volvo）汽車駛出亞里拉加家族划船與帆船中心（Arrillaga Family Rowing and Sailing Center），然後穿過寬闊的加州紅木市（Redwood City）辦公園區——那個划船與帆船中心就藏在這個園區後面。

在史丹佛大學的這份工作是他夢寐以求的崗位，而他經常在思考，要怎樣才可以改善隊員的表現。他可以為下個禮拜的帆船比賽做一些後勤準備工作，當然也可以考慮募款——雖然沒有哪個教練會喜歡這檔差事。他的隊伍總是會需要些東西，不論是船帆、繩索、制服，或是在前往外地比賽時過夜下榻的地方。然而帆船可不像美式足球——學校才不會對帆船運動投注大筆經費。

開車的時候，是他可以不用去操煩這些事情的時間。當他在回家路上，準備將身分從教練轉換成爸爸時，范德摩爾更想聽些新聞或經典搖滾樂——他尤其喜歡重複播放范．莫里森（Van Morrison）的音樂。

他有時也會用電話聊天。想找得到范德摩爾並不困難，因為他的電話號碼就放在史丹佛體育辦公室的網站上。所以當一個他沒看過的電話號碼，在二〇一六年的某天打到他手機時，他一點都不覺得奇怪。

真正讓他覺得奇怪的，是電話彼端的人對他說的話。范德摩爾從來沒聽過那樣的事情。

當時年近四十的范德摩爾，二〇〇八年起一直在史丹佛大學擔任帆船總教練，而且他覺得能在那裡工作是一件非常幸運的事情。他崛起的速度很快：先是在荷巴特與威廉史・密斯學院（Hobart and William Smith Colleges）取得地質學學位，然後在馬里蘭州的聖瑪麗學院（St. Mary's College）這所作風強勁的學校擔任助理教練，後來又在美國海軍學院指導帆船隊兩年，最後才搬到西岸去。

在范德摩爾的帶領之下，史丹佛大學的帆船隊從一支原本還算不錯的隊伍，竄升為全國佼佼者之一。他們從二〇一〇年起，每年都在男女混合、女子項目和各種活動中橫掃許多獎項，在全國範圍中也幾乎總是居於前十名。

在鱈魚角長大的范德摩爾，本來就很習慣水上活動。他有一張親切的圓臉、深色頭髮，看起來有些孩子氣，笑起來還會歪嘴；比起牛津襯衫和西裝，他更喜歡穿運動鞋和羊毛背心。他會爬山，也會從事各種運動，但從小他最喜歡的運動就是帆船；他的小兒科醫師甚至還曾出錢贊助他，讓他去參加漢尼斯遊艇俱樂部（Hyannis Yacht Club）的課程。范德摩爾有紮實的技巧，但也非常專注於安全、細節以及比賽的規則，令人印象深刻。「他的能力很好，也很細心。」那位曾經贊助他的小兒科醫師如此回憶道。

他逐漸成長，成為一個像是大人版童子軍性格的人：信賴別人，而且非常忠誠——有時甚至有點太過信賴和忠誠了。

帆船比賽是一項需要仰賴選手自律的運動；就算裁判再怎麼明察秋毫，也沒辦法在水上監視每個參賽者的一舉一動，很難吹哨指出誰犯了規。如果某個帆船選手犯規（比如說，碰撞到別人的船），那麼這位選手應該要主動自首，並旋轉七百二十度，也就是駕著帆船在原地旋轉兩圈，以此作為懲罰。

范德摩爾曾在大學帆船協會擔任爭議判決委員好幾年，外界一般認為他判決得當，儘管那些判決有時未必能順選手的心意。

他之前帶過的帆船選手還記得，其他隊伍對裁判的態度都非常強烈，甚至會為了扭轉不利於他們的判決而提出抗議。然而范德摩爾卻會要求選手避免讓不好的情況發生；就算沒有人看得到，也不能做出違反帆船規則的行為。

在史丹佛大學當教練的范德摩爾，開始被大家認為是一位非常細心體貼的教練，他認為傳授人生道理和贏得比賽一樣重要。他的選手們在每次比賽前，都會高喊他們的隊呼：「全隊一心，史丹佛齊心！」（“One team, one plan, one goal, one Stanford.”）

如果有學生為了實習而必須缺席練習一段時間，范德摩爾會欣然同意——然後也會歡迎他們歸隊。

他的妻子名叫茉莉・歐布萊恩（Molly O’Bryan），她在夏威夷大學練帆船，也在史丹佛的船庫附近營運青少年帆船課。她一直都有在參加比賽，曾在二〇一一年某個世界級的比賽中獲獎，並在二〇一二年代表美國參加倫敦奧運。

他們夫妻倆在二〇一六年生了一個兒子。范德摩爾會在自家地板上跟孩子玩上好幾個小時。兩年後，他們又添了個女兒。從很多意義來看，他的生活都很美好。他的鄰居都是教授和史丹佛大學的教練，包括學校裡大部分運動校隊的總教練，以及美式足球和籃球的助理教練。

教練這份工作有一些福利，比如可以獲得史丹佛提供的住房、托嬰服務和購車津貼。雖然范德摩爾的薪水在大學帆船教練的同儕之中已經算最頂尖的，但跟美式足球和籃球教練比起來依然微不足道。為了賺外快，他會私下教帆船，也會接一些青少年比賽的籌備工作。

不過，他最大的資金壓力與他的校隊預算有關。和其他教練一樣，范德摩爾也覺得，他的工作職責敘述當中明文他必須為校隊募集資金這點很令人頭疼。（史丹佛大學表示，募款是教練負責的次要工作。）

幸運的是，新船庫的工程在他進入史丹佛大學之前就已經完成了；那座船庫是一幢粉紅色和棕色相間的石造建築，擁有如鏡一般閃閃發亮的玻璃窗，由帆船隊和划船隊共用。而且帆船校隊在他任職的第一年就及時獲得了新的帆船。

然而帆船需要保養，而且最多只能使用八年就得報廢。那些帆船或許可以用半價出售，但一艘新船的原價都要八千到一萬元，因此更新設備依然是個需要嚴肅面對的工作。旅費也須精打計算，因為他幾乎整個學年的每個週末都得帶十位選手前往全國各地參賽。此外，他們還有一到兩個助理教練，他也得想辦法付他們薪水。

范德摩爾喜歡認識自己選手們的家長，每年都會找個週末舉辦為期兩天的活動，讓家長和孩子一起比賽，也為高年級學生舉辦餐宴。有些家長的確會金援帆船校隊，但也有來自校友或舊金山灣區帆船愛好者的捐款。

除了募款，范德摩爾還有另一個難題：補齊校隊名單。他需要運動天分不錯的男女，願意犧牲自己的週末離開學校，並能堅持撐過秋季以及隔年春季的賽季。此外，他們還必須夠聰明。

「我在同學之間，從來就不是最聰明的人。」范德摩爾後來如此說道。「能和這些非常有創意、極度聰明的校隊生一起共事，我感覺自己非常幸運，對我來說也很有挑戰性。」

想進南加大並不容易，喬治城大學更是難上加難。但史丹佛大學呢？那可就是完全不同等級的頂尖大學了。

在史丹佛大學二〇一七年秋季班超過四萬四千名的申請者之中，最後只有兩千零八十五人被錄取，錄取率只有百分之四．七。到了二〇一八年秋季班，錄取率則是只有不到百分之四．四。

這所學校的吸引力，不只是完美的天氣和美麗的校園而已。史丹佛大學坐落的位置，距離沙丘路（Sand Hill Road）的創投公司聚落只有幾公里之遙，投資人都在那裡尋找下一個臉書和Uber。史丹佛的工程和電腦科學科系在全美數一數二，諾貝爾獎和麥克阿瑟獎（MacArthur）得主的人數也傲視群雄。舊金山灣區的各家公司，都很希望能參與史丹佛大學的課堂計畫，而且他們美式足球隊的實力也非常堅強。

想進這所學校，你必須要近乎完美。二〇一八年秋季班入學的學生裡，有百分之九十六的學生在高中時的排名都是前百分之十；其他的學生也都至少排名在前百分之二十五。錄取該校的學生，學術能力測驗成績（滿分一千六）是中位數，介於一千四百二十至一千五百七十之間，而美國大學測驗的成績中位數，則介於三十二到三十五之間。

當然，那些可以獲得「粉紅信封袋」、被認為能為史丹佛運動校隊提供新血的申請者，最後獲錄取的機率會更高一些。之所以有「粉紅信封袋」這個說法，是因為在過去，招生辦公室會先審查所有可能錄取的校隊生，然後再正式通知體育辦公室主任，由教練寄出一個個裝有亮粉紅色回郵信封的信，如此一來當申請者寄回裝著資料的粉紅色信封時，招生辦公室就能知道哪些學生是特招生。不過，這個流程現在已經數位化了。

帆船校隊不會提供獎學金，這其實讓范德摩爾比其他教練擁有更多的彈性。他可以把某人標註為校隊生，卻不用連結上任何特定的經費來源。有些大學的帆船校隊會收大約三十個學生，儘管他們每場比賽其實只需要九到十個學生就夠了。女生的人數總是比男生多，因為學校需要符合「第九條」的規定、平衡校內運動員的男女比例，而且帆船比賽都是男女混賽或是女子比賽。

雖然成功的帆船選手可以一路打進奧運（就像范德摩爾的妻子茉莉），但他們其實沒什麼機會可以靠比賽賺錢，所以對那些學生來說，他們最多就是參加大學錦標賽罷了，因此也會慢慢降低校隊在生活中的比重，校隊之外的活動也會對他們愈來愈有吸引力。「他們之所以投入其中，是因為那是他們熱愛的運動。」范德摩爾後來如此解釋。「但到頭來，真正重要的還是他們的學位、研究所、股票公開上市，或任何其他接下來將會發生的事情。」對帆船的熱情消退，是無可避免的事情。

當然，范德摩爾也會簽下拿過冠軍的青少年，以及有機會打進奧運的選手。他會從俱樂部的帆船隊（包括他自己擔任教練的地方）物色不錯的選手。但他在填補校隊名單時，有時也會用些很有創意的方法。有些帆船教練會考慮足球或曲棍球球員、體操選手，或任何其他優秀的運動員；就像曾在歐道明大學（Old Dominion University）擔任帆船教練，並在大學校際帆船協會擔任主席的米奇・布林得利（Mitch Brindley）所說，只要「能夠忍受磨練之苦」，就能進入帆船隊。帆船選手的這種現象，和划船選手其實差不多。

范德摩爾會願意簽下那些剛開始練習帆船，但似乎有些潛力的人，或是那些沒有太多參賽經驗的選手（因為帆船比賽真的很貴）。如果他看到有人「對帆船真的很有熱忱」，那麼他在考慮錄取人選的時候，就會為那個人加些分。「那就是你要找的對象：一個每天都想要玩帆船的人。」

因為有這些募款和招生的壓力，當他在二〇一六年末，在從船庫回家的路上接到那通電話時，眼睛都亮了起來。

電話裡，瑞克・辛格向他介紹自己是個球探，正在幫大學教練找尋新秀。有個同樣在史丹佛大學工作的教練，跟他提到了范德摩爾的名字，而他似乎想知道更多關於帆船的事情，並了解一下范德摩爾在招生時遇到的困難。他自己有打過網球，但也想為其他運動項目的教練提供協助，並深入建立一個年輕運動員的人脈網絡。噢對了，那些學生的家長都願意捐款給錄取那些孩子的校隊唷。

在此之前，范德摩爾從來沒有接觸過第三方的球探。當然啦，球探在其他運動項目中很常見，但那不包括帆船。

辛格正好當時人在舊金山灣區，想問問是否可以隔天去拜訪他，和他面對面聊聊。

范德摩爾同意了。

不只范德摩爾，多年來，辛格還接觸過其他六名史丹佛大學的教練，和他們討論錄取校隊生的事情，但根據校方的說法，那幾位教練最後並沒有上鉤。

他和范德摩爾後來在史丹佛大學體育行政大樓二樓，一間有玻璃牆的教練辦公室裡面談。那場面談進行得很順利。在范德摩爾的印象裡，辛格是個很尊重別人的人，而且「真的很有魅力」。他們討論成為一名優秀帆船選手需要的技能。技術當然很重要，但同樣重要的還有：對於學習的熱忱、喜歡水上活動，以及強健但輕巧的體格（因為必須坐得進有點擠的船身）。只要擁有這些重要特質，基本上就能學會駕馭帆船的基本技巧。

多年以來，范德摩爾都在和其他教練討論建立一個常態性的資料庫，讓選手可以上傳自己的賽績和學業表現證明，藉此改善尋找校隊生的管道。帆船運動並沒有年輕運動員的官方名錄，可以讓想加入新秀名單的選手登記。范德摩爾認為，如果缺少這種平臺，就會不利於帆船運動的發展。

「既可以照顧隊務的發展和招生，又能夠幫助我的校隊，簡直是夢寐以求，根本就應該要無腦答應。」後來談到辛格當時似乎在進行某種提議時，范德摩爾如此說道。「現在回想，這世界上顯然不會有這麼好的事情。」

募款專員吉姆．朗利（Jim Langley）則這樣形容：某個教練沒有募款的經驗，也不知道要怎麼開口洽詢，似乎不太有機會為校隊設備找到捐款。然後突然間，一個穿著運動衣的白衣騎士出現了。「某個能言善道的人，手裡揮著大把鈔票接近你。」朗利如此說道。「對於某些人來說，這真是一件很誘人的事情。」

在二〇一六年的那場面談過程中，辛格說他心裡有個人選：一個在英國念寄宿學校的女孩；辛格曾經透過某個在摩根史坦利工作的財務顧問，和她的家人見過面。她的名字叫趙雨思。辛格的團隊為那位女孩製作了一份假的運動員檔案，而辛格則向范德摩爾解釋，如果她被錄取了，他能保證帆船校隊會獲得一筆捐款。

但范德摩爾幫不上這個忙——當時已經趕不上校隊生的申請流程了，不過那個女孩最後還是成功地以一般生的身分被錄取。檢查官後來說，錄取她是因為她的帆船賽績十分出色。史丹佛大學錄取那位女孩後，辛格的基金會便透過范德摩爾，捐了五十萬美元給史丹佛大學。

這筆錢比辛格付給大多數教練的金額還要多，用來支付助理教練薪水、添購制服設備，也夠用好一段時間，但和辛格拿到的金額相比，依然相形失色：關鍵全球基金會從女孩的父母那，收到了六百五十萬美元。

辛格接著繼續介紹了下一個申請人：另一個擁有假運動員檔案的男孩子。辛格問范德摩爾是否也可以幫幫他；儘管之前趙雨思申請時，他其實根本沒做什麼。他說，如果范德摩爾將那個男孩列為校隊生，「雙方都能獲得一樣的結果」：校隊能獲得五十萬美元的資金。他照著做了，但那個「帆船選手」並沒有完成史丹佛大學的申請流程，他最後選擇了布朗大學。即便如此，辛格依然在隔年五月，匯了十一萬美元給范德摩爾的帆船校隊。

二〇一八年八月，辛格再次嘗試。某個拉斯維加斯的孩子幾乎沒有駕過帆船。范德摩爾再次同意讓他以運動員的身分提出申請，並曾和辛格討論，他們是否可以捐出五十萬美元給帆船校隊。

范德摩爾後來寫信給校方，並使用辛格及其團隊假造的個人檔案為那個女孩背書。她「原本從事的是其他運動項目，最近才轉到帆船項目。她很有潛力，可以成為一位出色的隊員。她住在拉斯維加斯，但經常到新港灘去練習帆船。」

這個女孩最後沒有申請史丹佛，而是去了范德比大學，但辛格依然匯了十六萬美元給「史丹佛大學帆船隊的約翰．范德摩爾」以示撫慰，並作為下一個學生的訂金。

第十九章　東窗事發

小亞古斯丁・胡紐斯（Agustin Huneeus Jr.）十分想要知道，「比爾・麥克格拉珊（Bill McGlashan）真的會做這種事嗎？」

胡紐斯經營的胡紐斯釀酒廠（Huneeus Vintners），是位於納帕谷地（Napa Valley）的釀酒巨擘，該酒廠由其父一手創立。對辛格來說，胡紐斯是個需要花時間照顧的客戶：他的要求很多、自視甚高，而且會在意其他更有錢的客戶，受到的關注是否比自己多。

二〇一八年八月末的某天，胡紐斯打了通電話給辛格，想知道關於他母集團其他人的一些資訊——其中，他最想知道的就是麥克格拉珊，他是舊金山私募基金公司TPG資本（TPG Capital）旗下的成長部門和社會影響投資部門的創辦人；以市值來看，成長部門價值一百三十二億美元，而社會影響投資部門則價值三十億美元。

辛格有點不爽。不過，讓客戶認識彼此本來就是他的商業模式的一部分，而口耳相傳就是他維續生意的方法。

來自邁阿密的開發商兼投資人羅伯特・贊格里洛（Robert Zangrillo），二〇一五年將辛格介紹給了比佛利山莊的開發商羅伯特・弗拉克斯曼（Robert Flaxman）；同一年，住在阿瑟頓的那位母親——伊莉莎白・亨利奎茲，也將他介紹給了達維娜・伊薩克森（Davina Isackson）。伊薩克森住的地方，位於聖馬蒂奧上方山丘上一條陡峭狹仄的街道旁，距離辛格的客戶馬爾西・

帕拉德拉（Marci Palatella）一家人不遠。把辛格介紹給薩爾托里奧的，則是瑪爾裘莉・克拉伯，而薩爾托里奧就住在幾公里外的一條幽靜的路底，靠近史丹佛大學。

然而如果傳言太多，也可能會破壞辛格利潤豐厚的側門生意。雖然辛格總會誇大其詞、說話和事實有些差距，但他經營的公司很有紀律。

他需要家長配合用精心設計的說詞，來應對那些高中輔導老師或大學招生人員，因為他們可能會問：為何一個住在舊金山灣區的學生要飛去洛杉磯參加學術能力測驗？或是：為何一個不是運動員的學生，突然會被某個大學的校隊錄取？他們必須確保，那些少數透過非法途徑進入大學的孩子，不會和自己的朋友提到這件事。

太多嘴的家長或太好奇的校方人員可能會搞砸一切。事實上，辛格過去就差點因此東窗事發。

麥克格拉珊和胡紐斯都有孩子在馬林學院（Marin Academy）的二〇一九級就讀。這所高中位於舊金山北方的聖・拉法耶爾（San Rafael），一年學費要價四萬五千美元。

光是從馬林學院畢業就能讓孩子比其他多數人擁有許多優勢，超前其他同齡學生好幾個光年。這所預校的位於美國最富裕的郡之一，擁有幾乎無窮無盡的資源。學生和教職員的比例是九比一。那裡的學生甚至可以參加兩年的研究計畫，然後向同儕審查的科學期刊投稿。然而，要從這麼多表現優異的學生中脫穎而出，依然是非常困難的事情，因為馬林學院的錄取率只有百分之二十、不會進行班排名，打分數時也不會給到A＋這種成績。

麥克格拉珊最大的兒子凱爾（Kyle）念高中時，曾打過長曲棍球一段時間，而胡紐斯的二女兒亞古斯丁娜（Augustina）則是一個普通的水球選手。

在富人圈裡，麥克格拉珊是個格外耀眼的人物。他是馬林學院的董事會成員，也在大力推廣符合道德規範的投資方式。

他認識很多可以幫助兒子進大學的人。他和U2的主唱博諾（Bono）以及eBay的前董事長傑佛瑞・史考爾（Jeffrey Skoll），曾經發起一個名為「TPG躍升」（TPG Rise）的社會影響力基金。麥克格拉珊是達沃斯（Davos）論壇的常客。但他臉上經常留著三天沒剪的鬍渣，透露他隨性的個性，看起來和他一絲不苟的投資優先守則以及嘴裡會冒出的「共線」（colinear）一詞有些格格不入。

雖然麥克格拉珊試著不要和胡紐斯講太多關於申請大學的事情，但他其實曾和其他家長提到，他在二〇一七年春天雇用辛格之後，凱爾申請大學的過程就順利了很多。

胡紐斯有點懷疑。畢竟，直到他在那個八月打電話給辛格之前，亞古斯丁娜申請大學的過程明明就一點都不順利。他之所以會認識辛格，是透過一個大學時期的朋友介紹的，而辛格每個月都會到他家提供家教、講授撰寫小論文的技巧，以及其他常見的大學申請準備事宜。幾個月以來，他對於辛格提供的服務都不太有信心；他後來承認，他之所以會那樣覺得，其實是他的自尊心造成的。

胡紐斯是葡萄酒界知名人物。他的名字會出現在葡萄酒專業刊物中，也是一年一度知名的「納帕谷地拍賣會」（Auction Napa Valley）的主席，該拍賣會曾為地方慈善團體募集到數百萬的資金。胡紐斯是個非常投入家庭的父親，每天都會為自己的四個女兒準備早餐，也會參加學校的家長會和活動，而且時常回家和家人共進晚餐（吃飯時，大家還要在桌邊分享自己當天的「兩件好事和一件壞事」）。

然而他或許也有些耿耿於懷：他總覺得自己能成功，好像只不過是托父母親的福而已——他們幾十年前從智利移民來美國，奠定了今日的葡萄酒事業版圖。他曾說，自己明瞭這份痛苦，因為他的名字就和自己的父親一模一樣。

他甚至還和辛格提到，自己能進大學就是因為他們在上流社會裡的人脈。「我是直到長大之後才變聰明的。」一念過加州大學柏克萊分校，以及西北大學商學院的胡紐斯斯曾如此自嘲。

他在二〇一七年秋天告訴馬林學院的輔導老師，雖然學校要求學生必須參加學術能力測驗的預試（PSAT），但他的女兒不會參加那場考試，因為他們家在納帕谷地的葡萄園周遭近期發生的大火，讓她很難專注在課業上。然而他之所以會這樣說，其實是為了確保之後她學術能力測驗的作弊成績不會啟人疑竇。

幾個月過後，胡紐斯為孩子安排了測驗的特殊需求，然後告訴亞古斯丁娜的高中輔導室，由於「很久以前便答應別人的一件事」，她將會前往洛杉磯參加學術能力測驗。

如此一來，他當然就能讓亞古斯丁娜在西好萊塢學校參加考試，而辛格則可以透過賄賂的方式，讓考場主管允許李德爾以假監考人員的身分進去，修改這位女孩寫錯的答案。胡紐斯為此服務支付了五萬美元。在李德爾的幫助之下，亞古斯丁娜最後在滿分一千六百分的測驗中拿到了一千三百八十分，全國排名第九十六百分位。胡紐斯抱怨，這個分數還不夠高。

到了二〇一八年，他則和辛格討論，他想再花二十五萬美元，讓亞古斯丁娜以假冒的水球校隊生身分申請南加大。

辛格曾告訴過他，他的女兒如果只靠自己，是不可能進得了南加大的，也不太有機會被六所加州大學的任何一個校區錄取。聖地牙哥大學或華盛頓大學或許有機會。巴納德學院則不可能。

胡紐斯和太多不需要知道這件事的人透露過太多訊息，使辛格精心打造的祕密體系有了潛在的風險。

胡紐斯八卦地和辛格聊到，麥克格拉珊說自己會有格調地打好這場戰役：「他很高調地說：『看，我會努力督促、鼓勵孩子，我也會動用我的人脈，但我不會靠捐錢讓我的小孩被錄取。』」

胡紐斯才不相信。他依然擔心自己在社會階級中的地位會不保，而這種煩惱其實並不罕見，也解釋了為什麼辛格會覺得自己的非法生意有充足的市場需求。不過他的多嘴，也顯示出了這筆生意的一個根本缺陷。

「他到底是不是在那邊自命清高，但其實還是在幫自己的小孩？」胡紐斯希望辛格告訴他事實。「因為他讓我覺得很有罪惡感。」

表面上看起來，麥克格拉珊沒什麼可疑的地方。他們一家人請辛格來做的，都是些常見的大學申請諮詢，比如討論各學校的優缺點，以及提供一些家教服務。

麥克格拉珊的兒子凱爾患有某種閱讀困難症，並在接受辛格服務的幾年前，就已經拿到了測驗地點和測驗時間的特殊待遇資格。但在他們家開始雇用辛格之後，凱爾要求精神科醫師證明他需要更多的測驗時間：「我想要雙倍的時間。」

這讓麥克格拉珊可以把凱爾的美國大學測驗考場，換到李德爾能任監考人員的洛杉磯西好萊塢學校。

這做法看起來有點可疑，但麥克格拉珊的律師團隊說，那只是為了配合凱爾的時間，這樣他就可以在學校的期末考之前參加測驗。

二〇一七年十二月，他們父子倆從舊金山灣區搭上了私人飛機往南飛，前往洛杉磯應試；麥克格拉珊還要他的助理在考試前一天預定比佛利山莊的華爾道夫飯店（Waldorf Astoria），並預約要在飯店頂樓的餐廳用餐。

凱爾原本有兩天的時間可以考試，伊戈爾．德沃爾斯基也在他的測驗檔案上寫道，那場考試花了七個多小時，一共分兩天才完成。但麥克格拉珊回舊金山的飛機，卻是在第一天下午的三點二十一分起飛的。李德爾後來承認，他在測驗結束之後幫忙修改了凱爾的答案。最後他拿到的成績是三十四分。

隔年夏天，辛格告訴麥克格拉珊，胡紐斯一直都在跟他探聽關於他的消息。

「他有點堅持，一直跟我說：『你一定要告訴我他們到底在幹啥。』」辛格如此告訴麥克格拉珊。「然後我說：『聽著，那是他們的事，而且你知道比爾認識的人很多，你應該要跟比爾討論這個，而不是跟我討論。』」

那正是麥克格拉珊想聽到的話。他和胡紐斯都知道對方有在和辛格聯絡，但麥克格拉珊希望他到此為止就好。他對胡紐斯的印象是，他在該謹慎敏銳之處總是笨手笨腳的，甚至還會威脅到他們。

麥克格拉珊告訴辛格，胡紐斯也一直都想從他那邊挖些訊息，但他並沒有讓胡紐斯得逞，還告訴他，「聽著，你得自己打電話去，告訴他你想做什麼。」

胡紐斯似乎也曾把「側門」管道告訴另一個家庭，想知道他們覺得這種做法到底合不合法。「我很擔心。」辛格回覆道，還說他也給過胡紐斯類似的建議，「聽著，你身處的環境競爭非常激烈。你不能讓別人知道你做了什麼。」

「對啊對啊。」麥克格拉珊同意辛格的說法。

「那會引火上身，不論你覺得你認識誰，都沒有用。」辛格警告道。

這麼多年以來，辛格遇過很幾次危機，曾經差點一敗塗地，但最後他都被幾件事情給解救了：怠惰、愚蠢，以及招生人員和升學顧問與生俱來的信任，因為他們不覺得有人會像他一樣，策劃出這麼無恥的計畫。

就在辛格提醒麥克格拉珊要好好看管胡紐斯的同個時期，史賓塞．金默爾（Spencer Kimmel）也在準備展開他在南加大的大一生活。他和父親在那年七月參加了新生導覽活動，甚至還在規劃想選的課程時和自己的導師見了面。

史賓塞是個臉色蒼白的男孩；雖然他已經十八歲了，但他那長滿雀斑的臉龐看起來卻比實際年齡還要年輕。那場會面讓史賓塞有點困擾，但不是因為他在擔心某個數學的先修課程，或擔心要修早上八點的課，而是因為他被一個關於運動的問題給考倒了。

「噢，所以你是徑賽運動員？」那位導師問道。

「不。」史賓塞回答他。「我不是。」

「但我看到資料上說你是個徑賽選手。」這位南加大的導師追問。

雖然史賓塞自己不知道，但他其實是以撐竿跳選手的身分被錄取的，而他假造的運動員檔案上，貼的則是其他運動員的照片；檔案資料宣稱，史賓塞曾擔任校隊選手三年，在加州的比賽裡名列前茅。

史賓塞並非撐竿跳選手。他曾在拉霍亞（La Jolla）的主教學校（Bishop's School）的終極飛盤隊（Ultimate Frisbee team）當副隊長，而拉霍亞則是位於聖地牙哥的高級社區。此外，他也是學校裡的模擬法庭成員。

「噢，好吧，嗯，那我得查一下是怎麼回事。」那位導師說道。

原本姓梅爾（Meyer）的伊莉莎白・金默爾（Elisabeth Kimmel）畢業自哈佛大學法學院，而她丈夫則曾任聖地牙哥的地區副檢察官。這對夫妻的財富來自伊莉莎白的家族：他們擁有聖地牙哥的KFMB電視與廣播電臺。梅爾家族的中西部電視臺（Midwest Television）曾在二〇一八年初，以三億兩千五百萬美元的價格售出。他們曾支付二十萬美元給辛格的基金會，作為他為史賓塞服務的費用，並捐了五萬美元給南加大，而付款用的支票，則來自她的家族的慈善基金會。他們的女兒以網球選手的身分進入喬治城大學之後，他們也曾在二〇一三年匯了二十七萬五千美元過去。

史賓塞的父母在隔天和辛格見了個面，將那場尷尬的會面經過告訴了他。他們不確定該如何隱瞞孩子，讓他不要發現自己被大學錄取的方式。史賓塞持續收到了一些訊息，那些訊息通知他作為校隊選手應該要做哪些事情。那位導師在和他初次見面的一週之後，又寄了一封電郵給他，告訴他必須把課排開，不能和練習時間重疊。

金默爾於是將那封電郵轉寄給了辛格，而辛格則將信又轉寄給了唐娜．海內爾。

「我明天會搞定這件事。」海內爾回覆道。

危機解除了。雖說如果南加大的徑賽教練被問到史賓塞是否真的是校隊隊員，或有人打電話去他的高中詢問他參加校隊的情形，這場騙局便結束了，但無論如何，辛格依然安全地度過了危機——至少暫時如此。

校方偶爾才會抓到資料造假的人，至於大學招生辦公室的人員抓到說謊者的情形，就更少見了。此外，那些升學造假情形也極少演變成刑事案件。由於大學招生體系總是信任學生，也很少進行核實，因此如果有人造假被發現，幾乎都是意外。

耶魯大學就曾經揭發一起造假案，但當事人會被揭穿，只是因為該學生和男朋友在分手時鬧翻了。

那位前男友告訴耶魯校方，他知道阿卡什．馬哈拉吉（Akash Maharaj）在轉學的申請資料中謊報了年齡和身分，於是校方便開始深入追查。

校方試著查證他的年齡，卻發現查不到資料。他們發現，他宣稱自己進入哥倫比亞大學（也就是他轉出的學校）的日期並不合理，也不符合哥倫比亞大學的紀錄，而他的成績單和推薦信也是假的。他的資料上沒提到紐約大學或聖約翰大學（St. John's University），但他其實也念過這些大學。

二〇〇八年，馬哈拉吉被判犯了竊盜罪。

大約就在馬哈拉吉於二〇〇七年被耶魯大學開除學籍的同一時間，哈佛大學則錄取了亞當・惠勒（Adam Wheeler）。這名轉學生說自己原本就讀麻省理工學院二年級，並且曾在麻州安多佛的菲利普斯學院（Phillips Academy）拿到幾近完美的成績。此外，他宣稱自己參加過十六個進階先修測驗，曾在學術能力測驗中拿到一千六百分，並且在五個學術能力分科測驗裡都拿到了八百分，分數之完美。

他在哈佛大學時是個表現亮眼的學生。然而哈佛校方卻在二〇〇九年時，意外發現他在申請羅德島（Rhodes）和傅布萊特（Fulbright）獎學金時說的幾個謊話。他們發現他的小論文抄襲，便把他找來問話。接下來的調查則讓真相水落石出。

原來惠勒原本念的是一所位於德拉威州（Delaware）公立高中，在校表現不錯，但他並沒有念過麻省理工學院，而是就讀於波多因學院（Bowdoin College）。此外，他當時用來申請學校的小論文，其實也是抄襲而來的，和他後來用來申請哈佛的小論文是同樣幾篇；又過了一陣子，他則因為學術造假而被校方停學。他用來申請轉學的資料抄襲了哈佛大學教授的文章，推薦信也是假的。他的文章內容大部分出自一本由學生報出版的書籍，裡頭收錄了各種「成功的」個人簡述，來自那些申請上哈佛大學的學生。他也參考了像《堅石 Apps》（*Rock Hard Apps*）

這樣的大學申請指南。

其實只要有人用谷歌搜尋一下，或是對各個學校的課程要求、評分方式有些基礎了解的話，惠勒的計畫大概早就已經被拆穿好幾次了，因為一個學生在一年之內修過的課程不可能這麼多，而他對自己所在位置的陳述也前後矛盾，然而卻一直等到被錄取之後，他才終於被揭穿。他並沒有因為被學校處罰而就此罷手，而是選擇離開哈佛大學，再申請轉學到其他更有名的學校。最後，史丹佛大學錄取了他，之後才得知他的法律糾紛和謊言。

惠勒曾於二〇一〇年因多起竊盜罪和偽造身分罪而被起訴，這些案件都和他申請哈佛大學的過程，以及他使用虛假資料申請到的數千美元獎學金有關。他最後提出認罪協商，並獲得十年緩刑，必須繳回他哈佛大學總金額超過四萬五千美元的獎學金。然而，他在緩刑期間又犯下了其他罪：他在申請實習的時候，宣稱自己曾在哈佛念過書。

到了二〇一七年底，伊莎貝拉．吉安努里在南加大的第一個學期已經過了一大半；她以候補划船運動員的身分被南加大錄取，但她並沒有參與划船隊練習。她的父母摩西莫．吉安努里和蘿莉．拉芙林，當時正在與辛格合作，試著也讓她的妹妹以舵手的身分進入南加大。

然而首先，他們必須先通過私立馬里蒙特高中升學輔導副主任──菲利普．佩特隆（Philip "PJ" Petrone）這關。土生土長於紐約長島的佩特隆長相俊俏，笑起來總像在放電似的，而且對大學申請流程擁有多年經驗：他在二〇一二年加入馬里蒙特高中之前，就已經在羅德島大學、惠特曼學院（Whitman College）這些學校的招生辦公室任職長達十年的時間。

在二樓一間小辦公室工作的佩特隆是個親切而守規矩的人，在各場職涯發展的活動上非常活躍。擅長聆聽別人的他，能為學生提供的幫助不僅限於選擇學校而已。他也是個很文靜的人，所以你不難想像，有些家長會認為他是個很好欺負的人。

然而，一些家長卻會在和他見面、討論自己孩子的未來之後會被激怒。佩特隆是個現實主義者，如果他覺得某所大學不太可能錄取，或不太適合某個學生的話，他會老實地直說。

針對伊莎貝拉申請南加大這件事，佩特隆就曾提出過一些質疑。

他在二〇一七年三月時，曾經和南加大的招生辦公室通過一次例行性的電話，確認馬里蒙特高中該年度有哪些學生申請南加大。提到伊莎貝拉時，對方說伊莎貝拉是以校隊生的身分申請的。佩特隆第一次聽到這件事。他告訴對方，他不知道她有在參與體育項目，並質疑這件事。

他們接著繼續討論了其他學生，而他在掛上電話之後，又做了些筆記總結此次的通話內容。佩特隆希望能細心照料每個學生，但如果有些人雇用校外顧問的話，他也會稍微鬆手一些。有些私下聘請升學顧問的學生有時會讓佩特隆這樣的人頗為難堪——大學會打電話給他們，確認某個申請者的資訊，但他們卻不知道該學生的申請資料到底寫了什麼。

佩特隆在八個月之後再次得知，伊莎貝拉的妹妹奧莉薇亞，也想要加入特洛伊人家族的划船隊。

他於是再次提出質疑。奧莉薇亞真的有在參加划船運動嗎？接著又想到，伊莎貝拉呢？他擔心她們的申請資料有詐。

馬里蒙特高中四年級大約只有一百個女學生，所以佩特隆通常都知道誰在從事什麼體育項目，以及誰想要進大學繼續從事哪些運動。奧莉薇亞有在使用社群媒體。如果她真的是划船隊員，應該也可以從她在網路上的貼文看出來吧？

佩特隆正在調查這件事的風聲，漸漸傳到了拉芙林的耳裡；她希望辛格能給她一些建議。當時是二〇一七年的十二月中，南加大的運動員招生會已經有條件錄取了奧莉薇亞進入划船校隊，但她還沒有正式入學。她仍然需要完成正式的申請流程，而他們也不希望有馬里蒙特高中的老師跑來節外生枝。

拉芙林問辛格，他們應該怎樣才能完成申請流程，又不會引起馬里蒙特高中裡「我們的小小朋友」（她指的就是佩特隆）的注意呢？

辛格向她保證，關鍵全球基金會的某個員工會處理好這件事；他的團隊曾以奧莉薇亞的名義，替她將申請資料提交給南加大和其他學校。

辛格當時利用的是這個體制裡的漏洞：人們會假定孩子在申請資料上說的都是事實，而且招生辦公室人員也沒有時間去質疑那些內容。至於高中的升學輔導老師（尤其是在學費高昂的私立學校），也沒有誘因去惹惱那些傲慢但出手闊綽的家長。對一所高中來說，他們難道會希望自己進頂尖大學的學生變少嗎？就算辛格有時會遇到比較有警覺心的升學輔導老師，但他們通常也會因為精心安排的謊言、封閉的資訊迴圈，以及好奇心不足而放棄繼續追究。

大約就在佩特隆於二〇一七年底開始起疑的時間點，十多公里外的私立巴克雷學校裡，也有另一個好奇的人提出了類似的質疑。

茱莉．泰勒—瓦茲（Julie Taylor-Vaz）是升學輔導辦公室的主任，從二〇一二年起，就開始在巴克雷學校服務；在此之前，她也曾在史丹佛大學的招生辦公室待過一段時間。在外人眼裡，她是個言詞溫和又意志堅定的人，曾在數十年前和她一起在史丹佛大學招生辦公室共事的強．萊德（Jon Reider）如此說道。當時的泰勒—瓦茲，在史丹佛大學專責服務非裔的申請者。

他還記得，有次他們在某場會議上和其他升學輔導人員進行了一次大型的團體討論，而萊德顯然主導了整場對話。泰勒—瓦茲當時並沒有在背後議論他，而是走上前、直截了當地說他太多話了，導致其他人沒辦法發表其他觀點。這個舉動非常尖銳，但他很感謝她的反饋。

「她並不害怕批評我。」萊德說，「她是個很有骨氣的人。」

在巴克雷學校工作的她，的確需要骨氣，因為那裡的家長會直接跟校方高層告狀，毫不客氣。比方說，一位長期在巴克雷學校擔任美式足球教練的人就說，他總預期那些高貴的家長會跟校方抱怨他帶球員的風格。

二〇一七年十二月，泰勒—瓦茲遇到了一件奇怪的事情。當時她正和杜蘭大學的招生辦公室人員談論一位巴克雷學校的學生。該學生聽起來對杜蘭大學很有興趣，而身為非裔女孩的她，也是他們家第一個念大學的人。

問題是，這份申請資料的申請人是莉吉．巴絲（Lizzie Bass），但她在巴克雷學校的樣子，根本就和申請資料上不一樣——事實上她是個白人，而她的父母不只念過大學，而且還都擁有法律學位。她的父親亞當（Adam）是巴克雷學校的董事，也是美國西岸一所頗負盛名的法律事務所布查特（Buchalter）的主理人，而且曾在美利堅房屋貸款公司（Ameriquest Mortgage）擔任主管。

巴克雷學校於是又打了電話給莉吉申請的其他學校——喬治城大學、羅耀拉．瑪麗蒙特大學，以及幾所加州大學，看看他們收到的申請資料長什麼樣子。結果他們發現，莉吉提交給喬治城大學的申請資料說，她是一個拿過很多獎項的優秀網球選手，在加州名列前茅。不論是哪一份申請資料，資訊都有與現實不符之處。

巴絲一家人把這個問題推給了他們的升學顧問——瑞克．辛格。他們說，他的某個員工一定是在沒有取得他們允許，或在他們不知情的情況之下，擅自加入了那些虛構的內容。他們還說，他們其實連申請資料上的那些證書都沒聽過。

根據他們的描述，巴絲一家人宣稱，他們是在辛格告訴學生，萬一喬治城大學打來的話要記得提到網球的時候才知道那些謊言的。他們說她當時拒絕了辛格的要求；後來他們又發現了更多假造的資訊，於是便和大學要求修正資料。

最後，她進了加州大學柏克萊分校。

喬治城大學於二〇一七年底，讓網球教練恩斯特休假接受調查。校方在恩斯特過去的兩個校隊生的證書和自述中，找到了一些「不太尋常的地方」，而那兩位學生都是辛格的客戶。（當時校方的調查顯然有點粗略，因為檢察官後來說，恩斯特收賄的案件，至少牽涉了十二名假運動員。）

恩斯特後來在羅德島大學找到了新工作，沒有引起太多注意。

摩西莫．吉安努里也在想辦法，希望能解決馬里蒙特高中的升學輔導老師佩特隆帶來的威脅；就算奧莉薇亞已經在二〇一八年三月拿到了南加大的正式錄取通知，但佩特隆依然是個潛在的障礙。不過，她的女兒已經被錄取了，幹嘛還要緊張？

四月十二日，佩特隆接到了一通來自辦公室前臺的電話，說吉安努里正在樓下，想要和他談談。這可不太尋常。吉安努里和拉芙林很少會來拜訪佩特隆。

佩特隆下樓和吉安努里會面；他們走向他的辦公室時，佩特隆試著禮貌性的閒談：您是走路過來，還是開車過來的呢？

「那有差嗎？」吉安努里唐突地回覆道。

佩特隆則回覆他，他只是在找話題而已。

「別麻煩了。」吉安努里說道。

吉安努里的自信在某些人眼裡更像傲慢；大家都知道，他是個很習慣要什麼有什麼的人。當時很激動的他，開始質問佩特隆。佩特隆到底對南加大說了什麼？為什麼要破壞他女兒的機會？

他的語調讓佩特隆有點緊張，也讓他無法掩飾自己因此感到的不適。佩特隆試著解釋，他知道奧莉薇亞是個划船選手，但他從來沒有想要阻擋她的道路。

吉安努里問他：你知道我女兒是誰嗎？他還提醒佩特隆他「認識很多人」。由於他們的對話實在太過激烈，聲音傳到了樓下的大廳，佩特隆的某個同事還走了過來把門關上。

一位親近吉安努里的人士說，他記得那場會面的一些細節，以及吉安努里當時和佩特隆說的話，但他的記憶卻和佩特隆有出入。

但不論如何，佩特隆似乎放軟了姿態，在同一天寄了一封電郵給吉安努里，向他再三保證。他在信裡提及當天會面經過的語氣，就像是一個惹怒重要客戶的員工，在被老闆懲罰之後的樣子；他想讓吉安努里知道，他是在提供奧莉薇亞申請南加大的最新狀況。

「首先，以及最重要的是，他們並沒有想要撤回〔她的〕錄取資格，南加大對於您和您的家人有這種憂慮，還感到非常的驚訝。」他如此寫道，並補充說，吉安努里可以和南加大招生辦公室的資深副主任確認這件事。他已經和那位招生辦公室的人員說，吉安努里當天早上去了馬里蒙特高中一趟，並向校方確認奧莉薇亞是一名舵手。

這封電郵使用的措辭透露了很多訊息。佩特隆並沒有說他確認「奧莉薇亞是一名舵手」這件事，只說確認這件事的人是吉安努里，而且他對此依然抱有懷疑，並向南加大轉告了他和吉安努里的對話內容。他也聯絡了馬里蒙特高中的其他人，試著查詢奧莉薇亞或伊莎貝拉是否有參與划船運動的紀錄。結果是，她們沒有。

質疑升學輔導的人不只吉安努里；德文．史隆也在巴克雷學校做了類似的事情。南加大在錄取奧莉薇亞進入特洛伊人划船隊的同個時期，也錄取了以水球校隊生申請入學的馬蒂奧。

這個情況有點棘手，因為南加大和巴克雷學校的關係很密切。南加大的招生主任曾在二〇一八年初親自訪問這所高中，在剛發生成績竄改醜聞之後針對招生事宜對家長辦了一場座談。（這起醜聞的過程是，詹姆士．巴斯比〔James Busby〕這位前任校長，被指控調高了一些校董事的孩子的成績——比如巴絲的女兒，她的數學成績就曾在二〇一七年六月，從C＋被調到了B。經調查之後發現，巴斯比並沒有逾越自己的職權、竄改成績，而且五年以來涉入這起案件的五名學生，其中幾位也不是校董事的孩子。然而家長們還是會擔心，大學招生人員如果在成績單上看到巴克雷學校，可能會覺得學生的優秀成績並不是用正當方法取得的。巴斯比後來在二〇一八年三月辭職。）

這種高中和大學密切的關係，對史隆來說，也很可能會破壞他的大好計畫。

二〇一八年愚人節當天，一位升學輔導老師寄了一封電郵給史隆，想要知道有哪些大學最終錄取了馬蒂奧。史隆於是寫了封電郵問辛格：他們該怎麼辦？

辛格說，他們不需要假裝自己沒有在考慮南加大，還說巴克雷學校的輔導老師已經打了電話給南加大，並質疑為何馬蒂奧會以水球選手的身分被錄取，因為他的高中明明就沒有水球隊。史隆聽到巴克雷學校居然膽敢質疑他的誠信，並打電話給南加大質疑他兒子的申請資料之後，氣得火冒三丈。「我愈想，就愈覺得這實在太可恥了！這根本不關他們的事，他們在法律上也沒有權利這麼做。」他如此告訴辛格。

海內爾終結了校方對馬蒂奧的質疑。她告訴招生辦公室主任，雖然巴克雷學校沒有水球隊，但馬蒂奧有參加當地一個水球俱樂部，而且會在夏天參與一個義大利青少年水球隊並在國際間巡迴出賽。她還說，馬蒂奧曾經參加在希臘、塞爾維亞和葡萄亞舉辦的錦標賽，而且他的父母一定很有錢，所以他才能如此頻繁地在夏天前往世界各地。「他雖然個子不高，但身體很長，雙腿又短小精幹，而且速度很快，讓他可以在得分之後快速重啟攻勢。他是個外場攻擊球員。」

那位招生辦公室主任最後感謝她的說明，並說他會將此說法回覆給巴克雷學校，「好讓他們放心，知道我們有在注意這件事」，因為「他們似乎不太尋常地覺得很可疑。」

辛格傳了六個建議說法給他們，萬一巴克雷學校持續質疑的話，就可以用那些說法回覆他們，比如可以形容他們和「約萬·瓦維克與他老婆麗莎（Lisa）」之間的友誼，以及瓦維克有多麼「需要陪練員和優秀的隊員，而且他知道我們是很大方的家庭。」

海內爾已經幫辛格和他的客戶度過了難關，但她依然在語音信箱裡要求辛格上緊發條，叫他讓那些家長安分一點。

他們不能讓「那些家長生氣，造成任何動盪」或讓他們「對升學輔導老師大吼大叫。」她如此說道。「那會讓情況變得更糟。」她說，「那真的會讓情況變得很糟。」

史隆在二〇一八年夏天和南加大的校務發展辦公室接觸時（當時馬蒂奧已經準備要入學了），也必須面臨到一些尷尬的話題。校務發展辦公室之所以向他聯絡，很有可能就是希望加強和這位新捐款人的關係。募款人員注意到，他曾透過海內爾捐贈五萬美元給女子運動校隊。一位南加大的資深副校長之前已經聯繫過史隆至少一次，而現在這位「下屬」則想知道，為什麼史隆會想捐錢給女子運動校隊——畢竟，他的女兒並沒有在那個校隊裡。

史隆於是提到了自己過世的母親，說她曾經是個滑冰選手，因此他才會捐錢給女子校隊。

後來他將這段對話過程告訴辛格。辛格聽了之後，十分欽佩他的回應方式。「太棒了，你實在太聰明了。」

第二十章　在三壘上

蘿拉．楊克在幫史賓塞．金默爾（也就是那位來自聖地亞哥的媒體主管伊莉莎白．金默爾的兒子）假造運動員檔案時，不太確定應該放上哪個運動項目。

「撐竿跳。」辛格回覆，「去找找撐竿跳的照片。」

這項運動需要力氣、腳程要夠快、反應敏捷，而且運動員還必須夠勇敢。雖然史賓塞未必擁有這些特質，但來自德州西部牧區、人口只有一百二十人的水谷鎮（Water Valley）的簡森．包爾（Jencen Power）卻擁有所有這些特質。兩年前，也就是二〇一五年，當時還是高中三年級學生的簡森，在德州錦標賽的撐竿跳項目裡，於分組中拿到了第六名。

這個名次讓他很失望。於是簡森隔年全心投入了訓練；光是白天長時間的訓練還不夠，他有時甚至會熬夜。他克服了一次嚴重的手傷；他會志願性的進行公益演出、餵動物、剪羊毛等工作之間找空檔練習。他的父親是按摩師，而他的母親則在教會裡負責面向小孩的活動；他們倆付錢幫兒子請了位教練，簡森每週都會開車去上兩次課，單次車程將近一百五十公里。他的母親總是告訴他：「人格比得獎還重要。」

到了二〇一六年五月，當時簡森已經高中四年級，而他堅持不懈的練習，也終於在德州大學奧斯丁分校舉辦的德州錦標賽中，讓他獲得了回報。他的一家人開了將近四個小時的車前去觀賽，而整個小鎮似乎有一半的居民也都過來了；他們在場邊大喊：「加油野貓！」

簡森最後一舉躍過十四呎的高度並拿下金牌，讓前一年原本拿到前幾名的選手都非常沮喪，也打敗了他分組裡來自三十四個學校的競爭者。

他的一張照片，後來被放在《聖安傑羅標準時報》（*The San Angelo Standard-Times*）一個很顯眼的位置；照片裡的他正在躍過標竿，滿臉堅定的神情，小腿上的肌肉無比飽滿。他來自一所大約只有八十名學生的高中，而那讓他很難被大學注意到，也很難拿到大學的體育獎學金。水谷高中的大多數學生都會在安傑羅州立大學（Angelo State University）繼續升學，那裡距離鎮上約三十四公里遠。

簡森後來在阿比林基督大學（Abilene Christian University）的田徑隊裡，獲得了一個候補運動員的名額。他拿到了一筆學術獎學金，可以用來支付學費，而他平常在牛排館兼差當服務生。他的母親說，全家人都在「努力工作」，好支應他剩下的開銷。

那張新聞照片捕捉的是簡森在高中運動員生涯中最美好一天，也記錄下了他堅持練習數月獲得的回報；雖然那天的地方小報很快就會被丟進垃圾桶裡，但那張照片卻會在網路上留存很長一段時間。二〇一七年，金默爾正在和辛格合作、準備將兒子送進南加大，辛格請楊克把那個孩子偽裝成撐竿跳選手的時候，那張照片還存在網路上。

於是，他們用滑鼠輕輕點擊了幾下，就這樣偷走了簡森多年來付出的汗水和犧牲。

一如辛格和許多家長說的，在像南加大這樣競爭激烈的學校裡，申請入學是一場零和遊戲。如果一個孩子被錄取了，就會有另一個孩子被拒絕。

因為辛格這種手法而受害的，不只是那些失去錄取名額的孩子，還包括那些成就亮眼，但成績卻被偷去妝點其他人的申請檔案的學生。

簡森並不覺得自己上得了南加大。他老家那裡的學生沒有人會考慮那些位於加州、一年學費超過七萬美元的私立大學。

那正是一部分問題的所在。那些因為辛格而獲益的有錢小孩，在涉入這種非法計畫老早以前，就已經走在通往成功的道路上了。有些小孩（比如史賓塞・金默爾）似乎並不知道他們父母的作弊計畫，但有些父母卻會讓孩子知情。

辛格於二〇一八年秋天，和他需要花很多時間照料的客戶小亞古斯丁・胡紐斯，以及這位葡萄酒商的女兒見了個面。他們當時正在討論她的大學申請計畫，但她的一句話卻讓他們突然停止了交談。

「如果我們進行這個水球的計畫，我什麼時候會知道南加大的結果呢？」亞古斯丁娜如此問道。

辛格用一種像在說「我應該回應她嗎？」的表情，看了她父親一眼。

胡紐斯則示意辛格，回答她沒關係。辛格解釋道，當時還在馬林學院念四年級的她，應該很快就會被錄取。

胡紐斯突然插了一句話進來警告女兒：「我們不能跟任何人說這件事。」他如此告訴她，還說她需要抱持著「守好口風的心態」。

諷刺的是，亞古斯丁娜其實根本就不需要辛格提供的說詞。她其實只要靠自己的能力，就很有可能申請得上不錯的學校了。她的世界非常寬廣；除了參與水球活動之外，她也經常和家人出國旅行，曾在西班牙讀過一個學期的高中，提升了她的雙語能力。她家在太浩湖一帶的滑雪度假小屋，還曾登上《居住》（*Dwell*）這份室內設計雜誌。她姊姊念的是耶魯大學。

她的家庭很有影響力。父親一直都在和一位重要人士聯繫，那個人似乎可以為她寫一份很有力的推薦信給南加大——而且那個人每年只會為一個學生寫推薦信。即便是辛格，也承認有了這個後盾，她被錄取的機率會大幅增加。

此外，亞古斯丁娜的祖父，近期也才剛承諾會對加州大學柏克萊分校捐贈半棟大樓的費用；胡紐斯告訴辛格，那棟大樓的興建費用會落在五百萬或一千萬美元之間。那也能提升不少錄取機率，對吧？

此外，她光是靠自己念的高中，就能獲得很大的入學優勢。就像許多私立的菁英高中那樣，馬林學院有一整個團隊在幫助學生尋找適合自己的大學、科系、夏令營，並協助他們研究各所大學、填申請表格、準備測驗，以及在申請截止之前送出資料。

馬林學院的學生，有會積極帶他們到全國各地大學校園參訪的家長，而馬林學院甚至還曾在自己的網站上放上一些範例行程。

這些家庭幾乎不用離開校園，就能和那些大學的招生人員會面。全國各地的招生人員會自己來這所學校，希望爭取學生和家長的青睞。

馬林學院的升學輔導老師很厲害，他們能為每種學生找到合適的大學。光是在二〇一八年秋季的學期，馬林學院的行事曆上就有超過一百所大學的代表前來訪問，比如新罕布夏州的達特茅斯學院、紐約州的華格納學院（Wagner College），以及近一點的加州大學聖塔克魯茲分校。

亞古斯丁娜・胡紐斯是馬林學院水球校隊的選手，但她申請上大學校隊的機率並不高。

「你知道〔我的女兒〕根本進不了那個校隊。」提及南加大時，胡紐斯曾如此直白地和辛格說。

然而在那年的十一月，唐娜・海內爾卻在南加大負責遴選校隊生的委員會上為亞古斯丁娜背書。他們後來在文件上蓋了同意章，並寄給亞古斯丁娜一份有條件的錄取通知，而那幾乎就等於確認錄取了。

然而與此同時，在某個地方，另一個同樣申請南加大的校隊生因此而無法獲得那份讓人驕傲的錄取通知。遴選委員會當然不能來者不拒。就在亞古斯丁娜被錄取的同一個學年，他們也拒絕了幾個學生運動員，其中包括一些真正夠資格的水球選手。

靠著那些假造的體育證書（比如在水球項目「獲得校隊代表函長達三年時間」、「二〇一七年全隊最有價值球員」之類的證書），亞古斯丁娜擠進了南加大。

她的檔案裡還有一張充滿動感的照片，上頭是一個年輕的水球女選手。辛格一直要亞古斯丁娜寄照片給他，但催了幾次之後都沒有下文。於是辛格只好改用B計畫：上網搜尋。

「你看不出來那不是她啦。」他向胡紐斯保證。

那張精彩照片裡的女孩名字叫珊農・慧澤爾（Shannon Whetzel），她是公立烏恰高中（Ukiah

High School）的水球隊員，也是一位傑出的守門員。烏恰高中位在馬林學院的北方，距離馬林學院大約一百多公里遠。加州聖塔羅莎（Santa Rosa）的《民主報》（*The Press Democrat*）刊登了一張珊農的照片，照片裡的她正跳出水面，試圖擋下一記射門；那張照片是在幾年前拍攝的，當時的她還在念高中三年級。

珊農給人的感覺格外有禮而認真，她曾創下烏恰高中隊史上成功守球數最多的紀錄，並且一直夢想自己能進入大學的水球校隊。然而由於校隊名額競爭激烈，而且地方上的學生本來就很難被教練注意到，因此烏恰高中很少有學生運動員最後能如願進入大學校隊。

珊農先是在聖塔．羅莎初級學院[21]打水球，後來又轉學到另一所社區大學，希望最後能進到一所四年制的大學。

這種崎嶇而波折的人生道路，在充滿勞工階級學生的烏恰高中裡十分常見。雖然烏恰高中會在水球比賽中對上馬林學院，但這兩所學校根本就是天差地遠。

烏恰高中的教職員不斷對學生灌輸一個觀念：只要願意犧牲、願意努力，就能取得成功。對於這所學校的畢業生而言，技職工作和消防員這類的公職都是很受敬重的選擇，但只要努力，他們也能進入大學，甚至是一些非常知名的學校。

然而，烏恰高中的校長戈爾登．奧史隆德（Gordon Oslund）依然煩惱，因為大學招生已經變成一場難解的「遊戲」，而參加這場遊戲的人，還包括學術能力測驗的家教和私人顧問，但他的學生卻連這場遊戲的存在都不知道，或者說，他們根本不知道該如何進入這場遊戲。擁有資源和缺乏資源的學生彼此間的差距正在不斷拉大，而他的學生就是位居下風的那群。

烏恰高中的學生如果想上大學，必須使用各種資源來支持自己的目標，比方說，他們必須依靠父母、老師，或是教學生如何填寫聯邦學生補助的免費申請表格（Free Application for Federal Student Aid）的公共工作坊，才能支付高等教育的費用。烏恰高中的升學輔導辦公室也能提供一些協助，但他們只有五名升學輔導老師，卻要負責一千六百名學生，生師比超過一比三百。

烏恰高中只有很少的學生會使用第三方的大學顧問，但幾乎沒有人會雇用私人測驗家教，或是參加昂貴的預備課程，然而在富人居住的地區，這些卻像是天經地義。

二〇一七年畢業的梅姬・傅萊賀提（Maggie Flaherty），後來申請上了達特茅斯學院，在當地算得上是一個特別傑出的案例；她當年仰賴的是老師們不額外收費的指導，平時則會和朋友帶著學術能力測驗的學習指南，去當地的咖啡館一起準備考試。

烏恰高中最大的挑戰之一，就是讓學生知道他們的機會在哪裡。烏恰高中盡可能地安排了一些實地參訪、前往附近的大學參觀，比如加州大學柏克萊分校、索諾瑪州立大學（Sonoma State University），以及當地的社區大學。

但奧史隆德希望，大學能多加接觸像烏恰高中這樣的地方年輕人才；他在他的高中裡看過很多很棒的學生，他們的生命歷程都十分有趣，「不是那些死板的進階先修課程可以比擬的。」然而，不太會有招生人員前往烏恰高中和學生介紹自己的學校。那裡沒有太多可能會申請大學

21 譯按：Santa Rosa Junior College，初級學院，類似臺灣的二專。

的學生。他們沒有在那裡招生過的紀錄，而且，前往那裡不太方便。

奧史隆德也知道，他的學生多數都沒有能力負擔大學校園的參訪行程；當地的家庭，通常只會在學生被錄取後才會去那間學校看看。他擔心，一旦無法參加校園參訪，就會讓很多原本其實可能會被大學考慮的學生進不了大學，因為校方會追蹤學生的過往紀錄，比如是否有參加校園參訪。如果某個學生參訪過校園的話，校方就會認為該學生「表現出了興趣」，而他們也會用這種方式判斷某個學生在被錄取之後會不會真的註冊。

在奧史隆德看來，這很不公平。他懷疑那些學校的目的到底是什麼：「你是要衡量一個學生對學校感興趣的程度，還是要判斷他們擁有多少財力？」

對烏恰高中的多數學生而言，學貸、甚至只是書籍費和宿舍費，都是揮之不去的恐慌來源。因此，該校大約有百分之六十的學生，會在當地的社區大學展開自己的高等教育，而他們通常也都希望能轉學到加州州立大學或加州大學。其他學生之所以就讀社區大學，通常是因為他們曾被某所加州大學拒絕，而且根本就不認為自己讀得起私立學校。烏恰高中的升學輔導老師會鼓勵孩子申請獎學金，然而學費依然嚇人；有些大額的補助是根據需求而發放的，但對於那些收入不高但又不符補助申請資格的中等收入家庭來說，情況尤其艱困。

就像蕾西．葛瑞特（Lexie Garrett）這位住在當地的青少年所說的：「噢，我根本付不起這筆錢。」

蕾西的父親曾經是一位消防員；雖然她從爸爸那邊獲得了一些幫助，但她主要還是靠自己完成大學申請流程。她只申請了一所大學。蕾西曾在學校裡的報刊上寫文章、在幼稚園實習，也曾在當地體育館裡打工；她希望進入附近的門多奇諾學院（Mendocino College）就讀，也希望最後能轉到一所四年制的大學，成為一位兒童心理學家。

辛格為亞古斯丁娜假造運動員的檔案時，烏恰高中傑出的水球選手珊農・慧澤爾，當時仍在社區大學裡努力攻讀生態學。珊農亮棕色的一頭長髮剛好被泳帽給蓋住了。辛格從網路上下載了她的照片，用它來將亞古斯丁娜包裝成一個水球校隊選手。

「你剽竊的是一個人的人生。」烏恰高中的校長奧史隆德，後來在針對胡紐斯一家人和辛格發表看法時，曾經如此說道。「這些孩子真的非常努力，希望能力爭上游，但你卻直接搶走她的一切。」

第二十一章　好好善用機會

教練魯迪．梅雷迪斯（Rudy Meredith），站在耶魯大學的雷．湯普金斯館（Ray Tompkins House）裡，當時二〇一六年的賽季剛剛結束沒多久。這棟宏偉的校舍，是一座歌德式石造建築，館舍的名字則來自一八八〇年代一個大學美式足球明星。

這棟三層樓建築物坐落耶魯大學擁有三百年歷史的校園的西端，一座體育館旁邊；那座體育館被稱為「汗水的聖堂」（"Cathedral of Sweat"），因為它就像承載信仰的殿堂。梅雷迪斯那時在這殿堂裡講的內容沒那麼崇高，語氣倒是非常嚴肅。體育辦公室的一些員工也出席了這場活動，聆聽他向女子足球隊致詞。垂頭喪氣的魯迪．梅雷迪斯，吞吞吐吐地坦承自己濫用了職權、傷害了隊員們對他的信任，還把自己的利益看得比其他人重要，沒有考慮到會對球隊帶來哪些傷害。

有人爆料，當時正在俄亥俄大學念線上碩士課程的梅雷迪斯，居然要求他的選手幫他找資料、編輯、校對作業，甚至還要他們直接幫他寫作業。儘管他的球隊當時已經有好幾年沒有打進國家大學體育協會的錦標，但在耶魯大學服務超過二十年的梅雷迪斯，還是史上為該校贏得最多勝場紀錄的教練。

他或許更擅長面對足球，而是不是書本；他當年念初級學院的時候，就曾被診斷出有學習障礙。魯迪．梅雷迪斯曾公開談到自己在學業上遇到的困難，也表明他覺得自己在耶魯大學這個神聖的殿堂裡有點格格不入（至少就學識上來說）。那裡的學生都絕頂聰明，就連他助理教練擁有的證書和獎章有時都比他還多。梅雷迪斯於是在二〇一六年時，報名修讀了一個休閒和體育碩士學位。

「如果你能幫個忙的話就太棒了。」一成為碩士生的幾個月後，他開始這樣若無其事地向受傷的球員說。很快地，足球隊裡的板凳球員就成了他的研究助理和作業槍手。

有個學生決定反抗他，將這件事上報給了體育辦公室。耶魯大學校長彼得・薩洛維也收到了一份沒有署名的申訴信，於是人事部門啟動了調查，面談了梅雷迪斯及一些球員。最後，他坦承了一切。

現在的他，滿臉羞愧、情緒激動地站在球隊面前，看上去真的對這整起事件感到非常懊悔。他說，他的本意並非要作弊，他只是需要協助而已。為了取得碩士學位，他必須做研究，但他不知道到底該如何進行。他承認自己做錯了，乞求大家的原諒，並承諾自己一定會改進。

那些球員當時大概並不知道，梅雷迪斯其實還有其他會讓他同樣歉疚的事情——而且更加過分。

英俊迷人、身材健美的梅雷迪斯當年在展開職涯的時候頗為順利，不論就工作或是他個人而言，每件事都按部就班、順風順水地進行。他曾在南康乃狄克州立大學（Southern Connecticut State University）擔任校隊球員，後來又在一九九二年加入耶魯大學，當助理教練。閒暇時，他也會擔任一些當地的青少年球隊的教練。後來他在一場比賽中認識哈特佛大學

（University of Hartford）的助理教練艾娃・伯格斯登（Eva Bergsten），最後和她結了婚。（艾娃後來在衛斯理安大學〔Wesleyan University〕擔任女子校隊的總教練。）

一九九五年，梅雷迪斯升任為耶魯大學足球隊總教練，並在二〇〇四年拿到了他生涯的第一百場勝利。他曾分別在二〇〇二、二〇〇四以及二〇〇五年，帶領鬥牛犬隊（譯按：耶魯大學的校隊名稱）打進國家大學體育協會的錦標賽。二〇〇五年，耶魯大學足球隊創下十五勝的紀錄，也是耶魯第一次在常春藤聯盟中拿到名次，並打入了錦標賽的第三輪賽程。對於一個沒有體育獎學金的學校來說，這個成績相當好。

梅雷迪斯在為康乃狄克足球俱樂部（一個面向高中球員的足球社團）當教練時，表現也頗為亮眼。

「你不管問哪個在康乃狄克足球俱樂部裡踢球的球員想要誰來當教練，他們一定會說：『魯迪！』」一位曾於二〇一二年在梅雷迪斯手下踢球的年輕人如此回憶道。「大家都是為了他去踢球的。」

然而到了耶魯之後，梅雷迪斯的光芒開始消退。教練是最看重「近期表現」的一個行業，然而梅雷迪斯的成績卻在走下坡。自從二〇〇五年攀上巔峰之後，他球隊的戰績便一直沒有起色。

雖然梅雷迪斯在二〇一五年拿到了生涯第兩百勝，但球員們都覺得他只是在交差了事而已。他連球技訓練、研究前一場球賽的失誤這些事情都不太想做了。他也縮短了一些訓練項目的時間（比如心肺功能的訓練就幾乎取消了），而且練習時通常也只是讓球員們組成兩個隊伍彼此對賽。

就像一位曾在當時的耶魯足球校隊踢球的球員說的：「我的足球技能，好像在進入耶魯之後就不再進步了。」

選手們只能相信，梅雷迪斯是出於好意。然而當時賽程變得愈來愈複雜，各大學校隊也變得愈來愈專業，梅雷迪斯並沒有跟著求新求變。於是，一些球員變得沒以前那麼尊敬他了。

梅雷迪斯是個反覆無常、不太有組織章法的人。他總是天馬行空，戰略似乎也總是臨時起意、拼湊而成。他會在看到英格蘭足球超級聯賽（English Premier League）的得分數據之後，突然決定要改變一些重要的踢法，比如射門方式。

在比賽開始前，梅雷迪斯會和大家進行《勝利之光》（*Friday Night Lights*）[22]式的講話，激勵球員的士氣，但球員們通常都會覺得他講話的內容既愚蠢又無關緊要。有次他還在白板上畫了一碗燕麥粥的圖，和大家分享自己有次帶球隊出去比賽，如何英勇地為球隊找尋早餐的故事。其中一位球員心想：「我覺得魯迪好像是在帶一群八歲小孩。」

不過，梅雷迪斯的確能和某些球員處得很好，會督促他們加緊練習、持續進步。

儘管球隊遇到了些挫折，但梅雷迪斯的教練職位依然非常穩固。他和湯瑪士．貝克特（Thomas Beckett）的關係良好；梅雷迪斯任職期間，耶魯大學的體育辦公室主任幾乎都是由貝克特擔任，而這也意味著，球員向校方進行的申訴最後只會回報到教練那邊，不會通報到其他地方去。

由於耶魯大學擴招了百分之十五的名額，因此梅雷迪斯看見了一個潛在的機會：校隊生名額變多了。二〇一三年，耶魯大學只有不到一百八十個校隊生的名額。到了二〇一五年，梅雷迪斯說自己只拿到了五到七個校隊生的名額，但如果可以獲得更多名額，他就能不用那麼擔心球隊出差錯，也不用那麼擔心傷兵，或那些進來之後才發現其實根本不合適的球員，而且還可以減少對手獲得優秀球員的機會。

「如果我有七個名額，我就會用好用滿。」當年十一月，他如此告訴《耶魯日報》（*Yale Daily News*）。「如果我只有六個名額的話，那麼那個〔第七個〕球員就會跑去幫其他常春藤聯盟〔的學校〕踢球，而我們最後，可能就必須和那個厲害的球員成為對手。」

他們印在球衣背後的球隊口號，就和這種心態非常契合：「*använd oddsen till din fördel*」，也就是瑞典語裡「好好善用機會」的意思。

增加校隊生的名額既可以讓他的球隊變得更強，也可以讓他隱藏那些走側門進來的冒牌貨。

梅雷迪斯透過阿里．柯斯洛沙辛的介紹認識辛格；柯斯洛沙辛曾經是南加大女子足球隊教練，在足球教練這個小圈子裡的人脈很廣。柯斯洛沙辛是一個重要的管道，可以將辛格介紹給那些能被說服出賣校隊生名額的教練——反正那些名額根本就沒有人會注意。

到了二〇一五年春季，梅雷迪斯已經開始向辛格收費，幫他把一些申請人標舉為優秀的足球校隊生。同年，辛格從關鍵全球基金會轉了二十五萬美元給耶魯夏日時光體育組織（Yale Summer Time Sports）。該組織的地址就在耶魯大學的校園，然而這個組織其實並不存在。真正

22 譯按：一部以體育為主題的美國電視劇。

存在的，是一個叫夏日體育有限公司（Summertime Sports LLC）的企業，而梅雷迪斯就是這間公司的老闆，他用這間公司的名義籌辦足球夏令營和其他練習營，而公司的地址，則登記在他位於康乃狄克州梅迪遜（Madison）、靠近長島海灣（Long Island Sound）的家——那是一幢帶有殖民風格的白色宅邸。

雖然梅雷迪斯在二〇一六年的球季過後，曾對球隊坦承他在學術上作弊一事，但他對他更加見不得人的勾當卻隻字未提——那可不只是他和辛格之間的勾當而已。

二〇一七年夏季，也就是他在隊上道歉之後不到一年，梅雷迪斯認識了一位住在洛杉磯的父親，對方有個孩子正在念高三。梅雷迪斯給了他一個很誘人的提議：我可以讓你的孩子變成校隊生，但需要一筆費用。

第一個知道梅雷迪斯的心已經不在足球教練這個職位上的人，可能就是他自己。雖然他在耶魯的名聲愈來愈黯淡，但他卻在匹克球（pickleball）這個領域裡成為了頂尖球員——當時該運動在全美各地愈來愈受歡迎。（此項運動類似網球，只是用的球具比較像大型的桌球拍，用的球是中空薄殼的，而非網球拍和毛茸茸的黃色網球。）這樣的運動他已經從事了幾年了；由於他長年都有打網球的嗜好，因此會喜歡上匹克球也是頗為自然的事情，而且他也可以用這個運動來滿足自己的好勝心。

在奇哥基．歐佛（Chigozie Offor）看來，這世界上有三個梅雷迪斯：「打網球的魯迪、踢足球的魯迪，以及打匹克球的魯迪。」歐佛是在大學踢足球的時候認識梅雷迪斯的，而他在搬去佛羅里達念法學院之後，也一直都有和他保持聯絡。他們在拜訪彼此時，會固定見面打球（網球、籃球，或者其他任何有贏有輸的比賽）。「他會在網球場和足球場上和你廝殺。但在其他地方，他是一個願意為朋友兩肋插刀的人。」

在足球球季以外的時間裡，梅雷迪斯會在美國東岸四處參加匹克球比賽，獲獎無數，甚至還在康乃狄克州的匹克球俱樂部裡幫忙辦了一場練習營。

二〇一七年夏天，他和艾娃在佛羅里達東北端的費爾南迪納海灘（Fernandina Beach），以十二萬五千美元的價格買下了一間房子，並計畫要大幅改建。

接著發生的另一起事件，似乎只是讓他變得更加無法專注於校隊訓練上而已：他多年來的好友，同時也是他的助理教練弗里茲．羅德里格茲（Fritz Rodriguez），突然在二〇一七年九月過世了。他們在南康乃狄克州立大學時，曾經是室友和隊友。羅德里格茲在一九九五年的時候成為梅雷迪斯的助理，一直二〇一二年止。「他就是那個試著讓我變得有條有理的人。」梅雷迪斯在羅德里格茲過世之後，曾經和《耶魯日報》如此說道。「我們就像一對奇怪的搭檔，而他和我非常互補。」

大約在那段時期，梅雷迪斯曾向一個朋友提到，他覺得自己已經準備好要離開耶魯、進入下一階段，並搬到佛羅里達定居，或許還會繼續當足球教練，但可能不會像之前那樣付出那麼多心力，這樣他才能將更多精力留給匹克球。

還有些讓他變得更忙的事：他當時正在和辛格合作，「錄用」一個在加州念高中的中國女孩。她的專長是藝術，並不會踢足球。不過，那絲毫不是問題。

此外，他和那位住在洛杉磯、希望自己女兒能進耶魯大學的父親也有場交易要進行。就某個意義來看，那似乎是個完美的犯罪計畫。誰會洩密？當然不可能是辛格，因為他幹的勾當比梅雷迪斯多太多了。至於家長，當然也不會希望被其他人知道他們正在賄賂教練。對吧？

第二十二章　一日女王

二〇一八年二月某天，幾名聯邦調查局探員拿著搜索票出現在洛杉磯高檔的漢考克公園社區；他們的目標，是一幢擁有七間臥房的法國莊園式豪宅。

這幢價值六百萬美元的豪宅興建於一九二七年，是一棟近乎完美的房子：方正的格局，修剪質樸、成熟茁壯的灌木叢和棕櫚樹，反映出住在高級社區街角的這家人相當有品味。豪宅裡有噴泉，有水面映人的池子，屋頂上還有幾根煙囪——儘管以洛杉磯的天氣來說，居民根本就不需要這種東西，但看上去還是很可愛。

住在這幢豪宅裡的一家人是摩里・托賓（Morrie Tobin）、他的妻子蓋兒（Gale），以及六個孩子；他們和房子一樣，看起來也是近乎完美。這對夫婦曾在加拿大頂尖的金融公司工作，而他們自己和幾個比較大的孩子都畢業於常春藤名校。

托賓是一個曲棍球明星；他在蒙特婁（Montreal）念高中時，曾經是校內風雲人物。儘管已經五十五歲了，他那結實的身材依然健美，每天下午都會在家附近一個俱樂部的戶外海水泳池游上六十五分鐘，該游泳池周圍還有棕櫚樹圍繞。

托賓的皮膚長年來晒得黑黑亮亮，有著一頭深色而濃密的頭髮，而他帶點傷痕的寬鼻子，透露了他曾在冰面上跌跤的往事。他的話很多，也是個頗有魅力的人，天生就是個很擅長閒聊的業務員。

他的高中同學曾回憶道：「每個人都想變成摩里．托賓。連我都想。」對某些人來說，托賓就是他們刻板印象中不會炫富的加拿大人——至少以洛杉磯西郊的標準來看，的確是這樣沒錯。他曾經把自己位於紐約州普萊西德湖（Lake Placid）的度假小屋，無償轉讓給了一個和他共事的人；他當時解釋道，反正那棟房子也是閒置在那裡而已。托賓一家人會在晚上出門，去韓國烤肉塔可餅（Kogi Korean BBQ taco）餐車買晚餐，這輛四處巡迴的餐車，供應著洛杉磯當時最受歡迎的街頭小吃。

然而有些人看得出來，托賓依然執著於一些能彰顯地位的象徵。他尤其拿手的，似乎就是在對話中提到他們一家全出身自常春藤名校，就連只是在簡單自我介紹的時候亦然。他說，他曾以曲棍球員的身分進入耶魯大學（但不會提及他後來其實離開了耶魯，轉往佛蒙特大學完成學業）。托賓的其中一個女兒當時已經從耶魯大學畢業，還有兩個孩子正在那裡就讀，另一個則和他們的媽媽以前一樣，在賓州大學念書。

托賓並不認為自己是個注重形象的人，他覺得自己只是一個很以孩子為傲的父親而已。

托賓在蒙特婁近郊的聖呂克岸（Côte- Saint-Luc）長大。從蒙特婁一所高中畢業後，他進入了一所位於普萊西德湖的私立寄宿學校——北木學校（Northwood School）。

他和蓋兒起初在多倫多落腳，並在那裡開始了他們人數眾多的家庭。蓋兒在加拿大豐業銀行（Scotiabank）的房地產部門擔任律師，而托賓則成了一位銀行家和投資家。他們在一個歷史悠久的社區買下一棟價值好幾百萬美元的漂亮宅邸，不過後來他們申請房屋變更，計畫將房子的面積擴大百分之七十，擴建到到一萬一千平方呎，因而和鄰居起了爭執。「他們完全不顧歷史和品味，真是太令人震驚了。」他們當時的一位鄰居氣憤地表示。

他們一家最後搬到洛杉磯，重新展開生活。托賓的一位老朋友說，他和托賓已經完全失聯，有些同學想邀他參加高中同學會，也沒能聯絡上他。「他感覺像是把很多通往外界的橋梁都燒掉了。」高中時期曾和托賓是好朋友，後來在蒙特婁擔任刑事律師的羅伊德·費雪樂（Lloyd Fischler）如此回憶。然而，托賓卻不太認同這種說法。

托賓夫婦讓女兒就讀瑪爾波羅學校（Marlborough），那是一所在學業上非常嚴格，而且很高貴的女子學校，每年學費超過四萬美元；學校外還放了幾塊紫色看板，上頭頌揚著諸如「榮譽」和「傑出」之類的美好字眼。讀瑪爾波羅學校的學生還包括好萊塢明星和政界大老的小孩，這間學校的學生也經常申請上史丹佛大學和常春藤名校。

這種托賓一家作為成功家庭、從一個原本就不低的階級向上流動的表象，在二〇一八年二月破滅了——聯邦調查局的探員當時為了一起詐騙投資人數百萬美元的案件，在托賓家裡搜索財務紀錄、文件，以及任何其他相關的證據。

美國證交會（U.S. Securities and Exchange Commission）和麻州地區聯邦檢察署（U.S. Attorney's Office for the District of Massachusetts）當時正在調查一起典型的哄抬股價投資騙局：在這種案件裡，策劃者會以人為方式哄抬股價，然後在崩盤之前拋售股票套利。

美國政府懷疑，涉入這場詐欺案的嫌犯是幾位律師和一位綽號叫「火箭」（Rocket）的資產管理人；其中，這位「火箭」曾協助隱瞞托賓在那些公司裡持有大量股份的事實。（如果投資人持有任一間公開上市公司的股份超過百分之五，就必須對外揭露自己的持份，以便讓交易行為受更多監管。）

二〇一七年，美國證交會察覺環境包裝科技（Environmental Packaging Technologies）這支原本股價不到一美元的水餃股，突然出現了不太尋常的交易行為（該公司的營業項目，是為顧客製作特製貨櫃）。檢方調查之後發現，這是一個規模龐大的跨國騙局，牽涉其中的人包括：來自邁阿密和瑞士的幾位律師；一間幫幾乎沒有價值的股票撰寫宣傳文宣吸引投資人、藉此收取費用的公司；一位在瑞士成立經紀公司的英國人；以及摩里．托賓。

在嫌疑人的名單裡，托賓未必是最有趣的角色，但他是核心人物。多年來，該集團以他的名義購買多次股票，進行併購和股票拋售，卻隱瞞了一件事：他和另一個在加州的人，其實控制了那些股票的大多數股份。他透過大量宣傳活動炒作兩支股票的股價，再偷偷拋售股份，藉此獲得了三百六十萬美元的利潤。這可不是什麼優雅的罪行。他們曾寄出浮誇的廣告郵件給好幾千人，並用「最高可獲利百分之一千一百一十八，現在進場正是時候！」這種標語推銷某支股票。

檢方指出，這群人被抓獲後便開始進行各種掩蓋證據的工作，比如換掉文件上的名字，以及回溯顧客信件的日期。

有些和托賓很熟的人聽到這件事時並不感到意外。就連他的朋友，也都會用「騙子」來稱呼這位中年父親，彷彿那就像某種親切的暱稱似的。他從事的是金融業，做的事情和投資有關，但他們也說，他確切的職位似乎總是含糊不清。

「他總是有很多事情在同時進行。」一位因為孩子而認識他的母親如此回憶。對於托賓的朋友來說，他似乎是個不屈不撓又很有生存智慧的人，但有時也有點傻氣。

在泳池裡，就算是喜歡托賓的人也不會在他附近游泳，因為他總會游進別人的水道。他會向對方道歉，然後說都是自己以前打曲棍球的舊傷害的，讓他划水不太順暢，但過一陣子他會再游過去。「他就像一頭闖進瓷器店的狂牛。」一位泳客有次如此嘆道。

希德妮（Sydney Tobin）是托賓最小的女兒。她平常都和有錢人的小孩混在一起，也會和附近的布倫特伍德學校的男學生來往；她有次參加班遊，和大夥一塊飛去夏威夷，還拜訪了某位同學家裡的私人小島。

她會參與班級討論；和她姊姊一樣，她也被大家認為是個聰明的孩子。托賓說，她通常會在足球練習結束後回家，然後熬夜做功課到凌晨三點。二〇一七年和二〇一八年，她甚至還數次提醒校方一些異狀：一些她在瑪爾波羅學校和其他學校的同學，曾付錢給一位西洛杉磯的心理醫生，讓醫生證明自己有學習障礙，因此在標準化測驗中需要更多作答時間。

聰慧的希德妮也被眾人認為，是那種「最有可能都不用下床，就能拿到博士學位的學生」。

有些人記得，托賓總是試著幫希德妮消除一切障礙。瑪爾波羅學校的自然科老師內辛姆·拉格納多（Nessim Lagnado），曾在希德妮八年級的時候擔任她科學探索課的老師。拉格納多當時協助進行了一次分級測驗，要決定哪些女孩可以在隔年繼續上進階化學。根據拉格納多的說法，托賓當時曾遊說他將希德妮放進進階化學課的名單，雖然拉格納多覺得她其實還不適合修這門課。托賓後來否認了這種說法，還說希德妮之所以能上進階化學，是因為她本來就夠資格上那門課。

希德妮也參加了校外一間競爭非常激烈的南加州青少年足球俱樂部。洛杉磯的各足球俱樂部吸引了不少有錢家庭，而這門運動衍生的政治和壓力，和私立學校的誇張程度相比，有過之而無不及。人們會比較各足球俱樂部的優劣，協商報名的名額和七歲小孩的獎學金。希德妮上高中時，就已經在為洛杉磯頂級足球俱樂部（L.A. Premier FC）踢球了；那裡的優秀球員曾被加州大學系統、奧勒岡州立大學（Oregon State）和戴維森學院（Davidson College）的頂級校隊錄取。

他們一整年都有球賽和錦標賽要參加，所以球員的家人都會飛去北卡羅萊納州、拉斯維加斯，甚至歐洲，而家長也願意在那些更頂級的俱樂部每年花上五千到一萬五千美元。想讓孩子多花些時間踢球（因此也更有機會接觸到大學球探）的家長，則可能會花每小時一百美元的費用，聘請教練上私人課。有時候，大學教練會在某個球員還在念高一、高二的時候，就收到他們說要加入校隊的口頭承諾。

在耶魯大學，申請流程由一位助理教練負責，但魯迪．梅雷迪斯也會介入最終名單的決定過程。極富魅力又有業務員特質的梅雷迪斯，會讓來參訪校園的學生和家長感染他對校隊的興奮之情，因而被他說服。

他曾對許多人說過同一句話：這是一張黃金門票。他會說，每年校隊生的名額就是這麼多，每所學校大概就是六個。「如果你得到其中一個名額，就等於拿到了一張黃金門票。」

想用傳統的方式拿到這種黃金門票非常不容易，你必須花無數的時間參加錦標賽、選秀、練習營和營隊。

為了滿足數百萬高中運動員的需求，甚至還催生了一個專門服務他們的產業，提供各式各樣的服務，幫助有學生運動員的家庭，找到自己的目標學校和校隊、製作比賽照片集錦，或決定哪些錦標賽最值得參加，有些服務要價數百，甚至數千美元。

有位女兒在洛杉磯頂級足球俱樂部和希德妮一起踢球的家長，就覺得他們「已經被這個過程給弄得精疲力竭」。他的女兒雖然見到了教練，但最後並沒有拿到第一類校隊生的名額。還有一個來自南加州的女孩，她和成年男子聊足球賽的時間，甚至比她和同齡男孩約會的時間還要長。

托賓的女兒們都是很優秀的運動員。他說梅雷迪斯已經錄用了希德妮的其中一個姊姊，而且之後也會錄用希德妮。

就在希德妮升上高三前的某一天，托賓和梅雷迪斯見面討論了「他對於這個女孩的想法」。托賓後來說，他對希德妮很有信心，就算她只靠自己也進得了耶魯。

然而，他當時的行為卻完全不像是有信心。我們無法確定梅雷迪斯當時在和托賓討論的時候，說希德妮有多大的機率能被錄取，但這位教練很可能讓他覺得一切沒那麼篤定，否則梅雷迪斯就不會向托賓索賄。

希德妮被視為一個資質不錯但並不非常突出的球員。所以當她在二〇一七年九月（也就是她即將升上三年級時），在 Instagram 上貼了一張她穿著短褲和耶魯運動衫的照片時，她的隊友和同學們都頗為驚訝。「很興奮能和告訴大家，我決定要在耶魯踢足球了。」她在照片旁如此寫道，還附上了兩顆藍色的愛心。

就在聯邦調查局幹員於二〇一八年初搜索他家之後沒多久，托賓搭飛機回到美國東岸。他走進位於波士頓的約翰．約瑟夫．默克力美國聯邦法院（John Joseph Moakley United States Courthouse），然後搭乘電梯前往九樓的麻州地區聯邦檢察官的辦公室，並被帶往一間會議室。

他之所以會去那裡，是為了進行一場供證協商（proffer agreement），這種協商又被稱為「一日女王」（Queen for a Day），讓證人可以向檢方提供他對一件刑事案件所知道的內情，以此換取有限程度的法律保護。在那些白領詐欺犯罪的案件中（尤其是像托賓這樣，可能會面臨牢獄之災的被告），這種做法十分常見。如果他們提供的資訊夠有價值，檢察官可能便會將被告列為願意合作者，並鼓勵從輕量刑。

檢察官只有在覺得某個人對於涉入案件的其他人（最好是計畫的主謀）真的握有重要資訊的情況之下，才會進行這種安排。托賓看起來比較像是這個大型犯罪的其中一個分支而已，因此聯邦調查局希望他可以幫忙逮到更大的魚。檢察官認為，綽號「火箭」、幫托賓團隊打理賣股票事宜的羅傑．諾克斯（Roger Knox），做的事還牽涉另外超過五十家上市公司。

檢察官為供證協商訂下了堅定的規則：托賓必須對一切事情完全坦承，要讓檢方覺得他是一位超級證人，或是一個聯邦調查局可以信賴的資訊來源。

當時和托賓見面的人，也包括經濟犯罪小組的聯邦助理檢察官艾瑞克．羅森（Eric

Rosen）。

當時年近四十的羅森，畢業自哈佛大學和哥倫比亞大學。他的個性並不張揚，一直保持低調的風格：有些同事會覺得，他給人的感覺很像偵探電視劇裡的可倫坡（Columbo）。他會露出淘氣的微笑，穿著一套有點破損的西裝（但他一點都不在乎），在會議中不太愛發言，但偶爾會突然冒出一句很有見地的話。

羅森有長年訊問小商販和毒販的經驗，很擅長從別人口中套出話來——先讓對方感到舒適而放鬆，然後再讓那個人說話，並且避免對他／她透露的任何訊息表現出見獵心喜的樣子。大家都知道，他很擅長找出沒有人會想到的證人和證據。

為了減輕刑期，托賓必須對警方和盤托出這起牽涉範圍很廣的炒股案，以及各相關人員，並幫助政府抓到其他參與者。他也必須揭露每個可能會對他不利，或對該審理中的案件不利的祕密、缺失和細節。

檢方手上握有托賓的財務紀錄，他們有個問題想問他：那些托賓從洛杉磯匯給康乃狄克州的梅雷迪斯的款項，到底是怎麼一回事？

托賓於是老老實實地說了。他解釋道，他當時正在賄賂魯迪．梅雷迪斯，而且從前一年的夏天開始就一直在付錢給那位教練。

通常在這種時候，如果是老練的檢察官，就會繃著一副撲克臉，冷靜地說「等等，讓我釐清一下」之類的話，然後再聽對方傾吐證詞。

羅森在三月的那場供證協商中一直表現得非常冷靜。然而，當這次會面結束，他一反常態立即動身，穿過走廊去找經濟犯罪組的組長，也就是他的上司史提夫．法蘭克（Steve Frank），向他報告這件事。這起案件的規模，開始變得比任何證券詐騙案都還要大了。

獲得重要線索的羅森，不會浪費一分一秒。「他就像一隻咬著骨頭的狗，非常堅持，不把事情做完絕不罷休。」康納爾．藍布（Conor Lamb）如此說道；羅森調往波士頓之前，曾在西賓州司法區的聯邦法院工作，藍布當時也是那裡的聯邦助理檢察官。

藍布後來會成為代表賓州西區的眾議員，不過當時的他才剛剛從海軍陸戰隊退伍，本來就很習慣和一群勤奮、守紀律的人共事，他們倆一拍即合。

羅森從哈佛大學、哥倫比亞的法學院畢業後，先是在曼哈頓擔任地區助理檢察官，接著又在紐約州南區為一位聯邦法官擔任助理，最後跳槽到理查斯奇布與歐爾布（Richards Kibbe & Orbe）這間私人公司，負責處理複雜的證券案件。

當他太太應徵上匹茲堡（Pittsburgh）住院醫師的職缺時，他原本其實可以待在民間業界繼續賺大錢的，然而公職很有吸引力，於是他最後在那裡成為一位聯邦檢察官，主要關注毒品案件，負責對付凶悍的毒梟、線人，並處理監聽工作。

他的同事都認為他是個堅持不懈的人，卻又出奇地很能自嘲。羅森會穿著西裝騎腳踏車上班，就算是冬天也不例外；不論前方有什麼苦難等候，他都會希望勇往直前。

「他會帶著臉和手臂上的擦傷，身上還有沒撥掉的雪，直接開始跟你討論某起案件。」藍布回憶，「我的意思是，他就是個不顧一切的人。」

大約在二〇一五年左右，他曾和聯邦檢察官大衛．希克頓（David Hickton）說自己要離開匹茲堡了。羅森和他的妻子當時想搬去波士頓，住得離親戚近一些，而他的妻子也想在那裡當醫生。希克頓於是打了通電話給當時在麻州擔任聯邦檢察官的卡爾門．奧提茲（Carmen Ortiz）。「我要送你一份超級大的禮物。」他一邊將羅森推薦給她，一邊如此說道。

到了波士頓之後，羅森先是處理了一些毒品案件，然後轉向金融犯罪。他在那裡也建立了非常響亮的名聲——超級聰明，而且總能洞察案情，但又不會一味只想討好別人。他總會戴著一副老式的耳機，因而把自己的頭髮弄得亂糟糟的，還會帶著一疊厚重的資料走進法庭。到了波士頓後，他不再騎腳踏車上班，改成慢跑。

和羅森一樣，經濟犯罪組組長史提夫．法蘭克也被視為一個極度聰明又熱情的人，而且很有幽默感，他的幽默多半是冷面笑匠那種。他比羅森看起來更加體面，會穿著無懈可擊的西裝、鞋面閃亮的皮鞋，頭髮也總是梳得整整齊齊。

他曾以金融記者的身分，在《華爾街日報》（*The Wall Street Journal*）和全國廣播公司商業頻道（CNBC）製作報導。雖然他只是個初出茅廬的記者，卻表現得非常沉著冷靜，而且很有自信。他的一位同事還記得法蘭克第一次完成頭版報導時的場景；當時的他並沒有直冒冷汗，或是跑去喝酒讓自己冷靜下來，而是去買了個漢堡，然後好整以暇地打電話給編輯確認改稿內容。

他之前在新聞業的同事則回憶道，他通常會追蹤一些很難破解的案件，最後都能成功寫出報導來。接受法蘭克的訊問時，他不會讓你顧左右而言他。他平時待人熱忱，甚至很親切，但他也會表明自己是有備而來、有任務在身。

一九九九年十月的某天，對某些人來說是個非常重要的時刻。在那天，知名的居家用品達人瑪莎．史都華（Martha Stewart）的公司公開上市，為了慶祝，她在紐約證交所外面免費供應鮮榨柳橙汁和司康餅。瑪莎．史都華生活全媒體（Martha Stewart Living Omnimedia）的股價在當天翻漲了一倍，讓她突然成了一位紙上的億萬富翁。

後來她上了一個全國廣播公司商業頻道的節目，在節目上大談股票上市那天的經過。就在她開玩笑說十億美元可以買到多少派皮之後，節目主持人介紹法蘭克入場，並說「這位先生有些問題想問妳，與妳的事業有關。」

史都華必須對股東負責，而當時才二十多歲的法蘭克則彷彿他就是股東代表一般，對她提出諸多問題。

「雖然我也很想問問南瓜燈籠糖餅的配方，但我更想問的，其實是關於公司的問題。」他如此開場。

接著，他不客氣地拋出一連串問題：這間公司是圍繞著史都華而生的，萬一她有天被公車撞到，那公司該怎麼辦？

她給了一個很空泛的回答，說自己的幾百個員工齊心協力，心中只有一個目標；但這個答案卻引出了法蘭克更多的問題。

那過度持倉的問題呢？他問道。「如果觀眾都能買到瑪莎史都華的股票，這會不會有風險存在呢？」

他也質疑，她的公司在為她持有的房地產付租金，這種做法是否合適呢？（她則回覆道，該空間是她工作用的實驗室。）為什麼她能控制公司百分之九十六的可投票股權（voting shares）呢？「妳能對任何人負責嗎？」（她則解釋道，她之所以能控制那些股權，是因為「我的名字就印在我們的每個產品上，而我也非常珍惜我的名字。」）

後來回看，法蘭克的這些問題的確充滿先見之明。二〇〇四年，史都華被法院宣判犯下重罪，而她的品牌也受到嚴重的打擊。

當時的法蘭克正走在一條頗為閃亮動人的職涯道路上，而他在《華爾街日報》的同事也都覺得沒有什麼事情是他做不到的。但作為一名記者他卻有些苦惱：雖然那些案件顯然都犯了法，但他能做的只是把案情揭露出來，讓讀者或觀眾知道而已。他一直以來都想當一名檢察官，於是他離開了新聞業，跑去哈佛大學念法學院，接著又在一個聯邦上訴法院的法官身邊擔任助理，最後進入了克拉夫斯（Cravath, Swaine & Moore）這間老牌的法律事務所工作。

法蘭克在民間法律事務所工作時，和他大學時期最好的朋友亞當．伯格（Adam Berger）結了婚。他們是在剛進入哈佛大學的時候認識彼此的，當時兩人都還沒出櫃。法蘭克說，他的先生能讓自己平靜下來，平衡他躁動的個性。

法蘭克曾在東紐約州司法區當過四年的助理聯邦檢察官，直到二〇一二年才搬回波士頓。現在的他可以問的問題，就和他當記者的時候一樣犀利，只不過多了傳票可用，賦予了他更多權力，讓他得以挖得更深。而且，不像作記者時常常會吃閉門羹，所有人現在都會回他電話了。（他依然很驕傲於自己的記者工作，還把早期寫的頭版報導拿去裱框，掛在波士頓的辦公室裡。）

儘管法蘭克很有自信，但他也知道哪些錯誤可能會把案子搞砸。他在自己辦公室的窗臺上，放著一位拉比[23]送給他的玩具槍，以此提醒自己第一次擔任檢察官起訴被告時的教訓：當時警方不小心破壞掉案子裡的槍枝，導致法蘭克沒有證據可用。那個案子最後輸得一塌糊塗。從那之後，他便會竭盡所能地避免讓這種事情重演。

幾乎就在羅森和法蘭克發現，至少有個教練和一位家長可能在招生流程合夥作弊的同個時間點，五千公里外的某個地方，有另一個人正在四處探聽一些內幕。

二〇一八年三月，有個人寄了一封電郵給南加大的體育辦公室資深副主任唐娜．海內爾，內容與一些候補運動員有關。

「嗨，唐娜，這裡有兩個學生的高中，對於學生以運動員的身分被錄取感到有點驚訝。」這兩位學生中有一位是奧莉薇亞．吉安努里；她以划船隊員身分進入南加大這件事，在馬里蒙特高中的升學輔導老師看來，似乎有點奇怪。那封電郵的作者還提到，奧莉薇亞的姊姊貝拉前一年也以舵手的身分被南加大錄取，卻沒有出現在南加大的隊員名單之中。此外，他們也提及了幾位網球和棒球選手，因為他們在高中的校隊裡，似乎並不是什麼特別有價值的球員。

海內爾在一天之後回信。她為每個被提及的學生提出解釋：一個是因為隊上請了新的教練，另一個則是因為遇上了些愚蠢的高中體育政治。於是危機就這麼解除了——或者應該說，暫時解除了。

托賓在波士頓結束和幾位檢察官馬拉松式的面談之後，以檢方合作者的身分回到了加州。檢方當時教了他要怎樣才可以如何若無其事地，從梅雷迪斯那邊挖出更多資訊的方法。

透過一連串通話，他和梅雷迪斯再次討論了他們正在持續進行的計畫：托賓會付錢給梅雷迪斯，換取希德妮在耶魯大學的校隊名額。他們同意賄賂金額將會達六位數，但實際的金額仍然在協商中。

接著在四月十二號，他們終於迎來最後那場關鍵的會面，也就是他和檢方一塊設下的騙局。在檢方指引下，托賓從洛杉磯飛到了波士頓，而梅雷迪斯則從紐．黑文北上過去，準備要敲定在隔年申請時將希德妮列為校隊生的價碼。

他們約了一個奇怪的見面地點：一座每晚房價四百美元、可以俯瞰鴨子船和觀光小火車的旅館，那裡距離新英格蘭水族館（New England Aquarium）只有幾步之遙，入住的家庭和參加會議的人熙來攘往。

那座旅館的名字叫長塢飯店（The Long Wharf），有紅磚式的外牆，隸屬萬豪酒店集團（Marriot），興建於一九八〇年代，狹長而低矮的建築外型就像一座郵輪，而且房客可以在走廊的欄杆邊向下俯瞰中庭和中央的會客空間。這間旅館以觀光客為導向，飯店大廳裡還有一間星巴克，而住客的腰上有時還會掛著來自另一個時代的腰包。

由於聯邦調查局探員偶爾會收到線報，在這裡逮捕其他嫌犯或進行掃黃行動，所以顧客在

23 譯按：猶太教的宗教導師和精神領袖。

前往早餐自助吧的路上，有時可能會看見警察和被上銬的人。

四月的那天，梅雷迪斯和托賓敲定賄賂金額為四十五萬美元的全程，被一部由法院授權安裝的隱藏式攝影機拍了下來。托賓遵照聯邦調查局的指示，將兩千美元的現金交給了他，作為一部分的訂金。

梅雷迪斯接著提到了一個名字：瑞克．辛格。

誰？觀看錄影的羅森和他的團隊注意到了這號新出場的人物。**我們需要調查一下這個人。**

就像大多數詐欺案件，一個線索總會牽引出另一個線索，一條線總會拉起一整串粽子。

羅森的團隊於是調出梅雷迪斯的銀行紀錄，發現他在前一年從一個叫辛格的人那邊，收到了大約八十六萬美元的金額。他們當時並不知道辛格還做過哪些事。

在和托賓於波士頓見面的六天後，梅雷迪斯收到了一筆四千美元的匯款，他以為那是托賓匯的，但實際上是聯邦調查局。

最後聯邦調查局的探員出面找上了他，迫使他同意和他們合作。在那之後，他前往佛羅里達州的那不勒斯（Naples），參加美國匹克球公開賽。

第二十三章　線路

七月二十八日大約中午時分，魯迪・梅雷迪斯打了通電話給瑞克・辛格。

「魯迪特派員。」辛格向他問好。

「最近如何啊？」

他們和彼此開了一陣玩笑；當時他們兩人已經認識對方大約五年了。他們兩人都五十多歲，也都是非常積極參加比賽的運動愛好者。辛格會放話說要在匹克球上擊敗梅雷迪斯，而梅雷迪斯則會開玩笑說，如果有他幫辛格打頭陣的話，辛格一定可以找到身材健美又有活力的女朋友。

當然，他們也會談到大學招生的黑暗面：兜售校隊名額給孤注一擲的有錢家長。

「我在倫敦。」辛格說道，「在這裡工作。」

「你在倫敦啊。你難道就不能好好待在一個地方嗎？」

「沒辦法啦，警察會來抓我。」

辛格持續開著玩笑。他是個非常忙碌的人，一刻都閒不下來。每個人都想從他那裡得到點東西。

「總是有人在我後面追著我跑啊，哥們。」

大家都在追著辛格跑，好吧，已經在和檢方合作的梅雷迪斯，現在的確也在追著他跑了。

聯邦調查局探員小心翼翼地整理了他們對話的逐字稿，然後把那通電話標上：「十二點三十八分二十秒，魯迪・梅雷迪斯，致電瑞克・辛格，三七〇六」。

每個走進約翰・約瑟夫・默克力美國聯邦法院的訪客，都會立刻被裡頭的莊嚴氛圍震懾：這棟十層樓高的紅磚花崗岩建築有自然光照明的圓形大廳，牆上刻有關於正義的銘文，後面還有一面看得見港口和波士頓市中心壯麗景觀的玻璃牆。

許多知名的被告都曾在法院路一號這裡備受矚目，比方說：被稱作「炸鞋人」（Shoe Bomber）的理查・雷德（Richard C. Reid）就是在這裡認罪的；黑幫大佬詹姆斯・「小白」・伯爾格（James "Whitey" Bulger），也是在這裡獲判無期徒刑；而犯下波士頓馬拉松爆炸案的凶手卓哈爾・薩爾納耶傅（Dzhokhar Tsarnaev），就是在這裡的其中一個法庭聆聽自己的死刑判決。

現在，這座華麗的建築物，即將成為一位默默無名、住在五千公里以外的加州新港的升學顧問接受調查的地方。

位於法院九樓的麻州地區聯邦檢察官辦公室，是全美規模最大的一間。玻璃門外，有個設備齊全的座位區，空氣中瀰漫著皮革的味道。藍色地毯上有超大的司法部的徽章，而接待區的一個茶几上，則放著《一個愛國者的美國大全》（*A Patriot's A to Z of America*）這本書，而裡封則用藍色墨水寫上了「萊凌」（Lelling）這個名字。

一直要到二〇一七年十二月，時任總統川普才會任命安德魯・萊凌為麻州的聯邦檢察官，但他一直都以擅長對犯罪抽絲剝繭著稱。父親是一位牙醫的他來自布朗克斯（Bronx），先是從公立的伯明罕大學畢業，然後又進入了賓州大學法學院。

萊凌在九一一恐怖攻擊事件發生後沒多久，離開了業務遍及世界各地的高贏法律事務所（Goodwin Procter），開始為華盛頓的司法部公民權利組工作，然後擔任聯邦檢察官將近十九年，負責處理移民、詐騙和國際毒品走私的調查工作。由於萊凌是個身材健壯、看起來有點嚴肅的人，還頂著一顆光頭、鬍子剃得短短的，所以你不難想像他在組織中總會成為最重要的人物。

外人咸認，當時年近五十的萊凌是個性格討喜且技巧純熟的檢察官，不只聰明還很自負，和許多在法庭中代表聯邦政府起訴嫌犯的檢察官沒什麼兩樣。他不太會在下班之後參加應酬、喝上幾杯，而是會回家陪家人——他有兩個孩子，而他的妻子是前檢察官，後來成為某個州的青少年法庭法官。但在辦公室裡，你絕對無法忽略個性暴躁、嗜咖啡因的萊凌，因為他講電話的聲音有時甚至會傳到走廊上去。他和其他「Line AUSAs」（聯邦檢察官一般會被這樣稱呼；〔譯按：AUSA即Assistant United States Attorney〕）不太一樣，除非要出庭，否則他很少穿西裝甚至運動外套。

雖然大家都知道萊凌支持共和黨，但不論是共和黨或民主黨人士通常都很支持他擔任聯邦檢察官。由於他現在位階比較高了，因此每天都會穿著西裝，在一個隔音的辦公室裡工作，辦公室外的長廊上還掛著過去幾位知名聯邦檢察官的照片。

辦公室裡的大片窗戶讓萊凌能一覽東波士頓到洛根機場（Logan Airport）的水岸，有時還能直接看見返回波士頓港的憲法號（USS Constitution）。這片能讓人鎮靜下來的風景在辦公室裡很重要，因為他只要一認真投入工作，幾乎就會惹惱同事。

在所有調查人員使用的工具中，最有力也最具爭議性的，就是監聽。美國國會在一九六八年通過了一項法案，讓聯邦法院能夠使用竊聽工具，而竊聽也被視為一種可以終結組織犯罪的關鍵途徑。從那之後開始，竊聽便被用在偵辦各種犯罪上，比如經濟犯罪和毒品圈。這項科技讓他們能在嫌犯不知情的情況下收聽嫌疑人的通話，藉此破獲正在計畫進行的非法勾當。這種錄音對陪審團來說是非常有說服力的證據。然而，這種做法是在侵犯他人隱私，因此法院會嚴加控管監聽的過程。

調查人員必須提交申請和宣誓書，解釋某個人的電話需要被監聽的可能原因，並證明他們為了獲取需要的資訊已經使用過其他所有方式。地方聯邦檢察官辦公室會有代表將申請文件送交司法部；如果司法部同意，申請資料便會再呈交給法官，由法官進行最終核可，並附帶嚴格的條件。

還在匹茲堡的聯邦檢察官辦公室時，羅森就見識過這個工具的效力，當時他在偵辦海洛因毒販。某個人說出「我會賣你一些海洛因」、「我們想付錢請你殺掉這個人」這些話，幾乎就是調查人員用來證明嫌犯罪行和犯罪意圖的最好證據。

魯迪．梅雷迪斯四月轉為和檢方合作的證人。他並不清楚辛格除了和他進行的交易之外還做了哪些事，位於波士頓的檢察官們也不知道，但他們的確在全國最難進的其中一間大學裡，抓到了一個貪汙的教練，也抓到了一個正在作弊的有錢家長。他們知道大學的入學名額有多珍貴，知道孩子們要多努力才能獲得那些名額。他們想知道，這種腐敗的現象到底有多嚴重。

羅森和他的團隊想要讓梅雷迪斯這位耶魯大學的教練打幾通電話給辛格，好讓他們有根據可以監聽辛格。

於是梅雷迪斯開始打電話給人在加州的辛格，而且會在通話的時候錄音。很快地，辛格便自己說漏嘴，提到了這起騙局，並不只是某個家長付錢給某個教練的單一賄賂事件而已。比方說，辛格在五月曾打電話給梅雷迪斯，要他幫忙介紹其他願意加入賄賂勾當的教練。辛格長期進行某種多層次的行銷模式，鼓勵教練介紹其他不那麼守法的同事。如果介紹成功了，他有時甚至還會支付介紹費給教練。

在那通電話裡，他建議梅雷迪斯可以怎麼和別人說。辛格提到了七間頂尖學府，然後建議梅雷迪斯可以轉告其他教練，辛格已經在那些受尊敬的學校裡都有業務了。

「好。」梅雷迪斯配合地說，「對，如果提到那些學校的話，絕對會讓他們比較願意加入。」

「而且每所學校裡都有不同的校隊和我配合喔。」辛格補充道。

到了六月五日，檢方已經從梅雷迪斯的通話獲取了足夠的資料，讓他們能向聯邦法院提交證明，並取得監聽辛格手機通話的授權。這種授權並不是給予一次就能毫無節制地使用下去，他們必須每隔三十天就上交一大堆法院卷宗，向法官證明監聽仍然可以提供相關資料，如此才能繼續獲得授權。檢察官必須和聯邦探員不斷來回折騰，耗費大量的基層人力。他們可能會輪班監聽通話，最後才發現某通電話顯然跟犯罪無關。八個小時之後，那些探員可能都早已精疲力盡，感到無聊透頂。然後換下一班的人員來接手，如此日復一日地全天候監聽。

然而有時，他們也會大有斬獲。

六月十五日的十點左右，辛格接起一通來自某個潛在客戶的電話，對方是個住在紐約的大亨。電話上還有第三個人（也就是將辛格介紹給那個潛在客戶的人），他做了些開場，然後在介紹辛格的時候，稱他為「教父」。

辛格的開場白踢到了鐵板。「請問是華爾街的壁虎戈爾頓（Gordon Gekko）嗎？」

「不是。」對方回覆，「我的名字叫戈爾頓．卡普蘭（Gordon Caplan）。你好嗎？」

卡普蘭沒有心思開玩笑。他對於自己講話很直這件事向辛格道了歉，但他想談談他女兒和大學的事情；他的女兒是個排名不錯的網球選手，想要在進入大學之後繼續打球，甚至成為第一類學生運動員。那些聯邦探員和檢察官事後在讀錄音逐字稿的時候，肯定都在歡呼。

卡普蘭看起來非常鎮定、氣勢凜人。他渾身散發著自信，走起路來生氣蓬勃，笑容可掬、面容和善，待人處事從不拐彎抹角。這種特質在他的領域裡很吃得開。他是威爾奇法爾與加拉格（Willkie Farr & Gallagher）這間大規模的跨國律師事務所的董事長，同時也是公司業務的重要來源，公司非常倚重他；他負責高階商業談判，比如私募基金的融資方案、槓桿收購，以及一般收購等業務。

他也很投入自己的家庭生活。妻子艾咪（Amy），是已經過世的電纜通訊企業家理察．特雷比克（Richard Treibick）的女兒；二〇一四年，特雷比克的漢普頓斯莊園（Hamptons estate）

以三千五百萬美元的價格售出。

他在紐約的辦公室裡擺滿了家人的照片。卡普蘭經常出現在他兩個孩子的身邊：他會去看他女兒參加的錦標賽（她是個球技很好的網球選手），還會在他們位於康乃狄克州格林威治的老家，在他兒子的奪旗式美式足球隊幫忙，擔任教練。

當時五十二歲的卡普蘭人生一直在往上爬，不論什麼面向都很圓滿。爸爸是一位事業成功的婦產科醫生的他，過去在曼哈頓頂尖的三一學校（Trinity School）念書，並拿到康乃爾大學的學位，後來又從福德漢法學院（Fordham Law School）以名列前茅的成績畢業。

卡普蘭有時也會把他的影響力用在好的地方。他會告訴事務所裡的行政人員，如果他們的孩子需要陪伴的話，他們可以在家上班就好、不用來辦公室，因為家庭第一。他也曾帶領事務所幫一個伊朗小孩出庭打官司。有一次，一個他在福德漢法學院認識的人，將那位伊朗小孩的故事告訴給他知道，當時那個小孩希望前往美國進行眼睛手術，卻遇上了時任總統川普於二〇一七年頒布的旅行禁令。

值得注意的是，他也會協助同事，以及其他不像他那麼有錢、身世顯赫的人。他向其他年輕的同事保證，如果想要在人生路上走得更遠，沒有東西會比正直而認真的態度更重要。

然而，儘管他有這麼多優點，他卻依然有個弱點，那就是他對孩子抱著非常高的期待。

過去已經有不少私人升學顧問接觸過卡普蘭，他們都宣稱自己熟悉大學招生的流程，而卡普蘭也至少和五、六個顧問面談過。他們都曾和他說過同一個壞消息：他的女兒在校外參加比賽和訓練時，都是在網路上上高中課程的，但她需要更多進階先修課程的學分，也需要參加更多標準化的測驗。有些自稱專家的顧問還說，她必須找第三方來寫小論文，或是讓學校知道他們家可以捐錢給校隊，才能彌補她的弱勢、被學校錄取。

對卡普蘭夫婦來說，這個制度似乎有很多問題。就像艾咪說的：「戈爾頓和我都緊張死了。」

他們於是決定和史考特・特雷布里合作。特雷布里就是曾經在IMG擔任升學輔導人員、從二〇一六年開始斷斷續續在美國網球協會擔任顧問的那位先生；當時的他，已經在經營自己的升學顧問公司，而他的看法也和其他顧問差不多。他接著把卡普蘭一家人介紹給了他長期以來的夥伴——這些問題，瑞克・辛格都能解決。

雖然辛格似乎有點油腔滑調，但他的確知道不少事情，而且看起來是合法的。他提到了打球的姿勢，以及讓他女兒參加雙打網球比賽的好處。他顯然認識不少人——戈爾頓・恩斯特很推薦他，而且還能在很短的時間之內，安排出一個南加大的校園參訪行程，讓他們和唐娜海內爾見上一面。辛格的資歷也很不錯。他說他在經營一個營收達兩億九千萬美元的公司，而且在全球各地有將近一千三百名員工。辛格的第六感也很準，知道某個顧客需要在什麼時候被推一把。

六月十五日，由法院授權的監聽攔截到了他和辛格的兩通電話；在那兩通電話之中，辛格基本上把自己所有的非法附加服務都給全盤托出了。當時的他，其實就像某個車商業務，正在陪著顧客穿過售車間：這裡有天窗，這輛車有動力輔助轉向系統、自動鎖，還有衛星無線電廣播裝置。「我們在做的，是幫助美國最富裕的家庭送孩子進大學。」辛格如此解釋。「他們希望能保證獲得理想的結果，希望能搞定一切。」

他於是快速地介紹了他的「側門」，和他解釋那和傳統的「後門」（也就是捐錢讓學校多看你一眼，但並不保證孩子能被錄取的方式）有什麼不一樣。他告訴卡普蘭，他已經做過好幾百次的側門服務。

卡普蘭自己很熟悉這種後門的入學方式，因為福德漢法學院以及他的大學母校康乃爾大學都設有獎學金，是以他已經過世的母親命名的。這種希望透過捐錢給校隊讓孩子增加錄取機會的想法，其實也不難理解。

雖然辛格說，為了引起大學注意而捐給康乃爾大學七十五萬美元「沒什麼用」，但卡普蘭最後並沒有被辛格的側門方案說服。（辛格建議他支付一百萬美元給耶魯大學的魯迪・梅雷迪斯。）哇、哇、哇，卡普蘭當時如此回覆。但他女兒不是踢足球的啊。而且，他付給他的錢會落入誰的口袋？等辛格解釋說錢會付給教練之後，卡普蘭便拒絕了。

於是辛格接著推銷起自己的測驗作弊服務，價格為七萬五千美元。

此外，辛格還讓檢方獲得了更多的證據：他透露，要使用這種作弊方式，必須先取得參加測驗的特殊待遇，而這種待遇，原本是用來讓患有天生障礙的孩子能公平競爭的。他顧客的孩子可以以學習能力和常人不同的身分參加考試，答題的時間也能延長，而且還可以選擇和他合作的考場進行測驗。他說，許多有錢人都知道這個漏洞。

「這些孩子多數都沒什麼問題，但可以獲得更多的測驗時間。」他如此告訴卡普蘭。辛格說，卡普蘭的女兒會需要去醫院檢查，在辛格安排的心理醫生那邊進行評估的時候，也「必須裝得笨一些」。這樣就能讓他的女兒獲得雙倍的答題時間。由於他的女兒已經透過學校的安排延長了考試和繳交作業的時間，因此這種在標準化測驗中取得特殊待遇的安排，似乎沒什麼好奇怪的。然而他們利用這種優勢的方式，卻不太正常。

卡普蘭對於測驗要如何作弊有很多疑問，但辛格要他放心。

「這是保證妥當的絕招，絕對沒問題。」他告訴他。

「真的有用？」

「屢試不爽。」辛格咯咯笑道，引得卡普蘭也跟著笑了起來。

六週後，卡普蘭和他的女兒飛到了洛杉磯參觀了幾個大學校園，然後和辛格推薦的心理醫生見了個面。

有時檢方甚至都不用等辛格撥電話出去，就能獲得一些很有料的資訊。許多家長在打給辛格的時候就會直接上鉤。每一次通話，似乎都會多揭發一些辛格的勾當。

比如來自亞斯本的瑪爾希亞．亞波特（Marcia Abbott），就是在當年六月，詢問辛格可否幫她的女兒在學術能力測驗的分科考試中作弊。亞波特和她的丈夫葛雷格（Greg）都是對辛格的服務很滿意的回頭客，之前已經聘請過他幫助女兒在美國大學入學考試中拿到了近乎完美的三十五分。現在，他們想要解決學術能力測驗的文學和數學科。

有天下午，辛格一邊開車從新港灘前往聖地牙哥，向一位顧客推銷側門入學的方式，並解釋了孩子以假校隊生身分進入大學之後要做什麼。「你的孩子不用真的會那些體育項目。」辛格說，「多數時候，孩子甚至連練習都不用參加。」

還有一次，辛格和邁阿密的房地產投資商贊格里洛及其女兒，在電話中討論自己的一名員工如何幫贊格里洛的女兒重修一門線上藝術史課程，好幫她洗掉之前被當的成績。他的員工幫這個女孩上了不只一門課，其中包括環境倫理概論，以及美國政府這些課程。根據監聽得到的內容，她的確自己做了些作業。

贊格里洛有個問題：那生物課呢？當時也在參與通話的一位辛格的員工回覆道，她會「很樂意提供協助」。

辛格的有些客人十分熟悉他提供哪些服務選項，因此會直接用簡短的代號稱呼。

品浩太平洋投資管理公司的前執行長道格．荷治，也在八月份和辛格通了電話。荷治當時已經透過辛格將自己的兩個孩子送進了喬治城大學，另外兩個則進入了南加大，而且都是以假校隊生的身分申請上的。現在，他想要讓自己的第五個孩子進入羅耀拉．瑪麗蒙特大學。

「我知道是怎麼運作的。」荷治說道，「我們不需要用代號來討論。」

辛格會對某幾個客戶特別親切。他和私募基金投資人比爾．麥克格拉珊，就會彼此較勁各自的各種事業。

「所以我們現在是全世界最大的教育投資人了。」麥克格拉珊如此對辛格開玩笑。

「我們要在中國開二十四間大學了。」辛格反擊。

辛格當時正忙著賺大錢。他把近期的其他計畫也都和麥克格拉珊說了，包括成癮戒除課程，以及一個博士生的社交平臺。

「你總是在想方法賺錢。」麥克格拉珊說道。「這樣很棒。」

麥克格拉珊整個夏天裡都在和辛格聯絡，甚至還討論他兩個年紀比較小的孩子，或許可以取得測驗的特殊待遇。他們還討論了他的大兒子凱爾的目標：南加大的吉米優萬與安德雷楊學院（Jimmy Iovine and Andre Young Academy），這是一所專攻藝術、科技和商業領域的學院。

那個孩子的狀況似乎大有可為。辛格在為他們家提供服務時變得更有動力。他的成績提升了，而他的實習工作也進展得很順利。「看到他的變化，感覺真的很棒。」麥克格拉珊如說，「我的意思是，那感覺像是他終於開竅，還是怎麼的。」

麥克格拉珊和他的父親一樣，也都有耶魯大學和史丹佛大學的學歷；當時的他，仍在考慮要不要動用自己的人脈送兒子進南加大。他當時已經安排了一場行程，要和吉米優萬與安德雷楊學院的院長共進午餐、進行校園參訪。

麥克格拉珊和辛格討論了他的選項。麥克格拉珊指出，就算動用自己的人脈，他還是得要「玩這場遊戲」。畢竟，他才剛跟一個朋友談過；那個人告訴他，他必須加入校董事會，然後可能要捐一百萬到三百萬美元給學校，才能讓凱爾進入這個熱門的科系。麥克格拉珊擔心，如果他在兒子入學之後進入董事會，他兒子可能會覺得很不自在。

「好吧，這樣的話，我還有另一個其他人也試過的方法，我告訴過你吧？我有個側門的門路。」辛格如此和麥克格拉珊說道，接著又補充說，「但你要用運動員的方式申請。」

他們的計畫是，在凱爾不知情的情況下向校方推薦凱爾、說他是個前途無量的運動員——

只要二十五萬美元，他就能提早讓心中的大石落下；這個計畫聽起來很吸引人。「毫無疑問，我想要試試看。」麥克格拉珊說。

然而，要用什麼體育項目當名目呢？「我會把他包裝成踢足球或划船的。」幾週過後的八月份，辛格在一封語音訊息中如此告訴麥克格拉珊。馬林學院沒有足球隊，但辛格有個朋友在經營一個足球營隊。他們可以說凱爾在那裡踢球。

幾分鐘過後，辛格和麥克格拉珊講了通電話，討論了一下這個計畫。

辛格需要一張凱爾的照片，最好是他正在努力做運動的時候拍的。「我會用 Photoshop 合成，把他變成正在踢足球。」聽完這句話之後，麥克格拉珊發出了咯咯的笑聲。

在那個夏天裡，聯邦政府一共攔截了超過九千通辛格手機的通話或簡訊。大部分的內容都很無聊。錄音逐字稿裡，有辛格在抱怨交通，也有將近六小時的通話和全案無關，是他和家人在嘮叨閒談，還有超過四小時的內容是他在和正在交往的某個女人聊天。

辛格並不知道聯邦調查局探員正在逼近，或者至少他從小時候就認識的好友切里爾・席兒維爾是這樣認為的——席兒維爾也曾在那段時期和他講過電話，卻不知道政府正在監聽辛格。辛格已經不再是幾十年前，在伊利諾州林肯伍德試著證明自己的那個圓滾滾的「瑞奇」了。他聽說席兒維爾的先生剛過世，於是便在那年夏天和她連絡上，並用她的綽號叫她：「席爾維斯，妳是我認識最堅強的女人。妳沒問題的。」

在他們的談笑之間，她不時會發現他在膨風（她心想：「以前那個瑞奇果然沒變啊。」），但還是很高興知道他過得還不錯。他提到了自己在當神職人員的兒子，也提到了他成功的事業。「他終於得到他想要的東西了。」她說，「他就站在這個世界的巔峰，不能跌下來。」

這些錄音檔意味著檢方挖到了這起無法無天、牽涉範圍廣大的全國性大學入學詐騙案。他們知道，有數以百萬計的家長正在面對孩子申請大學所帶來的焦慮，也知道如果那些家長看到這些本來就已經享有很多特權的家長正在做的事，一定會非常憤怒。身為聯邦檢察官的萊凌，很震驚於家長會做出這種事；他後來告訴《波士頓全球報》（*The Boston Globe*），他甚至為此還跑去和自己的女兒再三強調：別擔心，不管妳最後上的學校是不是知名大學，都沒關係。

這種案件就是那種會讓檢察官升官、名聲大噪的大案子，所以檢察官通常都會希望親自調查。

這種有話題性的案子，競爭通常很激烈。萊凌在提及他的同事時，曾經帶點玩笑意味地說，聯邦檢察官是「一群野心勃勃、追逐名聲的獵犬」（ambitious publicity hounds）。如果某個聯邦檢察官的辦公室發現了某個案件，他們可能就會將案子的偵辦權占為己有，儘管大多數的犯罪事實可能其實都發生在其他地方——辛格的案子就是如此。其他司法區如果覺得某個案子是發生在他們地盤上的，便可以要求取得偵辦權。

波士頓的調查人員就曾經使用過很有創意的方法，讓其他司法區無法宣稱擁有詹姆斯・「小白」・伯爾格一案的偵辦權；當時，這個來自波士頓的黑幫大佬已經潛逃了十六年之久，終於在二〇一一年六月份於加州的聖塔・摩尼卡被逮捕。波士頓檢方於是指示加州政府，用飛機將伯爾格送回波士頓接受傳喚時不要在佛羅里達停留，而是改到一個小島上落地加油，因為如果飛機降落在佛羅里達，可能會讓邁阿密的檢方宣稱自己擁有一部分的偵辦權。

就在波士頓檢方祕密調查這起大學招生醜聞同時，一位熟悉這個案件的人心想：「南區如果知道這個案子應該會很不爽。」所謂的「南區」，指的是紐約南部司法區的聯邦檢察官辦公室，而曼哈頓就在其管轄範圍之內，也經常會將別區的案件占為己有。

加州中部司法區（管轄範圍包括洛杉磯）檢察官辦公室的一些人，會將南區戲稱為「他媽的紐約」（"Fucking New York"）。

如果能在波士頓逮捕辛格，就絕對能將這個案子留在麻州偵辦。

九月十五日星期六早晨，辛格和客戶（同時也是一位私募基金投資人）約翰．威爾遜一起上了一架飛機。

他們討論了威爾遜女兒們可能申請得上哪些大學，威爾遜說她們想試試那些競爭非常激烈的學校。任何人想上那些學校都得擁有一些獨特的優勢。「我會把她們變成划船隊選手或其他選手的。」辛格如此告訴威爾遜。

威爾遜是哈佛商學院校友，也捐過一些錢給這所學校。「但沒有很多，幾十萬美元而已。」他說道。由於他跟哈佛大學有些連結，因此辛格接下來說的話肯定讓他留下了深刻的印象。

「我下週五要去哈佛大學。哈佛校長要跟我談筆生意。」

其實根本沒有什麼生意，去哈佛大學也沒有誰要跟他會面。辛格只是上當了而已。

聯邦調查局請當時已經轉為合作證人的耶魯教練梅雷迪斯設了一個局引誘辛格。梅雷迪斯假造了一個事由邀請辛格前去波士頓會面，說要介紹一些塔夫茨大學和哈佛大學的人給他認識。辛格顯然誇大了那場會面，說哈佛校長也會參加，但這個誘餌果然十分奏效。能和頂尖大學的內部人員見面，辛格對此感到非常興奮。

到了九月二十一日星期五，辛格準備前往波士頓長塢萬豪旅館和梅雷迪斯會面——梅雷迪斯本人，當年稍早，也是在這間位於港邊的大型觀光旅館裡被逮捕的。

現在回看，這場會面會選在這個地點，其實就已經透露了一些不太尋常的訊號。哈佛大學位在查理斯河（Charles River）對岸的劍橋市，那裡明明就有很多旅館，沒有必要選在這裡。

然而辛格卻走入了這個陷阱，渾然不知即將發生什麼。他進入了一九八〇年代風格的中庭、搭電梯上到旅館大廳，然後走向梅雷迪斯的房間。進到房間後，他發現那裡有三個聯邦調查局的探員，以及一位國家稅務局（IRS）刑事組的探員正等著他。他們都是專業的探員、處理過各種大型的詐騙案，有備而來。他們告訴辛格，他們知道他正在進行的非法勾當。辛格一開始並不承認，還說自己那見不得人的技法是合法的。他們的對話變得愈來愈激烈。他這種想合理化自己行為的反應，其實並不罕見。白領罪犯通常都會合理化自己犯下的罪行，也不太會認為自己犯了法。辛格後來說，雖然他知道要家長捐錢給大學校隊、付錢給教練這些行為，和假造運動員證書一樣都是不對的，但他並不知道那違法。

辛格需要一位律師，而且要快，於是他傳了一則訊息給他的長年好友唐諾．海勒；海勒人當時正在沙加緬度的辦公室裡。海勒回電的時候，辛格人依然在旅館裡，被聯邦調查局的探員監視著。辛格的聲音聽起來很沮喪、很害怕；他知道自己陷入大麻煩了。他很快便給了海勒一個名字，要他打電話過去：聯邦助理檢察官艾瑞克．羅森。海勒先是在網路上搜尋了一下羅森的名字，想知道自己將要碰上的對手是何方神聖。海勒對他過去的表現留下了深刻的印象，還注意到他曾在曼哈頓的地區檢察官辦公室工作過，而他正好也在那個辦公室裡待過，對此非常驕傲。他馬上就意識到一件事：他即將要面對的，是一個經驗老道的律師，也是一個聰明人。

羅森在電話上總結了他們對於這起案件的了解，也讓海勒知道檢方認為這是一起重大案件。海勒又打了通電話給辛格，很快便確定了一件事：政府很有可能已經在監聽辛格的電話了。聯邦調查局的探員隨即也確認了這件事。海勒知道那些證據的效力有多強大。

辛格並沒有馬上正式和檢方合作，但不論他採取什麼態度，現在都已經是聯邦調查局的籠中鳥了。波士頓的探員訊問了他，還給了他一支老派的掀蓋式手機和他們保持聯繫，並允許他回到位於新港灘的家。他在被逮捕的三天之後回到了陽光普照的南加州，心情卻很晦暗。他打了通電話給同父異母的弟弟，把聯邦調查局逮捕他的事情告訴了對方。他急切地問：監獄裡是什麼樣子？

羅森同意於隔週稍後在南加州和海勒與辛格見面。起初，海勒希望能有些時間和辛格談談。「我有點震驚。」海勒回憶道。他只知道辛格是個成功、合法的升學顧問。認識辛格的其他一些人也都會覺得，辛格是因為他病態的好勝個性而走上了歪路。

後來他們在新港灘見了幾次面，在那幾次長談之中，辛格描述了他複雜而獨特的騙局——其中有次面談，是在某個義大利餐廳裡進行的，他們一邊吃義大利麵、一邊談話，牆上還掛著一些暴徒的老照片，店內則正在播放法蘭克．辛納屈（Frank Sinatra）的音樂。

海勒一邊聽他說一邊做了筆記，逐漸了解他正在處理的是什麼樣的案件：他的經驗告訴他，這是一個「會判刑的案子」。他們的重點是要試著幫辛格談到一個最好的結果，減少他待在牢裡的時間。

「我會被判幾年？」辛格問道。

海勒直截了當地告訴了他一切。辛格的基金會因為那些非法交易，經手了數百萬美元的金額，而那會讓刑責變得更重。如果他不和政府合作，就算是在波士頓這個海勒認為比較仁慈的司法區裡，他可能也要面臨十五年以上的徒刑。

「你沒有前科；這是件好事。」海勒告訴他，「但你在外面和太多人接觸過了，所以我覺得你應該要和他們合作。」

辛格同意海勒的說法。

幾天之後，辛格和海勒前往橘郡的聖塔安納聯邦檢察官辦公室，和一群從波士頓飛來的檢察官和聯邦調查局探員見面。在那場為期三天的供證協商中，辛格和托賓一樣，講出了自己所知，以此換取有限的刑責豁免。那些檢調人員有備而來，帶著他大量和大學招生有關的非法帳戶交易紀錄。海勒看得出來，他們都覺得辛格很厲害，因為那些表單他幾乎連看都不用看，就能詳細回答每個問題。

他們在接下來的幾個月內，又分別在聖塔安納、洛杉磯、沙加緬度和波士頓見了好幾次面，而辛格也向他們供出了超過一百個客戶，以及其他涉案的人員。

這個被檢調掌握的超級證人並未因此出現在頭版新聞上。他們的計畫是，讓辛格繼續像往常一樣和客戶聯絡，只是此時的他，已經成了警方的祕密線人。

他見多識廣、涉足慈善事業的商人形象，似乎依然沒有受到威脅。

九月二十六日，也就是辛格在波士頓被逮不過五天之後，包括金州勇士籃球隊（Golden Star Warriors）球星安德烈．伊古達拉（Andre Iguodala）在內的許多奧克蘭名人，都出席參加了一個籃球訓練中心的開幕活動；這個訓練中心的名字叫士兵鎮（Soldiertown）。這個忙碌的中心位在一個面積不大、狹長的工業區塊上，旁邊有一間餐廳用品商店和寵物狗旅館。那些重要人士滿心喜悅地看著這個剛整修完的球場，年輕人則在裡頭練球，還有個DJ在一旁放音樂。

馬克．奧力維爾（Mark Olivier）對現場的來賓發表了一段演講；他在一個非營利組織擔任總監，而出錢買下這個已經建好四年的設施，就是他們的組織。該組織經營奧克蘭士兵隊（Oakland Soldiers），該隊伍是業餘運動員聯盟（AAU）的一支青少年籃球，實力堅強，而他們也一直都想要把這個設施買下來供活動使用。那年夏天，他們終於敲定了這筆交易。

奧力維爾告訴來賓，他和他的商業夥伴想要重新思考青少年運動，並介紹了他在這個珍貴事業中的夥伴：瑞克．辛格。

隔天，也就是九月二十七日，辛格簽署了一份明確的同意書，允許政府監聽他的通話。

有個會打電話給辛格的人讓檢調非常想調查，那個人就是麥克格拉珊；他當時已經在和辛格討論，如何讓自己的兒子以足球選手或划船選手的身分進入南加大。辛格當天告訴聯邦探員，他並不指望麥克格拉珊購買他的側門服務。

但那天下午，麥克格拉珊卻傳了一則訊息給辛格，問道：「你覺得南加大的機會大嗎？」

到了九月二十九日，麥克格拉珊再次傳了一則訊息過來。

「所以我們什麼時候會確定南加大的結果？」

第二十四章　最後一哩路

聯邦探員反覆訊問辛格，在他離開前還下達了一些命令。他的電話會被錄音，見客戶的時候他也要在他常穿的慢跑衣下配戴監聽裝置。為了讓計畫順利進行，辛格必須假裝一切如常，不能引起客戶懷疑。波士頓的聯邦調查局和檢察官警告他，不能向任何人透露任何事情。

開始和檢調合作沒多久之後，他有次比預定的時間提早到了一個客戶的家裡，看到那家的媽媽剛開車離開，而孩子則還未到家。

他進到那戶人家之後告訴那名父親：「你還沒做錯任何事情，所以請不要說出任何可能會傷害孩子的話。」

辛格向那名父親坦承，他正在被監聽。

這名檢方的頭號證人，就這樣背叛了他們。

當羅森、法蘭克以及其他在波士頓的人發現這件事時，都非常的憤怒——而且極其緊張。他們發現，辛格不只把自己被監聽的事情透露給那位父親而已，在他剛開始和檢調合作的十月份，就一共曾對六個家庭講過這件事。他並不知道自己陷入的麻煩有多嚴重，對自己的一些客戶也感到很歉疚。他提醒了當時正在和他合作，以及過去曾和他合作的客戶，如果他打電話給他們，開始重提過去幫他們作弊的事情，就務必要保持沈默並且不斷否認，因為聯邦調查局可能正在監聽。他成功保留了一支沒有被監聽的手機，而且還曾告訴麥克格拉珊，他們需要在聖塔莫尼卡機場見面談話，因為辛格認為自己的手機被監聽了。他們最後並沒有真的碰面，但辛格的確曾和另一位家長，在臨近海灘一個租來的房子裡進行過線下對話，還和另一位家長在麥當勞碰過面，也曾將車子停在路邊，和另一位家長在車子裡透露祕密。

辛格必須在律師的陪同下，向檢察官和聯邦探員解釋他為何要這麼做。他告訴他們，他之所以把自己被調查這件事告訴他們，是因為他覺得自己必須效忠於他們。

至於在麻州的經濟犯罪組組長史提夫．法蘭克，則是在做好心理準備之後，將這個壞消息告訴萊凌知道，而一如他預期的，萊凌非常憤怒。他早就已經提醒過自己的同事可能會有這樣的後果。萊凌不想要冒任何風險。給我把辛格叫回來這裡——他如此告訴檢察官們。

有時你很難看管那些和檢調合作的人，畢竟他們都是罪犯啊。有些人就是很不會演戲，所以檢調需要教他們如何冷靜沈著、該講什麼。又或者，有些人可能其實有在考慮，是否要讓其他人知道自己在和檢調合作的事情。

打從一開始，辛格就是一個不太尋常的合作者。一般來說，聯邦探員都是一步步往最核心的人物前進，而不是先抓到了首腦之後才往下調查。如果抓到的人是個小嘍囉，調查人員就能一步步往上追查。一個知道內情的人，可以提供關於另一個目標對象的證據，也可以支撐其他人證和物證。提供的資訊愈好，檢方就愈有可能請法官從輕量刑。

萊凌其實本來就非常擔心於驚動辛格的決定，而他和同事在考慮是否要讓辛格成為合作者之前，其實也進行過一番辯論。因為這樣一來，辯護律師們可以主張辛格對他們的委託人隱瞞了事實，但如果那些家長在錄音的時候聊到自己的罪行，辛格犯的錯就會變得輕微許多。

不過，聯邦調查局和辛格之間的合作，依然可以讓一些被告的律師找到破口，攻擊整個調查過程。

就在辛格同意和檢調合作的幾天後，他便在檢調不知情的情況之下，在手機裡寫下了關於一通和聯邦探員「很吵、很煩的電話」，他們在電話中「不斷要我撒謊」，而撒謊的內容則是客戶金錢的去向。「那明明就是捐款，但他們卻想把那說成是賄款。」他寫道。

一年後，這些筆記會在關於證據的一次「煩人的」法律攻防戰中，被一位法官呈堂引用，也要求檢方提出解釋。

那位法官最後選擇站在檢方那邊，因為檢方主張，辛格之所以會寫下了那些筆記是因為他起初不太願意合作，而且他洩露自己身為證人身分這件事是另外一起獨立案件，和本案無關，再說，他後來也的確完全配合了檢調的工作。辛格後來承認，調查初期的那些爭議，其實只是用詞定義上的問題而已。直到他的律師向他解釋之前，他都不知道自己和家長那些帶有對價關係的交易，其實就和赤裸裸的賄賂沒什麼兩樣，嚴重違反了法律。

就在辛格被逮捕的幾週後，檢調單位為了看管這位關鍵證人，將他帶回到了東岸幾天。他在聯邦檢察官辦公室一個看得見港口風景的會議室裡，在一張大皮椅上坐了下來。三位聯邦調查局探員、兩名檢察官（包括羅森），當時可能就和他一起坐在會議桌邊上，他們有備而來，記下他們把電話交給他的每個時間點，並在他和那些不知情的家長寒暄問好的時候仔細聆聽：

「嘿，你好嗎？」如果他需要使用走廊上的廁所，還會有人陪同。針對妨礙司法這個案件，他也認罪了。

這種嚴加看管的做法以及新增的妨礙司法罪名果然有效。極端好勝的辛格似乎下定了決心，如果他要和檢調合作，那麼他就要成為他們看過的最厲害的一個合作者。膚色晒得很深的他，會穿著窸窣作響的慢跑裝和遮陽帽大步走進辦公室；他開始熱忱而健談地打電話，一通接著一通，而且經常在辦公室裡待到晚上七點之後。

他拿到的劇本再簡單不過：打給之前的客戶，說自己的基金會正在被查帳，並請他們不要告訴國稅局那些款項──呃，捐款──是用來幹嘛的。

這種被查帳的說詞，雖然很老套卻十分管用。沒人想要被稅務人員查帳，而這種可能會被檢方約談的威脅，也讓大家願意乖乖配合。無可避免地，那些家長一定有人會說出「不要提到╳╳╳」這種話來，於是就等於自己供出了罪行。

辛格每次通話時都會告訴家長，國稅局正在調查他的基金會。由於他的大多數客戶，都曾支付數萬或數十萬美元進行測驗舞弊或「側門」入學方案，然後又拿那些款項去抵稅，因此這種說法很能引起他們的注意。

辛格會解釋道，他並不打算告訴調查人員到底發生了什麼事，希望家長們也能這麼做，同時卻又在電話中聰明地引導他們講出那些非法勾當的細節。

「我只是想提醒一下你。」辛格打給胡紐斯時，輕鬆地以這句話作為開場；這位納帕谷的葡萄酒大亨曾付錢給辛格，要他幫忙在女兒的學術能力測驗中作弊，現在則想要讓她以水球隊員的身分申請進入南加大。

檢調人員想問的問題五花八門。胡紐斯記不記得自己曾經花五萬美元，找人來竄改亞古斯丁娜的考卷答案？

「嗯，我記得。」胡紐斯回答道。

「我會跟他們說，你捐了五萬美元給我的基金會幫助弱勢兒童。」辛格如此說道，還補充說，他絕對不會提到事情的真相，也不會提到他安插的監考人員，怎樣協助他的孩子在西好萊塢參加考試。

胡紐斯有些失去耐性了，彷彿是因為辛格懷疑他矇騙國稅局的能力，而感到有些被冒犯了。「嘿，老兄，你在想什麼，你以為我是白癡嗎？」胡紐斯打斷了他。

有些對話就真的只是在閒聊。「嘿，我現在人在波士頓。」辛格在打給伊莉莎白・亨利奎茲時如此開場；這位來自矽谷的客戶，曾經透過辛格的非法門路送兩個女兒進大學。

她調皮地對他開了些玩笑，說他講「波士頓」這個詞的發音不對。他新英格蘭的腔調跑哪去了？應該是「巴—士頓」才對。

辛格把她導回到正題。他的基金會正在被查帳。

「喔，太糟了。」她說。

「但不用擔心，」他請她放心。他不會告訴國稅局，李德爾曾經幫他的大女兒在大學入學考試中作弊。

「好的。」她說。

他也不會說，他們曾經為了把女兒送進喬治城大學，而付錢給那裡的網球教練。

她有個疑問：「那你會怎麼說？」

辛格的劇本有一句標準的臺詞，他會說家長是捐錢給關鍵全球基金會「幫助弱勢兒童」、「資助弱勢兒童」，或「幫助弱勢兒童募資」。

「當然，那些孩子都得上學嘛。」亨利奎茲如此說道。

隨著證據愈來愈多，萊凌開始要求手下的檢察官讓調查告一個段落。讓案件在準備好的時刻，從調查階段進入刑事起訴階段，就是他的工作。如果時間到了，你就必須採取行動。

然而羅森和法蘭克當時投入太深，還沒有準備好要就此收手。他們都是非常追求細節的工作狂，不論是白天、晚上或週末，幾乎都待在辦公室裡。

由於辛格和其他願意合作的人提供了許多名字和資訊，他們現在有數百條線索要追蹤。找到了更多的證人，也發現了更多的共犯和證據。

萊凌希望他們能經常向他匯報，而他們在他辦公室隔壁的房間裡開的會，偶爾也會十分激烈。萊凌希望調查有個期限，但羅森和法蘭克則會告訴他為何他們需要繼續追查，有時還會使用 PowerPoint 簡報來呈現他們獲得的證據，以及接下來可能會抓到哪些人。

法蘭克有時會和萊凌針鋒相對，爭執聲連走廊上都聽得見。他從來沒有對上司這麼不爽過；早些年他還在《華爾街日報》的時候，其實很擅長面對那些競爭者很多的金融案件，也很會應付要求很多的編輯。

到了秋天，羅森和法蘭克給出了一個很有說服力的理由，讓他們能繼續調查這個案子：當時正好進入了早鳥申請的階段，被錄取的校隊生也是在這個時候拿到錄取通知的。他們知道，不論是校隊生入學或是測驗作弊，辛格和一些知名的顧客都有一些生意還在進行中。沒人想要草草結束這個案子。

麻州地區聯邦檢察官辦公室的一些主管，決定要為這個快速擴大、被稱作「校隊藍調行動」（Operation Varsity Blues）的案子指派更多的檢察官，不過他們也花了一些時間，來讓羅森和法蘭克相信他們其實需要協助，或是應該要把一部分的調查工作切分給別人進行。羅森非常認真地看待一件事：最好的檢察官必須知道每個案件的細微差異之處，才能妥善面對法官可能丟給他們的任何問題。羅森在轉任公職之前，曾在紐約的理查斯奇布與歐爾布律師事務所工作過，而該事務所的共同創辦人李．理察斯（Lee Richards），就曾驚嘆於羅森在他手下工作時對於案件瞭若指掌的程度。由於政府的檢調單位編制較小，而且那裡的法務助理都很忙，因此羅森早就已經習慣要親自處理案子的每個環節。比如他還在匹茲堡工作的時候，就曾經自己開過傳票。

他們的團隊謹慎地選出了一些助理聯邦檢察官，他們都有信心能對付那些有權有勢的人物。其中一位，就是畢業自羅耀拉大學馬里蘭分校（Loyola University Maryland）的法壇新秀賈斯丁．歐康乃爾（Justin O'Connell）；雖然他機智風趣又平易近人，而且總愛穿造型搶眼的襪子，但他其實是個非常固執的人。他曾在近期一起大型的民事案件中擔任主檢察官，讓蘇格蘭皇家銀行（Royal Bank of Scotland）同意針對一起發生在金融危機時代的案件，支付四十九億美元的罰款，而那也是美國司法部有史以來針對同類型案件所開出的最高額罰款。他後來在二〇一三年加入了聯邦檢察官辦公室，並在領英網站（LinkedIn，一個以商業社交為主軸的社群媒體）幽默地形容自己的工作：「幹些重要（但你大多都不會知道）的事情」。不過他即將接手的這個案子，很快就會轟動全國，因此這種描述很快就不再適用於他。

於當年十一月才加入麻州司法區聯邦檢察官辦公室的兩位律師，也被選入了他們的檢調團隊：訴訟律師（trial attorney）萊斯利・萊特（Leslie Wright）是從司法部刑案組的邁阿密辦公室往上爬的，至於克利斯登・奇爾尼（Kristen Kearney），原本在民間的律師事務所工作。

一些法庭電視劇在開頭會播放的場景幾乎可以在你腦海中上演：一群檢察官走在長廊上的慢動作畫面——不過這個案件的規模實在太大，恐怕沒辦法在一個小時之內、夾在幾個廣告之間播完。

至少有一位家長開始感到緊張了。住在舊金山灣區的布魯斯・伊薩克森，在十月份和辛格通了電話；辛格照著劇本演的時候，他只回應了「了解」和「好的」。

畢竟，他才剛剛和辛格要了收據來抵稅，因為辛格幫他的其中一個女兒申請上了大學，於是他捐了市值十萬美元的臉書股票給辛格。（伊薩克森的兩個女兒，分別以足球校隊生的身分，進入了加州大學洛杉磯分校和南加大，而他的妻子則已經開始在討論也要幫他們的兒子安排。）

他的妻子達維娜在辛格打給她的時候似乎也沒什麼異狀。他提議說那筆錢是「捐給我們基金會的一筆捐款，要用來幫助弱勢兒童的。」她能接受這種說法嗎？

「喔好啊，沒問題、沒問題。」

然而她突然又改變態度了。雖然電話訊號明明就很清楚，但達維娜卻說她聽不太見。「我聽不太清楚你在說什麼。」她如此告訴辛格，「我們今晚再談好嗎？」

於是當天晚上，辛格便帶著竊聽設備前往他們在加州希爾斯堡的家，和布魯斯見面。由於達維娜當時不在家，於是辛格問她要不要用電話加入他們的對話，但後來只有憂心忡忡的布魯斯出現在他們的會面中，而且氣氛非常奇怪。

「你知道，我被你說的那些鬼東西給嚇到了。」布魯斯說道，「我不喜歡在電話上說那些東西，你知道的。」

他在拖延時間。他說，他告訴達維娜不要和辛格講電話。「我的意思是，我不覺得他們會想到要監聽我的電話——但他們會不會監聽像妳這樣的人呢？」

辛格當時還在和一些頗為知名的家長談生意，比如菲力西提．哈芙曼。哈芙曼前一年已經幫自己的大女兒蘇菲亞在學術能力測驗中作弊，而當時的她則在猶豫要不要讓自己的小女兒喬治婭也走上這條路。喬治婭還小的時候就被診斷出有閱讀障礙，上的也是專為學習障礙兒童設立的中學。雖然她在帕薩迪納的威斯里治學校（這所私立學校非常注重學業）表現得很好，但哈芙曼仍然覺得非常焦慮，想要幫她預留一條後路。

她的計畫，是讓女兒先自己參加一次考試，然後再請辛格協助她考第二次，李德爾可以幫她修正考試答案。

哈芙曼後來在十一月打電話給他，向他確認「我們想要像之前那樣做」，也就是像蘇菲亞一樣。

好的，辛格回覆道。李德爾「會陪她考試，然後會幫她把答案改到好。」

在聯邦調查局的監聽之下，哈芙曼回覆：「沒錯。」

銀行家約翰．威爾遜也同樣在持續提供大量的素材給聯邦探員。辛格在十月份和他通了電話，向他確認他的雙胞胎女兒會以校隊生的身分進入頂尖大學，但「不用付錢。」他和辛格開玩笑說，希望他的雙胞胎女兒可以有買一送一的優惠，然後支付了五十萬美元的訂金，讓他們的計畫能持續進行下去。

威爾遜想知道，只要五十萬美元嗎？辛格和他解釋，史丹佛大學教練已經向他保證了，沒想到他聽了之後，對於事情如此容易感到很驚訝。「不、不、不，沒這麼簡單。」辛格如此回覆道，似乎對於有人居然以為這個暗黑魔法會如此輕鬆簡單，而感到有些惱怒。「這可不是在連鎖超市買東西，沒這麼簡單。」

的確沒那麼簡單，而且史丹佛的划船隊最後也不會給威爾遜兩個名額。「我跟他要了划船隊的第二個名額，但他說他沒辦法，因為他還要錄取一些真正的划船選手。」辛格如此解釋道。「不然校方可能會起疑。」

威爾遜笑了。「喔對，他還要錄取其他划船選手嘛，對對對。」

辛格確認能在哈佛拿到另一個名額之後，威爾遜便匯了五十萬美元給辛格的基金會。「兩個女兒的搞定了。」他如此說道。「我的意思是，威爾遜家的女兒高枕無憂了。」

同樣高枕無憂的，還有傑克．白金漢。他的母親和辛格幫他安排了一個巧妙的計畫，讓他可以待在家裡，而李德爾則會幫他在休士頓參加美國大學測驗。不知道發生什麼事的傑克，似乎還至少和一個同學透露過，他因為生了病而會在比佛利山莊的家裡參加美國大學測驗，而他的母親則會幫他監考。

在競爭激烈的高中學生之間，如果某個學生似乎獲得了一些特權，這件事很快便會在同學的圈子裡傳開。

在西洛杉磯擔任獨立升學顧問，同時也是教授的蕊貝卡・喬瑟夫（Rebecca Joseph），就在一個和傑克同校的客戶那邊，聽到了這則流言。

她打了通電話給其他也在升學家教圈子裡的同行，但沒人聽過這種奇怪的考試方式。

於是她在二〇一八年十月聯絡了美國大學測驗的主辦方，起初先用推特聯絡。主辦方後來回應她說，受試者不能在家裡參加考試，但接著又澄清，那個人可能安排了一些特殊待遇。喬瑟夫繼續追問：「但那個媽媽也會在房間裡和考生一起。」對此，主辦方則沒有回應。於是她試著打電話給美國大學測驗的主辦方通報這個異常現象，但除了接電話的客服人員之外，她的問題並沒有得到更高層級的回覆。

檢調人員還在等著看，麥克格拉珊到底會不會讓自己的兒子也走側門入學。看起來似乎有可能，但辛格對此有點懷疑，甚至還和他在南加大的主要聯絡人說，他不覺得麥克格拉珊最後會走這條路。

隨著時序進入深秋，他和麥克格拉珊之間的通話也變得愈來愈奇怪。在麥克格拉珊看來，他們的對話似乎有點太戲劇性了。辛格先是和他透露，他的電話可能已經被竊聽了，接著又告訴他，國稅局正在調查他。

麥克格拉珊看起來禮貌地拒絕了他的服務。他說他已經在和南加大的其他聯絡人合作，要走更傳統的「後門」入學。他建議辛格，他們應該要先暫時停止討論這件事，「直到事情明朗化之後再說，你知道的。我寧願低調一點。」

「側門方案的確是個很棒的備用方案，可以讓我覺得壓力小一點，但萬一這個方法沒有這麼棒怎麼辦？如果這招行不通，那就真的行不通了。」

這招的確再也行不通了。

雖然戈爾頓．卡普蘭在《美國律師》（*American Lawyer*）中獲得了二〇一八年「年度頭號業務員」（"Dealmaker of the Year"）的稱號，但他接下來和辛格要談的，卻會是一筆糟透的生意。

卡普蘭在他和辛格都不知道他們正在被監聽的時候，就已經在電話中透露了很多訊息，但聯邦探員顯然還在期待著看卡普蘭這號在法律界響叮噹的人物，最後究竟會不會上鉤。就在辛格同意和檢調合作的幾天後，辛格便曾在一張紙條上告訴自己的律師，檢調似乎想要「不計一切代價抓到戈爾頓。」

然而就算沒有檢調的介入，這筆生意本來就幾乎要告吹了。起初，美國大學測驗的主辦單位，回絕了他們為女兒爭取額外答題時間的申請——而且拒絕了兩次。但在聯邦調查局的要求之下，那間測驗公司最後同意了卡普蘭女兒提出的第三次申請。

到了十一月初，卡普蘭要求辛格向他保證他女兒不會違法。他需要知道，就算西好萊塢測驗中心的監考人員會在之後幫她修正答案，但她依然會親自參加考試。

「你要記得，我是個律師。」他對辛格說，「我多少還是很注重規矩的。」

於是辛格給了卡普蘭承諾，而卡普蘭則匯了兩萬五千美元到一個戶名為關鍵全球基金會的帳戶裡。事實上，那個位於波士頓的帳戶，是檢調單位要求辛格開立的。

然而卡普蘭依然躊躇不定，對一些細節感到不太放心。比方說，他的妻子反對這種做法，他要如何說服她呢？他女兒的家教並沒有和辛格合作，這樣那名家教之後會不會覺得她的測驗成績高得很奇怪？要怎麼跟別人解釋，他們為何要大老遠跑去美國西岸參加測驗呢？

十二月八日星期六，天氣晴朗，檢調人員一大早就在西好萊塢學院預校外頭埋伏著。早上七點零五分，校長伊格爾．德沃爾斯基出現了。

十分鐘後，他們看見卡普蘭和他的女兒走進了校門，而監考人員馬克．李德爾則在七點二十一分現身。

卡普蘭接著步出學校，而他的女兒則緊張地開始了當天早上的測驗；這場事關重大的測驗讓她非常焦慮，然而她的爸爸只擔心他們會不會被抓到而已。她最後在中午之前考完試，接著坐著爸爸的車離開了考場。深呼吸。她寫錯的幾個地方，現在都有李德爾在幫忙修正了。

十二天過後，卡普蘭又匯了五萬美元，給他以為是辛格基金會擁有的帳戶。

他在測驗結束的幾週之後告訴辛格：「我從來沒想過，自己會做這種不能出現在《華爾街日報》頭版上的事情，但反正——反正我們已經做了。」

這個共犯網絡當時已經擴大到極其離譜的程度。然而，如果把調查過程拉長，會有另一個風險：和檢調合作的人可能會負荷不了。要一邊假裝一切正常、一邊搜集情資，其實會耗費他們很多心力。

聯邦探員會固定聯絡辛格，確定他有在守規矩。每天都有人在監聽他，而他卻不能和任何人透露這件事。

這件事似乎讓他覺得有點煩。

他還有無數個副業，比方說，他曾投資「USA-UES」這間公司約一百萬美元。這間位於洛杉磯的公司，是一間教育科技的新創公司，主要服務中國學生。他經常會和該公司的董事長兼執行長克里斯・李（Chris Lee）進行一些很有收穫的通話、更新彼此的現況，並耐心討論彼此的目標。

但辛格最近和他講電話時，卻沒來由地變得愈來愈少話，也愈來愈無禮。

「好吧，可能他今天真的不太開心。」李先生心想。然而辛格的這種態度並沒有隨時間消失。

辛格對李先生來說非常重要。他提供了他非常需要的資金、人脈和聲望。「USA-UES」的網站上的真人現身說法，就是由辛格提供、從他自己的網站上複製過來的，希望能為這間還沒開始運作的公司招攬新客戶。

辛格還將李先生和他的團隊介紹給了美國教育委員會的高層——該委員會是一個大型的高等教育遊說團體。美國教育委員會的主席名叫泰德．米切爾（Ted Mitchell），曾在歐巴馬政府任職，也曾在辛格早期創立的「大學源」裡擔任董事。由於這層關係，「USA-UES」於二〇一八年九月簽署了一份合約，成為美國教育委員會全國會議的贊助商，這場會議將會在隔年三月召開。

然而到了當年秋天，辛格卻告訴李先生他必須退出這個協議，理由則是政府對他進行的查帳工作讓他變得太忙，資金也不夠充裕（這種跟國稅局有關的理由，總是非常有說服力）。辛格於是提供他資金，這讓李先生和他的夥伴手足無措。李先生用自己的房子申請了二次貸款，希望能讓公司繼續營運下去，但那家公司最後依然沒能存活下來。

另一位和檢調合作的人也準備要面對接下來的麻煩了。十一月中，耶魯大學女子足球校隊的前任和現任隊員，都收到了新上任的體育辦公室主任薇琪．春（Vicky Chun）寄來的電郵。「請和我一起感謝魯迪這二十四年來，為耶魯女子足球校隊付出的傲人心力。」她在信中如此寫道。長年擔任教練的魯迪．梅雷迪斯，即將要辭去教練職務了。耶魯大學隨後也發布了官方新聞稿，裡頭滿是薇琪．春熱情的措辭，以及梅雷迪斯教練生涯的精彩回顧。

「是時候探索其他新的可能性、開啟我人生的新篇章了。」梅雷迪斯說道。一天後，耶魯大學收到了一張聯邦大陪審團（federal grand jury）的傳票。

羅森、法蘭克以及他們位於波士頓的調查團隊，必須收尾調查工作。傳票當時已經寄給各學校，律師也已經收到了通知。知道這個案件的人實在太多了。

由於民主黨和共和黨當時在美墨邊境的圍牆預算上爭執不下，因此聯邦政府從該年十二月二十二號起便停擺了三十五天之久；然而，調查工作沒有因這段期間而停止。

二〇一九年初，檢調人員要求辛格繼續和客戶在被監聽的情況下通話，也給了他新的劇本，要他去府上拜訪在加州的客戶。

在這個新的劇本裡，他不再說國稅局可能會查他基金會的帳，而是告訴那些家長，某一所大學已經啟動了內部的調查。或者，他會說檢調單位因為發現來自其他州的學生，會在那裡參加美國大學測驗或學術能力測驗，因此發了傳票給那個位於休士頓的測驗中心。

當辛格在三月三日打電話來通知一些消息時，洛杉磯商人史蒂芬．森普雷維沃似乎就已經感覺到事情不妙了。他說，喬治城大學正在進行一場內部調查，想知道為何有些明明不是網球選手的學生，會在網球教練的幫助之下被學校錄取。森普雷維沃的兒子就是用這個方法錄取喬治城大學的。他問了一些問題，然後電話便被掛斷了。

森普雷維沃稍後回電給辛格。他說，他覺得和辛格說話不太恰當。「我只知道，我們，你知道的，我們是因為一些慈善的原因才使用了你的服務，我們也是為了你的諮詢服務才找上你的。」他結結巴巴地說道。「你幹的那些事，跟我們無關。」

一天過後，也就是三月四日的傍晚，憂心忡忡的蘿莉．拉芙林打了通電話給辛格。她聽說檢調單位發了一張傳票，要求馬里蒙特高中提供她女兒的紀錄。他知道發生什麼事了嗎？「是不是那個馬里蒙特高中的傢伙又做了什麼？他想製造什麼麻煩嗎？」辛格假裝自己並不知情。

隔天，辛格則是和菲力西提・哈芙曼通了電話。

她會讓小女兒喬治婭，也和蘇菲亞一樣在測驗中作弊嗎？哈芙曼和他的丈夫（也就是演員威廉・梅西）在幾個月之前，還在電話中和辛格計畫下一次考試的事宜；此時距離喬治婭三月份的學術能力測驗，只剩下一點點時間了。（梅西並沒有參與蘇菲亞的作弊計畫；雖然他曾在和幾次關於喬治婭考試的通話中和辛格說過幾次話，但主要做決定的人還是哈芙曼。）

當時這家人似乎正好春風得意。梅西當時才剛在《大觀雜誌》（*Parade*）上說：「我和菲力西提偶爾都會說：『天哪，我們是不是世界上最幸運的人啊？』」

大約在同個時期出刊的《男士雜誌》（*Men's Journal*），也刊登了他心目中最好的箴言：「千萬不要說謊。那是最不值得做的事。說謊會讓你付出很多代價，但它們能給你的，絕對不值那些代價。」

哈芙曼和梅西最後決定，不要讓喬治婭使用辛格的作弊服務。哈芙曼知道自己為蘇菲亞做的事情是不對的。她不想再重蹈覆轍。

當哈芙曼於三月五日告訴辛格，他們不會使用他的服務時，這對夫婦並不知道檢調當時已經在進行調查，也不知道辛格正在和他們合作。「感覺就是不太對勁。」她說道。

二月初的某個早晨，當史丹佛大學的划船教練約翰・范德摩爾聽到有人在敲門時，他還穿著睡衣，正準備要送小孩去日托中心。站在門外的是兩位調查人員，一位來自聯邦調查局，一位來自國稅局。

他和他們花了兩個小時坐在一起，盡可能地回答了他們的問題，但依然不太能理解他們為什麼會出現在他家、自己做錯了什麼，也不知道自己陷入了多大的麻煩。

但有件事情他是知道的：他應該要找個律師。

范德摩爾並沒有律師；他從來就不需要律師。熱愛戶外運動的他，幾乎沒有穿過西裝。他住在鱈魚角的父親（一位退休的耳鼻喉科醫師），於是聯絡了尼克森・匹波迪（Nixon Peabody），請他幫自己的兒子找名律師。於是即將在波士頓的律師事務所成為合夥人、專為白領罪犯進行辯護的律師——羅伯特・費雪（Robert Fisher），就這樣獲得了一個新客戶。

檢方為范德摩爾提供了認罪協商的選項，而他們之所以這麼做，很有可能是因為他並不完全屬於檢調準備要逮捕的那類大學教練。范德摩爾是這起案件裡，唯一一個沒有收受任何賄款的教練。

費雪的背景，剛好很適合協助范德摩爾面對那些冗長的法律文件、了解他擁有哪些選擇。費雪來自波士頓近郊的瑞維爾市（Revere），那裡是個藍領階級的社區；他曾經在波士頓擔任聯邦助理檢察官將近十年的時間，後來又在二〇一六年轉往民間業界執業。費雪曾經打過幾場特別的戰役，比如藝術界最撲朔迷離、至今仍未水落石出的一起懸案：伊莎貝拉・嘉納美術館（Isabella Stewart Gardner Museum）的竊盜案，在這起案件中，盜匪一共偷走了十三件作品，總值估計達五億美元。

而且他還指導過羅森。

費雪直爽而友善，不是那種可以打哈哈、隨便就能矇騙過去的人。他接下范德摩爾的案子之後，便打了通電話給他之前在聯邦檢察官辦公室的同事，隨即又打了通電話給人在加州的范德摩爾。

「好吧，這是個大案子。」費雪如此和他說。

於是范德摩爾搭了一班紅眼班機，飛往當時正在下雪的波士頓。

他花了十一個小時，待在尼克森．匹波迪位於交易廣場（Exchange Place）三十一樓的辦公室的玻璃會議室裡；這座現代化的摩天大樓，就位在波士頓大屠殺發生地點的對面。

范德摩爾坐在一張白色大理石桌子旁，一旁還看得見波士頓港停滿帆船的動人景觀，而費雪和在尼克森．匹波迪那裡工作的史考特．賽茨（Scott Seitz），則不斷在辦公室和聯邦法院之間來回奔波（法院距離辦公室走路只要十分鐘而已）、評估證據。情況看起來很不妙。檢方擁有辛格和范德摩爾在電話上討論交易的錄音，而他們往來的電郵，也記錄了他們規劃的付款安排細節。

賽茨曾在美國國家安全局（National Security Agency）擔任律師，也曾在法學院裡為費雪做事，並在當年一月加入了尼克森．匹波迪的事務所；他和費雪都認為范德摩爾的這起案子並不尋常。他曾將某些申請人列為校隊生，雖然那些申請人根本不會駕駛帆船。但他把辛格給他所有的錢，都交給了史丹佛大學的帆船校隊，用來購買船隻、補給品，以及支付助理教練的薪水。然而費雪和賽茨解釋道，他們幾乎可以確定，他依然觸犯了法律。

到了三月三日星期天的晚上，這位帆船教練在法律上的命運，便會在「聯邦政府對約翰．范德摩爾」（United States v. John Vandemoer）這個案件長達六頁的文件中底定。那份文件的最後一頁則有他的聲明：「我是在意志自由且自願的情況之下同意這份協議的，因為我確實是有罪的。」

范德摩爾簽下了自己的名字。

他在史丹佛當教練的時間，還剩最後一個星期，而且還要帶他的校隊去馬里蘭州的聖瑪麗學院參加帆船比賽。他在那間學校開啟了自己的大學教練生涯，而他知道，史丹佛大學也將會成為自己教練生涯的最後一站。他在比賽的休息時間裡，花了不少時間到處漫步，希望能讓心情平復一些；檢察官警告過他，除了自己的律師和妻子之外，不能和任何人提起這個案件。他在夜裡無法入眠，整夜都在想著「這個超大的案子要被公諸於世了，真的超級丟臉。」他後來曾經如此說道。

史丹佛大學的校隊依然贏了那場帆船比賽。

幫別人考試的李德爾，在二月二十二日簽署了認罪協議，而耶魯大學的教練梅雷迪斯，則是在三月五日簽署。這還只是開始而已。

第二十五章 收網

三月十二日，天空即將破曉。又是洛杉磯美好的一天。橘子樹和茉莉開花的香氣，瀰漫在這座城市的住宅區裡，甜蜜地預示著春天即將到來。

馬爾克斯．白金漢的電話，在清晨六點三十五分響了起來。是他兒子傑克打來的。馬爾克斯當時正準備要出門上班，但他還是立刻接起了電話。

「爸，你可以過來一趟嗎？」

傑克的聲音聽起來很平靜，和他即將告訴他父親的重大消息很不搭調。

「媽剛剛被聯邦調查局逮捕了。」

傑克才剛在上週五慶祝自己收到了南方衛理會大學的錄取通知，他當時就是想念這所學校。但一如平常給人的感覺，他慶祝的方式很低調，因為不希望在其他朋友還沒收到學校回覆的情況下太過張揚。他的母親珍．白金漢買了些氣球，然後在 Instagram 上張貼了這個好消息，但沒有大肆宣傳。

他們離婚之後，馬爾克斯便搬到了好萊塢丘，那裡距離珍和孩子住的比佛利山莊只要十五分鐘。他們離婚的過程並不平順，但馬爾克斯怎樣都想不通為什麼珍會被逮捕。沒有人比他前妻還要更循規蹈矩。他甚至還會戲謔地稱她「去屑洗髮精」。

於是他開車出門，轉進一條路邊種滿樹的街道，在一棟宏偉的房子前停車。他的孩子傑克和克蘿伊坐在屋子裡滿臉驚嚇。他們在重述事情經過的時候，彷彿在說有外星人入侵一般。

聯邦調查局的探員天還沒亮就來大力敲門，然後把他們的媽媽帶走了。

傑克開始用手機瀏覽推特，希望能找到一些蛛絲馬跡。那個早上，他逐漸知道到底發生了什麼事。馬爾克斯和克蘿伊站在他背後彎著腰，也盯著手機小小的螢幕看那些新聞。馬爾克斯沒有戴老花眼鏡，所以看不太清楚那些字，但傑克和克蘿伊卻發現了一篇新聞稿，而且看起來是很正式的那種，便讀出內容。

幾乎是同一時間，他們一起倒抽了口氣。

那天早上，調查人員和檢察官很早就在聯邦調查局的駐地，或波士頓的聯邦檢察官辦公室裡集合了；當時波士頓冷冽的空氣依然讓人感覺有點像冬天。他們繁忙的調查行動，截至當時已經祕密進行了大約一年；為了防止消息走漏，他們不能和其他司法區和司法部總部的人提到這個案子。

祕密一旦洩露便會惹惱法官、阻礙調查行動，並可能會讓嫌犯做出一些魯莽的行為，比如自殘，或是逃亡到某個和美國沒有引渡協議的地方。他們真的花了非常多的心力，也非常的擔心。

現在，終於到了校隊藍調行動收網的時候了。

檢調單位已經悄悄地和四個目標人物達成認罪協議：辛格、范德摩爾和梅雷迪斯兩位教練，以及考試大師李德爾。到了星期二早上，檢調兵分多路，前往全美國最高級的幾個社區逮捕其他四十多個人，其中包括一些名人、高階主管，以及一個國際律師事務所的共同合夥人。多達三百名來自聯邦調查局以及國稅局刑事組的特別探員，於天亮之前在六個不同的州發動了一場閃電逮捕行動，並追蹤那些人在國外的被告。

等這些重量級的嫌犯被帶到拘留所之後，他們必須進行登記、照相、採集指紋，並第一次出庭。

整起逮捕行動都由波士頓的檢方監控；在這起多方合作的複雜行動中，稍有差錯就可能會導致災難性的後果。

在檢調進行大逮捕的幾天前，這起案件就已經出現了可能會提早攤牌的跡象。主責的檢察官羅森發出了一則緊急訊息。大衛．希督已經買了一張機票，預計在接下來的星期五，也就是三月八日離開美國。這件事讓監視他的檢調單位都緊張了起來。

檢調希望在一週之內逮捕的三十三名家長之中，希督是最重要的頭號嫌犯，已經列入了大陪審團剛剛批回的密封起訴書之中。這位原本是加拿大職業美式足球選手、後來成為商人的男子，一共支付了二十萬美元給辛格，請李德爾幫他的兩個兒子參加學術能力測驗。

檢調原本打算在星期二早上在加州逮捕他，然而他現在卻準備要離開美國，前往他在溫哥華水畔的家（那座房子大約價值兩千四百萬美元）。

到了此時，法院的備審案件目錄中出現愈來愈多的密封文件。知道這起案件的人，包括一個波士頓大陪審團的成員，以及加州和其他地方的執法人員。

波士頓檢調人員的處境頗為尷尬。如果希督真的逃到加拿大，就很難再抓他回來了。然而如果提早在美國逮捕他，卻又會讓其他重要的目標人物提高警覺。

最後他們決定冒險。那個星期五，聯邦調查局在聖荷西機場逮捕了希督。他在拘留所裡待了一個週末，同一個時間，波士頓的檢調團隊則打電話給北加州司法區的檢調單位，請求他們不要洩露消息。

波士頓的檢調單位整個週末都在工作，他們要準備新聞稿，還得預先寫好星期二要放在網站和社群媒體上的文字內容。他們讓華府和洛杉磯負責媒體事務的團隊知道了這件事，也傳了一份他們必須提交的「緊急報告」給司法部的總部，讓高層知道麻州司法區即將要公布一件影響重大、牽涉知名人物的案件。

儘管希督已經於週一在聖荷西的聯邦法院出庭、並以一百五十萬美元的保證金交保候傳，但他被逮捕的消息並沒有走漏。就在同一天，治安法官（Magistrate Judge）佩吉・凱莉（M. Page Kelley）也在麻州為其餘還未被逮捕的家長，簽署了三十二份標題為「拘補令」的文件；他們每個人都被指控曾犯下郵件詐欺（mail fraud）和誠信服務詐欺（honest services mail fraud）。她在幾天之前，也已經簽署了幾位教練和其他涉嫌和辛格一起犯罪的人的拘捕令。

那些拘捕令上的指令非常明確。

「致：任何被授權的執法人員。」每一張拘捕令上都如此寫道，「你已被命令，儘速將以下人等逮捕、提交予聯邦治安法官……」

有將近二十份的逮捕令發給了聯邦調查局在洛杉磯的分處；該分處管轄的範圍非常廣大，從橘郡向北延伸到中央海岸（Central Coast），向內陸則一路延伸至內華達州的邊界。辛格就住在這個區域裡，也是在那裡累積他的客戶群；這裡為他提供了能在南加大賄賂教練的肥沃土壤。

那些探員的辦公室，就位在威爾夏大道某幢白色的十七層大樓裡，或位在聯邦調查局的十個分局辦公室裡；針對每一個需要拘捕令、需要關押的嫌犯，他們都在祕密地討論相應的行動策略（或稱「行動計畫」）。

執法人員常常會在凌晨時分執行逮捕，因為這個時間目標通常都會在家，也不會有太多防備。但這種突襲行動可能會登上新聞頭條，給外界的觀感也不太好。被捕對象的孩子也可能會在場。探員會狂吼命令，而為了以防萬一，他們可能還會掏槍，因為他們不知道門的另外一邊有什麼東西在等著他們。知道自己可能會名譽受損或可能要被關的人，有時會鋌而走險，變得難以預測。

就在大約七個星期之前，美國有線電視新聞網（CNN）才拍到了一段影片，內容是十幾個聯邦調查局探員在日出之前帶著武器和手電筒，前往川普的顧問羅傑·史東（Roger Stone）在佛羅里達的家中逮捕他。當時有人批評聯邦調查局的行為太過分了，但也有些人認為行動合理。

隨著三月十二日不斷逼近，有些洛杉磯執法人員也發出了質疑。他們真的要逮捕像哈芙曼那樣的人嗎？幹嘛不傳喚他們出庭就好？像她這樣知名的女明星，有可能會帶著逃難背包、逃亡到國外去嗎？

然而檢調單位也知道，如果他們看起來對那些有錢人比較仁慈的話，也可能會引來外界的批評。而且，逮捕行動絕對可以傳達出一個訊息：想藉由作弊，贏過其他老老實實申請大學的人嗎？你會被司法制裁唷——而且可能會讓你在一大清早、還沒起床淋浴的時候，就被逮捕。

那些還記得羅傑．史東的爭議的波士頓檢察官，向聯邦調查局轉達了他們的憂慮。不要有轟動的畫面，也不要踹門而入。然後拜託，不要在大庭廣眾之下逮捕嫌犯，睡眼惺忪、一頭亂髮的嫌犯戴著手銬被帶上警車的畫面，也不能出現在新聞上。

聯邦調查局的團隊會和國稅局探員合作，反覆討論他們精密的計畫和安全確認事項，並指派一位組長、一個備用團隊，以及萬一遇到法律上的問題時，可以去電詢問的聯邦調查局律師。他們的調查顯示，有些本就經常四處移動的逮捕目標，會在三月十二日離開他們所在的城市，因此需要其他司法區協助逮捕行動。

他們會偵查每戶人家，藉此取得他們的日常行程，並檢查是否有柵欄、門禁和難以穿越的圍籬。探員必須找出破壞家庭保全系統、進入門禁社區的方法。

探員們做了最後的檢查，確認他們都在家（這個過程有個奇怪的名稱，叫「讓他們上床睡覺」），然後在三月十二日的日出之前，在洛杉磯各處的星巴克停車場或其他地方碰面。這些地方就是他們的舞臺。好戲即將上演。

鏡頭轉到加州，這場拘捕行動快速展開，從慵懶的聖・費爾南多谷（San Fernando Valley）郊區蔓延到浮誇的海灘小鎮。大約同個時間，一位住在比佛利山莊的知名房地產開發商，被一陣猛烈的敲門聲吵醒。他走向大門。敲門的可不是雅芳小姐（Avon lady）[24]。「聯邦調查局！」來訪的人如此吼道。他因此舉起了雙手。

同樣在清晨六點，各個聯邦調查局的團隊分別在塔扎納（Tarzana）逮捕了一位預備學校的校長，在世紀城（Century City）逮捕了加州大學洛杉磯分校的一位足球教練，並在芳泉谷（Fountain Valley）逮捕了一位南加大的前足球教練（他的老婆應門時還穿著浴袍）。到了清晨六點零五分，聯邦調查局在新港灘則抓到了一位貨運公司的主管。在凱拉巴薩斯（Calabasas）逮捕了一位牙周病醫師。六點零八分，探員們在北好萊塢的一幢公寓裡，抓到了另一位南加大的前教練。七分鐘後，一支隊伍穿越了貝爾・艾爾一棟豪宅外華麗的黑色大門，逮捕了住在裡頭的企業主管，另一隻隊伍則前往日落大道上方的山丘，經由一條私家道路，前往哈芙曼的家。六點二十分，聯邦探員也在比佛利山莊的某個莊園裡逮捕了一位時裝設計師，接著又前往比佛利山莊旅館（Beverly Hills Hotel）附近的一棟住宅前大聲敲門。

調查人員將他們送上了一般的政府用車，載往洛杉磯市中心的行政中心。當車子駛近目的地時，路邊長椅上開始出現了保釋代理人的廣告。他們的目的地是：有著紅色花崗岩外觀、樓

24 譯注：會逐家登門拜訪、推銷雅芳產品的推銷員。

高二十二層的愛德華·羅伊巴爾聯邦大樓暨聯邦法院（Edward R. Roybal Federal Building and U.S. Courthouse）裡的拘留所。

每場逮捕行動，調查人員都會通知波士頓；回到聯邦檢察官辦公室之後，史提夫·法蘭克也送出了一連串訊息更新，確認每個人都進入了拘留所。「沒有任何問題。」

在西岸更靠北一點的舊金山，聯邦調查局在早餐時間之前將十名家長送入了拘留所；至於紐約地區，聯邦調查局則是在清晨六點逮捕了一位包裝公司的老闆，並在六點半逮捕了一位知名的律師。在聖地牙哥、德州和科羅拉多州，也有其他被告被補。

那些家長們，各自經歷了一些感覺很不真實的體驗。當聯邦調查局於早上六點半進入珍·白金漢位於比佛利山莊植栽茂密的家時，她整個人僵坐在地上，一動也不動。一位好心的女探員試著幫助她思考，可以傳訊息通知誰（她試著傳給了她的離婚律師），並讓女兒幫她拿了一條能量棒和一雙鞋子。住在舊金山的葡萄酒商哈芙曼和胡紐斯，則形容那些荷槍實彈的探員如何粗魯地進到他們家、把孩子都叫起床。住在門洛公園的瑪爾裘莉被上銬時穿著睡衣，後來才獲准換上別的衣服。至於另一位放射腫瘤科醫師，他和妻子則被送上了不同的車輛前往拘留所。

德州大學的男子網球總教練麥可·森特，是在清晨六點左右被帶離他位於奧斯汀的家；被帶走時，他身上穿著一件深橘色的T恤（衣服上的圖案，宣傳的是他某個多年摯友的基金會），以及一件德州大學長角牛美式足球隊（Texas Longhorns）的棉褲。德州大學校隊那句知名的口號——「抓住他們」（hook 'em），從此有了新的含義[25]。

「如果聯邦調查局敲了你家大門、甚至用力拍打你家大門，那絕對沒有什麼好事會上門。」

他的律師說。

美國東部時區早上十點零九分，一則新聞閃現在記者們的收件匣：位於波士頓的聯邦檢察官辦公室，將在大約一小時之後召開記者會，宣布起訴「幾十位嫌疑人，他們都涉入了一起全國性的大學招生和校隊錄取的舞弊事件。」

聯邦調查局的全國媒體事務辦公室（National Press Office）則在幾分鐘之後，也發布了一條訊息，內容是「聯邦調查局波士頓分局的一件牽涉廣大利益的刑事案件」。

聽起來是個大新聞；一位全國廣播公司的記者在推特上寫道：「突發新聞：女演員菲力西提·哈芙曼（《慾望師奶》）和蘿莉·拉芙林（《歡樂滿屋》）在波士頓的作弊調查中成為被告。」

記者和攝影機擠滿了聯邦法院九樓的媒體室，而面無表情的聯邦官員則在鋪有灰色地毯的階梯上站成一列，背後則是天鵝絨材質的簾幕和司法部的標誌。

預定的時間一到，萊凌便走上了木製講臺。

「我們之所以今天在此，是為了公布美國司法部有史以來，起訴過最大宗的大學入學舞弊事件。」他如此說道，接著開始冷靜地宣布這起規模龐大、涉及範圍遍及全國的驚人醜聞。

相機的快門聲此起彼落。當他一一詳述那些驚人細節時，記者開始快速地敲打鍵盤，或在

25 譯注：hook 在口號裡原本是「抓住」之意，也是美式足球賽裡常見的動作，但該詞亦有「用不當手法使人受騙上當」之意。

推特上發文：這起剛揭露的案件，一共有三名策劃者、九名大學教練、一名大學校方人員、一位篡改考試答案的人、一位監考人員、兩位學術能力測驗／美國大學測驗的主辦單位人員，以及三十三名「來自上流權貴階級」的家長們牽涉其中。在紐約，一位《華爾街日報》的編輯印出一份來自聯邦調查局、長達兩百多頁的口供書，裡頭詳細記錄了各項指控，而其他人則在裡頭讀到了幾個標上粗體的姓名。

這起案件裡，有一些荒謬的合成照片、竄改過的學術能力測驗和美國大學測驗的分數。這是一個詐欺案，牽涉了幾所第一流的知名大學：耶魯、喬治城、史丹佛、威克森林大學、加州大學洛杉磯分校、南加大、德州大學。由於這些學校的名聲太過響亮，一位南加大的教授甚至還和一位同事開玩笑說，他們的招生辦公室現在可能會覺得有點興奮。「太棒了不是嗎？我們居然被和史丹佛、哈佛一起相提並論。」

在波士頓的這場記者會上，由於案情資訊過載，聯邦檢察官辦公室甚至還在海報板上畫出了案情分析圖。「不論貧富貴賤，每個人在大學招生體系之中都應該是平等的，而我也要再加上一句，在刑事司法體系之中，也應該都是人人平等的。」他警告道。

主掌聯邦調查局波士頓分局的特別探員約瑟夫．波納沃隆塔（Joseph Bonavolonta）拿起麥克風，講述這場大型逮捕行動的最新動態：已經有超過三十多個人在當天早上被安全地送入了拘留所，但有一人仍在「追捕之中」，其他七人則在「準備投降」。

辛格和范德摩爾這兩位被告，在當天下午於波士頓的聯邦法院被訴以重罪，而另外兩位被告，則是在幾週之後決定認罪。

記者們紛紛提出了問題，其中一個問題特別關鍵。

「孩子們知情嗎？」

當時十七歲、住在比佛利山莊的傑克·白金漢，剛剛得知了消息。波士頓的聯邦檢察官辦公室在網路上放了大量的起訴文件。傑克從一篇推文裡，看到了別人張貼的一份篇幅很長的法律文件：「支持刑事控訴的口供書」（Affidavit in Support of Criminal Complaint）。

該文件的簡介部分，依照字母順序列出了「被告」的名字，以及他們出現在文件中的頁碼。

「上面寫誠信服務詐欺，她可能只是證人而已。」傑克說道，聲音還帶著一絲希望，他的父親馬爾克斯，和妹妹克蘿伊則站在一旁。

他將文件翻到了第十五頁，然後開始大聲地讀出上面的內容。他原本的樂觀態度開始消退。

「媽付了五萬美元給辛格，讓他幫我在美國大學測驗上作弊。」傑克說道，「然後她還要為克蘿伊做一樣的事情。」他感到非常消沈，整張臉垮了下來。「爸，接下來會發生什麼事呢？」傑克說道。

馬爾克斯把他緊緊地抱在懷裡。

蘇菲亞和喬治婭·梅西不確定媽媽被捕之後他們該怎麼做，於是打了通電話給他們之前的保母——喜劇作家艾倫·伊頓（Ellen Etten）。他們那天在伊頓的家裡度過，在那裡看電影、吃泰國菜，也在她家裡哭泣。

在德州的斯普林區（Spring），一位曾經在辛格手下擔任合法升學顧問的女性，接到了一通朋友打來的電話，對方在電話裡大叫：「快打開電視看新聞！」於是這位辛格的前員工，當天一整天都在想，聯邦調查局會不會也出現在自己的家門前。

在佛羅里達州，IMG學院的員工們則是非常緊張。檢調剛剛公布，該校非常受歡迎的測驗輔導主任馬克・李德爾，就是幫辛格的客戶在測驗中作弊的人。他們原本還期待檢方提到的馬克・李德爾只是另一個同名同姓的人。現在，他們必須把李德爾的個人檔案，從IMG學院的網站上拿下來才行。

全美各地正上班的人們都慢下了手邊的工作，因為很多人都在忙著看那份兩百零四頁的口供書，裡頭充滿了辛格和家長之間引人好奇的通話、簡訊、電郵片段。品浩太平洋投資管理公司新港灘辦公室裡的員工們之中也流傳著這份文件，因為公司的前執行長就牽涉其中。爆出這則新聞的時候，荷治人正好在國外旅行，他得知消息之後也買了一張紅眼班機的機票回來自首。

對外界來說，這起醜聞擁有一切能引起話題的元素。從好萊塢到華爾街的有錢家長、占盡優勢的孩子、貪婪、貪汙、現金交易、電話竊聽，還有不少古怪的噱頭，而且對很多人而言，這起案件也證明了一件事：大學的招生體制並不公平。

網路上出現了一堆關於貝琪阿姨（Aunt Becky）背叛大家的迷因圖（貝琪阿姨是拉芙林在《歡樂滿屋》裡扮演的角色），而這起醜聞也在各大新聞媒體上占據了不少版面。深夜喜劇的演員紛紛根據這起醜聞設計了喜劇臺詞，《週六夜現場》（*Saturday Night Live*）的腳本作者們額外製作了一則小短劇，政治人物和學者則忙著發表自己的意見。

有些公司迅速地開除了涉入醜聞的員工。比爾・麥克格拉珊在下午一點五十五分左右，便向資募基金公司TPG提出了辭呈，公司則在下午兩點零四分的時候發給他一則訊息，告訴他公司已經開除他，他寄辭呈過去之前，他們就已經在寫開除通知了。雖然公司認為麥克格拉珊並沒有做出任何和TPG有關的不當行為，但他依然失去了他在該公司超過一億五千萬美元的資產，不論那些資產是否歸屬於他。

私立學校則是趕著將那些家長從董事會的名單中剔除出去。

南加大開除了行政人員海內爾，以及在該校名氣歷久不衰的水球教練瓦維克。聯邦調查局的探員在清晨六點半的時候，突襲了他在威基基投宿的旅館；他的球隊當時正在那裡，準備要和夏威夷大學進行女子水球比賽。前往法院時，他身上還穿著深紅色和金色相間的南加大風衣。

「人們對於這起事件感到非常憤怒。」一位空電視臺（KHON-TV）在檀香山的新聞播報員，後來在一次被轉播的訪談中如此說道，而當時被訪談的來賓是當地的一位法律系教授，他的身上還穿著夏威夷衫和牛仔褲。「這並不好玩。」那位教授說，雖然他在討論蘿莉．拉芙林被指控的內容時，明明就一直咯咯笑。

「單是就吸睛的程度而言，這是個很棒的故事。」那位新聞播報員評論，「但在很多層面上，這起事件也非常的悲哀。」

法院審理幾乎是同步地在全美各地進行中。這些被稱作拘留聽審的流程，相對而言只是形式上的例行性工作，卻能啟動司法審理的過程。法官會確認被起訴的被告知道自己的罪名，然後才會決定能否，以及在哪些條件下釋放被告。

沒有人認為應該要繼續收押這些在校隊藍調行動中被起訴的白領重罪犯，不過檢方和被告律師很快便開始爭論一件事：保釋金到底需要多高，才能確保那些家長不會逃亡？至於那些沒那麼有錢的教練們，保釋金則普遍都比較低。

「我們要怎樣才能確認，這些隨便就能拿出五萬美元的有錢人，有足夠的誘因不會逃亡呢？」一位加州的檢察官如此問道。辯護律師則回擊，說這些被告可能會逃亡，是一個非常荒謬的說法。

「他們有小孩，所以根本不會想要逃亡。」一位辯護律師在舊金山機智地如此指出。當地的法官裁定，來自肯塔基州的波本酒商和納帕谷的葡萄酒商，各自必須繳交一百萬美元的保釋金。

許多涉入其中的人，大概都很想要把自己灌醉。長期在在拉斯維加斯的賭場擔任主管，並曾為了讓女兒進入大學而支付三十萬美元的嘉瑪爾・阿布德拉吉茲（Gamal Abdelaziz）則向法庭提出要求，認為自己有權「在不上手銬、腳鐐的情況下出庭」。

德州的教練麥可・森特，則是和另一位因為非法持有槍械而被起訴的重刑犯阿朵佛・亞當・羅德里格茲（Adolfo Adam Rodriguez），一起在奧斯汀的聯邦法院出庭，而審理他們的法官則是安德魯・奧斯汀（Andrew W. Austin）（是的，奧斯汀是一位在奧斯汀任職的法官）。

「打擾一下，法官。」當法官在考慮是否要對森特發出旅行禁令的時候，他的律師時如此說道。「我想你應該有注意到，他在德州大學的網球隊擔任教練，因此需要常常到處出差旅行。」

但這個理由已經沒用了。德州大學先是讓森特休了假，隔天就開除了他。

在科羅拉多州大章克申（Grand Junction）帶著義大利文藝復興風格、外型優雅的聯邦法院裡，治安法官歌爾登・加拉格爾（Gordon P. Gallagher）向法庭內的所有人打了招呼。「好的，大家早安。我們今天在此，是為了審理美國聯邦政府起訴瑪爾希亞・亞波特的案件。」亞波特位於亞斯本的家距離法院大約兩小時的車程，她的住處價值一千六百萬美元，占地約十二萬平方公尺，附近的鄰居包括幾位風險基金的大亨，以及一位沙烏地阿拉伯的王子。

出身紐約上城的她，擁有非常不凡的身世：她是一位前紐約參議員的女兒，曾在《家庭天地》（*Family Circle*）雜誌擔任時尚組編輯，也曾以優異成績從杜克大學畢業。她丈夫是一名絲襪和內衣的製造商、不斷在擴張自己的品牌，此外還創立了另一間公司，並且是地球連線公司（EarthLink）的初期投資人。

然而此時，她卻站在法庭裡成了被告。

法官問，她是否明白政府對她進行的指控？

「我、我、我不知道我是哪裡賄賂人了。」亞波特結巴地說道，「我不知道、我不知道這是怎麼一回事。」

場景回到波士頓。整個星期二裡，瑞克・辛格多數時間都在波士頓城裡到處亂逛；當時的他，依然只是個不為世人知的中年升學顧問，卻很快就要聲名狼藉。

當天早上，唐諾・海勒陪著辛格走向聯邦地區法院，帶他去法警辦公室採集了指紋、拍了照片——海勒是辛格多年來在沙加緬度的好朋友，現在則成了他的律師。接著他們又走回海勒在法院附近下榻的旅館，在房間裡用電視機觀看萊凌的記者會。

旅館房間裡感覺很安靜。辛格知道，這是一起大案件。然而他是直到聽見檢調單位公布那些驚人的數字，以及他的名字時，他才真正意識到這件事情的嚴重性。

「這起案件最主要的被告是辛格……」

「這些有錢的家長一共支付給辛格約兩千五百萬美元。」

「我們在一陣子之前就已經知道辛格在做這些事了。」

辛格讓自己準備就緒。一頭灰髮、膚色黝黑而削瘦的他，脫下牛仔褲換上了深色的西裝褲；他很少這樣穿這種衣服。他套上了一件海軍藍的巴達哥尼亞牌（Patagonia）風衣，然後和海勒一起走向法院。

辛格在當天下午必須出庭；雖然那天已經很瘋狂了，但他的出庭依然是當天的重頭戲。如果用法律人的行話來說，他的出庭就是「十一條」（Rule 11）的聽證會[26]。用白話說就是，檢調其實已經讓辛格針對整起案件認罪了。

他穿過了駐守在法院外的記者們，但沒有任何人認出他來，接著他走進了法院。雖然他是這起橫跨全美各地的大學招生醜聞的主謀，但他此時卻坐在法院裡，吃著從餐廳沙拉吧買來的午餐。海勒利用這段時間和他討論了一些事。

十一條聽證會通常是例行性的流程，法官會逐條問些標準的問題，確認被告知道自己正在放棄的重大權利。但這種聽證會也可能暗藏地雷，因為那是被告第一次和法官直接溝通的場合，過程也可能會影響法官最後的判決結果。

海勒知道，被告此時最不能做的事情，就是盡量把自己的行為講得微不足道，或是在法庭上抱怨、找藉口。這會讓法官留下很糟糕的印象，也可能會影響判決結果。「要記得我們之前講過的東西。」海勒告訴辛格。「不要美化說詞，講事實就好。」

下午兩點三十二分，觀眾擠進了法庭，想看看辛格這號人物。就算是麻州的聯邦檢察官辦公室，也沒人想要錯過他們的明星證人。「你真的需要四位檢察官出席嗎？」聯邦地區法官莉亞·左貝爾（Rya W. Zobel）眼見有這麼多位聯邦檢察官在場，有點滑稽地問道。

法官接著將注意力轉到了五十八歲的辛格身上。

「辛格先生，請了解聯邦政府正在指控你犯下了幾個重大的罪行。」左貝爾說道。「根據美國憲法，如果政府想要指控你這些罪行，你有絕對的權利可以堅持，必須先由大陪審團來審議案件是否成立。」

「是的女士，是的女士。」辛格用清晰的聲音回覆道。

羅森開始詳述辛格將會認罪的四項罪名：詐欺、洗錢、詐欺聯邦政府，以及妨礙司法。要講完這些得花不少時間。他犯下了說謊、作弊、賄賂和造假的罪行。

26 譯注：該法條規定，檢方必須在狀況允許下經過合理的調查，並保證提起訴訟的案件，在法律上和事實上都是有依據的。

「最後，還有逃漏稅。」他最後如此說道，指的是辛格欺騙國家的行為。羅森講完這一長串的獨白之後，法庭裡的空氣像是凝結了一般。

法官將目光轉向辛格。

辛格用堅定的語氣說道，他會採取海勒的建議。

「庭上，羅森先生剛剛所說的一切都是真確的。除了那些之外，還有很多其他事情。」

辛格於是將整個非法的測驗作弊過程都講了出來，內容甚至比檢察官講的還要詳細。

「那麼，洗錢這件事情呢？」左貝爾問道。

「這點我也是完全有罪的，女士。」

他解釋了自己「基本上就是在收買，或賄賂那些教練，好取得錄取名額」，而且他「很常這麼做」。

那麼逃漏稅呢？她問道。

一樣。

「妨礙司法？」

是的。「我錯了。」辛格說，「而且我曾在不只一次場合中，對許多家庭都做過那件事。」事情就是那樣。法官接受了他的認罪聲明。她以五十萬美元的金額讓他交保（這筆錢由他弟弟的房產做抵押），直到判決出爐為止。他們預計在六月做出判決，但時程應該會有些延誤。

他們最後在下午三點二十六分休庭，而辛格離開法院的方式，和他早上進去的時候很不一樣。攝影機包圍著他和海勒，海勒在對他們簡短地說了幾句話之後，便帶領他的客戶離開了。

五千公里之外，一群有錢的家長也即將要步入法庭了。

那十三個住在洛杉磯地區、在天亮之前就被叫醒的人，在市中心的洛伊巴爾聯邦大樓裡的拘留所度過了一天。

他們的生活突然有了劇烈的變化。（「這是命運為他們帶來的一次激烈的變化。」一位南加州的檢察官在當天巧妙地形容道。）這群家長、大學教練、學校主管，以及其他幾位人士，都依照性別被帶進了兩間牢房。一些人認出了彼此，於是他們便像是在牢房裡開起了某種詭異的老友見面會。當菲力西提．哈芙曼走進牢房裡時，她的朋友珍．白金漢正躺在一張長椅上。她們於是這才發現，她們兩人原來都雇用了瑞克．辛格。哈芙曼情緒失控了好幾次。

律師在早上十一點半之前陸續抵達，分別在牢房旁邊的小房間裡為客戶提供諮詢。他們每個人都有機會閱讀口供書和起訴書，或至少閱讀這些文件的一部分，畢竟那可是一大疊文件。接著他們會拖著沈重的腳步，回到裡頭什麼都沒有的牢房，直到當天下午召開羈押聽證會為止。他們坐在堅硬的長凳上，吃著用袋子裝的午餐。牢房裡沒有時鐘，地上也沒有一疊雜誌供他們閱讀——連過期的《國家地理雜誌》和《時代雜誌》都沒有。

時裝設計師吉安努里穿著一件鬆垮垮的藍色棉T，他試著和男子牢房裡的其他人聊天。曾幫辛格的客戶假造運動員檔案的前南加大足球教練楊克，擔心自己沒辦法幫他兩個月大的小孩餵奶。

至於其他人的人生計畫，又該怎麼辦呢？白金漢原本要前往亞利桑那州參加一個婚禮。房地產開發商弗拉克斯曼則有個伴侶已經懷孕，正在等著他帶她去夏威夷玩。那位牙周病醫師經常會在牙科研討會上演講，原本即將要前往巴賽隆納、臺北、吉隆坡和溫哥華擔任主題演講者。

現在他們唯一能確定的行程，就是當天下午的法院聽證會。他們即將要面對社會大眾了，無法奢望這件事能就此悄悄地快速落幕。

洛杉磯的檢察官開玩笑說，就算他們抓到了一艘滿載古柯鹼的郵輪，也沒有辦法像那些跟性、名人和動物有關的醜聞一樣，吸引到那麼多的關注。

雖然這個案件只有其中一個元素——有錢人為了孩子而犯下如此瘋狂的罪行，但似乎依然比其他案件都還要更加轟動。

聽證會就舉辦在加州中央司法區的洛伊巴爾聯邦大樓裡的三四一號法庭。那些有錢的被告們，全都坐在「牛棚」（bullben）裡向外瞪著——所謂的牛棚，就是法庭裡一個用透明玻璃窗隔開的區域，旁邊還有肌肉結實的警員在看守。

有愈來愈多的人開始聚集在法庭外的休息區裡（他們後面還貼著一張帶點不祥意味的海報，上頭宣傳著美國法警的「十五大通緝要犯」）；由於人數太多，任何步出電梯的人都很難擠進「搖滾區」。媒體大軍幾乎全員出動，現場擠滿了地方媒體、全國性媒體、娛樂記者，和被告家屬。穿著藍外套的警衛，不斷指示大家法庭內的行為守則：請勿嘗試以任何方式和被拘禁的被告進行溝通，違反者可能會被處以巨額罰款。

牛棚的其中一面玻璃隔板的高度較低，讓被告能夠一一走進牛棚，對著架在牛棚外的講臺上的麥克風說話。

「你被指控違反了美國的刑法。」治安法官亞歷山大．麥克金農（Alexander F. MacKinnon）如此對被告宣布。

聯邦法官會在每位被告走向麥克風的時候，詢問一些例行性的問題。他們知道自己被指控的罪名嗎？知道自己擁有哪些權利嗎？

由於整場聽證過程並沒有電視轉播，因此洛杉磯聯邦檢察官辦公室的公共事務組組長以文字的方式，將實況回報給位於波士頓的媒體事務辦公室。

事情變得愈來愈有趣。很多人喜歡看一些房地產節目，因為可以獲得一窺那些豪宅內部的快感。現在發生在法庭內的事情，大概也能說是一種銀行帳目的偷窺節目。為了要求法官開出高額保釋金，檢察官講出了一些令人目瞪口呆的數字：羅伯特．弗拉克斯曼擁有一千五百萬美元的現金存款，外加十筆房地產。菲力西提．哈芙曼的房地產總值超過兩千萬美元，而股票帳戶裡也有價值四百萬美元的流動性證券。

而這場揭露帳戶數字活動的高潮，則出現在法官麥克金農審訊蜜雪兒．賈納福斯（Michelle Janavs）的時候；這位住在新港灘、當年四十八歲的社交名媛，繼承的財產有部分來自「熱口袋」（Hot Pockets）這個以口味辛辣聞名的微波解酒零食品牌。

外界很快就會知道那些零食到底有多受歡迎。

「這位被告每個月都會從信託基金那邊獲得約十萬美元的收入。」聯邦助理檢察官亞當．施萊福（Adam Schleifer）說道，並補充說，「此外，她還擁有一棟價值一千四百萬美元的房子。」

施萊福要求，賈納福斯必須支付高達兩百萬美元的保釋金才能獲釋。法官後來決定讓她的父親簽署一份四十萬美元的出庭保證書，如果她日後沒有出庭，就必須支付這個金額。

被告們接著回到牢房，並在辦理完手續之後於晚間被檢方釋放，而媒體依然駐守在法院門外。

「我們剛剛捕捉到了保釋出獄的菲力西提和摩西莫，但他們顯然一句話都不想說。」網路八卦小報TMZ於晚間七點五十八分張貼了這則訊息。

校隊藍調行動公布之後所引起的迴響，超出了所有人的預期。波士頓的媒體事務團隊在最初的四十八小時之內接到了兩千則的媒體提問。由於洛杉磯的公共事務辦公室也處理了大量的媒體來電，波士頓的媒體事務團隊為了表達謝意，還寄了兩隻龍蝦外加一些蛤蜊巧達濃湯的包裹過去。洛杉磯負責和媒體對口的人員還給了波士頓的人員一些建議，告訴他們哪些小報和娛樂新聞部落客是可以信任的，而波士頓的聯邦檢察官辦公室隨後也訂了《時人》（*People*）雜誌，以便掌握新聞報導狀況。這和他們習慣處理的案件很不一樣。

就連聯邦調查局也被捲入其中。有人向一些八卦小報，投訴了聯邦調查局逮捕哈芙曼的方式。這起報導後來導致電話不斷湧入，逼得聯邦調查局不得不發布聲明，說明該位女星受到的待遇和其他被告無異。

讓執法人員感到頭痛的另一件事情是，拉芙林必須從她在溫哥華的影集拍攝現場飛回美國。等她回到洛杉磯時，庭訊早就已經結束了，而聯邦調查局又不希望把貝琪阿姨留在拘留所過夜

——那會成為一個公關夢魘。他們祈禱著，希望那些狗仔隊不會跑去機場堵她。

那天結束時，全美各地的檢調單位都鬆了一口氣。整體而言，這個大規模的起訴行動進行得頗為順暢。接下來的流程很快便會轉往波士頓，因為被告必須在三月底前往那裡出庭。

然而首先，那些家長必須回家，面對被他們背叛的孩子們。

當德文．史隆當天晚上走進他們家位於貝爾．艾爾、帶有西班牙風格的房子時，剛上南加大一年級、正在放春假的馬蒂奧．史隆正在廚房裡。馬蒂奧知道自己父親被起訴的罪名。

「為什麼你不相信我的能力？」馬蒂奧哀聲問道。「你為什麼不相信我？」

「我從來就沒有不相信你的能力，一秒鐘都沒有過。」德文告訴馬蒂奧。「我只是忘記了是非對錯，失去了自信。」

馬蒂奧非常生氣。雙親說他們很以他為傲，但這句話是真的嗎？不過他的憤怒，很快便被另一種情緒取代了。他後來說：「我感覺，自己有點變成是在為他感到難過了。」

第二十六章　出發上陣

比爾．麥克格拉珊身著亮灰色西裝、潔白如新的襯衫、皇室藍領帶，臉上的表情沉著冷靜，看起來和平時身為舊金山灣區生意人的他並無不同。三月底某個寒冷的日子，他站在波士頓的一個法庭裡；接下來的他，可能必須在牢裡度過一段時日。

然而首先，他和眼前的聯邦治安法官還有一場關鍵的仗要打。

他希望法院能批准他和自己的家人去度個假。

檢調針對校隊藍調行動展開起訴行動的兩週後，這群可能是史上最亮眼、最有權有勢的被告，便開始準備前往波士頓。那些包括電影明星在內的家長，在律師陪同下從格林威治、貝爾．艾爾、亞斯本、馬林郡或其他高檔社區出發。有些家長甚至還有專門負責危機溝通的團隊，會幫他們談律師費用。所有家長都雇用了很厲害的白領犯罪辯護律師，他們來自全美幾乎所有的大型律師事務所，比如瑞格（Ropes & Gray）、瑞生（Latham & Watkins）以及波伊（Boies Schiller Flexner）。他們的律師都是一群當過聯邦檢察官的知名律師，其中有些律師過去的委託人，甚至包括波士頓馬拉松爆炸案的主嫌卓哈爾．薩爾納耶傳，以及安隆的主管。

這些來自華府和洛杉磯的律師穿過法院的安檢門之後，法院的工作人員（大多數是波士頓的退休警察）便要求他們出示「莉絲贈」。那些律師聽了之後愣了一下。

那是什麼東西？等那些工作人員又重複說了幾次之後，律師們才終於知道，那些工作人員想看的是律師證。律師證能證明他們的身分，也能讓他們攜帶手機和其他設備進入法院。

除了家長，那些被指控收賄的教練也進入了法庭。他們請的律師沒那麼有名，不過當中有些人也曾在一些全美最有名的大學校隊待過。由於法庭變得非常忙碌，檢察官有一次甚至必須趕場，從一場耶魯大學足球教練的聽證會，趕往附近另一個正在審理德州大學網球教練的法庭。

南加大不只要忍受自己的前教練和行政人員同時被聯邦法院起訴的恥辱，還要忍受那些新英格蘭人的疑惑：為什麼有人居然願意為了進南加大而犯法？

「我可以打斷一下嗎？」有天當聽證會正在進行的時候，一位哈佛大學畢業的法官天真地詢問檢察官：「我不太知道南加大這間大學。那是一所私立大學，對吧？那不是公立大學吧。

當然，我知道加州大學洛杉磯分校是公立的沒錯。」

在校隊藍調行動中的被告，幾乎沒有人「曾經進入過司法程序」，他們也都「沒有前科」，一位檢察官如此指出。然而，這些有錢的被告卻為麻州的法官們帶來了一個難題：他們經常環遊世界、擁有許多住處和國際商業利益，還有很多錢可以燒，而且不太習慣遵守命令，要怎樣才能好好監視他們呢？

髮鬢花白的的麥克格拉珊，於三月和其他約十四位家長一起出庭，進行了首次的聽證程序。這些都只是例行性程序，而且還沒有進入必須認罪的階段。治安法官佩吉．凱莉只是要告訴他們，在成為被起訴的嫌犯之後，他們的生活會有哪些新的規矩必須遵守。

她用一種緩慢、堅定的語調對被告們說話，彷彿在告訴他們「不要讓我說第二遍」——上一次有人這樣對他們說話，很有可能就是他們的中學校長了。

「請你們仔細聽好。」「你必須交出你的護照。你已經交出了嗎？」凱莉法官則對麥克格拉珊先生說，「我知道你已經規劃了一個度假的行程。我不太想要允許你們度假，因為我只是想要對大家一視同仁。我之前曾經允許一些出於商業目的的旅行，但也只是有限度的旅行而已。聽到你詢問我很高興，但我必須說，我並不傾向於同意你的請求。」

這件事的討論似乎就到此為止了。由於他們仗恃特權的嘴臉已經流傳得鋪天蓋地，全美國的人們現在都認得這些家長的臉，因此他們現在似乎應該要放低姿態、至少要表現得像是很丟臉一樣。這是個留在家裡好好休息的好時機。

麥克格拉珊的律師傑克·皮洛佐洛（Jack Pirozzolo）曾當過波士頓的聯邦檢察官，後來則成為了盛德律師事務所（Sidley Austin）的合夥人。他在法庭裡站了起來。「庭上，我想針對此事發言。」

那天，家長們排成一列，穿過一排記者和攝影機，進到了紅磚造的法院。

凱莉法官開始三個一組地傳喚那些家長上法庭，告訴他們她將會用來限制他們行動的各種方式。

以販賣黑皮諾（pinot noir）和夏多內（chardonnay）聞名的納帕谷地葡萄酒王朝的後裔，走進了法庭。住在比佛利山莊的房地產大亨（他的代表作，包括鳳凰城外的一座摩洛哥風格豪華度假村），也走進了法庭。出現在裡頭的還有葛雷格·亞波特這位穿著總是十分紳士的國際分發公司（International Dispensing Corporation）創辦人。（他的公司製造那些無所不在的軟盒容器，可以用來裝湯和不用冷藏的奶精。）他們的生活很快就被打亂了。三個月之前，國際分發公司才驕傲地宣布他們獲得了一個「經常被稱為『包裝界的奧斯卡獎』」的國際獎項。（亞波特後來從發明泡泡紙的公司的前董事長那獲得了一封支持信，並將其呈上了法庭。）

一位來自新港灘、被指控曾幫兒子在美國大學測驗作弊的貨運業主管，是第一批進到法庭裡的其中一位被告，而且你很難忽略他。當時六十四歲的他穿著螢光黃背心，而且需要中文口譯。陪伴他出庭的一位女性，肩上則背著一個巨大的路易．威登（Louis Vuitton）包包。

凱莉法官將她的目光轉向了另一位被告：嘉瑪爾．阿布德拉吉茲。阿布德拉吉茲曾經在拉斯維加斯和澳門，擔任美高梅（MGM）和永利度假村（Wynn Resorts）的高階賭場主管，而檢調現在則指控他參與了另一種不同型式的賭博活動：透過賄賂試圖讓女兒以假籃球校隊生的身分進入南加大。他女兒的確有在打籃球，只不過不是第一類運動員。阿布德拉吉茲也有一個特殊的請求。他提出了一個動議，希望能出國進行一次商務旅行。

聯邦助理檢察官賈斯丁．歐康乃爾（Justin O'Connell）表示反對。他說，阿布德拉吉茲在國外有很多認識的人，暗示他可能會就此潛逃海外。

阿布德拉吉茲的辯護律師布萊恩．凱利（Brain Kelly）回覆道，這種說法沒有道理。凱利當時是皮博迪律師事務所（Nixon Peabody）的合夥人，也曾經擔任聯邦助理檢察官，並在擔任檢察官的時候協助過黑幫大佬詹姆斯．「小白」．伯爾格的起訴工作。「他並沒有要逃避這個案子。他想要好好打這場官司。事實上，如果庭上看一下他的起訴書，就會知道這個案子裡對他的指控並不堅實。只有一位證人在指控他而已，而那位證人就是辛格，但辛格已經和檢方高度合作了。」

凱莉法官於是同意，讓阿布德拉吉茲接下來得以三次前往墨西哥進行商務旅行，但表明她只會允許商務因素的旅行而已。每次回國之後，他必須繳回護照。

凱莉法官接著開始宣布，被告必須符合哪些標準條件才能獲得保釋。比如說，家長們不得和其他被告說話。嗯，不過這點大概未必行得通，因為有些被告們本來就是夫妻。於是法官又做了些調整：葛雷格．亞波特可以和他同樣被起訴、也有出庭的妻子瑪爾希亞說話。（不過反正他們已經分居了，大概也不太會希望和彼此講話。）

有些辯護律師則希望讓他們高貴的客戶變得更平易近人一些。曾任聯邦檢察官、在華府協助肯尼斯．斯塔爾（Kenneth Starr）調查白水事件（Whitewater）的小湯瑪斯．比納特（Thomas H. Bienert Jr.），此時成了校隊藍調事件中一位家長的辯護律師。他告訴凱莉法官，雖然檢調說他的委託人是食品公司的主管，但這個說法其實有誤。

「我的委託人在過去的二十年來，一直都是一位家庭主婦和志工。」他指的是「熱口袋」的繼承人蜜雪兒．賈納福斯。

雖然法庭能夠開恩的限度很明確，但麥克格拉珊的律師皮洛佐洛卻主張，他的委託人應該要獲得特殊的待遇。當時五十五歲的麥克格拉珊，想要申請讓他和家人一起去墨西哥過春假。

皮洛佐洛說，如果不讓麥克格拉珊進行這個他規劃已久的旅行（如果他不能去，他的全家人就不能去），那對他們一家人來說實在太「苛刻」了。他請求，請不要「剝奪」他們這個機會。

旁聽席上的觀眾和記者紛紛伸長了脖子，想看看麥克格拉珊本人，然而他的臉上卻沒有一絲異狀。苛刻？剝奪？

「好的，感謝你。」法官如此說道，聲調並未透露任何態度。「檢調有話要說嗎？」

聯邦助理檢察官艾瑞克・羅森從座位上站了起來。「有的，我想提幾件事而已。」

他有備而來。

檢方指控，麥克格拉珊支付了五萬美元，在兒子的美國大學測驗中作弊，同時也在考慮是否要讓兒子以假運動員的身分申請入學。

羅森開始提出不利於麥克格拉珊的各種證據，詳述了他的搭機行程、手機訊號基地臺資訊、簡訊，以及透過法院核准的監聽行動所取得的通話紀錄。

羅森在毫不留情地唸出那些證據之後，才終於轉而提到麥克格拉珊希望出國度假的請求。他看著他拿在手中的資料，準備好要一舉擊敗對手了。

「他在蒙大拿州的大天空（Big Sky），擁有一棟價值一千兩百萬美元的房子。他在加州的特拉基（Trukee），也有一幢非常昂貴的房子。」他提到的特拉基，指的是太浩湖附近的一個山區小鎮。「他明明可以在美國本土自由地到處旅行，卻只想要去墨西哥，然而庭上並沒有允許其他任何一位被告進行類似的旅行。」

法官同意了他的說法。麥克格拉珊的度假行程就此報銷。

家長們開始出庭的那週，聯邦資深地區法官馬克・沃爾夫（Mark L. Wolf）向後靠在了另一個法庭裡的長椅靠背上。這位傑出的學者，曾經針對聯邦調查局在「小白」．伯爾格的案子中處置失當的地方，寫過一份六百六十一頁的意見書，並舉行了為期十個月的聽證會。

現在，他的桌上堆滿了資料夾，而他也已經準備好要針對「美國聯邦政府控告魯迪．梅雷迪斯，刑事訴訟，第 19-10075-MLW 字號」發表自己的意見了。

但在他進行這位讓檢察官得以循線找到辛格、本人也收過數十萬美元賄款的耶魯大學前女子足球教練的聽證會之前，他想先表明一些事情。這位法官自己是耶魯校友，畢業於一九六八年。

於是，校隊藍調行動的訴訟案，很快便出現了潛在利益衝突的爭議。有些律師所屬的事務所，過去曾為這起訴訟中的頂尖大學擔任辯護律師（而且學校當時是被害者的身分），因此他們必須判定，自己是否也能為那些可能賄賂了學校職員的家長進行辯護。有些知名律師不只為一位家長代表出庭，而其中一位法官為此召開了特別聽證會，因為如果該律師的其中一位被告翻供了，便可能會和律師對另一位委託人的效忠出現衝突。

沃爾夫花了幾分鐘的時間，談了一下自己對耶魯大學抱持的善意。「我每年都會捐些錢給耶魯大學的年度基金，也會繳納會費，雖然以耶魯大學的標準來看，我的捐款大概是微不足道的。去年我參加畢業五十週年的同學會時，又捐了一筆比較大額的款項給他們。」

年約五十一歲、身形健美的梅雷迪斯，當時頂著一顆幾乎剃得精光的光頭、穿著一件皇室藍襯衫和深色西裝，坐在被告席裡看著沃爾夫。

這位法官認為自己不會偏袒任何一方：「不管梅雷迪斯先生是在耶魯大學還是在別的學校

當教練，都不會影響到我在這個案子裡所做的任何決定。」接著他開始詢問一個所有人都很疑惑的問題：到底是誰賄賂了梅雷迪斯？聯邦調查局雖然提供了厚達兩百零四頁的口供書，但裡頭卻用代號，分別把家長稱為「耶魯申請者一號」和「耶魯申請者二號」。

當麻州聯邦檢察官萊淩宣布起訴的罪名時，他只說這個案子的源頭其實只是一個跟本案毫無關係的證券詐騙案，但他不會對此多做說明。

得知這個出人意料的新資訊之後，《華爾街日報》的記者找到了一位財務主管，這位主管曾告訴檢調，耶魯大學有位前女子足球教練曾經試圖索賄，而那位教練的名字，就叫做摩里・托賓。

事情後來很快就明朗化了：這個財務主管不只洩露了梅雷迪斯收賄的情報而已，他自己其實也曾為了讓自己的女兒進入耶魯付錢給那位教練。於是《華爾街日報》發布了快訊，指出托賓原來就是耶魯申請者二號的父親。

那麼耶魯申請者一號又是誰呢？檢方會起訴這個神祕的人物嗎？沃爾夫法官想知道這些問題。

羅森於是回應，檢方仍未公開起訴這名耶魯申請者的家長，「如果那些罪名真的存在的話。」他的這番話，又加深了大家的好奇。

在梅雷迪斯認罪之前，沃爾夫也希望確認他知道自己放棄了什麼權利。如果梅雷迪斯選擇繼續打這場官司的話，他其實可以試著主張自己是被設局陷害、被以不當的方式引誘到麻州。

「庭上，我了解。」梅雷迪斯靠近了麥克風，用沙啞的聲音說道，「沒有人逼我過來，我是自願前來麻州。」

梅雷迪斯可能從未因為能離開麻州而感到如此開心過。由於在法院外等待的攝影記者實在太多，因此他的律師最後只能高舉著手、帶領梅雷迪斯回到法院裡面，避開外頭的混亂。

在家長和教練開始出庭受審的同時，他們的孩子則在全美各地的大學裡等待關於自己的判決結果：他們還能繼續留在學校裡就讀嗎？

威克森林大學很快作出決定：由於那位透過賄賂而入學的學生並不知情，所以不會被開除學籍。

傑克·白金漢則必須向南方衛理會大學的校方為自己辯護。他一再重申，他並不知道自己的第三次的美國大學測驗成績是作弊的結果。校方後來決議：傑克前兩次自己考的成績，本來就有達到錄取該校的標準，因此他可以繼續就讀。

其他學生就沒這麼幸運了。針對那些可能涉及辛格骯髒手段的學生，南加大都已先凍結了他們的學生帳號；換言之，雖然只要他們配合調查，他們下個學期仍可以註冊，但直到真相水落石出之前，他們無法拿到學位和成績單。

至於喬治城大學和西北大學，則是開除了那些透過作弊方式入學的學生。耶魯和史丹佛也是。

由於聯邦法律對個人隱私有規範，因此那些學校無法辨認出哪些學生知情、哪些不知情，但那些法院文件和家長的姓名，還是讓我們能夠輕易得知面對懲罰的大多數學生是誰。

然而，問題還是沒有解決：到底誰是耶魯申請者一號？

梅雷迪斯的口供書和起訴書裡，其實有些片段已經透露出了一些訊息：這個耶魯申請者一號來自南加州，和中國有關係，而且當時應該已經在念大一了。

《華爾街日報》於是調查了學校線上指南裡的新生手冊（該手冊會根據學生入學和退學而隨時更新），很快便發現一個名字消失了：郭雪莉。

該發現也讓記者搜尋了她的住處：郭雪莉登記的地址是一個有限責任公司的所在地，但他們找不到該公司任何員工的聯絡資訊。簽證該公司文件的會計師，也沒有回應記者的電話。

四月二十五日早上，一位住在某棟不起眼的房子裡的年輕女性，應門時發現一位《華爾街日報》的記者站在門口，記者手裡還拿著一封信。該女孩說她並不是郭雪莉，然後便關上了門，但隨後卻又開門收下了那封信。

幾個小時後，郭雪莉在洛杉磯的律師詹姆士・斯伯圖斯（James Spertus）打了通電話到《華爾街日報》。他說郭雪莉是在大約五年前來到美國之後開始學英文的，而且曾在聖・胡安・卡皮斯特拉諾（San Juan Capistrano）的潔瑟拉高中就讀。她的年紀比同屆學生還要大一些；這起醜聞爆發的時候，她大約二十一歲。喔沒錯，她的家人曾經支付一百二十萬美元給辛格，希望能取得耶魯大學的名額。他說，他們以為那筆費用是合法的。

四月初，波士頓的聯邦法院外頭，蘿莉・拉芙林從一輛車窗玻璃無法看穿的黑色廂型車上走了下來；雖然明明是以刑案被告的身分出席，但她看起來依然精神抖擻。這位五十四歲的女演員當時穿著黃褐色的套裝，一邊微笑揮手，一邊想辦法穿過由媒體和觀眾組成的人群。一位在場的旁觀者，甚至還對著她大喊：「幫我付學費！」

這起入學醜聞裡最知名的人物出現了。拉芙林和哈芙曼都是第二批進行首次聽證的家長；她們出庭當天不只有直升機在上空盤旋，法院周邊也停滿了衛星轉播車。

有些在法院附近上班的辦公室員工，特別趁午休跑來圍觀那些校園藍調事件中的家長、發表自己的看法，脖子上還掛著公司的識別證。「他們真的很可恥。」當時六十二歲、在一間藥商擔任主管助理的珍・帕克（Jean Parker）如此說道。「我們要花多大的力氣，才能把孩子送進大學裡啊。」現場還有些人是貝琪阿姨的粉絲。人群中還有兩位大學學生戴上了自製的貝琪阿姨面具。

拉芙林和她的丈夫吉安努里，在前一天搭乘私人飛機抵達波士頓洛根機場。拉芙林戴著鏡面太陽眼鏡，栗子色的頭髮閃耀著完美色澤，整個人看起來十分有型；她甚至還在下榻的科普利廣場酒店（Copley Square hotel）外頭幫粉絲簽名、和他們合照。

她這種樂觀的行為一直持續到隔天。包括哈芙曼在內，大多數家長在進入法院的時候，都會適當地保持一種在辦某種公事的嚴肅態度。她們看起來都有些難為情。拉芙林似乎認為，裝成一副沒有做錯任何事的樣子會更好一點。

「嗨，我是蘿莉。」拉芙林一邊蹦蹦跳跳地穿過走廊，一邊熱切地和法院裡的工作人員打招呼。進到法庭之後，她很不尋常地先是跑去和檢察官握了握手，才開始接受法官的審問。「她這樣真他媽的超丟臉。」一位坐在旁聽席、代表另一個家長出庭辯護的律師低聲說道。

這些名人吸引了所有人的目光。然而就在當天聽證會開始之前，一個動議卻悄悄地預示了這起案件將會出現重大的轉折。提出該動議的人，是P．J．薩爾托里奧聘請的律師。五十四歲的薩爾托里奧是一間冷凍墨西哥食品公司的創辦人，該公司的產品以墨西哥捲餅著稱；他曾經支付一萬五千美元，讓自己的女兒在美國大學測驗中作弊。

他剛剛成為了校園藍調行動中，第一個在有正式記錄的情況下，說自己打算認罪的家長。其他家長也都在進行認罪協商。就像一位辯護律師解釋的，有些律師團隊在看過檢調掌握的證據之後，便坦白地和他們的委託人說：「你罪證確鑿，逃不掉了。」要讓被告了解這點，有時並不容易。「這些人不太喜歡承認自己做錯事情。」那位律師說道。

然而他們的確有必要進行協商，而很大一部分的原因是，這些家長面臨的法律處境只會變得更糟。檢察官手裡還有一項罪名沒有起訴他們：洗錢罪——也就是他們付錢給辛格的基金會的行為。那些錢就是用來賄賂用的，然而一些家長卻使用那些賄款來抵稅。

這是聯邦檢察官經常使用的策略：在被告透露更多案情，以及檢調發現額外的證據或新的證人之後，檢察官會威脅他們，揚言將會以更多的罪名起訴被告，然後再真的付諸實行。聯邦檢查官當時正在準備將洗錢的罪名加入下一個版本的起訴書。有些辯護律師希望能在那之前先讓他們的委託人認罪，一部分原因便是此項新罪名將會加進加拿大商人大衛．希督現有的罪名，而且負責審理他的法官，是麻州聯邦法院裡一位立場比較保守的法官。

到了四月八日，有十三位家長和一位大學教練決定屈服，同意認罪。一些家長還發布了公開聲明，表達了自己的羞愧和悔意。

他們以一次兩到三人為單位，回到波士頓的法院正式認罪。整個認罪過程有點像是個不斷起立、坐下的奇怪舞蹈，因為被告對於什麼時候該站著、什麼時候又該坐著感到有點困惑，看起來就像從來沒參加過天主教彌撒的人那樣。被告不斷在起立回答「是的，庭上」和「我同意」之後坐下，而法官也彷彿在跳舞一般。

他們必須回答一連串刺探性的問題，證明他們清醒、精神正常，而且知道他們如果繼續打官司，原本可以擁有哪些權利，而檢查官又會遇到哪些障礙。

布魯斯和達維娜·伊薩克森是第一對正式認罪的被告。他們在五月初的某個早上，一起在聯邦地區主席法官帕提·薩麗絲（Patti Saris）的面前被以詐欺罪名起訴。這對夫妻住在舊金山近郊高級的希爾斯堡地區，擁有一棟將近六百平方公尺的豪宅，安全地被一扇鍛鐵大門和高聳的灌木隔絕於外界。布魯斯是一間房地產投資與開發公司的總裁，而達維娜則擁有生醫工程的碩士學位。他們夫妻倆曾支付六十萬美元（其中包括一大筆臉書股票）給辛格的基金會，好讓自己的女兒能假冒成足球和划船校隊生，申請進入加州大學洛杉磯分校和南加大。他們也曾付錢讓女兒在其中一次美國大學測驗中作弊，而且還在討論是否要為第三個孩子「控制考場環境」。

布魯斯之後也把那筆賄款拿去抵稅。二〇一八年十二月，當時已經在被檢調監聽的辛格曾經和他見過一次面，並和他提到自己正在被調查的那個假故事；當時布魯斯心想，萬一國稅局查到他付的那筆錢是用來幹嘛的怎麼辦？「我的天哪。」他如此告訴辛格。他會登上報紙頭版嗎？

後來全國的媒體還真的都在旁聽席看著布魯斯和達維娜。他們兩人當時分別坐在兩張木桌旁邊，桌上都擺著一個金黑相間的水壺。

他們一下子看起來極度驚恐，一下子卻又像是如釋重負。六十二歲的布魯斯坐在他的委任律師威廉．韋恩列布（William Weinreb）身旁。韋恩列布也是前聯邦檢察官，並在任內成功讓波士頓馬拉松爆炸案的主嫌獲判死刑。

五十五歲的達維娜有一頭波浪狀的棕髮，當時一身黑衣，身旁還放著一只時髦但尺寸過大的皮包。她身旁是來自波伊律師事務所的大衛．威林漢姆（David Willingham）；威林漢姆曾是加州中央司法區的聯邦檢察官辦公室裡大型詐騙組的副組長。

隨著薩麗絲法官抵達法庭的時間愈來愈靠近，法庭內安靜了下來。布魯斯喝了口水。薩麗絲進到法庭之後，先是進行了一些形式上的程序，然候開始詢問布魯斯一些被告在認罪之後會被問到的標準問題。布魯斯裝出了一副非常平靜的樣子。

「你今天身體狀況還好嗎？」法官如此問他，「我知道今天會是個艱難的一天。但你的身體狀況和心理狀況都還好嗎？」

「還好，庭上。」他說道。

達維娜用紙巾輕拭了自己的眼角。威林漢姆則輕輕地拍了拍她的背。

第二十七章 持續挖掘

被告之中有些人的商業協議和合夥支出，此時開始出現危機；其他人的專業名聲和執照，也同樣危在旦夕。住在帕羅奧圖的艾咪（Amy）和格雷戈瑞．柯爾本（Gregory Colburn）夫婦，被指控曾在前一年花費兩萬五千美元，讓李德爾幫他們小兒子在學術能力測驗中作弊。此時，他們已經準備好要奮力一搏。

自從檢方於三月中公布校隊藍調行動之後，不到幾週的時間，就已經有十三名家長和一名教練同意認罪。但如果那些檢察官以為這些被告都會乖乖束手就擒的話，那他們可就錯了。

針對預謀進行詐欺這個罪名，柯爾本夫婦拒絕認罪，而他們也和其他不願認罪的家長一樣，隨後又被追加了洗錢的罪名，因為他們曾經把捐給辛格的基金會的款項拿去抵稅。

雇用知名律師事務所的律師來挑戰聯邦檢察官，其實風險甚鉅。打官司的費用可能超過三百萬美元，而且在某些人看來，就公關層面而言這些有錢的家長都有個不利於他們的條件：陪審團裡的一般民眾，不太可能會同情他們。

柯爾本夫婦依然堅稱自己是無罪的——他們不承認任何罪名。他的律師派翠克．胡伯（Patric Hooper）之前是加州的副檢察長，並曾在一樁和政府之間的爭議中代表醫護人員出庭。胡伯解釋道，格雷戈瑞．柯爾本是一位放射腫瘤科醫師；沒有哪個像柯爾本一樣德高望重的人，會願意從醫生淪為階下囚。

「他不能接受這種結果。」柯爾本被第二項罪名起訴的當天晚上，胡伯在接受專訪時如此說道。「起訴一名醫生刑事罪的影響，會比起訴一般人還要大。」

當時六十一歲的格雷戈瑞以及他四十九歲的妻子都給人一種尊貴的形象。艾咪曾在舊金山的一間藝廊擔任策展人，然後又成為一名室內設計師，並為客戶的居家空間擔任「色彩顧問」。格雷戈瑞戴著一副動物角材質邊框的結實眼鏡，而艾咪則梳著一顆優雅的包包頭。

格雷戈瑞在聖荷西的一間醫院工作，而且在舊金山灣區的放射腫瘤科醫界裡很受同行的尊敬。他覺得這些公開起訴他的罪名已經嚴重打擊了他的專業名聲。一旦他認罪或被判有罪的話，那他的工作、醫師執照以及六位數的薪水，就全都岌岌可危了。

檢調在一通監聽的電話中，抓到了可能足以將他們定罪的證據：當辛格在電話裡重述，他們的兒子如何在離家幾百公里遠的西好萊塢參加學術能力測驗，以及他們如何付錢請李德爾修改兒子的測驗答案時，他們似乎都同意辛格說的內容。

「嗯嗯。」艾咪一度如此咕噥。「對。」格雷戈瑞則是如此說道。

但他們的律師說，他們其實並不是在同意辛格的說法。他們當時的行為，只是任何一個有教養的人被困在冗長對話中的時候會有的反應：試著用沈默的方式同意對方，藉此有禮貌地慢慢結束那通電話。辛格講的話省略了很多內容、不時打斷自己，而且提到的事情是一年多以前發生的。「那通電話很奇怪。」胡伯說道。他還說，艾咪懷疑辛格可能是把他們夫妻倆和別人搞混了，而格雷戈瑞則「認為他可能嗑了點藥。」

針對學術能力測驗一事，胡伯也有另一個版本的說法，可以讓我們看出他的辯護策略是什麼。是的，柯爾本夫婦確實是辛格的客戶，也曾同意在二〇一八年三月將兒子送去南加州參加測驗。但胡伯相信，這對夫婦以為前往西好萊塢的考場，對於擁有特殊安排（比如延長測驗時間）的考生是有幫助的。他還說，他們的兒子多年以來，本來就已經因為合法的健康因素而擁有更多的測驗時間。胡伯還說，他們和兒子一起前往洛杉磯，甚至還把這趟旅行變成一個愉快的週末家庭之旅，去了格雷戈瑞以前在加州大學洛杉磯分校當住院醫師時，在西好萊塢一帶常去的地方。他們的兒子和其他同學一樣，帶了自己的鉛筆和午餐過去。

不過根據胡伯的說法，這對夫妻並不知道辛格指派的監考人員會出現在那裡，也不知道他最後會拿走他們兒子的考卷、修改上面的答案。

胡伯說，柯爾本夫婦「以為一切都是正當合法的。」

想成為一位辯護律師、對抗聯邦政府強大的力量，你需要的不只是技巧。你還需要過人的自信和膽量，還要有願意付錢的委託人。史提芬．拉爾森（Stephen Larson）律師位於家裡的辦公室非常簡單，裡頭除了工作所需的重要物品之外，幾乎什麼都沒有。他辦公室的牆上掛著一句話：「童話故事再真實不過，但不是因為故事告訴我們惡龍真的存在，而是因為它告訴我們：惡龍是可以被打敗的。」

四月十三日星期六，時間已經過了下午五點，但拉爾森依然在工作。為了他的新客戶，他眼前還有條惡龍要斬；那名委託人直到上個月都還是南加大一位知名的水球教練。

檢察官指控，約萬．瓦維克曾協助將二十五萬美元的賄款轉進南加大一個用來資助水球校隊的銀行帳戶，並曾將辛格的一些客戶列為水球校隊生，以此作為該賄款的回報。

畢業自南加大法學院的拉爾森曾經擔任過法官，也曾當過洛杉磯的聯邦檢察官辦公室組織犯罪組的組長。拉爾森的辦公室是自家，位在洛杉磯以東五十多公里的小型住宅區阿普蘭（Upland）裡；下午五點零一分，穿著牛仔褲和T恤的他寄了一封電郵給艾瑞克・羅森，而那個週六，羅森正好也在工作。

他們兩人當天爭論著，有鑒於這起案件擁有如此大量的證據（從電郵到通話錄音都有），案子的保護性命令究竟應該有哪些內容。羅森擔心當事人可能會洩露敏感資訊，比如尚未被起訴的幾位家長的資訊。他提到了國際幫派組織「MS－13」曾經涉入的一個案子，並提到當時的檢方針對該案的證據實施了哪些控制措施。

由於「MS－13」一案的主要被告「又被稱作瘋子（Psycho）」，因此拉爾森對於自己的案件被和「MS－13」一案相提並論感到非常生氣。

「在一個牽涉家長、教練和大學教職員的案子裡，使用『MS－13』這種字眼，我想是有點太輕浮了。」他希望讓檢方知道，這起案件「完全不是同一回事。」

對拉爾森來說，羅森的這種說法就是另一個例子，能證明檢方在這個案子上實在是小題大作。水球這樣的貴族運動的教練，被拿來和幫派惡棍相提並論？

「我自己的感覺是，檢調在這個案件上撒的法網，恐怕有點太廣了。」二〇一九年五月，拉爾森在一次專訪中如此說道。「這個案件，似乎是一個由社會大眾驅動的奇觀。」

隨著檢調的一個弱點逐漸浮現，他對此變得更有信心。

莉亞．左貝爾是在一九七九年，由時任總統卡特任命為聯邦地區法官，什麼大風大浪都見過，但此時出現在她面前的案子，卻讓她遲疑了。

檢方此時已經根據《反欺詐勒索及受賄組織法》（Racketeer Influenced and Corrupt Organizations Act），起訴了十多名被告，其中包括被控收賄的多數教練。該法條從一九七〇年代開始，便以組織犯罪為打擊目標。

「這條法律是用來打擊黑手黨的。」六月某天，左貝爾坐在波士頓聯邦法院的十二號法庭裡如此說道。「然而現在，卻被用在這個案子裡——這是部很重的法律。」

這位八十七歲的法官是猶太人大屠殺的倖存者；她的舉止優雅，俐落的腔調還帶著點家鄉的德國口音。然而她的聲音，此時似乎透露出了一絲無法苟同的意味。

對檢方而言，這起入學醜聞的首場判決聽證進行得並不理想。

檢方當時已經讓包括十四名家長在內的二十二名被告認罪（或表明將會認罪），而他們同意的認罪協商，也都能讓檢方對法官求處徒刑。

那是春末某個風光明媚的日子，法院外頭的港口擠滿數十艘帆船。然而在法院裡，約翰．范德摩爾卻穿著深色西裝，坐在擠滿人的法庭裡等待左貝爾宣判他的案件。這四個月以來，他沒有哪天晚上是能好好安眠的。他的父母、姊姊和妻子，都坐在他身後的旁聽席前排。檢察官對史丹佛大學的前帆船教練范德摩爾，求處了十三個月的有期徒刑。他的律師則希望能幫他爭取到一年緩刑。

范德摩爾已經認罪，承認自己曾為史丹佛帆船隊收受辛格的賄賂，並將辛格的一些客戶假冒為校隊生。

「這是我這輩子犯過最大的錯誤。」范德摩爾於前一天在律師的辦公室裡，接受《華爾街日報》專訪時如此說道。他穿著襯衫和球鞋接受採訪。

檢方運氣不太好：第一個宣判的被告是范德摩爾。

如果檢方想要讓外界認為校隊藍調行動打倒了那些有權有勢的壞演員，那麼范德摩爾顯然不是最好的看板人選。在所有被起訴的教練裡面，他可能是罪行最輕的一位，因為就連法官也都說，范德摩爾和其他教練不同，他並沒有把那些錢放進自己的口袋，而被他列為校隊生的學生，最後也都沒有進入史丹佛大學就讀。

然而對於檢方來說，最大的問題還不是這位格外具有同情心的被告，而是法官對他的宣判所引起的另一個問題：辛格非法的詐欺行為，到底傷害到了誰？

當然，就廣義而言，這起詐欺案的真正受害者顯而易見。每個透過作弊進入大學的學生，基本上都可能奪走了另一個守規矩的學生的機會。然而聯邦詐欺案件的懲罰準則，並不是根據概念上的損失而定，而是根據案件對可辨認的被害人在財務上造成的直接影響而定。

於是檢方也才會將大學，以及學術能力測驗和美國大學入學考試的主辦單位列為受害者。

然而針對范德摩爾的案子，美國緩刑和審前服務制度管理局（U.S. Probation and Pretrial Services System）[27]卻找不到史丹佛大學在財務上有任何損失。畢竟，那些賄款的確進到了史丹佛大學的帳戶，而校方當時也正在試圖繳回這些非法取得的收入。就連史丹佛大學自己，也都沒有在受害者影響報告中列出一分一毫的損失。（不過史丹佛的校方說，這起案件後續的確造成了他們在財務的損失，比如調查這起事件的花費；此外，有些學生也宣稱，他們是因為辛格和范德摩爾的行為而沒有被史丹佛錄取，因而對學校發起了集體訴訟。）

法官左貝爾判決：沒有損失。

范德摩爾被法官判處一天拘役（而他已經在被拘留的期間服過這個刑期了），並且必須接受兩年的監管釋放（supervised release）[28]，包括六個月的在家軟禁。

有些其他被告的辯護律師當時也在場，他們不斷猛抄筆記，接著又和彼此分享了摘要。他們知道，他們剛剛目睹了一次檢方的挫敗。這起判例對檢方相當不利，並可能會導致其他被告也獲得輕判。

不、不、不，捐款在招生過程中並沒有任何作用——為南加大辯護的律師如此爭辯道，治安法官佩吉・凱莉歪著頭，看起來有些疑惑。

那麼為什麼南加大會將某些申請人標為「VIP」呢？在九月於波士頓的一場聽證會上，聯邦法官如此向他問道。

一些南加大內部的招生文件，幾天前才從這起案件的證物之中公諸於世。

27 譯注：負責在判決前為法官準備建議報告書的單位，其準備的報告書能影響判決。
28 譯注：意指受刑人在出獄之後，必須定期向假釋官報告，同時必須遵守各項條件，比如不得犯罪、持有管制藥物等。

這所大學會在內部的紀錄裡，在表格上的某些「ＶＩＰ」申請者旁，標注著「已捐兩百萬」、「答應一百萬」這樣的註記。

「這裡的『ＶＩＰ』指的是什麼？」凱莉問道。

代表南加大出庭的律師道格拉斯．福克斯（Douglas Fuchs），似乎不太想要大聲說出有些年輕的申請者就是「非常重要的人物」（譯按：Very Important People，亦即ＶＩＰ）。

他閃躲著這個問題，並說「整個南加大的二十二個學院」，可以為申請者「加上特殊利益的標籤」，但沒有給出確切答案。

「我想你已經說過這些了。」凱莉嘆道，「但『ＶＩＰ』到底是什麼意思？」

福克斯繼續從語法上分析。學校沒有「引號，ＶＩＰ，引號這種標籤」，但有「六個不同的標籤，他們被視為一個由很多人組成的群體，是幾個帶有特殊利益的標籤。」他如此說道。

凱莉於是再度引用了南加大自己的文件。「那我們為什麼會一直看到ＶＩＰ、ＶＩＰ、ＶＩＰ？」

「那是一種簡略的表達方式。」福克斯說道。

福客斯的文字遊戲，隱隱顯示出辯護律師已經在進入夏天之前，找到了一個很有力的反擊方式。從他們向法院提交的文件，也看得出來他們後來使用的訴訟策略；他們試著引用大學的招生紀錄，並開始將焦點轉向灰色地帶，也就是大學長年來一直在使用的噁心（但合法的）做法：接受有錢家庭的捐款，然後在招生流程中多考慮一下他們的孩子。

他們暗示，辛格的手法，不過就是這個一直被大家接受的慣習的其中一個很有創意的方式罷了。他們的委託人所做的事，和其他有錢人一直以來在做的沒什麼兩樣，都是為了讓自己的孩子獲得一些優勢。

「很不幸地，這就是美國大學運作的方式。」在九月的一次聽證會上，律師馬丁・溫伯格（Martin Weinberg）站在木製講臺上如此說道，並提及了捐款在錄取決定過程中的角色。

溫伯格的委託人是羅伯特・贊格里洛，也就是那位住在邁阿密海灘的父親，他被控曾支付二十萬美元給辛格，並匯了五萬美元給辛格在南加大認識的人的帳號，好讓他的女兒安珀在被南加大拒絕之後，還能以轉學生和划船選手的身分進入南加大。

雖然辛格提到要讓安珀以划船選手的身分申請，但她最後被體育辦公室列為「具有特殊利益」的申請人。看到了嗎？溫伯格說道，南加大會對一些財力雄厚的申請者給予優先待遇；這個案子也不例外。那名女孩甚至不是以校隊生的身分入學的，所以這根本就不是在賄賂。

身為巨龍全球（Dragon Global）私募基金執行長的贊格里洛，對於自己的勝算很有把握。和一些身為被告的家長一樣，他並沒有暫緩自己的商務出差行程，甚至還獲得了法院的批准，參加了在東加（Tonga）的一場員工度假培訓活動。

贊格里洛雇用的是全波士頓最受尊崇的一位辯護律師。溫伯格在將近五十年前從哈佛大學的法學院畢業，從那之後，他便一直只做辯護律師。他以極度聰明而聞名，曾經處理過各種棘手的白領和刑事案件，比如政治貪汙和謀殺案。他曾經是傑佛瑞・艾普斯坦（Jeffrey Epstein）[29]

29 譯注：美國一位金融家，曾多次犯下與未成年人性交易的案件。

的辯護律師，直到艾普斯坦在舉行聽證的幾週之前羞愧自殺為止。

「他是在捐錢給學校。」溫伯格爭論，「這並不是犯罪行為。」

溫伯格當時已經公布他從證物中取得的南加大內部的招生審查紀錄（其中就包括那個令人尷尬的「VIP」名單），成功地打了南加大一記大大的耳光。他的這個舉動登上不少媒體的頭條，並引起人們質疑：南加大是否至少默許了辛格的行為？

那些內部紀錄還包括一些複雜的表格，上頭被校方標注了不同的顏色，藉此追蹤那些「具有特殊利益的申請者」（他們因為和南加大校方、董事、捐款人或其他重量級人物有關係，而被特別標注了出來），並直接標上了家人過去和未來可能捐助的金額。

那些紀錄裡，還包括一份很失禮的電郵往來紀錄：招生人員在電郵中取笑某個申請人的文法，但又說他「還算不錯，至少可以幫網球隊撿球」。

「嘿嘿，你說球嗎？」招生主任如此回覆給其中一位直接匯報給他的下屬，而在提到「球」的時候，指的其實是《癟四與大頭蛋》（*Beavis and Butt-Head*）[30]裡頭的情節。

當然，其中依然有些麻煩的細節弱化了那些家長只是在捐款、提升孩子錄取機率的這種說法。檢察官展示了一些證據，暗示家長會去找辛格、要辛格向他們保證，而且他們通常要等拿到錄取通知之後才會願意付錢。還有那些假造的運動員檔案，通常都是在家長的幫忙之下製作的。（「那可能要想出一些聰明的說法來辯護了。」一位曾經參與這起訴訟的知名律師，有天在法院附近喝咖啡時如此承認道。）

等輪到聯邦助理檢察官羅森講話時，他從自己的座位上跳了起來，右手拿著安珀・贊格里洛的大學申請資料。他唸出上面的文字。

「安珀・贊格里洛放在申請文件上的第一個活動，是每週花四十四個小時的時間在洛杉磯划船俱樂部練習划船。這根本就是公然說謊！」他說道。

羅森並沒有回應關於南加大內部紀錄的辯論，也沒有回應那些家長只是在合法捐錢的說法。「這太荒謬了。」他說，「這完全是另一回事，和我們要處理的問題完全沒有關係。」

溫伯格於是插了進來，想幫自己沒有到場出庭的委託人說幾句話。「根據監聽的證物，檢方的關鍵證人辛格先生，是個滿嘴謊言、想敲詐欺騙家長的人，他會為那些孩子填寫申請資料，而內容就像羅森先生剛剛唸出來的那樣。」溫伯格說。「那些申請資料並不是贊格里洛先生和他的女兒自己填寫的。」他的說法反映了他的另一個辯護策略：宣稱那些比較重要的證物顯示出了辛格的雙重罪行——他既控制了大學申請資料的提交過程，又填入了不實的資訊。

有二十多位家長和教練還沒被檢方起訴；檢方仍在試著讓更多被告和他們達成協議。檢察官寄了幾份「目標信」（target letters）給那些因作弊而受益的學生，通知他們（或者其實是在警告他們），他們也可能會被這起案子牽連。檢方起初並沒有起訴任何一位學生，而這個現象其實並不令人意外：檢方顯然只把家長和其他成年人視為主要的行動者。然而，檢察官其實並未排除起訴學生的可能性，因為其中一些學生其實是知情的——他們在電郵裡是副本收件人、

30 譯注：美國一部無釐頭的成人卡通。

曾經配合擺姿勢拍運動中的照片，也加入過電話討論。

收到目標信不代表就會被起訴，但他們可以用這種方法，讓家長為了保護自己的孩子而認罪。

有些被告已經認罪，願意和檢方合作（比如伊薩克森夫婦和蘿拉·楊克），而麻州的聯邦檢察官辦公室也持續調查他們提供的新線索。辛格本人交出了自己所有的聯絡人清單，裡頭有更多可能也作過弊的人，不在檢方初步起訴的三十三個人之中。

檢察官們在洛杉磯和其他地方，訪談了新的證人和目標。有些辛格過去的客戶於是找了律師，擔心自己也會被這個案子牽連。確實，檢方在年底之前，又新增了三名家長作為被告，其中包括聖地牙哥的衝浪公司主管傑佛瑞·庇札克（Jeffrey Bizzack）、一位住在加州新港灘的母親凱倫·莉托菲爾（Karen Littlefair），以及隋小寧（Xiaoning Sui）這位在西班牙被逮捕的中國母親。

與此同時，這起案件的結構性瑕疵也愈來愈惡化，甚至還可能會讓檢方丟盡臉。

九月中，羅森拿著一頂帽子走進了另一個聯邦法院的聽證會。他需要讓法官印蒂拉·塔爾瓦尼（Indira Talwani）留下一個好印象，因為這位法官剛剛成為這個入學醜聞案裡掌握最多權力的人。

「庭上，我們都是帶著平靜的心情出庭的。」羅森用有點微弱的聲音說道，「我希望您能了解到這點。」

對於羅森和其他檢察官而言，事情的進展出了很大的問題，而他必須把這個案子導回正軌——而且動作要快。

負責為已經認罪的十一名家長準備判決前報告書的緩刑部門官員，剛剛提交了他們的結論，而報告的內容讓檢查官都非常吃驚：他們說，一如范德摩爾的案子，這些家長的行為並未造成明顯的金錢損害。畢竟，家長們還是會支付學費，而他們支付的賄款最後也會成為校隊的資金。有些家長甚至還在他們的孩子入學之後，又多捐了一些款項。

為了呼應這種「沒有損害」的結論，緩刑部門建議法官，每位家長的刑期應該介於零至六個月。他們的建議方向並沒有強制性，但依然很有分量。對於初犯的白領犯罪案而言，這種低度的量刑建議，通常意味被告可以獲得緩刑的判決。

檢方知道，如果讓這群被告用在家監禁的條款步出法院、在豪宅裡到處趴趴走，那檢方可以說就是打輸了這場仗。這個結果等於在告訴社會大眾，人脈通達的有錢人不用像其他人一樣守規矩。

檢方和緩刑部門之間的爭執通常不會對外公開，但麻州的聯邦檢察官萊凌，卻找到了一個機會表明檢方的反對態度。塔爾瓦尼請檢方發表意見，詢問他們對於她私下和緩刑部門之間的討論是否有異議（每個法官進行討論時的做法都不盡相同）。萊凌確實有些意見，而且寫了一封措辭強烈的信呈交予法庭紀錄；那封信的內容，主要是在說緩刑部門的量刑建議有誤。

於是塔爾瓦尼召開了一場特別聽證會，討論量刑建議的爭議；有些辯護律師興奮地認為，這是截至當時為止這起案件中最重要的一個事件。他們預測自己勝利在望，而對於當時的他們來說，勝利只意味一件事：讓他們名氣響亮的委託人不用入獄。

他們的確有感到樂觀的理由。畢業自加州大學柏克萊分校法律系的塔爾瓦尼，是由歐巴馬總統任命為法官的；外界一般認為她是一位對被告比較友善的法官。檢方有些人則是覺得，塔爾瓦尼並不喜歡這個案子。

已經認罪並可能要面臨牢獄之災的家長們，幾個月以來第一次覺得自己有機會不用坐牢。他們的律師當時已經在草擬正式的信函，請求法官根據那份「沒有損害」的建議書，最多只對家長們判處緩刑。

聽證會召開當天，由於有太多辯護律師出庭，他們不只擠滿了九號法庭的旁聽席，甚至還坐到了陪審團座位區的空位上，看起來就像另一個陪審團（而且你可以想像，是那種由你膚色最白、衣著最體面的男性友人組成的陪審團）。他們彼此握手，交換了幾個充滿信心的微笑。其他律師則是用電話連線的方式參與了聽證會。

那些家長沒有一個到場，但代表他們出庭的律師倒是陣容浩大（而且收費高昂）。有些家長甚至由兩位律師代表出庭。什麼都要爭第一的白金漢，則請了三位律師。

一如往常，幾位能力很強的前聯邦檢察官也名列其中，比如紐約南司法區聯邦檢察官辦公室的前刑事組組長丹尼爾·史坦（Daniel Stein）。委託他的被告是葛雷格·亞波特，也就是那位已經認罪，承認自己在女兒的美國大學入學考試及學術能力測驗分科考試上作弊的食品飲料包裝公司主管。

亞波特的妻子也已經就自己在此案中的角色認罪。這對住在曼哈頓和亞斯本的夫妻可不想接受聯邦檢察官的「好意」，在包吃包住的牢裡度假。

由於律師可以在庭上發言，這起聽證會看來會持續好幾個小時。塔爾瓦尼看向他們。「請不用覺得你們每個人都一定要發言才行。」她說，引起法庭裡一陣笑聲。

一位來自緩刑部門的官員當時也場，而羅森則在發言的一開始，就將矛頭指向了她。「我知道最近幾次開庭氣氛都有些敵對。」羅森輕柔地如此開場，「但我們是心平氣和而來的。」羅森有些在場旁聽的同事擔心了起來：他平常能言善道的技能，似乎因為壓力而遜色了不少，彷彿他持久的耐力已經消退，做這些只是為了讓案子進行下去而已。他確實是這樣沒錯。

他告訴法官，這是一場嚴重的詐騙案，而且確實造成了損失，並開始細數起被告造成的傷害：大學必須開除貪汙的教練、必須打官司、必須調查那些牽涉這起案件的學生，還必須修改和行政及校隊有關的政策。

他還主張，學術能力測驗和美國大學入學考試的主辦單位，也尤其是受害者，因為辛格和他的共犯滲透了考場、假造了考試的成績。

但你能夠精確計算，每個被告應該為那些損失負起多少責任嗎？法官如此問道。

羅森承認，「要精確計算每一項損失是不可能的」。但他做了最後一搏，提到某個法律準則，讓檢方可以把獲得的金額當作損失的金額——而在這起案子裡，那就是由辛格所主導的整個案件的獲利，而且可以用家長支付的賄款來衡量。

「你的意思是，我們其實是有損失的。」法官說道。

「沒錯。」羅森回覆道。

「我們沒辦法區分出損失的各個細項。」

「沒錯。」

「所以我們改用獲利來進行衡量。」

「沒錯。」

塔爾瓦尼詢問有沒有在場的人想要發言。那些辯護律師全都靜默無語。「沒人說話，好吧。」她說道，聲音聽起來有些意外。

如果你本來就已經領先了，那何必說話呢？

聽證會結束之後，辯護律師們全擠在走廊上。羅森經過他們身旁走向電梯，手上拿著幾本法律書籍，但那些書似乎沒有一本能在此時派上用場。

三天過後，塔爾瓦尼法官對此事的判決出現在聯邦法院的系統裡，而當時距離她第一次宣判被告刑期，也只剩下不到幾小時。她接受了零到六個月的量刑建議，也同意那些家長的案子，並沒有為任何受害者帶來金錢上的損失。她說她會單獨對每位家長進行考量，但拒絕了檢方希望依據家長支付的賄款多寡來量刑的提議。

看起來，有些家長很有可能可以逃過牢獄之災了。

然而塔爾瓦尼還有件事情是辯護律師沒想到的。她思考的範圍比他們所知的還要更加寬廣。她認為大學招生制度早就已經在被有錢人操控了，但這些家長卻把這種優勢濫用到了一個驚人的程度。

第二十八章 宣判

九月十三日星期五，在一間擠滿人的法庭裡，塔爾瓦尼法官坐在法官席上。她用拇指和食指扶著眼鏡，透過鏡片看著眼前這位表情嚴肅的被告。

法官一直在思考，為什麼這個大學招生的案件會給人一種憤恨不平的感覺？並不是因為大家突然發現，這個制度根本就不是在獎勵真正有才能的人，或是學校在金錢上的損失，以及在法庭上引起技術性論戰的測驗機構——這些都與此無關。

「大家憤恨不平的是，這個本來就已經被金錢和特權扭曲的制度。」她坐在法官席上如此說道。

大家憤恨的是，「你讓你的小孩又多取得了一項優勢，能讓他們贏過別人。」法官一邊直直盯著女演員菲力西提．哈芙曼，一邊繼續說。

法庭裡的聲景很有意思，那是人們在座位上起身坐下的聲音、記者在鍵盤上打字的聲音，以及偶爾出現的咳嗽聲，或是某個人突然倒抽一口氣的聲音——它們譜出了一首樂曲。當這位以相對仁慈著稱的法官準備進行第一次宣判時，該樂章彷彿也奏入音量漸強的部分。她在那天早上才剛表達了她對金錢損失一事以及量刑建議的意見，而原本看似仍有懸念的事情此時似乎真的要成真了。她到底會不會判哈芙曼入監服刑呢？

幾乎就在聯邦檢察官宣布針對校園藍調行動進行起訴的六個月之後，家長們終於即將進入懲戒階段。

由於攝影師駐守在法庭外，此過程很快便呈現出一種儀式感。被告們噘著嘴、眼睛直瞪向前，穿過灑滿陽光、剛剛抛光過的大理石走廊走進法庭。羅森和其他聯邦助理檢察官，則是打開了他們的三孔活頁夾開始翻閱文件，在上頭劃重點、畫圈圈，直到最後一刻都還在準備應戰。在另一邊，辯護律師也同樣聚精會神地準備資料，他們的委託人則坐在一旁，目光發直。

就在他們擬定了幾個月的策略之後，關鍵時刻終於來臨了。被告的律師提交了幾份長長的信函供塔爾瓦尼檢閱，形容那些家長向來奉公守法，以及堅定無私的態度——他們是因為遇上辛格才會走歪路。為了請求法官開恩，這些有錢的家長拚了命地想表達自己曾經經歷的苦難，結果卻非常可笑。其中一位父親的律師提到，由於他小時候實在太窮，家裡的人甚至連鍋子都沒有，熱狗只能直接放在明火上面烤；另一位被告則有一個比自己還要年輕的繼母。有些人的故事不太一樣，比如某個被告在離婚之後成了單親媽媽——不過她明明就有一個保姆，以及一幢位於比佛利山莊、價值將近九百萬美元的豪宅。顯然不是狄更斯（Charles Dickens）[31]筆下的那種可憐故事。

有些收費高昂的律師，會聰明地將他們的委託人說成足以令人同情的樣子（或者說，至少以百萬富翁的標準來看，是值得別人同情的）；但也有些律師則是根本不懂察言觀色，不知道這些故事有多白目。

有的律師建議庭上寬待自己的委託人，因為聯邦調查局在孩子進入大學之前，就已經阻止了犯罪行為繼續發生；但這種說法，感覺就像是某個搶匪在銀行行員還在把錢裝進袋子裡的時候就被抓到了，所以宣稱自己並沒有成功搶到任何東西。還有個律師把自己的委託人稱為「中產階級」，雖然那個人明明就住在一棟價值超過三百萬美元的房子裡。

有些律師團隊則向庭上呈交了支持己方論點的信件，並在裡頭引用了別人對被告的讚美之詞，但那些讚美的來源卻是受雇於被告之人。一名芭蕾舞老師寫道，她去過珍．白金漢的家裡，曾親眼目睹白金漢和子女相處的方式，就和「我教她女兒獨腳站立舞姿（arabesques）和腳尖旋轉（pirouettes）時」一樣融洽。

花了十二萬五千美元，讓自己女兒在學術能力測驗分科考試以及美國大學測驗中作弊的瑪爾希亞與葛雷格．亞波特，則是獲得了兩位家庭幫傭，以及在法國受過教育的建築師和室內設計師的支持信。「他們人很好，請我幫他們興建、裝修位於亞斯本的房子，以及紐約的公寓。」他如此寫道。

瑪爾希亞的一位朋友，則提到了她有多麼接地氣，並在呈交給法庭的文件中寫道，「我曾不只一次，看見她在學開飛機的時候為了鑽研西斯納（Cessna，譯按：一家生產小型飛機的廠商）的引擎，把自己弄得全身都是機油。」

其他人則在信中描述了亞波特夫婦更為仁慈的作為，而他們的女兒則在呈交給法官的信中回憶道，他們家曾為弱勢兒童舉辦烤肉活動、提供救濟，也曾在耶誕節當天為無家可歸的人提供餐點。亞波特夫婦自己則寫道，他們之所以使用辛格的測驗作弊服務，並不是為了身分地位，

31 譯注：《孤雛淚》等小說的作者，作品以揭露社會不公著稱。

而是因為他們實在太想幫助自己飽受萊姆病（Lyme disease）[32]之苦的孩子，沒想到卻走上了歪路。

至於讓委託人不用坐牢這個目標，律師們則更是不遺餘力。森普雷維沃的律師大衛・肯納（David Kenner），曾經為黑幫大佬奈特（Marion "Suge" Knight）和他的幫派饒舌品牌「死囚唱片」（Death Row Records）服務過，甚至還被封為奈特的法律軍師（consigliere）。肯納請求法官開恩的其中一個理由，是森普雷維沃所蒙受的財務損失。比如哪些損失呢？原來就是森普雷維沃付給辛格的四十萬美元，以及他在幾年前因為使用賄款抵稅而欠繳的稅款。

為了讓「辛格先生突破了森普雷維沃先生的心理防衛機制」這種說法更加可信，肯納還提交了一份三十四頁的評估報告，報告的作者是一位曾與拳王泰森（Mike Tyson）以及饒舌歌手圖帕克（Tupac Shakur）合作過的犯罪學家。

塔爾瓦尼被惹惱了。這可不是法治電視頻道（Court TV）的節目。

「我不覺得我需要一份犯罪學家的專家報告來教我怎麼判決。」她說，「尤其是，這個犯罪學家的說法，可能會出現在每個來自洛杉磯的被告的聽證中。」

在那場關於量刑建議的關鍵聽證會之後，哈芙曼是第一個出庭的家長，因為其他兩位被告都更改了出庭時間。坐落在水岸旁的法院外面有警察在指揮交通，試著讓路過圍觀的人散去，還有一群媒體記者擠在路障外面，等著要看哈芙曼一眼。

來自新聞節目《驚爆內幕》（*Inside Edition*）的記者，正好奇地看著對手媒體——名人八卦新聞節目《號外》（*Extra*）的記者。《號外》的記者戴著一副太陽眼鏡、眼鏡的鏈子繞在脖子上。她手裡拿著麥克風和一本列著重要問題的筆記本：「你和蘿莉說過話嗎？她有什麼打算？」

每當有黑色休旅車在附近放慢行駛速度，圍觀的人群便會開始議論紛紛：「那是他們的車嗎？」

檢方認為，和其他多數家長比起來，哈芙曼的行為並不算太過分。為了修改蘇菲亞的考卷答案，她只支付了一萬五千美元（而那有部分其實只是因為，辛格本來就不向所有家長收取相同的費用），並在二〇一九年初放棄讓小女兒喬治婭作弊。她已經認罪，是個有悔意的模範被告。她最在意的其中一件事，是確保社會大眾知道她的女兒並未涉入這起舞弊事件。

哈芙曼的法律團隊由馬丁·墨菲（Martin Murphy）領軍，這位律師畢業自哈佛法學院，曾經在麻州負責聯邦檢察官重案組的運作，現在則是弗雷霍格律師事務所的合夥人；他採取的訴訟策略是希望能讓她不用坐牢、獲判緩刑一年。他們引用了一份篇幅很長的統計資料，分析聯邦法院對類似案件的判決，希望藉此支持他們的論點：讓她坐牢是太過分的懲罰方式。他們呈交了二十七份支持信，其中有許多來自她的舊識，比如女演員伊娃·朗格莉亞（Eva Longoria）、她的兄弟姐妹、姪兒，以及她早年還在紐約劇場界時的同事；他們在信件中稱讚哈芙曼的職業道德和親切熱情，其中有些人提到了她容易受人影響、過度操心的母親形象，和

32 譯注：一種藉由蟲咬傳染的細菌性疾病，會造成記憶障礙、精神不振的症狀。

哈芙曼自己的說法一致。「她的頭腦有點像裡頭充滿一個個洞的瑞士起司，總是忘東忘西的。」

有些信件的內容頗為尋常，而且不無意義。然而如果信的內容出了差錯（尤其是被告自己寫給法官的），那就可能會有些風險。為非法行為提供背景脈絡和找藉口為自己開脫，兩者之間的界線是很清晰的。

當哈芙曼形容自己是個很沒有安全感的母親時，羅森並沒有懷疑她在說謊。然而羅森自己也是三個孩子的爸爸，他的上司法蘭克則有四個小孩，他們知道每一個父母的壓力都很大，而且全都精疲力竭、很擔心自己會犯錯，但他們並沒有因此成為騙子或罪犯。「歡迎來到父母親的世界。」檢方在關於量刑建議的文件中如此寫道。

檢方對哈芙曼求處一個月刑期，還說坐牢就是一個讓有錢人和窮人「獲平等對待的良好機制」。他們說，這對夫婦之所以會陷入這個困境，並不是因為他們的需求，也不是因為感到絕望，而是因為某種「認為自己擁有某種權利的感覺，或至少是在道德上的無知，並受到了財富和偏狹的催化」。既然監獄裡的每個人都被同樣的規則所管制，那麼有什麼地方，會比監獄更適合作他們的解藥呢？

宣判當天早上，檢方已經做好了塔爾瓦尼會站在被告那邊的心理準備。他們也擔心，這次的判決結果會開啟後續一連串讓檢方失望的判決，那些知名的家長則會被輕判，再一次告訴外界，有權有勢的人可以免於受制裁。

就在下午兩點半開審判庭的四十五分鐘之前，一輛黑色休旅車終於停在了法院門外。

哈芙曼和丈夫威廉・梅西步下休旅車，臉上帶著堅毅的表情。纖瘦的哈芙曼穿著一席保守的藏青色洋裝，搭配簡樸的高跟鞋，右持皮包，左手則牽著梅西。梅西留著瀟灑的落腮鬍，看起來飽受驚嚇，深藍色的眼眸隱隱泛著淚光。一位警員和一位國土安全局人員則在他們兩旁走來走去。

許多媒體都在播放他們走進法院的畫面；對於正在收看的一些媽媽來說，這幅景象似乎有點不公平。這起案子的責任再一次地，全都被歸到了作母親的身上。「哈芙曼下一次要穿的，就是監獄裡的囚衣了。」《波士頓全球報》如此寫道，「而梅西則在等待他在《無恥之徒》中參與演出的第十季，將於十一月份首映。」

法庭裡擠滿了記者、好奇的本地人、其他家長的辯護律師，以及哈芙曼的朋友和家人。太晚到的人被帶往另一個房間，透過直播觀看聽證。梅西坐進了旁聽席的一張板凳上，而哈芙曼則在一張木桌旁坐了下來，桌上則有一個牌子寫著「被告人」。

這場聽證會並沒有出現出人意料的事情——至少起初如此。

羅森一開始在著手調查的時候，原本還不知道哈芙曼是誰，現在卻要對她的案子求處徒刑。為了表達自己的觀點，他指出，許多家長也同樣焦慮，卻不會像哈芙曼一樣使用作弊手法。他還提到，哈芙曼是在經過深思熟慮之後犯下那些罪行。「被告並不是某天突然跑去沃爾瑪（Walmart），然後在貨架上挑選了一份假的學術能力測驗成績，然後走去結帳。」

他提到了來自俄亥俄州亞克隆（Akron），在一所殘障特教高中擔任助教的凱莉・威廉・波拉（Kelly Williams-Bolar）。二〇一一年，她為了讓女兒們進入更好的學校、避開她們居住的市中心的學區而偽造女兒住所的地址，最後被判處十天拘役。

「她服了十天的拘役，而她所犯下的罪行，其實比在場的被告還要輕微很多。」羅森說，「如果一位來自亞克隆的貧窮單身母親，其實是在試著為自己的孩子提供更好的教育，卻進了監獄，那麼一個有錢有勢、擁有一切合法升學途徑可以選擇的母親，就沒有理由可以逃避坐牢的命運。」

為哈芙曼辯護的墨菲，則提出了一個本案所有辯護律師都談過的擔憂。他們擔心這些家長會因為他們富裕的身家，被判得更重。換句話說，批判有錢有勢的人總是很好玩的一件事。

「經過計算，我發現檢方一共提到了哈芙曼的財富和名聲二十七次。」他指的是檢方呈交的判決備忘信函。他主張，正如同有錢人在犯罪的時候不應被輕易放過，他們也不應該因為自己的財富而受到不公平的嚴厲懲罰。

哈芙曼起立對庭上發表了自己的意見。她對法官道了歉，也對因為她的行為而受到影響的學生、家長、大學以及自己的家人致歉。

「我被逮捕之後最難面對的其中一件事情，就是當我女兒知道我做的事之後，她對著我說：『媽，我已經不知道妳是誰了。』」哈芙曼聲音顫抖地說道。「然後她問我，『為什麼妳不相信我呢？為什麼妳覺得我沒辦法靠自己的能力做到呢？』我不知道該怎麼回答她。」

塔爾瓦尼稱讚了哈芙曼，認為她如此快速就決定承擔責任是個正確的選擇。她接著也提到了社區服務，並說社區服務可以成為哈芙曼矯正計畫的一部分。坐在旁聽席的聯邦檢察官辦公室人員心想：答案揭曉了。其中一位則猜想，結局來了：不用坐牢。

當塔爾瓦尼說自己不會考慮檢方的一些論點時，檢方就又加深了一點這種感覺——尤其是檢方認為這些家長破壞了大家對大學招生程序的信心的這個論點。法官說，不管有沒有這些家長的行為，大學招生制度本來就已經漏洞百出，比如合法的捐款行為、在挑選學生的時候偏好校友的後代，而且有一大部分的錄取名額，本來就會被全國最有錢的家庭搶走。

然而，法官的語氣卻在接下來起了變化。

她說，那些漏洞「就是這一切發生的背景脈絡。」塔爾瓦尼一一細數了那些有錢家庭的小孩會用來獲取巨大優勢的所有方法，比如進入頂尖高中、雇用昂貴的家教和顧問服務，而他們的親戚網絡，則可以讓他們找到最好的暑期實習機會。

在她看來，那些已經因為這個充滿缺陷的制度而占盡優勢的家長，又做了一件肆意妄為的事情，只是在讓這個制度變得更加糟糕而已。他們本來就已經在三壘上了，現在卻還想要用作弊的方式跑回本壘得分。

她最後對哈芙曼判處了十四天的拘役。法庭裡的人們開始議論紛紛，所有人都伸長了脖子望向哈芙曼。

隨著書記官宣布「起立」休庭，這起大學招生案的基調也跟著轉變了。對於不知情的人來說，十四天的拘役似乎是很輕的判決。但事實上，檢方在這裡獲得了出乎意料的勝利。在所有家長裡罪行最輕的哈芙曼，居然要坐牢了。

在法庭外，辯護律師們再次聚在了一起，每個人都非常激動。他們知道自己的委託人（其中有些人付給辛格的金額，是哈芙曼的二十倍以上）這下必須要在牢房裡待上一段時間了。其中一位非常吃驚的律師說，他必須要重寫自己委託人的判決備忘信函了，不然如果繼續請求法官給予緩刑，恐怕會被別人以為他搞不清楚狀況。

檢察官們步出法庭、走向電梯，臉上沒有太多表情，但你可以感覺得到他們有多如釋重負。就在剛剛，他們把這個案子從懸崖邊上給救了回來。

十一天過後，羅森將一個資料夾放在了九號法庭的講臺上，然後他開始娓娓道來這個要從二〇一七年六月開始說起的故事。

他鉅細靡遺地描述德文．史隆這位來自洛杉磯的父親，如何要他年輕的兒子換上一套新買的速比濤泳衣和泳帽，並在自家後院的泳池裡擺拍，假裝自己是一名水球球員。

「請想像一下發生在那之後的對話。」羅森如此告訴塔爾瓦尼，「想像一下被告為自己兒子提供的指引。」

法官用手托著臉頰，專心聆聽。

被告們在接下來的幾週裡將會發現，這位法官特別討厭那些讓自己有時並不知情的孩子，在這起案件裡扮演一些角色的家長。

「史隆在這起案件中的犯行，並不僅止於讓兒子在家裡的無邊際泳池中擺拍而已。」羅森繼續說，「在接下來的一年裡，史隆持續主動並蓄意完成了整起犯行，在南加大獲得了一個錄取名額。此外，他還逐漸養成了說謊的習性。」

在對面的被告席上，史隆的律師將一杯水遞給了自己的委託人。

哈芙曼的判決結果明確地告訴大家，法官可能打算對每位家長都判處一定的刑期，而問題則是她接下來判處的刑期，會是像哈芙曼的十四天那樣，只是象徵性的一小段時間（雖然有些人可能不會認為十四天是一小段時間），還是更實質的長期監禁。

如果哈芙曼算是整個案件裡比較值得同情的其中一位家長，那麼史隆大概就沒這麼容易被放過。

他穿著藏青色的合身西裝、戴著一副帶點書生氣的眼鏡走進法庭，左手拿著一個棕色皮製公事包。雖然他當時已經五十三歲，看起來卻比實際年齡年輕，頂上的頭髮也依然茂密；當時的他，更像是要走進某個會議室，討論一個水處理產業投資案的高階主管，而不是一個已經認罪，承認自己為了讓兒子假冒水球隊員、進入南加大而付了二十五萬美元的人。

為了強調他良善的那一面，史隆和他的律師們呈交了一支精美的影片，片中詳述了他對特殊奧運組織（Special Olympic）投入的慈善活動，並呈交了幾十封支持信，其中包括一封來自巴克雷學校美式足球教練的信；這位教練在信中寫道，史隆是少數會停下來向他問好的家長之一。

然而當史隆和他的律師說他承認罪責之後，律師們呈交的判決備忘信函，卻似乎是在推卸他的刑責。他們開始把錯推給別人：他兒子念的高中一年學費要四萬五千美元，但學校裡的升學輔導老師卻「負擔過重」，因此他只好雇用辛格。辛格讓這位聰明而成功的商人受騙上當。他的童年過得並不幸福。史隆的律師撰寫的備忘信函甚至抱怨，南加大沒有歸還他用來非法取得錄取名額的那筆捐款。

「這個嘛，就當作是一場教訓好了。」羅森在法庭裡如此說道，「如果你要賄賂別人做些非法勾當，錢就是拿不回來的。」

羅森說，史隆對自己做過的事，表現得好像事不關己的樣子，以至於連緩刑部門都懷疑，他是否能像其他認罪的被告一樣有資格獲得刑期上的減免。不過法官還是肯定了史隆認罪的做法。

同樣讓羅森無法認同的，還有史隆為了避免坐牢而做的提議：在一個社區服務計畫之中做志工，「直接為獨立運作的學校的兒童，創造一個可以將接納多元、反對霸凌的銜接計畫，而那些兒童就是這起案件裡的關鍵。」史隆的律師內森．何治曼（Nathan Hochman）如此說道。

「我不覺得獨立學校的兒童是這個案子的關鍵。」塔爾瓦尼說，「這大概是我聽過最搞不清楚狀況的一句話了。」

她直直瞪著他。「還有，誰才是在這個案件中受傷害的人？肯定不是獨立學校的孩童，對吧？」她如此說道，還說「獨立學校」這個稱呼不過就是對「私校」委婉一點的稱呼罷了。

很顯然地，塔爾瓦尼希望何治曼能直白地說出，那些受傷害的人就是因為錄取名額被賄賂和詭計搶走，而沒有機會上南加大的孩子。

經過一陣吞吞吐吐之後，何治曼終於講出了她希望聽到的答案，但接著又試著降低嚴重性，開始描述「受傷害的程度」。

法官對他失去了好感。為其他已經認罪的家長辯護的律師也都在場。「他根本沒搞清楚狀況。」其中一位律師後來如此說道，「看他那樣辯護真的很痛苦。」

「我一直聽到這些詞，什麼『促進』、『涉及』。」塔爾瓦尼繼續說，「但有個詞在你提交的報告裡面我從來沒看過，那就是『賄賂』。」

何治曼再次撥了撥頭髮，說「我們和檢方一直有的一個爭執點」，就是史隆其實不知道到底是南加大的哪個人會拿到他的錢。

坐在旁聽席上的辯護律師們更尷尬了。「當然，那他媽的就是賄賂。」其中一位律師後來如此說道。「我實在很想拿紙敲他的後腦勺。」

塔爾瓦尼決定要在法庭上導正視聽。

「所以你是在說，你的委託人不知道那些勾當的細節到底是怎麼運作的，但他了解自己為了讓兒子獲得錄取名額，其實是在進行賄賂？」

「是的，庭上。」

當史隆站在法庭裡進行陳述，並說自己會負起全責、不會有任何藉口或理由時，感覺起來，好運似乎不會站在他那邊。

「有些人覺得這個案件，是關於特權、關於傲慢的。」他說。

「我一直在想這件事，而這種說法讓我無法忍受。在我的心裡和靈魂深處，我只想要讓兒子得到最好的。我現在了解到了，原來我的那些行為會造成反效果。」

他將自己的發言收在一個聽起來很真誠的結尾上，而且和這起案子裡許多家長的說詞很像：他們只是在嘗試幫助自己的孩子而已，而他們現在知道，自己使用的方法錯了。

然而這位法官卻希望他們好好思考一下，他們想要幫助的究竟是誰。

「我想要從一個經常出現在這些家長嘴裡的論點開始談起：『我想為我的孩子付出，讓他得到最好的。』」她如此開頭，緩慢地重複了史隆說過的話，然後為了效果而停頓了一下。

她認為，事情並沒有這麼簡單。

「在所有這些案子裡，最關鍵的罪行，並不是為你的孩子提供最基本的照顧。」她說。「不是供應你的小孩吃穿，甚至不是讓你的小孩受大學教育。而是讓你的小孩進到一所或許被外界認為『很少人進得去』的大學。」

「或許，這就是家長們該好好思考一下的地方：他們真的是為了孩子而這麼做的嗎？」她停頓了一下。「還是說，他們之所以這麼做，只是為了自己的身分地位，或者其他跟孩子一點關係都沒有的個人目的？」

針對這些問題，史隆可以花些時間好好想一想，因為法官最後判他四個月拘役。

到了十月底，塔爾瓦尼已經宣判了十一位家長的判決。除了一位家長之外，其他人全都必須入獄服刑：從哈芙曼的兩週到納帕谷地葡萄酒商小亞古斯丁．胡紐斯的五個月。沒有人的刑期和檢方求處的一樣長，但這些原本希望能獲得緩刑的白領初犯，現在都得準備在隆波克監獄（USP Lompoc）、羅雷多監獄（FCI Loretto），或其他幾個維安程度最低的矯正機構裡，度過他們的耶誕假期。

這個案子也浮現了幾個問題。塔爾瓦尼認為考試作弊的罪行並沒有像用「側門」方式賄賂教練那樣重大，因為她認為後者擺明了就是在收買大學的錄取名額。針對那些讓孩子也參與作弊計畫的家長，她則是額外增加了刑期。胡紐斯就屬於這種家長，因此才會獲判五個月拘役。

瑪爾希亞與葛雷格．亞波特夫婦一起前來聆聽宣判的時候，也再次見證了塔爾瓦尼會將家長送進牢裡的關鍵原因。

這場聽證會從一開始就很不尋常，因為他們三十年來的婚姻現在已經瀕臨破裂。瑪爾希亞坐在長長的被告席桌的一端，而葛雷格則坐在另外一端，就像一對怨偶坐在餐桌兩端的電影場景，直到他們的律師抵達、坐到了他們之間，才填補了空位。葛雷格的律師描述，這對夫妻在溝通上的障礙就是他的委託人會牽扯上辛格的根本原因之一。

葛雷格在走向講臺進行陳述時，停下腳步在瑪爾希亞的額頭上親了一下。他有著一頭蓬亂的白髮，戴著一副鏡框透明的眼鏡。他一抓住講臺的邊緣、開始說話時就哽咽了。

「相信我，庭上，我在曼哈頓看多了，從托兒所到大學都是。」他說道。「我自己也曾被那種比別人更優越的感覺，以及家長為了自己替孩子擬定的計畫所做的努力給冒犯到，他們會捏造履歷、付錢擔任董事，並捐錢給學校，導致那些幾乎無法負擔學費的家庭遭到邊緣化。」

他停頓了一下、深吸了口氣，然後試著讓心情平復下來。

然而接下來他所說的，卻只是在讓法官更加確信為何有必要將他們送進牢裡而已。

「庭上，很多好朋友都試著安慰我這個制度充滿了缺陷，而就我自己的處境來說，我也做了許多家長為了幫助小孩都會做的事情。」亞波特接著繼續表明，他絕對不同意他的那些朋友，也已經讓他們知道自己犯下了很糟糕的錯誤。

然而法官並不只是為了站在自己眼前的被告而宣判。她之所以宣判，是為了對這位被告周遭、可能也會犯下類似錯誤的人釋放一個訊息。塔爾瓦尼一再地告訴家長，雖然她認為他們已經學到教訓了，但她不確定和他們一樣的人能不能學到。

她判處了他和瑪爾希亞各一個月拘役，以此作為懲罰，以及對他那些好友的一個警惕。

整個秋季，律師們都在試著讓委託人免於入獄，因而不斷引用被告遇過的不幸事件，希望能藉此減免刑期。

「有人說誰誰誰死掉、生病，什麼理由都有。」聯邦助理檢察官賈斯丁・歐康乃爾有次如此沉思道。

就算律師沒有努力把他們的委託人形容成好人，至少也會把他們講得不像其他被告那麼糟。

「他並沒有使用修圖軟體。」

「我們的被告不像其他家長，他沒有雇用律師和美國大學測驗的主辦單位打官司。」

「我們的被告不像其他人，他沒有二次測驗作弊。」

最好的方法，似乎就是毫不掩飾地說出真相。

十月某個早晨，當戈爾頓・卡普蘭戴上老花眼鏡、起身發言時，就演示了一次這種策略。卡普蘭當時穿著一套深灰色的西裝，搭配白色襯衫和深紅色的領帶，那是企業律師常見的標準裝束，不過現在的他卻成了一名被告，即將因為自己支付七萬五千美元在女兒的美國大學入學考中作弊，而接受法律制裁。他的家人、工作上的同事，以及他在康乃狄克州格林威治的警察朋友，都出席了這場聽證會。威爾奇法爾律師事務所的現任，以及前任合夥人，都為他寫了支持信。

「這並不容易，但我已經痛苦地了解到了，這整個事件至少有很大一部分，是我太在意女兒上哪所大學的企圖心造成的。」卡普蘭如此對法官說道。「我忘了一個好父親的意義是什麼，因為很顯然地，我的所做所為對我的女兒一點好處都沒有。」

由於卡普蘭即將失去自己的律師執照，而這已經是非常嚴峻的懲罰了，因此卡普蘭的律師希望他最多只獲判十四天的拘役，但法官最後的判決結果是一個月。

要怎樣才能不用入獄呢？

八天之後，輪到薩爾托里奧前往聆聽宣判時，在法庭裡旁聽的人就少了許多；薩爾托里奧這位被告曾支付一萬五千美元給辛格，假造女兒的美國大學測驗成績。薩爾托里奧有個優勢：他似乎就是個普通的好人，只是犯了些錯。為了避免留下紀錄，他當時使用現金付錢給辛格，甚至還分了幾天在銀行提款。

他引起了塔爾瓦尼法官的興趣。在整個審理過程中，她顯然已經對那些把詐欺包裝成善行的家長感到非常厭倦了。「他並沒有試圖說服自己，更沒有試著說服他的稅務會計師或檢方自己做的事情是合法的——在所有被告之中，他是唯一沒有這樣做的人。」最後他獲得了緩刑。

其他的家長則在算計：到底是要繼續纏鬥，還是要乖乖就範？到了十月底，由於外界預期檢方將會以其他的新罪名起訴（罪名和賄賂那些接受聯邦預算資助的大學的人員有關），一些被告不得不做出決定。

四位知名的家長決定推翻原來的證詞，和檢方進行認罪協商，其中包括道格・荷治、前塞吉丘高中的董事蜜雪兒・賈納福斯，以及海克力斯資本的前老闆曼努埃爾・亨利奎茲，和他的妻子伊莉莎白。

荷治在法庭上看起來很鎮靜，而亨利奎茲則是頻頻拿下眼鏡拭淚。

檢方的做法也受到一些批評，因為他們以新的賄賂罪名起訴了那些不願認罪的被告，而新的罪名源於《美國法典》（*United States Code*）第十八卷第六六六條這個聽起來就不會有好結果的法條。此做法可視為檢方在嘗試迫使被告認罪，並讓那些已經被宣判的人增加刑期。

「這是一個在尋求賄賂或回扣的案件。」聯邦區域法官道格拉斯・伍德洛克（Douglas P. Woodlock）於十月底如此告訴一位聯邦助理檢察官。伍德洛克當時正在審理傑佛瑞・庇札克；這位來自加州的衝浪公司主管，已經承認自己付了二十五萬美元給辛格，請他讓自己的兒子冒充排球校隊生進入南加大。

語氣溫和、學識淵博的伍德洛克，是由雷根總統任命為聯邦法官的；他開始針對這起案件進行審問。他在過程中提到了希臘神話中的普洛克路斯忒斯（Procrustes）、一九三〇年代《紐約客》上的一個漫畫，以及經濟學家兼社會學家范伯倫（Thorstein Veblen）。那場審理花了三個小時又六分鐘，而情勢有一度似乎對檢方並不有利。

然而，當一位檢察官想爭論為何被告不適合緩刑待遇時，伍德洛克卻揮了揮手，打斷了她。

「這個案子對我來說，是一定會坐牢的。」他希望她能放心。「這是有錢人在犯罪，該怎麼辦就怎麼辦。」

庇札克最後獲判兩個月拘役。

到了十一月中某個異常寒冷的日子，托比．麥克法連這位來自聖地亞哥地區的產權保險主管出庭接受納坦尼爾．戈爾頓（Nathaniel M. Gorton）法官的宣判，而那可能是自從哈芙曼之後，這起案件最重要的一次判決。

這起案件剩下的其他家長（包括那些可能被會起訴、但仍未起訴的家長），幾乎都會由戈爾頓負責審理；這場判決的結果可以提供非常珍貴的資訊，讓外界知道他對其他家長是否有罪，以及罪行嚴重程度的想法。有個律師團隊認為，他不會那麼強調這些家長的身家財富，因為他自己就是戈爾頓海鮮（Gorton's Seafood）這個企業帝國創辦人的後代，也是該魚柳條王朝的成員之一。

然而曾經在美國海軍服役並由前總統老布希任命為法官的戈爾頓，也被外界視為波士頓比較保守的法官之一；有些人認為，他就是檢方最好的法官人選。其他被告的律師以及已經熟門熟路的記者群，再次擠滿了法庭。最後的審判時刻，總是如此扣人心弦。

當麥克法連站著為「我此生做過的最糟決定和舉動」道歉時，看起來似乎在顫抖著；他已經承認曾支付四十五萬美元，讓自己的兩個孩子以假校隊生的身分進入南加大。

戈爾頓接受了他的道歉，但又說他公然濫用了自己的好運，「和其他普通的盜賊其實無異，並沒有比較值得容忍，因為你破壞了正直、公平這些被大家尊重的價值，而那些價值就是我們賴以生活的基本觀念。」

三個月過後，戈爾頓也對道格・荷治使用了類似的措辭；荷治承認，自己在過去的十多年以來一直都在和辛格合作，曾透過他將自己的五個孩子送入大學。

「荷治先生，你在這整起卑鄙事件裡的行為，既可怕又駭人。」他在擠滿人的法庭裡當庭說道。「英文裡面沒有哪個詞彙，能比意第緒語的『chutzpah』（譯按：類似於「厚臉皮」、「放肆」之意）更能用來形容你的行為。」

戈爾頓對荷治判處了九個月的監禁，是目前全案被告中最長的刑期，併科罰金七十五萬美元。

就在荷治獲宣判的兩天之後，他在《華爾街日報》的讀者投書欄目寫了一篇文章，說自己依然不能理解「我怎麼會被辛格欺騙。」

他寫道，他以為自己是在資助大學、幫助其他的孩子。（但他並沒有提到，那些錢都是直接匯給恩斯特，而不是學校的帳戶。）

真是個「chutzpah」。

第二十九章　制度改革？

二〇一九年九月底，超過六千六百名大學申請顧問、招生人員，以及其他註冊管理顧問業的從業人員，在肯塔基州的路易斯維爾（Louisville）聚首，參加全國大學申請顧問協會（National Association for College Admission Counseling）的年度大會。

以肯塔基國際會議中心為圓心、半徑三街區的範圍裡，到處都有人們在討論如何管控被錄取學生實際註冊的比率、錄取學生的策略、推薦信，以及減免申請費用之類的話題。到處都看得到印有學校名字的舒壓球、原子筆和筆記本。在所有宣傳品之中，「智選學院」（Collegewise）這間大學申請顧問公司所發送的東西，絕對是最吸睛的：他們送的徽章別針上頭，寫著「對貝琪阿姨說不」（I said no to Aunt Becky）幾個字，嘲諷的是蘿莉．拉芙林在《歡樂滿屋》裡的角色。

大會中有各種研討會和分組會議，內容五花八門，比如：如何使用社群媒體來提升別人對某間大學的興趣、早鳥錄取的好處和缺點，以及升學輔導在大型高中裡的現實狀況。有些人也在關心司法部對這個協會的反壟斷調查，因為該協會的會員來自大約一千七百二十所大學院校、超過兩千四百六十所中學，還有七百三十名的獨立升學顧問。

然而在歐姆尼飯店以圖書館為主題風格的酒吧裡、會議中心的走廊上，以及路易斯維爾的許多餐廳裡，人們都會提到同一件事：校隊藍調事件並不是一起招生醜聞。

那是一起賄賂事件，既和運動員有關，也跟測驗有關。但要記得，這起案子裡並沒有任何一個大學裡的招生人員被起訴。那些招生人員都是英雄：柏克萊的茱莉·泰勒—瓦茲，以及馬里蒙特高中菲利普·佩特隆，都曾勇敢地嘗試舉報那些可疑的行為。至少，他們是這樣和自己說的。

會期第一天的上午八點半，在會議中心的大型宴會廳裡，時任全國大學申請顧問協會主席的史蒂芬妮·尼爾斯（Stefanie Niles）走向了麥克風的位置。她的身後有九位協會的人員，分成兩排坐在高度不同的臺階上，看起來就像某種過時的名人遊戲節目的舞臺。坐在臺下的觀眾裡，有一位來自貴族高中的升學輔導（他任職的學校裡，就有許多學生牽扯進了辛格的醜聞）以及一位私人顧問（他剛剛拒絕了一位想要轉學的學生）——他們兩位的事業都因為自己和辛格的關係而暫時中止了。

那個會場提供了一個機會，讓高中的升學輔導老師承認，他們其實不知道學生到底提交了什麼資料給大學，對於校外顧問過度參與的角色也視而不見。就獨立接案的顧問而言，他們則有品質控管的問題。大學的招生人員則必須承認，他們可能有點太過於信任申請者、給予校隊教練太多自主性，也過度偏愛了那些家人可能會捐錢的申請者。

「如果你和我一樣的話，你對於這起醜聞大概也會有很複雜的感受。」尼爾斯在喧鬧聲逐漸安靜下來之後如此說道。「一方面，我對於沒有任何一位校方的招生人員牽連進這起涉嫌違法的活動感到很寬慰。但當然另一方面，在這起醜聞發生之後，很難過地我們也聽到了，有很大一部分的社會大眾認為美國的大學招生流程是不公平的，甚至充滿賄賂情事。」

接下來，她針對校隊藍調醜聞以及這起事件為升學顧問輔導業所帶來的傷害，做了最為正式的一次確認。

「這起醜聞引發了一些合理的質疑：有錢人和擁有特權的人，究竟為大學招生的流程帶來了哪些影響？」她接著又說，這起醜聞也揭露了一個嚴重的問題：外界並不了解校隊生的錄取，以及大學的招生流程是如何運作的。

然而那場研討會卻轉而進行了一場大雜燴式的討論，舉出了外界認為招生流程出問題的所有地方，比如：學校太過仰賴標準化的測驗，並且忽略了那些來自低收入戶或鄉村地區、和大學又沒有任何接觸紀錄的高中生。而招生流程的不透明，也讓外界對這個制度更加不信任。這些業內人士不斷說：「這不是招生醜聞。」

在其中一場會議中，奧勒岡大學（Oregon University）的招生主任吉姆．羅林斯（Jim Rawlings）則哀嘆，這起案件對於和校隊藍調事件中一樣有權有勢的人帶來了很多傷害，但他也將這起醜聞簡化成「兩個糟糕的行為者」造成的結果，而該雙關語引發了觀眾的笑聲，因為那挖苦的顯然是哈芙曼和拉芙林。[33]

這起事件在會議中既無所不在，又像毫不存在。在數千名報名參加的人士之中，有來自新港灘的塞吉丘高中，也有來自洛杉磯的巴克雷學校、布倫特伍德學校、馬里蒙特高中，以及馬林學院、烏塞教會學校、拉喬拉高中的代表——在醜聞中被起訴的家庭，他們的孩子念的高中幾乎全部都到齊了。至於加州大學洛杉磯分校和南加大的招生人員，就更不用說了。

33 譯注：「兩個糟糕的行為者」的原文為「a couple of bad actors」，亦有「壞演員」、「爛演員」之意。

然而其中一場名為「關於大學招生，你最需要知道的法律議題」的會議，卻在一開始就表明，這起醜聞並不在他們的議程之中。這個大家心知肚明的議題經常會被人們用笑話一語帶過。杜蘭大學的招生主任傑夫．席夫曼（Jeff Schiffman）曾在某場討論會中提到一個故事，內容則是關於某學生為了申請早鳥錄取偽造了升學輔導老師的簽名；而南加大的招生主任柯爾克．布倫南（Kirk Brennan），則是對有人會提交假文件這件事裝出了很害怕的樣子，彷彿作為此次醜聞核心參與者的南加大不知道被騙是什麼感覺似的，此舉在擠滿人的會議室裡引起了一陣笑聲。

在微醺氣氛以及波本威士忌的壯膽下，一位記者某天晚上在為工程學院舉辦的甜點接待會中，接近了兩位塞吉丘高中的輔導老師、向他們遞出了名片，然後希望能和他們輕鬆地聊聊。畢竟，這所學校有兩位董事（道格．荷治與蜜雪兒．賈納福斯）被起訴了，而且還有至少一位在該校就讀的孩子其家庭和辛格有些瓜葛。

「我們不能評論此事。」他們站在一個用液態氮冷卻的冰淇淋盛裝區前，一致急忙地說道，一旁還放著一些波本威士忌口味的冰淇淋配料。其實她當時只說了「嗨，你們好」這句話，但她標著「媒體」的黃色名牌馬上就洩露了她的身分。

這兩位升學輔導老師一邊用手生硬地手插腰，一邊盯著她的名片看。她於是再三詢問、請求他們看她可憐，又用令人不安的眼神一直盯著他們，最後其中一位輔導老師同意受訪了。那張名片最後很可能會被丟進垃圾桶裡，和一些髒掉的紙巾以及雪城大學（Syracuse University）和喬治亞理工大學的贈品堆在一起。

如果連這個主管大學招生的全國協會都不願意為這起醜聞負起責任，那有誰會願意呢？學校起初給出了一點希望。有些學校指出，他們將會針對讓辛格能夠發財的整個體制進行檢討和改革。就在檢方於二〇一九年三月起訴被告之後，史丹佛大學和達特茅斯學院（儘管後者並沒有牽涉這起案件）隨即聲明，被教練推薦為可能錄取的校隊生的體育得獎紀錄，將會額外由校方人員進行檢查。耶魯大學則說，他們會調查那些被校隊錄取卻沒有參與訓練的學生，並宣布他們將會隨機抽查申請人和被錄取的學生的紀錄、課外表現和獲獎情形。

德州大學奧斯汀分校則是在二〇一五年，就已經為了回應風險諮詢公司德安華針對他們招生流程所做的報告修改了流程，目的是為了剔除掉不合資格的申請人，並消除議員或重要捐款人的不當影響力。這場改革行動並沒有指名校隊的錄取問題，但在這場醜聞爆發之後，該校也說他們會針對申請人的體育能力進行明文評估，並由體育辦公室的主管審核，以確認教練的推薦是否合理。至於那些一入學之後就不再參與校隊的學生，他們也會調查。

貝爾蒙特的聖母女中（也就是曼努埃爾和伊莉莎白·亨利奎茲將他們其中一位女兒送去就讀的學校）則在三月宣布，如果學生在大學申請資料中宣稱自己有在校外參加體育俱樂部，他們便會額外進行核實。校方將會要求俱樂部的教練簽署確認信，表明該名學生的確有參與練習，並提供參與的日期，甚至是學生的技能高低、參加過哪些錦標賽等。針對那些將校外志工服務或實習活動列入申請資料中的學生，該校也早已實施了類似的做法。

瑪爾波羅學校則是以冷靜的語調和嚴厲的字眼，指出了社群的角色是如何在這樣的醜聞裡，起到了推波助瀾的效果。該校的校長普黎希拉·珊姿（Priscilla Sands）寫道，這起醜聞「就某個意義而言，是我們都知道遲早會來，而且很可能是罪有應得的結果。沒有人感到震驚，但我們全都是這起案件的共犯。那值得我們拿起鏡子，好好地看看自己的作為。」

她接著寫道：「由於賭注很高，大家又有過度的期待，大學招生的流程愈來愈像是一場交易，而那些會用車子保險桿上的貼紙來評斷自己價值的家長，也對孩子們傳遞了一個訊息：他們沒辦法信任孩子，讓他們獨立做出自己的第一個決定——但那也是讓他們長大成人的開端。雞尾酒派對上充斥著關於早鳥錄取、提早申請、哪所學校和哪所學校比起來如何的討論，讓我們被迫捲入一場競賽，也模糊了我們的使命，並帶來了一個我們根本就不想要的使命。養兒育女的成績，並不是用你的孩子上哪所大學決定的。」

然而，如果你瀏覽瑪爾波羅學校的網站就會發現，上哪些大學顯然還是很重要。網站上寫道：「百分之八十五的學生被競爭激烈的大學錄取」，並列出了該校的賣點——「競爭激烈」幾個字使用黃色的斜體字，在紫色的背景中非凡突出。

就在珊姿寫下這封真誠的信時，大家還不知道摩里．托賓（他的女兒就是在瑪爾波羅學校念四年級的希德妮）就是揭發這起案子的告密者，也不知道他就是付錢行賄的家長之一。

然而珊姿依然寫道：「我們都被這起醜聞給玷汙了。」

二〇一九年十月，作為這起醜聞案的爆發原點的加州，其州長嘉文．紐森姆（Gavin Newsom）簽署了三項直接回應校隊藍調事件的法案，這或許是針對加州的大學招生制度最認真的改革。

其中一項法案，要求加州的公立和私立四年制大學，必須揭露他們是否會對那些和捐款者或校友有關係的申請人給予優先錄取的權利；另一項法案，則禁止那些在本案中被判有罪的被告，用他們捐給加州學校、和本案有關的捐款來抵稅；最後一項法律則要求，如果被錄取的學生沒有達到學校在學業上的要求，必須要有三名校方人員為該名學生簽字背書（主要是運動員或其他擁有特殊才能的學生）。

「我們必須努力在大學招生的流程裡，營造一個公平的競爭平臺，好讓所有人都能獲得同等的機會。」撰寫其中一項法案的州議員費爾．丁（Phil Ting）如此說道。

然而，並非所有人都能擁有同等的機會。

因為就算大學把那些因為富爸爸或祖母而被錄取的人數公布出來，甚至不再對「校隊運動員」這個標籤額外加分，特權依然能夠穿透大學招生體系。

有錢的學生依然擁有更多機會，可以用志工行程、無給薪的實習經驗來美化自己的履歷，也依然擁有影響力十足的家庭人際網絡，可以幫他們在某所大學裡說些好話。他們可以繼續花錢僱用學術能力測驗或美國大學測驗的家教，也可以請私人顧問來一起進行腦力激盪、修改小論文。他們一樣付得起私立學校的學費，可以念巴克雷和布倫特伍德學校這類菁英學校。

況且，只要招生人員沒有將一般申請者的資料核實漏洞填補起來，高中四年級的學生（或任何幫他們填寫申請資料的人）在通用申請入口網上簽署、確認申請資料「出自我本人之手，內容符合事實，也忠實呈現」的時候，就不會有什麼誘因會多加顧慮。

雖然辛格可能要在監獄裡待上幾年[34]，但他並不是唯一一個面臨此等命運之人。除了他，還有許多精心策劃的跨國測驗舞弊集團，涉案的包括海外槍手、偽造證件和測驗作弊等行為。顧問提供的旁門左道也不少，它們雖然在技術上合法，但並不怎麼光彩。二〇一九年，《華爾街日報》和獨立媒體《ProPublica》就曾報導過蘿拉・喬吉娃（Lora Georgieva）的故事。喬吉娃是一位來自芝加哥地區的升學顧問，曾在過去幾年，指導許多富裕家庭放棄對小孩的監護權，藉此提高獲得財務援助的機會（那些財務援助是根據需求發放的）。她會收取五千美元作為顧問費；她還告訴《華爾街日報》的記者，她之所以教導他們這麼做，是因為她看到許多客戶為了讓孩子念大學都在掏空自己的退休金和老本。「我不覺得我找到了一個漏洞。」她並解釋說，那些用來認定學生是否必須自己籌措學費的條件，就列在聯邦政府提供財務援助的網站上，每個人都可以輕易找到。

教練們就算沒有和辛格合作，也有許多都在幹類似的勾當。誰知道這樣的教練究竟有多少。

時間回到二〇一三年，大約就是辛格正在和南加大的教練發展關係之際，當時在賓州大學擔任男子籃球隊教練的傑洛姆・艾倫（Jerome Allen），也在邁阿密海灘華麗的楓丹白露大飯店（Fontainebleau Hotel），與佛羅里達的商人菲力浦・艾斯佛爾摩斯（Philip Esformes）會面。

每次他們見面時，艾斯佛爾摩斯都會交給艾倫一個塑膠袋，裡頭的棕色信封裡會塞著一萬美元的現鈔。一年前，他也為自己的大女兒付過錢給他，但和前一年相比，此時的他給錢的方法更直接一些。艾斯佛爾摩斯曾透過辛格讓大女兒以足球校隊生的身分進入南加大（同時間入學的還有道格・荷治，以及托比・麥克法連的女兒）。雖然艾倫認為他兒子的球技不怎麼樣，但依然還是在二〇一四年同意，將兒子列為五名籃球校隊生的其中一員，送他進入了賓州大學的華頓（Wharton）商學院。

艾倫在兩年內一共收到了八萬五千美元的現金賄款，另外還有二十二萬美元是用電匯。

那名學生最後進入了華頓商學院，但沒有加入籃球校隊。二〇一九年七月，艾倫被判處居家監禁和緩刑，並且必須從事社區服務。

就這件事，家長也要負起一部分責任：就是因為他們對升學的狂熱態度，才會讓辛格這樣的人有利可圖。

二〇一九年初，華府的席德威爾友誼學校的校長呼籲，家長應該要——嗯，再友善一點——不要有這麼多陰謀或這麼喜歡在別人背後說壞話，心胸也要開闊一些。

這所學校的升學輔導辦公室在寒假即將開始之際宣布，他們不會再受理任何人以匿名方式指控其他學生。換句話說，就是：請不要再打給我們，說哪個孩子跟你兒子一樣，都申請了同一間頂尖大學，但那個孩子其實是個大壞蛋，不只會嗑藥，還有說謊作弊的前科。

「如果有哪個家長覺得需要告訴我或我的同事某學生的行為，但那個學生卻不是你孩子，那麼我會請你離開我的辦公室，或者直接把電話掛掉。」升學輔導主任派翠克．加拉格（Patrick Gallagher）如此寫道。第二封信則是校長寫的。在這封信裡，他提到了幾個「不幸而無知的互

34 編注：辛格於二〇二三年一月四日被判處三年半監禁。

動案例」，以此作為背景，解釋校方為什麼會有這個新規範。

名叫布萊恩・賈爾曼的校長（Bryan Garman）也很清楚家長這種瘋狂的心態，因為他才在前一年目睹了自己的女兒申請大學的經過。「我因為有親身經歷，所以清楚知道申請過程可能會深深擾動情緒，引發家長的不安全感。」

席德威爾友誼學校的升學輔導老師「能理解我們的家長都愛自己的孩子，而當家長因為這些愛而蒙蔽雙眼的時候，輔導老師們便會表現出他們無比的耐心。」

但加拉格和賈爾曼依然呼籲：不要再進行言語攻擊，也不要再失禮地讓情緒爆發了。因為真誠的愛而誤入歧途，並不是一個好藉口。

在這起大學招生醜聞中被起訴的家長，都清楚地學到了這種情緒會帶來什麼後果。他們的下場來得既快速又驚人：大好職涯沒了、專業執照被吊銷，社會地位一落千丈。

伊莉莎白・亨利奎茲在矽谷的朋友和鄰居，大多數都開始遠離她，而同意和檢方合作的布魯斯和達維娜・伊薩克森夫婦，也同樣開始受朋友排擠，因為大家都認為他們出賣了自己的朋友。至於原本其實和這起案件毫無關係的摩里・托賓，卻因為自己的炒股案而讓檢方開始調查起貪汙的耶魯教練，然後又連到了辛格，因此也開始被他在洛杉磯的一些朋友嘲笑，說他是個會告密的小人。

他們還必須試著修補自己和孩子的關係。

德文・史隆說，知道自己傷害了馬蒂奧，感覺比坐牢還要更糟。

有些參與舞弊的家長似乎還在否認自己犯下的錯，不斷說自己其實是受害者，即使已經在法庭裡認罪，也依然無法承認自己的缺失。其中一位父親在接受訪談的時候，多數時間都在談論自己做過的好事，以及辛格如何欺騙了他，但在被問及他那幾個月裡是如何同意辛格的非法手法、一起將孩子假冒成運動員的時候，卻又不願回答。另一位母親則是承認自己付錢給辛格，讓他幫自己的小孩在大學入學測驗中作弊，但除非你說你需要知道辛格的「真實故事」，否則她是不願多談的。

然而，還是有些被告在歷經這些之後似乎有所轉變。他們在接受訪談的時候情緒起伏非常大，在討論自己對孩子造成的傷害時還會聲淚俱下。

二〇一九年三月十二日，來自比佛利山莊的開發商羅伯特・弗拉克斯曼被逮捕；當天他步出法庭之後，便用深色的帽T遮住自己的臉，不願意面對新聞媒體的鏡頭。他很快便承認，自己曾為了在女兒的測驗成績上動手腳而付錢給辛格，此後有很長一段時間不願公開露面。

「我當然經歷了一段自我厭惡的時期。」弗拉克斯曼如此說道。「我對自己非常失望，也傷害了其他人。」但他也說，他最後在整個過程中找到了意義，並體認到，利用財富、權力和人脈來獲取優勢，是一件多麼不公平的事——即使是用合法的手段亦然。「那讓我了解到，你總是可以找到更好的方法來做事情。」

他在亞利桑那州的聯邦監獄服刑一個月，女兒曾去探望過他一次。他希望透過認罪的方式教導女兒，面對錯誤最好的方法就是承認錯誤。他說，他在這起事件中學到的最大教訓，就是要對自己的孩子更有信心一些，並「相信他們能夠找到自己的道路」。

曾經如日中天的企業律師戈爾頓．卡普蘭，在承認自己透過辛格幫自己的女兒在大學入學考試中作弊之後也深自反省。他在法庭上認罪，在接受宣判時所呈現出來的悔意和羞愧，似乎是發自內心的。「我並不怪任何人，我只怪我自己。我甚至對辛格也沒有任何怨氣。」卡普蘭在幾個月之後如此表示。「他在販賣的東西，我本來就不應該買。」

這起招生醜聞也引起了一些沒有涉入、只是在旁看著這場法律鬧劇的人的共鳴。很多人讚賞那些堅守正道的個人和組織單位。《華爾街日報》曾在報導中特別提及，西方學院如何在多年前拒絕了辛格的要求（當時辛格要求校方重新考慮一位來自富裕人家但成績不太好的女學生），而報導刊出之後，西方學院收到了好幾萬美元的捐款，其中有些捐款人甚至和該校完全沒有關係。

有些家長則意識到，如果有天同樣的機會出現在自己的面前，他們其實也有可能會成為跨越紅線的人，只不過當塔爾瓦尼法官決定要將那些被告送進監獄裡的時候，出現在法庭裡的剛好不是他們而已。

麻頓鎮俱樂部（Muttontown Club）是一個位於紐約長島的高爾夫俱樂部；這個俱樂部標榜「和藹親切又有禮的氣氛」。二〇一九年十一月某個陰鬱的日子裡，大約七十位小孩正在奎克高中（Quaker high school）念四年級的家長，都聚在了這個俱樂部裡聽一位升學輔導主任分享為什麼小孩在高中畢業之後都能好好活下去，而家長其實不需要太過擔心。

這些父母已經每年花好幾萬美元，讓孩子進入紐約蝗蟲谷（Locust Valley）的良友學院（Friends Academy）就讀。有些家長甚至從幼稚園開始就開始支付高昂學費，而有些特別高端的學校，光是學費就要三萬七千美元。一位風險基金投資家的妻子當時也在場，而坐在她對面的人，則是布魯克斯兄弟（Brooks Brothers）的老闆，也就是羅薩奧蒂卡（Luxottica）眼鏡集團創辦人的兒子。會場上舉目可見古馳的披巾和普拉達皮包。

然而在這場有沙拉、紅白酒，主菜還有雞肉或鮭魚可以選的午宴上，他們看起來卻依然很苦惱。他們的孩子大多數都及早申請了大學，現在正在等待結果。某某某的女兒能進芝加哥大學嗎？南加大對於那個胸懷大志的女演員來說，是不是還有一大段距離呢？千金難買早知道，他們是不是應該去年就先讓孩子參加微積分的進階先修課程呢？

他們抱了抱那名升學輔導主任。他從二〇〇〇年左右，就一直細心為學生提供實用的建議，也會為他們寫真誠的推薦信，因而頗負盛名。雖然有些家長的兒女其實在競爭同一些錄取名額，但他們還是對彼此說了些鼓舞和祝福的話。他們也提到了校隊藍調醜聞、那些瘋狂的作弊手法，以及荒謬的家長。不過對此，有些家長倒是聳了聳肩：如果你也有那些門路的話，你難道不會為你的孩子做任何事嗎？

如果馬蒂奧．史隆當時也在場的話，他可能會想要提醒那些家長，多聽聽他們深愛的孩子們的想法。

就在他父親為了把他送進南加大而作弊，因而被捕入獄的十個月之後，馬蒂奧仍然在試圖釐清自己的人生出現了哪些變化。他當時二十歲、還在念大學，卻出現在兩百多公里以外的隆波克聯邦監獄探望自己的父親。

他念高中時在課業上非常認真，但他父親的非法介入卻讓他自己努力獲得的成就，似乎不再那麼有價值。

家人登上全國媒體版面之後，他起初經常會胃痛，有些朋友更因此離他而去，但馬蒂奧依然原諒了父親，並變得更加成熟，也學會了用新視角看事情。他說，這起大學招生醜聞只是一個更大問題的冰山一角，而真正的問題，其實是家長們都在小孩的人生中投入了太多心力，好讓自己能夠把孩子的成就也當成自己的成就，並向其他人炫耀。他也發現，之前自己也錯失了適時發聲的機會，在面臨他和同學所身處的壓力鍋般的環境時，並未出言反抗。

提到他對於自己未來的規劃時，他決定，這次不再保持沈默。馬蒂奧現在努力想要獲得的，就是他認為所有孩子都應該擁有的：呼吸喘息的空間，以及自己開創人生道路的動力——無論前方是一片坦途，還是曲折而荊棘遍布。

致謝

本書源自於我們為《華爾街日報》針對校隊藍調大學招生醜聞所做的突發新聞追蹤報導。這本書能出版，必須感謝《華爾街日報》編輯群的指引和鼓勵；這些編輯包括：Matt Murray、Emily Nelson、Kate Linebaugh、Ashby Jones、Joe Barrett、Tedra Meyer，以及Christine Glancey。

我們也受到了全美各地的《華爾街日報》記者以及研究者的支持，他們投入的心力，幫助我們更全面地了解這個牽涉範圍廣大且極其複雜的故事。這些同事包括：Melanie Grayce West、Sara Randazzo、Alicia Caldwell、Jim Oberman，以及Maya Sweedler。尤其要感謝記者Doug Belkin，他各種重要的想法以及深刻的挖掘，都讓我們變得更加睿智。

當然，如果沒有（英文版）代理商Fletcher & Company的Eric Lupfer，這本書也無法付梓；他給了我們信心，讓我們覺得可以寫出這本書來，而我們在一週之內提出這本書的企劃時，他給了我們不少鼓勵。在我們寫作的過程中，他也一直都是一位很棒的寫作教練、一位很熟練的編輯，同時也是睿智的忠告來源。

此外，這個寫作計畫能找到Portfolio的團隊一起合作，無疑是非常幸運的。尤其要感謝我們技巧純熟的編輯Trish Daly，他的熱忱，從一開始就一直在鼓舞著我們。我們也要感謝Nina Rodriguez-Marty、Niki Papadopoulos、Adrian Zackheim、Tara Gilbride、Amanda Lang、Mary Kate Skehan、Lavina Lee、Megan Gerrity、Meighan Cavanaugh，以及Jennifer Heuer。

這本書是在一年多一點的時間之內完成的。我們經歷了許多清晨、深夜，也經歷過多個週末的公路出差，以及馬拉松式的編輯會議。對於家人和朋友，我們的謝意無論如何是表達不完的，他們的人數太多，我們無法一一詳載，感謝他們的激勵，也感謝他們對我們的信任。

來自珍妮佛的話：我在波士頓辦公室的同事——Jon Kamp、Mark Maremont，以及 Brett Arends，幾乎每天都在為我提供建議和歡笑，而 Amanda Milkovits 則總是智慧的泉源。感謝我在美國西岸的家人和朋友，包括 Kathryn、Fred、Sidney、Jessica，以及 Marcelle，感謝你們在我出差前去調查的時候接待我。我也要感謝我的母親，感謝她偶爾甚至會和我跳上車一起上路。感謝 Arsenault 家族，其中尤其要感謝 Mark，他幫我讀過我的草稿，還會適時地在我桌上放一罐精釀啤酒，每天都在為我加油打氣。

來自梅麗莎的話：我在《華爾街日報》的大家庭，不斷推動著我、讓我有所依靠、為我提供啟發，也讓我總是想要寫出更棒的新聞報導。感謝 Dan Hughes 如老鷹般銳利的法律之眼；也要感謝 Dan Korn，即使是在最艱難的時刻，他也會告訴我他相信我辦得到；感謝我的父親，他為我的第一份完整初稿進行了快速而出色的校訂工作。我還要對 Abby 表達永無止境的謝意，謝謝你在過去的一年裡，一直容忍一個總是生活在壓力之下的母親。

id Loophole: Wealthy Parents Transfer Guardianship of Their Teens to Get Aid," *The Wall Street Journal*, July 29, 2019, https://www.wsj.com/articles/the-ollege-inancial-id-uardianship-oophole-nd-he-oman-ho-houghtitup11564595984, and Jodi S. Cohen and Melissa Sanchez, "Parents Are Giving Up Custody of Their Kids to Get Need-ased College Financial Aid," ProPublica Illinois, July 29, 2019, https://www .pro-publica.org/article/university of illinois-inancial-id-afsa-arents-uardianship-hildren-tudents.

"I don't think I figured out": Belkin, "The College Financial-id Guardianship Loophole and the Woman Who Thought It Up."

Jerome Allen, then the men's basketball coach: Details of Allen's involvement with Esformes come in part from Jay Weaver, "NBA Coach Jerome Allen gets probation for taking bribes to get student into Penn," *Miami Herald*, July 1, 2019, https://www.miamiherald.com/news/local/article232137317.html#storylink= cpy.

Esformes had used Singer to pitch: Assistant U.S. Attorney Eric Rosen, at Janke Rule 11 hearing.

"If a parent ever feels the need": Letter quoted in Caitlin Gibson, "When Parents Are So Desperate to Get Their Kids Into College That They Sabotage Other Students," *The Washington Post*, April 3, 2019, https://www .washingtonpost.com/lifestyle/on-parenting/when-arents-resodesperatetoget-heir-ids-nto-ollege-hat-hey-abotage-ther-tudents/2019/04/02/decc6b9e-159-1e9-8a1-d346f0ec94f _ story.html.

Elizabeth Henriquez was mostly ostracized: Elizabeth Henriquez's sentencing memo. Document 978, filed March 26, 2020, in USA v. Henriquez, case no. 19cr10080-MG.

"I blame no one but myself": February 4, 2020, statement from Gordon Caplan.

Tens of thousands of dollars: Amount confirmed on April 3, 2020, by Vince Cuseo, vice president of enrollment and dean of admission at Occidental.

"a sense of gracious civility": Muttontown Club website, https://www.themuttontown-club.com/.

to hear reassurances about how their kids: Melissa Korn spoke at the event for Friends Academy senior parents. She is an alumna of the school.

Ten months after his father: Details of Matteo's life after his father's arrest come from a January 9, 2020, interview with him.

in College Admissions Cheating Case," *The Wall Street Journal*, October 21, 2019, https://www.wsj.com/articles/new-w veof-parents-egin-ntering-uilty-leasincollege-dmissions-heating-ase-1571673455.

"This is a case in search of a bribe or kickback": U.S. District Judge Douglas P. Woodlock at Bizzack sentencing hearing.

Jeffrey Bizzack, a California surfing executive: Melissa Korn, "New Parent Is Charged in College-dmissions Scandal," *The Wall Street Journal*, June 28, 2019, https://www.wsj.com/articles/new-arentischarged-incollege-dmissions-candal-1561743391.

he was part of a fish stick dynasty: Milton J. Valencia, "Meet the judge who will hear the Boston legal challenge of Trump's ban," *Boston Globe*, February 2, 2017, https://www.bostonglobe.com/metro/2017/02/02/gorton-akes-onsense-pproach/ZzCCYgdT-DT0cdQnfHFrY7O/story.html.

" for the worst set of decisions": Toby Macfarlane, at his sentencing hearing, November 13, 2019, in USA v. Macfarlane, case no. 19cr10131.

"Mr. Hodge, your conduct": Jennifer Levitz and Melissa Korn, "Former Pimco CEO Sentenced to Nine Months in Prison in College Admissions Case," *The Wall Street Journal*, February 7, 2020, https://www.wsj.com /articles/former-imco-eotobesentencedincollege-dmissions-candal-1581089874.

Hodge would author an oped: Doug Hodge, "I Wish I'd Never Met Rick Singer," *The Wall Street Journal*, February 9, 2020, https://www.wsj.com/articles/iwishidnever-et-ick-inger-1581278199.

the payments straight to Ernst: Hodge sentencing memo.

第二十九章 制度改革？

additional administrators would now need: Statement from Dartmouth spokeswoman Diana Lawrence; Marc Tessier-avigne, and Persis Drell, "An update on the admissions fraud scheme," *Notes from the Quad*, March 21, 2019. https://quadblog.stanford.edu/2019/03/21/anupdateonthe-dmissions-raud-cheme/.

Yale said it would check: Letter from President Peter Salovey to the Yale community, "Update— ctions to strengthen our ability to detect and prevent admissions fraud," August 28, 2019, https://president.yale .edu/speeches-ritings/statements/update-ctions-trengthen-ur-bility-etect-nd-revent-dmissions.

require written assessments: Legal Review of Athletics Admissions at the University of Texas at Austin, September 9, 2019, https://utexas.app.box.com/v/athletics-dmissions-eview.

add another verification step: March 20, 2019, email from spokesman George Retelas.

In October 2019, California governor Gavin Newsom: Sarah Ruiz-rossman, "California Reforms College Admissions Following Bribery Scandal," *HuffPost*, October 4, 2019, https://www.huffpost.com/entry/california-egislation-ollege-candal-dmissions_n_ 5d719c19e4b03aabe359bc2e.

"We must strive for": Assemblymember Phil Ting, "California's First College Admissions Reform Bill Sent to the Governor Is Signed," October 4, 2019, press release, https://a19.asmdc.org/press-eleases/20191004-alifornias-irst-ollege-dmissions-eform-ill-ent-overnor-igned.

The Wall Street Journal and ProPublica both wrote: Douglas Belkin, "College Financial-

once dubbed the legal consigliere: Matt Diehl, "The Endless Fall of Suge Knight," *Rolling Stone*, July 6, 2015, https://w ww.rollingstone.com/music/music-ews/the-ndless-allofsuge-night-3346/.

Among the losses? The $400,000: Semprevivo sentencing memo.

"Mr. Singer pierced through": Ibid.

"I don't feel I need an expert": U.S. District Judge Indira Talwani, at sentencing hearing for Stephen Semprevivo, September 26, 2019, in USA v. Semprevivo, case no. 19cr10117IT.

The government considered Huffman's conduct: Prosecutors' requested sentence for Huffman was among the lowest of any parents in the initial wave of sentencings.

"Her brain is a bit like Swiss cheese": Letter from Laura Bauer to U.S. District Judge Indira Talwani. Document 4255, Tab 4, filed September 6, 2019, in USA v. Huffman, case no. 19cr10117IT.

"Welcome to parenthood": Assistant U.S. Attorney Eric Rosen at Huffman sentencing hearing.

calling incarceration "the great leveler": Ibid.

"sense of entitlement": Government's supplemental sentencing memo for Felicity Huffman. Document 424, filed September 6, 2019, in USA v. Huffman, case no. 19cr10117IT.

"Huffman's next wardrobe call": Beth Teitell, "Husband of the year? Moms say it's not William H. Macy," *Boston Globe*, October 3, 2019, https://www.bostonglobe.com/metro/2019/10/03/husband-ear-oms-ay-ot-illiam-acy/xbU2n6vmXf8eUU6NoXcXdJ/story.html.

the probation department questioned whether: Assistant U.S. Attorney Eric Rosen, at sentencing hearing for Devin Sloane, September 24, 2019, in USA v. Sloane, case no. 19cr10117IT.

their three-ecade marriage was on the rocks: Joint sentencing memo for Gregory and Marcia Abbott. Document 521, filed October 8, 2019, in USA v. Abbott, case no. 19cr10117IT.

Greg's counsel portrayed the couple's breakdown: Daniel Stein, at sentencing hearing for Gregory and Marcia Abbott, October 8, 2019, in USA v. Abbott, case no. 1910117IT.

"We had death, we had illness": Assistant U.S. Attorney Justin O'Connell at Buckingham sentencing hearing.

"There was no Photoshopping": Attorney Daniel Stein, at Abbott sentencing hearing.

"Our case is not like the parent": Attorney Michael Proctor at Buckingham sentencing hearing.

"Our case is not like the folks": Ibid.

Current and former Willkie Farr partners: See, for example, letters from Gregory Bruch (Tab 22), Steven Gartner (Tab 35), Matthew Guercio (Tab 40), Matthew Haddad (Tab 41) to U.S. District Judge Indira Talwani. Document 4901, filed September 26, 2019, in USA v. Caplan, case no. 19cr10117IT.

"He is the only one": U.S. District Judge Indira Talwani at sentencing hearing for P. J. Sartorio, October 11, 2019, in USA v. Sartorio, case no. 19cr10117IT.

In late October, the expectation that: Jennifer Levitz, "More Parents Enter Guilty Pleas

'Father Is Surgeon,' '1 Mil Pledge': The Role of Money in USC Admissions," *The Wall Street Journal*, September 3, 2019.

"What does the designation VIP signify?": Discussion of the VIP designation took place at September 18, 2019, hearing in USA v. Zangrillo.

after the university initially rejected her: April 20, 2017, email from USC account, name redacted. Document 8511, Exhibit J, in USA v. Zangrillo, case no. 19cr10080-MG.

Though Singer had referenced a plan: Affidavit.

she was ultimately flagged: Email from Donna Heinel to Rick Singer, June 26, 2018, Document 8511, Exhibit R, in USA v. Zangrillo, case no. 19cr10080-MG.

collection of internal USC admissions records: Levitz and Korn, " 'Father Is Surgeon,' '1 Mil Pledge': The Role of Money in USC Admissions."

In one boorish email exchange: Emails between USC's Tim Brunold and Kirk Brennan, in opposition by Robert Zangrillo. Document 546, Exhibit 17, filed September 3, 2019, in USA v. Zangrillo, case no. 19cr10080-NMG.

Prosecutors sent "target letters": Melissa Korn and Jennifer Levitz, "Students, Graduates May Be Next Targets of College-dmissions Scandal Investigation," *The Wall Street Journal*, April 14, 2019, https://www.wsj .com/ar t icles/students-raduates-aybenext-argetsofcol lege-dmissions-candal-nvestigation-1555272625.

"We come in peace": Assistant U.S. Attorney Eric Rosen at September 10, 2019, hearing in USA v. Abbott et al., case no. 19cr10117IT.

Probation department officials, preparing presentencing reports: Jennifer Levitz and Melissa Korn, "Why Parents in the College-dmissions Scandal May Get Light Sentences," *The Wall Street Journal*, September 4, 2019, https://www.wsj.com/articles/incollege-dmissions-candal-he-egal-ighttoset-entences-or-he-arents-1567589400.

he wrote a strongly worded letter: Letter from U.S. Attorney Andrew Lelling to U.S. District Judge Indira Talwani. Document 411, filed August 23, 2019, in USA v. Abbott et al., case no. 19cr10117IT.

She was adopting the guidelines: Memorandum and Order of U.S. District Judge Indira Talwani. Document 443, filed September 13, 2019, in USA v. Abbott et al., case no. 19cr10117IT.

She believed college admissions were already rigged: U.S. District Judge Indira Talwani at Huffman sentencing hearing.

第二十八章 宣判

had been reflecting on: U.S. District Judge Indira Talwani at Huffman sentencing hearing.

One dad told of being so poor: Sloane sentencing memo.

Another had a stepmother: Letter from Aliza Avital-aplan to U.S. District Judge Indira Talwani, dated May 15, 2019. Document 490, Tab 5, in USA v. Caplan, case no. 19cr10117IT.

a divorce that made a defendant: Michael Proctor, at Buckingham sentencing hearing.

One suggested the court should go easy: Agustin Huneeus's sentencing memo. Document 494, filed September 27, 2019, in USA v. Huneeus, case no. 19cr10117IT.

"middle-lass": Peter Jan Sartorio's sentencing memo. Document 512, filed October 4, 2019, in USA v. Sartorio, case no. 19cr10117IT.

paid $15,000 to have: Plea hearing for P. J. Sartorio, May 22, 2019, USA v. Sartorio, case no. 19cr10117IT.

On April 8, thirteen parents and: Melissa Korn, "Prosecutors Net 14 New Guilty Plea Agreements in College Cheating Probe," *The Wall Street Journal*, April 8, 2019, https://www.wsj.com/articles/two-ore-arents-toplead-uiltyincollege-dmissions-ase-1554741856.

she had a master's degree in: Davina Isackson, at Isackson plea hearing.

"control the test room": Rick Singer, in August 23, 2018, phone call with Davina Isackson, in affidavit.

Bruce had then written the fraud off: Assistant U.S. Attorney Leslie Wright at Isackson plea hearing.

"Oh my God": Bruce Isackson, at December 3, 2018, meeting with Rick Singer, in affidavit.

第二十七章 持續挖掘

accused of ponying up $25,000: Affidavit.

indicted on the new money-aundering charge: Second superseding indictment against Sidoo et al.

"He can't *have this":* March 26, 2019, interview with attorney Patric Hooper.

"color advisor": January 2, 2020, email from attorney Patric Hooper.

Singer recounted how they'd: October 24, 2018, phone call with Rick Singer and Amy and Greg Colburn, in affidavit.

They weren't actually agreeing: Jennifer Levitz and Melissa Korn, "Two Parents in College-dmissions Scheme Indicted on New Charge," *The Wall Street Journal*, March 26, 2019, https://www.wsj.com/articles /two-arentsincollege-dmissions-cheme-ndict-edonnew-harge-1553642532.

"There was something odd": Hooper interview.

Larson typed out an email at 5:01 p.m.: April 13, 2019, email exchange between Stephen Larson and Eric Rosen, in Jovan Vavic's opposition to the government's motion for a protective order. Document 155, Exhibit F, filed October 18, 2019, in USA v. Vavic, case no. 19cr10081IT.

"My own feeling is that": May 3, 2019, interview with Stephen Larson.

a Holocaust survivor: "Rya Zobel: A Child of Nazi Germany Says 'I've Been Incredibly Fortunate,'" August 28, 2019, U.S. Courts, https://w ww.uscourts.gov/n ews/2019/08/28/rya-obel-hild-azi-ermany-s ys-i e-b en-i credibly-ortunate.

Prosecutors had by then gotten: Melissa Korn and Jennifer Levitz, "A Stanford Coach Ensnared by the College Admissions Scandal: 'The Biggest Mistake of My Life,'" *The Wall Street Journal*, June 12, 2019.

"This was the biggest mistake": Ibid.

He was probably the least culpable: See, for example, U.S. District Judge Rya Zobel, at sentencing hearing for John Vandemoer, June 12, 2019, USA v. Vandemoer, case no. 19cr10079-WZ.

A handful of internal USC admissions documents: Jennifer Levitz and Melissa Korn, "

Guns Drawn," TMZ .com, https://www.tmz.com/2019/03/12/felicity-uffman-rrest-uns-rawn-bi-ollege-ribery/.

Matteo Sloane, on spring break: Letter from Devin Sloane to U.S. District Judge Indira Talwani. Some details of the reunion between Devin and Matteo Sloane were first reported in Levitz and Korn, " 'Why Didn't You Believe in Me?' The Family Reckoning After the College Admissions Scandal."

第二十六章 出發上陣

He wanted permission to go: Boston initial appearance for Michelle Janavs, Stephen Semprevivo, and William McGlashan Jr., March 29, 2019, case no. 19mj06087-PK.

"Can I stop you?": U.S. Chief District Judge Patti Saris at Isackson plea hearing.

"been in the system": Assistant U.S. Attorney Justin O'Connell, at Boston initial appearance for Gregory and Marcia Abbott, Gamal Abdelaziz, IHsin Chen, Robert Flaxman, Agustin Huneeus, and Elisabeth Kimmel, March 29, 2019, case no. 19mj06087-PK.

Three months earlier, the company proudly announced: "IDC's The Answer Wins 2019 WorldStar Award," December 10, 2018, press release, https://www.idcinnovation.com/idcs-he-nswer-ins-019-orldstar-ward/.

He had filed a motion: Memorandum in support of defendant Gamal Abdelaziz's motion to modify pretrial conditions to allow international business travel. Document 217, filed March 28, 2019, in USA v. Abdelaziz, case no. 19mj06087-PK.

taken hundreds of thousands: Assistant U.S. Attorney Eric Rosen, at Meredith Rule 11 hearing.

An unexpected tip: Jennifer Levitz and Melissa Korn, "The Yale Dad Who Set Off the College-dmissions Scandal," *The Wall Street Journal*, March 14, 2019.

Tobin was the father: Jennifer Levitz and Melissa Korn, "Alleged Tipster in College Cheating Scandal Bribed a Coach, Source Says," *The Wall Street Journal*, March 19, 2019, https://www.wsj.com/articles/alleged-ipsterincollege-heating-candal-ribed-acoach-ource-ays-1553005101.

USC put holds: "USC Information on College Admissions Issue," *USC News*, April 24, 2019, https://web .archive.org/web/20190502070108/https://news.usc.edu/155225/usc-nformationoncollege-dmissions-ssue/.

He said Sherry learned English: Melissa Korn and Jennifer Levitz, "In College Admissions Scandal, Families from China Paid the Most," *The Wall Street Journal*, April 26, 2019.

smiled and waved as she maneuvered: Scenes from outside the courthouse were first detailed in Jennifer Levitz, Jon Kamp, and Melissa Korn, "Lori Loughlin, Felicity Huffman Appear in Court for College-dmissions Case," *The Wall Street Journal*, April 3, 2019, https://www.wsj.com/articles/actresses-elicity-uffman-ori-oughlintoappearincourt-or-ollege-dmissions-ase-1554315522.

Loughlin and her husband, Giannulli, had flown: Megan Johnson, " 'Chatty' Lori Loughlin Signs Autographs for Fans Ahead of Hearing in College Admissions Scandal," *People*, April 2, 2019, https://people .com/tv/lori-oughlin-igns-utographs-hats-ans-ollege-dmissions-candal-ourt-earing/.

The filing came from a lawyer: Defendant Peter Sartorio's motion to continue, filed April 3, 2019, Document 288 in USA v. Sartorio, case no. 19cr10117IT.

"We're here today to announce": U.S. Attorney Andrew Lelling, at March 12, 2019, press conference, https://www.youtube.com/watch? v= KJUOGKvyRPE.

Jack followed a Twitter thread: Marcus Buckingham provided an account of that morning in "The Speech I Never Intended to Give," posted on his website.

Sophia and Georgia Macy called: Letter from Ellen Etten to U.S. District Judge Indira Talwani.

FBI agents had surprised Vavic: "USC water polo coach arrested in Waikiki," KITV, March 12, 2019, https://www.kitv.com/story/40113933/usc-ater-olo-oach-rrestedin-waikiki-mid-assive-ollege-heating-cheme.

"People are ANGRY about the story": "Ken Lawson on college bribery scheme," KHON2, March 12, 2019, https://www.khon2.com/news/usc-ater-olo-oach-rrestedin-waikikiinconnection-ith-ollege-ribery-cheme/.

"How do we ensure": Assistant U.S. Attorney Alex Wyman, at March 12, 2019, Los Angeles detention hearing, case no. 19mj981 to 19mj996.

"They have children, which is the basis": Jodi Linker, at detention hearing for Diane and Todd Blake, March 12, 2019, case no. 19mj70373-CS.

"be present in court without shackles": Assertion of right to be present in court unshackled and preservation of appellate rights. Document 6, filed March 12, 2019, in U.S. v. Abdelaziz, case no. 19mj00180-CF.

accused of paying a $300,000 bribe: Second superseding indictment against David Sidoo et al. Document 314, filed April 9, 2019, in USA v. Sidoo et al., case no. 19cr10080-MG.

"Interrupting, Judge": Attorney Dan Cogdell, at initial appearance for Michael Center, March 12, 2019, case no. 19mj160.

"All right. Good morning, everybody": U.S. Magistrate Judge Gordon P. Gallagher, at initial appearance for Marcia Abbott, March 12, 2019, case no. 19mj6087.

She had an uptown pedigree: "Marcia Meighan Wed to Gregory B. Abbott," *The New York Times*, May 2, 1987, https://www.nytimes.com/1987/05/02/style/marcia-eighan-edtogregorybabbott.html.

Her husband had expanded: "International Dispensing Company Names Greg Abbott CEO," November 27, 2006, press release, https://www.businesswire.com/news/home/20061127005660/en/International-ispensing-ompany-ames-reg-bbott-EO.

"I—— don't know how": Marcia Abbott, at her initial appearance, March 12, 2019, USA v. Abbott, case no. 19mj6087.

"The central defendant": These quotes come from U.S. Attorney Andrew Lelling, at March 12, 2019, press conference.

"You need four prosecutors": U.S. District Judge Rya Zobel, at Singer Rule 11 hearing.

"It is a radical change": Assistant U.S. Attorney Adam Schleifer, at March 12, 2019, Los Angeles detention hearing, case nos. 19mj981 to 19mj996.

worried about being able to pump: Attorneys conveyed clients' concerns, including about impending travel, at ibid.

Robert Flaxman's $15 million: Defendants' assets were detailed at March 12, 2019, Los Angeles detention hearing.

"We just got Felicity and Mossimo": "Felicity Huffman Released After FBI Arrest with

Meredith, the Yale coach: Plea agreement for Rudolph Meredith, signed March 5, 2019. Document 17, filed March 14, 2019, in USA v. Meredith, case no. 19cr10075-LW.

第二十五章 收網

Marcus Buckingham's phone rang: Marcus Buckingham provided an account of that morning in "The Speech I Never Intended to Give," posted on his website, https://www.marcusbuckingham.com/rwtb/the-peech-inever-ntended/. Some details also appeared in Jennifer Levitz and Melissa Korn, " 'Why Didn't You Believe in Me?' The Family Reckoning After the College Admissions Scandal," *The Wall Street Journal*, January 17, 2020.

paid Singer a total of $200,000: Second superseding indictment against David Sidoo et al. Document 314, filed April 9, 2019, in USA v. Sidoo et al., case no. 19cr10080-MG.

Sidoo's arrest didn't leak: Initial appearance for David Sidoo, March 11, 2019, in USA v. Sidoo, case no. 19mj70367-AG. (The attorneys and judge discuss that the indictment remained under seal.)

post a $1.5 million cash bond: Ibid.

Magistrate Judge M. Page Kelley signed: See, for example, USA v. Abbott et al., Document 4, filed March 11, 2019, in case no. 19cr10117IT.

She'd already signed warrants: See, for example, USA v. Ernst et al., Document 3, filed March 5, 2019, in case no. 19cr10117IT.

"To: any authorized law enforcement": Ibid.

Some seven weeks earlier: "Video shows FBI at Roger Stone's house," CNN, January 25, 2019, https://www.cnn .com/videos/politics/2019/01/25/roger-tone-bi-rrestvo.cnn.

more than a dozen FBI agents: Miles Parks, "Fact Check: Did the FBI Use Unusual Force When It Arrested Roger Stone?" NPR.org, February 1, 2019, https://www.npr.org/2019/02/01/690305364/fact-heck-id-he-bi-se-nusual-orce-henitarrested-oger-tone.

Also at 6:00 a.m., different teams of agents: Arrest times come from Report Commencing Criminal Action, Central District of California. See, for example, Document 2 in 2:2019mj00996, USA v. Michelle Janavs.

brash armed agents tramping: Huffman sentencing memo; also, letter from Macarena Huneeus to U.S. District Judge Indira Talwani.

In Menlo Park, Marjorie Klapper: Marjorie Klapper's sentencing memo.

carted off from his home: Casey Claiborne, "UT Tennis Coach Michael Center appears before federal judge," *Fox 7 Austin*, March 12, 2019, https://www.fox4news.com/news/uttennis-oach-ichael-enter-ppears-efore-ederal-udge.

"When the FBI knocks on your door": Ibid.

The news alert hit reporters' inboxes: March 12, 2019, email from U.S. Attorney for the District of Massachusetts, "Media Advisory— or Planning Purposes Only."

"a criminal matter out of": March 12, 2019, email from FBI National Press Office, time stamp 10:31 a.m.

an NBC News correspondent tweeted: Tweet by @JuliaEAinsley, March 12, 2019, https://twitter.com /JuliaEAinsley/status/1105477620743966720.

Document 875, Exhibit A, filed February 26, 2020, in USA v. Sidoo et al., case no. 19cr10080-MG.

"Keep in mind I am a lawyer": Gordon Caplan ran through a list of concerns in November 8, 2018, and November 15, 2018, phone calls with Rick Singer, in affidavit.

There came Igor Dvorskiy: Arrival and departure times to and from the testing site are from affidavit.

"I never want to do anything": January 24, 2019, phone call between Rick Singer and Gordon Caplan, in government's sentencing memo for Gordon Caplan. Document 489, filed September 26, 2019, in USA v. Caplan, case no. 19cr10117IT.

"It is time to explore": "Meredith Resigns as Head Coach," November 15, 2018, press release, https://web .archive.org/web/20190316091513/http://www.yalebulldogs.com/sports/wsoccer/201819/releases /20181115i01t60.

One day later: Melissa Korn, "Yale Was Subpoenaed in November Related to Admissions Cheating Scandal," *The Wall Street Journal*, March 15, 2019, https://www.wsj.com/articles/yale-as-ubpoenaedin-november-elatedtoadmissions-heating-candal-1552692608.

"All I know is that we": March 3, 2019, phone call between Rick Singer and Stephen Semprevivo, in affidavit.

Lori Loughlin called Singer, worried: March 4, 2019, phone call between Rick Singer and Lori Loughlin, in defendants' March 25, 2020, memorandum, Exhibit U.

to finalize plans for that next exam: December 12, 2018, phone call with Rick Singer, Felicity Huffman, and William H. Macy, in affidavit.

"Both Felicity and I": Walter Scott, "William H. Macy on His Favorite Frank Moments from *Shameless* and Working with Wife Felicity Huffman," *Parade*, January 18, 2019, https://parade.com/732550/walterscott/william h macy on his-avorite-rank-oment-rom-hameless-nd-orking-ith-ife-elicity-uffman/.

"Never lie. It's the cheapest": Larry Kanter, "William H. Macy on Astronauts, Abraham Lincoln, and the Adventure That Most Changed his Life," Men's Journal, February 1, 2019, https://www.mensjournal.com /entertainment/william h macy on astronauts-braham-incoln-nd-he-dventure-hat-hanged-is-ife/and to see date: https://www.pressreader.com/usa/mens-ournal/20190201/282570199284742.

Huffman knew what she had done: Letter from Felicity Huffman to U.S. District Judge Indira Talwani.

The couple didn't know about: Huffman sentencing memo.

"It just doesn't feel right": March 5, 2019, phone call between Rick Singer and Felicity Huffman, in ibid.

"I am entering into this Agreement": Plea agreement for John Vandemoer, signed March 3, 2019. Document 3, filed March 5, 2019, in USA v. Vandemoer, case no. 19cr10079-WZ.

"this massive thing is going to": Melissa Korn and Jennifer Levitz, "A Stanford Coach Ensnared by the College Admissions Scandal: 'The Biggest Mistake of My Life,'" *The Wall Street Journal*, June 12, 2019.

Riddell, the test-aker, had signed: Plea agreement for Mark Riddell, signed February 22, 2019. Document 14, filed March 23, 2019, in USA v. Riddell, case no. 19cr10074-MG.

discussions about their son: August 23, 2018, phone call between Rick Singer and Davina Isackson, in ibid.

"a donation to our foundation": December 3, 2018, phone call between Rick Singer and Davina Isackson, in ibid.

"You know, I am so paranoid": December 3, 2018, meeting between Rick Singer and Bruce Isackson, in ibid.

Georgia had been diagnosed with dyslexia: Letter from William H. Macy to U.S. District Judge Indira Talwani.

attended a middle school: Letter from Douglas Phelps to U.S. District Judge Indira Talwani. Document 4255, Tab 27, filed September 6, 2019, in USA v. Huffman, case no. 19cr10117IT.

Her plan was to have: November 12, 2018, phone call between Rick Singer and Felicity Huffman, in affidavit.

"We're going to do like we did": Ibid.

"don't have to play": October 15, 2018, phone call between Rick Singer and John Wilson, in government's opposition filing, Exhibit FFF.

he wished Singer had two-or-ne pricing: September 15, 2018, phone call between Rick Singer and John Wilson, in Wilson's December 18, 2019, filing, Exhibit 4.

"No, no, no, no": October 27, 2018, phone call between John Wilson and Rick Singer, in government's opposition filing, Exhibit III.

"I asked him for a second spot": Ibid.

"Yeah, no. He's got to actually have": Ibid.

"We got both settled": November 29, 2018, phone call between John Wilson and Rick Singer, in government's opposition filing, Exhibit JJJ.

She contacted the ACT: Tweet by @getmetocollege, October 3, 2018, https://twitter.com/getmetocollege /status/1047607580623687680? s= 20.

even telling his main USC contact: Reply in support of McGlashan's motion. (Referencing October 16, 2018, communication between Rick Singer and Donna Heinel, in which Singer said McGlashan had "family ties with Jimmy Lovine [sic] and various board members and is going that route.")

Singer had tipped him off: Affidavit.

he'd told McGlashan the IRS: October 24, 2018, phone call between Rick Singer and Bill McGlashan, in affi-davit.

" just till it's all cleared up": October 24, 2018, phone call between Bill McGlashan and Rick Singer, in government's opposition filing, Exhibit SS.

Gordon Caplan may have been named: "The 2018 Dealmakers of the Year," *The American Lawyer*, April 2018, https://www.willkie.com/~/media/Files/News/2018/04/ALM% 20Dealmaker% 20of% 20the% 20Year % 20Willkie_ Caplan% 20reprint% 202018.PDF.

It seemed like the government: FBI's April 22, 2020, interview of Rick Singer, in government's sur-eply in opposition to defendants' motion to dismiss. Document 1104, Exhibit 4, filed April 24, 2020, in USA v. Sidoo et al., case no. 19cr10080-MG.

"nail Gordon at all costs": Mossimo Giannulli and Lori Loughlin's supplemental memorandum regarding trial groupings and motion to postpone setting of trial date.

"a who's who of Oakland": "Oakland Soldiers' Soldiertown Grand Opening," Murray Athletic Development, https://w ww.madtraining.org/post/oakland-oldiers-oldier-town-rand-pening.

Olivier told the crowd: Ibid.

The next day, September 27: Government's opposition filing.

Singer told agents that very day: Ibid.

But that afternoon, McGlashan texted Singer: Government's opposition filing, Exhibit QQ.

第二十四章　最後一哩路

On one of his early undercover operations: Rick Singer, at his Rule 11 hearing.

"You haven't done anything wrong yet": Ibid.

Singer had flat-ut confessed: Ibid.

tipped off a total of six families: Assistant U.S. Attorney Eric Rosen, at Singer Rule 11 hearing.

He'd managed to keep an unmonitored side phone: Government's opposition filing.

they needed to talk facetoface: Affidavit.

They never did meet up: Ibid.

Singer did have an off-ine conversation: Report of FBI meeting with Rick Singer, October 23, 2018, in defendants' March 25, 2020, memorandum, Exhibit HH.

because he felt loyalty to them: Ibid.

Just days after agreeing to work: Mossimo Giannulli and Lori Loughlin's supplemental memorandum regarding trial groupings and motion to postpone setting of trial date. Document 875, Exhibit A, filed February 26, 2020, in USA v. Sidoo et al., case no. 19cr10080-MG.

A judge would eventually call the notes: Memorandum and order by U.S. District Judge Nathaniel M. Gorton. Document 1085, filed April 17, 2020, in USA v. Sidoo et al., case no. 19cr10080-MG.

the early dispute was really just about terminology: FBI's April 22, 2020, interview of Rick Singer, in government's sur-eply in opposition to defendants' motion to dismiss. Document 1104, Exhibit 4, filed April 24, 2020, in USA v. Sidoo et al., case no. 19cr10080-MG.

He might be flanked: Report of government meeting with Rick Singer, October 24, 2018, in ibid., Exhibit X.

"I just want to give you a headsup": November 29, 2018, phone call between Rick Singer and Agustin Huneeus, in affidavit.

"So I'm in Boston now": October 24, 2018, phone call between Rick Singer and Elizabeth Henriquez, in ibid.

saying "gotcha" and "okay": October 24, 2018, phone call between Rick Singer and Bruce Isackson, in ibid.

he'd recently asked Singer for a receipt: September 26, 2018, phone call between Rick Singer and Bruce Isackson, in ibid.

the end goal for the oldest son: Ibid.

"It's amazing how he's changing": August 22, 2018, phone call between Bill McGlashan and Rick Singer, in government's opposition filing, Exhibit MM.

He'd already arranged a lunch: Details of McGlashan's considerations regarding whether to pull strings for Kyle at USC, and how his son might feel about that, as well as initial discussions about pitching the teen as a football player, come from July 30, 2018, phone call between Bill McGlashan and Rick Singer, in government's opposition filing, Exhibit KK.

"I'm gonna make him a kicker/punter": August 22, 2018, voicemail from Rick Singer for Bill McGlashan, in government's opposition filing, Exhibit LL.

"I will Photoshop him onto a kicker": August 22, 2018, phone call between Bill McGlashan and Rick Singer, in government's opposition filing, Exhibit MM.

intercepted more than nine thousand: Defendants' motion for production of exculpatory evidence regarding Title III interceptions and consensual recordings, and for other appropriate relief. Document 681, filed December 9, 2019, in USA. v. Sidoo et al., case no. 19cr10080-NMG.

bitching about traffic: September 19, 2018, phone call between John Wilson and Rick Singer, in government's opposition filing, Exhibit PPP.

Nearly six hours of calls: Government's opposition to defendants' motion for production.

Singer had no idea the feds were closing in: Interview with Cheryl Silver Levin.

so struck by the extremes: Swidey, "Meet the 2019 Bostonians of the year: Andrew Lelling and Rachael Rollins."

"ambitious publicity hounds": Ibid.

They discussed the outlook: September 15, 2018, phone call between Rick Singer and John Wilson, in Wilson's December 18, 2019, filing, Exhibit 4.

"Not a lot," as he put it: September 29, 2018, phone call between John Wilson and Rick Singer, in government's opposition filing, Exhibit EEE.

"I'm going to Harvard": Wilson's December 18, 2019, filing, Exhibit 4.

three FBI agents and: Report of September 21, 2018, FBI meeting with Rick Singer, in defendants' March 25, 2020, memorandum, Exhibit BB.

he initially pushed back: Declaration of Elizabeth Keating, in government's sur-eply in opposition to defendants' motion to dismiss. Document 1104, Exhibit 1, filed April 24, 2020, in USA v. Sidoo et al., case no. 19cr10080-MG.

The conversation grew boisterous: FBI's April 22, 2020, interview of Rick Singer, in government's sur-eply in opposition to defendants' motion to dismiss. Ibid, Exhibit 4.

while he knew asking families: Ibid.

equipped him with an old-chool flip phone: Ibid., Exhibit GG.

He called his half brother Cliff: Report of October 23, 2018, FBI meeting with Rick Singer, in ibid., Exhibit HH

the U.S. Attorney's Office in Santa Ana: Report of September 26, 2018, FBI meeting with Rick Singer, in defendants' March 25, 2020, memorandum, Exhibit V.

In a proffer meeting lasting three days: Government's April 8, 2020, response in opposition to defendants' motion to dismiss.

Scott Treibly, in government's opposition filing, Exhibit OOO.

whose Hamptons estate sold for $35 million: Candace Taylor, "A Big Sagaponack Estate Sells Fast," *The Wall Street Journal*, October 23, 2014, https://www.wsj.com/articles/abig-agaponack-state-ells-ast-414086394? mod= WSJ_ 3Up_ RealEstate.

Dozens of family photos adorned: Details of Gordon Caplan's family devotion and reputation within Willkie Farr come from letters from family and friends to U.S. District Judge Indira Talwani. Document 490, filed September 26, 2019, in USA v. Caplan, case no. 19cr10117IT.

But for all his strengths: Gordon Caplan at his sentencing hearing, October 3, 2019, USA v. Caplan, case no. 19cr10117IT.

The Caplans had already been approached: Details of the Caplans' interactions with college counselors come from letter from Amy Caplan to U.S. District Judge Indira Talwani. Document 490, Tab 1, filed September 26, 2019, in USA v. Caplan, case no. 19cr10117IT.

a $290 million company: June 15, 2018, phone call with Rick Singer, Scott Treibly, and Gordon Caplan, in government's opposition filing, Exhibit OOO.

"What we do is we help": Ibid.

having endowed scholarships: Gordon Caplan's sentencing memo. Document 490, filed September 26, 2019, in USA v. Caplan, case no. 19cr10017IT.

Singer called the $750,000 gift: June 15, 2018, phone call with Rick Singer, Scott Treibly, and Gordon Caplan, in government's opposition filing, Exhibit OOO.

Whoa, whoa, whoa: Attorney Joshua Levy at sentencing hearing for Gordon Caplan, October 3, 2019, USA v. Caplan, case no. 19cr10117IT.

"So, most of these kids don't even have issues": June 15, 2018, phone call between Rick Singer and Gordon Caplan, in affidavit.

if he could rig SAT subject tests: August 3, 2018, phone call between Marcia Abbott and Rick Singer, in ibid.

"Kid doesn't have to play the sport": September 19, 2018, phone call between John Wilson and Rick Singer, in government's opposition filing, Exhibit PPP.

On the phone with Miami real estate investor: June 11, 2018, phone call with Rick Singer, Mikaela Sanford, and Robert and Amber Zangrillo, in government's opposition filing, Exhibit MMM.

His employees took at least some portion: Invoices dated July 18, 2017, April 24, 2018, November 20, 2018, and December 4, 2018, from The Key for Robert Zangrillo. Document 8511, Exhibits K, L, and P, filed February 13, 2020, in USA v. Zangrillo, case no. 19cr10080.

How about that biology class?: June 11, 2018, phone call with Rick Singer, Mikaela Sanford, and Robert and Amber Zangrillo, in government's opposition filing, Exhibit MMM.

"I know how this works": August 10, 2018, phone call between Rick Singer and Doug Hodge, in affidavit.

"So we're now the largest education investor": July 30, 2018, phone call between Bill McGlashan and Rick Singer, in government's opposition filing, Exhibit KK.

discussing testing accommodations: Ibid.

Tobin was on a flight: Details of Tobin's meetings with investigators come from Assistant U.S. Attorney Eric Rosen, at Meredith Rule 11 hearing.

serving fresh-queezed orange juice: Terzah Ewing, "Queen for Day: Martha Stewart Earns Initial Public Offering Crown," *The Wall Street Journal*, October 20, 1999, https://www.wsj.com/articles /SB940365459655529718.

By the end of the day: "Stewart: Billionaire homemaker," *CNNMoney*, October 19, 1999, https://money .cnn.com/1999/10/19/companies/ipos/.

"who has some questions": Liz Claman and Steve Frank, "Market Watch: Martha Stewart Living Omnimedia Inc. CEO Interview," CNBC/Dow Jones Business Video, October 19, 1999.

Frank married his best friend: Kathryn Shattuck, "Adam Berger and Stephen Frank," *The New York Times*, September 17, 2006, https://www.nytimes.com/2006/09/17/fashion/weddings/17vows.html.

"Hi Donna," they wrote: March 28, 2018, email to Donna Heinel, in government's opposition filing, Exhibit VVV.

There was an explanation for everyone: Email from Donna Heinel, in ibid.

In a series of phone calls: Details of Meredith's work as a cooperator and the Boston meeting between Meredith and Tobin come from Assistant U.S. Attorney Eric Rosen, at Meredith Rule 11 hearing.

Who? *Rosen and the team:* Ibid. (The Court: "Is that the first you had heard of Mr. Singer?" Mr. Rosen: "Indeed it was.")

Six days after the Boston meeting: Criminal information against Rudy Meredith.

he agreed to cooperate: Assistant U.S. Attorney Eric Rosen, at Meredith Rule 11 hearing.

then went down to Naples, Fla.: Tournament records for Minto U.S. Open Pickleball Championships, April 21–28, 2018.

第二十三章　線路

"Rudy commissioner": July 28, 2018, phone call between Rudy Meredith and Rick Singer, in Wilson's December 18, 2019, filing, Exhibit 12.

son of a Bronx dentist: Neil Swidey, "Meet the 2019 Bostonians of the year: Andrew Lelling and Rachael Rollins," *Boston Globe*, December 11, 2019, https://www.bostonglobe.com/2019/12/11/magazine/meet-019-ostonians-ear-ndrew-elling-achael-ollins/.

A glimpse of the USS Constitution: Shelley Murphy, "Andrew Lelling fills his office with meaning," *Boston Globe*, October 14, 2019, https://www.bostonglobe.com/business/2019/10/14/lelling-ills-is-ffice-ith-eaning/KPyVLJ9ofjM6RQ817qBpQN/story.html.

Meredith began making recorded calls: Assistant U.S. Attorney Eric Rosen, at Meredith Rule 11 hearing.

Singer sought Meredith's help: May 4, 2018, phone call between Rudy Meredith and Rick Singer, in affidavit.

By June 5, prosecutors had enough: Government's opposition to defendants' motion for production. Document 734, filed January 14, 2020, in USA v. Sidoo et al., case no. 19cr10080-MG.

Late morning June 15: June 15, 2018, phone call with Rick Singer, Gordon Caplan, and

"He was the one that tried": Ibid.

第二十二章 一日女王

In February 2018: Boston initial appearance for Michelle Janavs, Stephen Semprevivo, and William McGlashan Jr., March 29, 2019, case no. 19mj06087-PK.

Tobin was a hockey star: Bill Brownstein, "Montrealer was tipster in U.S. college bribery scandal— nd has kids at Yale," *Montreal Gazette*, March 22, 2019, https://montreal-gazette.com/opinion/columnists/brownstein-ontrealer-as-ipsterinuscollege-ribery-candal.

"Every guy wanted to be": Ibid.

he actually left Yale: Jennifer Levitz and Melissa Korn, "The Yale Dad Who Set Off the College Admissions Scandal," *The Wall Street Journal*, March 14, 2019, https://www.wsj.com/articles/the-ale-ad-ho-et-ff-he-ollege-dmissions-candal-1552588402.

Tobin didn't see himself as image conscious: Comments from Morrie Tobin, relayed through his attorney on March 17, 2020.

Tobin grew up in Côte-aint-uc: Brownstein, "Montrealer was tipster in U.S. college bribery scandal— nd has kids at Yale."

attended the Northwood School: Northwood School Annual Report 2014/15, https://issuu.com/issuuns/docs /annualreport2015.

He and Gale initially settled: Katherine Laidlaw, "Rosedale is not amused," *Globe and Mail*, October 18, 2008, https://www.theglobeandmail.com/news/national/rosedaleis-not-mused/article661861/.

"A shocking disregard for history and taste": Ibid.

"The feeling was that he had burned": Brownstein, "Montrealer was tipster in U.S. college bribery scandal— nd has kids at Yale."

Tobin disputed that assessment: Tobin comments, via his attorney.

probing a classic pump-nd-ump: Details of the charges and fraud scheme come largely from SEC complaint against Morrie Tobin et al. Filed November 27, 2018, https://www.sec.gov/litigation/complaints/2018/comp24361.pdf, and "Founder of Swiss Brokerage Firm Pleads Guilty in Connection with Global Securities Fraud Scheme," press release, January 13, 2020, https://www.justice.gov/usaoma/pr/founder-wiss-rokerage-irm-leads-uilty-onnection-lobal-ecurities-raud-cheme.

For years, the group had coordinated: Assistant U.S. Attorney Eric Rosen, at Rule 11 hearing for Morrie Tobin, February 27, 2019, USA v. Tobin, case no. 18cr10444-MG.

Tobin said she used to come home: Tobin comments, via his attorney.

Several times in 2017 and 2018: Evgenia Peretz, "To Cheat and Lie in L.A.: How the College-dmissions Scandal Ensnared the Richest Families in Southern California," *Vanity Fair*, July 31, 2019.

"most likely to get a PhD": Yearbook superlative for Sydney Tobin.

Tobin denied the account: Tobin comments, via his attorney.

Meredith had recruited one of her older sisters: Ibid.

Tobin met with Meredith: Ibid.

"So excited to say": September 5, 2017, Instagram post.

第二十一章　好好善用機會

Meredith had been exposed for: Some details of the alleged academic deceit were first reported in Bill Gallagher and Skakel McCooey, "Meredith allegedly used players to write his grad school papers," *Yale Daily News*, March 16, 2019, https://yaledaily-news.com/blog/2019/03/16/meredith-llegedly-sed-layerstowrite-is-rad-chool-apers/.

the winningest coach in the school's history: Bio for Rudy Meredith, Yale University, https://yalebulldogs .com/sports/womens-occer/roster/coaches/rudy-eredith/509.

diagnosed with learning disabilities: Jake Schaller, "Bichy Says Goodbye to the Job of a Lifetime," *The Washington Post*, December 30, 2004.

An anonymous complaint was also sent: Gallagher and McCooey, "Meredith allegedly used players to write his grad school papers."

He coached local youth teams: See, for example, "Ridgefield Team Wins U.S. Youth Title," *The Hartford Courant*, August 4, 1997.

after meeting her at a match: Jerry Trecker, "Rivals on Field, Partners at Home," *The Hartford Courant*, September 5, 2013.

earned his one hundredth career win: Ryan Hartnett, "Meredith snags 100th career win," *Yale Daily News*, October 19, 2004, https://yaledailynews.com/blog/2004/10/19/meredith-nags-00th-areer-in/.

"If you had asked any CFC player": Randall Beach, "The 'Coach Rudy' news shocks my daughters," *New Haven Register*, March 22, 2019, https://www.nhregister.com/news/article/Randall-B ach-T e-C ach-Rudy-ews-hocks-3707188.php.

By 2015, though he hit his two hundredth win: André Monteiro, "Yale secures HC Meredith's 200th victory," *Yale Daily News*, October 12, 2015, https://yaledailynews.com/blog/2015/10/12/womens-occer-ale-ecureshc-mereditths-00th-ictory/.

As of 2013, the university handed out: Rishabh Bhandari, "Future of athletic recruitment remains uncertain," *Yale Daily News*, October 18, 2013, https://yaledailynews.com/blog/2013/10/18/futureofathletic-ecruitment-emains-ncertain/.

he had between five and seven: Daniela Brighenti, "New colleges bring potential for growth in athletics," *Yale Daily News*, November 6, 2015, https://yaledailynews.com/blog/2015/11/06/new-olleges-ring-otential-f r-rowthinathletics/.

"If I have seven spots": Ibid.

Meredith had connected to Rick Singer: Jennifer Levitz and Melissa Korn, "Coaches Played Crucial Role in College Admissions Cheating Network," *The Wall Street Journal*, November 14, 2019.

By spring 2015, Meredith had begun taking payments: Assistant U.S. Attorney Eric Rosen, at Rule 11 hearing for Rudolph Meredith, March 28, 2019, USA v. Meredith, case no. 19cr10075-LW.

in exchange for flagging applicants: Criminal information against Rudy Meredith.

Singer directed $250,000: Key Worldwide Foundation 2015 Form 990.

Meredith approached the Los Angeles father: Assistant U.S. Attorney Eric Rosen, at Meredith Rule 11 hearing.

the shocking death of his longtime friend: Jane Miller, "Former assistant coach passes," *Yale Daily News*, September 28, 2017, https://yaledailynews.com/blog/2017/09/28/former-ssistant-oach-asses/.

She told the admissions director: April 11, 2018, emails between Donna Heinel and USC admissions director, and others, in ibid.

"the parents getting angry": April 12, 2018, voicemail left by Donna Heinel for Rick Singer, in ibid.

Sloane also had to face: Devin Sloane relayed the interaction with USC development to Rick Singer in an August 30, 2018, phone call with Rick Singer, in ibid.

第二十章 在三壘上

When Laura Janke crafted: Affidavit.

A picture of him clearing the bar: Amy McDaniel, "Water Valley boys in position to defend team title," *San Angelo Standard-imes*, May 13, 2016, photo by Adam Sauceda, http://archive.gosanangelo.com/sports /local/hstrack-ield-ater-alley-oysinpositionto-defend-eam-itle-2c0116a-0a4-7b5-053-100007fl-79471921.html.

"When will I know about USC": October 8, 2018, meeting with Agustin Huneeus, Agustina Huneeus, and Rick Singer, referenced in sentencing hearing for Agustin Huneeus, September 27, 2018, in USA v. Huneeus, case no. 19cr10117IT

"We're not going to say this to anyone": Ibid.

She likely would have fared well: U.S. District Judge Indira Talwani at Huneeus sentencing.

spent a semester of high school: Asha Khanna, "Sophomore travels to Spain for semester-ong exchange," *The Broadview*, September 8, 2015, https://broadview.sacredsf.org/8755/news/sophomore-ravelstobarcelona-or-xchange-rogram/.

Her family's Tahoe-rea ski retreat: "A Family Ski Retreat That's a World Away from Cars," *Dwell*, February 22, 2015, https://www.dwell.com/article/afamily-ki-etreat-hatsaworld-way-rom-ars-44df6ec.

Her father had been in talks: August 30, 2018, phone call between Agustin Huneeus and Rick Singer, in government's opposition filing, Exhibit LLL.

And Agustina's grandfather had recently pledged: Ibid.

wasn't a real college prospect: Government's sentencing memo for Agustin Huneeus.

"You understand that [my daughter]": August 30, 2018, phone call between Agustin Huneeus and Rick Singer, in government's opposition filing, Exhibit LLL.

In the same academic year: Assistant U.S. Attorney Justin O'Connell, at Huneeus sentencing hearing.

"You can't tell it's not her": Call between Rick Singer and Agustin Huneeus, September 22, 2018, in affidavit.

Shannon played water polo for Santa Rosa: Phil Barber, "How Ukiah's Shannon Whetzel got pulled into celebrity college admissions scandal," *The Press Democrat*, April 11, 2019. https://www.pressdemocrat .com/sports/9491101-81/barber-ow-kiahs-hannon-hetzel? sba= AAS.

The Ukiah High water polo star: Ibid.

Shannon's long, light brown hair: Lexie Garrett, "Ukiah High caught up in college cheating scandal," *Ukiah Daily Journal*, April 10, 2019, https://www.ukiahdailyjournal.com/2019/04/10/ukiah-igh-aughtupin-college-heating-candal/.

He had been on a routine call: March 10, 2017, account of counselor call, in government's opposition filing, Exhibit J.

Those who used private counselors: Melissa Korn, "Whose Advice Are You Taking? The Fight Over College Counseling at Elite High Schools," *The Wall Street Journal*, October 26, 2019, https://www.wsj.com/articles /whose-dvice-re-ou-aking-he-ight-ver-ollege-ounselingatelite-igh-chools-1572082200.

Again he had questions: Affidavit.

"our little friend" at Marymount: December 12, 2017, email from Lori Loughlin to Rick Singer and Olivia Giannulli, in affidavit.

His team submitted the applications: Affidavit.

parents didn't hesitate to go over: Letter from Mike Hamilton to U.S. District Judge Indira Talwani. Document 462, Exhibit D, filed September 19, 2019, in USA v. Sloane, case no. 19cr10117IT.

Taylor-az confronted a strange situation: Details of Buckley's discovery of Lizzie Bass's application and some information about the material in them first appeared in Evgenia Peretz, "To Cheat and Lie in L.A.: How the College-dmissions Scandal Ensnared the Richest Families in Southern California," *Vanity Fair*, July 31, 2019, https://www.vanityfair.com/style/2019/07/tocheat-nd-ieinlacollege-dmissions-candal.

The Bass family blamed: Statement from Bass family, provided via a spokesman on July 31, 2019.

they only learned of the lies: Ibid.

prosecutors say Ernst took bribes: Superseding indictment in USA v. Ernst et al.

at the University of Rhode Island: "University statements on Gordon Ernst," March 14, 2019, https://www.gorhody .com/sports/wtennis/201819/releases/20190312mmvbnz.

On April 12, Petrone got a call: Details of the meeting between Giannulli and Petrone come from note written by PJ Petrone in Olivia Giannulli's file, in government's April 8, 2020, response, Exhibit AA.

"First and foremost": April 12, 2018, email from PJ Petrone to Mossimo Giannulli, in affidavit.

reached out to USC: Note written by PJ Petrone in Olivia Giannulli's file, in government's April 8, 2020, response, Exhibit AA.

accused of having raised marks: Some details of the grade-hanging incident, and resultant investigation, come from Peretz, "To Cheat and Lie in L.A.: How the College-dmissions Scandal Ensnared the Richest Fam¬ilies in Southern California."

for five students over five years: Lindsay Weinberg, "From Grade Inflation to Lawsuits: Inside 5 L.A. Private School Debacles," *The Hollywood Reporter*, August 24, 2018, https://www.hollywoodreporter.com/news /abreakdown5laprivate-chool-ebacles-136207.

including for some without board ties: Sofia Heller, Kaitlin Musante, and Alex Goldstein, "Sculpted by students: Students discuss the way they shape their own grades," *The Chronicle*, March 21, 2018, http://hwchronicle .com/sculptedbystudents-tudents-iscuss-he-ay-hey-hape-heir-wn-rades/.

On April Fool's Day 2018: Details of the exchange between Singer and Sloane regarding Buckley's inquiries come from affidavit.

The two flew down in a private plane: Passenger manifest and reservation details for flights December 8, 2017, and December 9, 2017, in government's opposition filing, Exhibits EE and FF.

McGlashan had asked his assistant to book: December 4, 2017, emails from Bill McGlashan, in ibid., Exhibits CC and DD.

Dvorskiy even wrote into his file: ACT Administration and Payment Report— pecial Testing, in ibid., Exhibit GG.

McGlashan's flight home left: December 9, 2017, flight status notification email, in ibid., Exhibit FF.

Riddell later admitted to correcting: Assistant U.S. Attorney Eric Rosen, at Riddell Rule 11 hearing.

"He was pushing hard, like": Quotes from this conversation, and the description of what Huneeus was telling another family, come from September 1, 2018, phone call between Bill McGlashan and Rick Singer, in affidavit.

He attended an early orientation session: Details of Spencer's encounter with the USC counselor were related to Rick Singer by Elisabeth Kimmel and her husband, Greg Kimmel, in a July 26, 2018, phone call, in affidavit.

Spencer wasn't a pole vaulter: Affidavit.

Midwest Television sold the stations: "TEGNA to Acquire Midwest Television Inc.'s Broadcasting Stations in San Diego, CA" press release, December 18, 2017, https://www.tegna.com/tegnatoacquire-idwest-elevision-ncsbroadcasting-tationsinsan-iego-ca/. (The deal closed February 15, 2018.)

as a purported tennis player: According to the affidavit, the girl's Georgetown application said she was a ranked player, and she was flagged by Georgetown tennis coach Gordon Ernst as a recruit. However, prosecutors say, she didn't join the team upon her arrival.

Spencer continued to get messages: August 2, 2018, email from Elisabeth Kimmel to Rick Singer, in affi-davit.

"I will take care of tmw": Affidavit.

The ex told a Yale administrator: Details of the Akash Maharaj case come in part from Isaac Arnsdorf, "The man who duped the Ivy League," *Yale Daily News*, September 10, 2008, https://yaledailynews.com/blog/2008/09/10/the-an-ho-uped-he-vy-eague/, and Karen W. Arenson, "Yale Student Is Accused of Lying on Application," *The New York Times*, April 10, 2008, https://www.nytimes.com/2008/04/10/education /10yale.html.

He said he was a sophomore transfer: Details of Adam Wheeler's scheme are drawn largely from Julie Zauzmer, *Conning Harvard: The True Story of the Con Artist Who Faked His Way Into the Ivy League.* Guilford, CT: Lyons Press, 2013. See also *Harvard Crimson* stories written by Zauzmer.

He took a plea: Mike Vilensky, "Former Harvard Student Pleads Guilty to Lying His Way Into (and Then Through) College," *New York Magazine*, December 16, 2010, https://nymag.com/intelligencer/2010/12 /adam_ wheeler.html.

violated his probation: "Harvard Con Man Accused of Citing University on Resume," Associated Press, November 9, 2011, https://www.wbur.org/news/2011/11/09/harvard-raud2.

Bill McGlashan come from August 30, 2018, phone call between Rick Singer and Agustin Huneeus, in government's opposition filing, Exhibit LLL.

had been a high-aintenance client: Government's sentencing memo for Agustin Huneeus. Document 495, filed September 27, 2019, in USA v. Huneeus, case no. 19cr10017IT. ("He chastised Singer for not giving the scheme enough attention.")

the same year that Atherton mom: Assistant U.S. Attorney Leslie Wright at Isackson plea hearing.

And Marjorie Klapper introduced Singer: Assistant U.S. Attorney Leslie Wright at plea hearing for Marjorie Klapper, May 24, 2019, USA v. Klapper, case no. 19cr10017IT.

an ordinary water polo player: Government's sentencing memo for Agustin Huneeus.

McGlashan was a regular at Davos: See, for example, interview with Erik Schatzker, "McGlashan Seeing Deals That Have Dimensions of Blockchain," Bloomberg, January 23, 2018, https://www.bloomberg.com/news /videos/20180123/mcglashan-eeing-eals-hat-ave-imensionsofblockchain-ideo.

after hiring Singer in spring 2017: Government's opposition filing.

He'd met Singer through a college friend: Letter from Agustin Huneeus to U.S. District Judge Indira Talwani. Document 494, Exhibit A, Tab 1, filed September 27, 2019, in USA v. Huneeus, case no. 19cr10117-IT.

driven there, he would later admit: Ibid.

Huneeus was a devoted dad: Details of Agustin Huneeus's family activities come from letter from Macarena Huneeus to U.S. District Judge Indira Talwani. Document 494, Exhibit A, Tab 19, filed September 27, 2019, in USA v. Huneeus, case no. 19cr10117-IT.

drafted behind with the privilege: Letter from Agustin Huneeus to U.S. District Judge Indira Talwani.

"I became brilliant later in life": August 30, 2018, phone call between Rick Singer and Agustin Huneeus, in government's opposition filing, Exhibit LLL.

He told a Marin Academy counselor: Government's sentencing memo for Agustin Huneeus.

"long standing commitment": Ibid.

She got a score of 1380: Ibid.

Huneeus complained that it wasn't high enough: August 30, 2018, phone call between Rick Singer and Agustin Huneeus, in government's opposition filing, Exhibit LLL.

was in talks with Singer to spend: Government's sentencing memo for Agustin Huneeus.

Singer had told him the daughter stood no shot: August 30, 2018, phone call between Agustin Huneeus and Rick Singer, in government's opposition filing, Exhibit LLL.

traditional college counseling: See, for example, Exhibit XXX in government's opposition filing.

"double time": September 7, 2017, email from Kyle McGlashan, in government's opposition filing, Exhibit W.

McGlashan's legal team would say it was moved: Memorandum in support of defendant William McGlashan Jr.'s motion to compel the production of materials. Document 697, filed December 18, 2019, in USA v. McGlashan, case no. 19cr10080-MG.

Sherry faked an injury: Assistant U.S. Attorney Eric Rosen, at Singer Rule 11 hearing.

第十八章　「全隊一心，史丹佛齊心！」

The twenty-inute drive: Description of Vandemoer's commute from the boathouse and early interactions with Singer come from interviews with John Vandemoer. Some details were first reported in Melissa Korn and Jennifer Levitz, "A Stanford Coach Ensnared by the College Admissions Scandal: 'The Biggest Mistake of My Life,' " *The Wall Street Journal*, June 12, 2019, https://www.wsj.com/articles/astanford-oach-nsnaredbythe-ollege-dmissions-candal-he-iggest-istakeofmylife-1560368211.

Under Vandemoer, Stanford sailing had rocketed: Many details about Vandemoer's sailing career, reputation, and involvement with his kids come from letters from friends and family to U.S. District Judge Rya Zobel. Document 22, Exhibit 1, filed June 7, 2019, in USA v. Vandemoer, case no. 19cr10079-WZ.

Stanford says fundraising is: June 11, 2019, email from Brad Hayward, associate vice president of university communications.

"some ability to tolerate misery": Korn and Levitz, "A Stanford Coach Ensnared by the College Admissions Scandal: 'The Biggest Mistake of My Life.' "

Singer also approached six other: Melissa Korn, "College Admissions Mastermind Tried to Recruit Seven Stanford Coaches, School Says," *The Wall Street Journal*, December 3, 2019, https://www.wsj.com/articles/college-dmissions-astermind-riedtorecruit-even-tanford-oaches-chool-ays-1575390744.

"If I could take the development piece": Korn and Levitz, "A Stanford Coach Ensnared by the College Admissions Scandal: 'The Biggest Mistake of My Life.' "

Singer's team built the girl: Government's sentencing memo for John Vandemoer. Document 21, filed June 7, 2019, in USA v. Vandemoer, case no. 19cr10079-WZ.

Vandemoer couldn't help: Assistant U.S Attorney Eric Rosen, at Vandemoer Rule 11 hearing.

Her stellar sailing record helped: Ibid.

Singer's charity sent Stanford $500,000: Government's sentencing memo for John Vandemoer.

paying for an assistant coach's salary: John Vandemoer's sentencing memo. Document 22, filed June 7, 2019, in USA v. Vandemoer, case no. 19cr10079-WZ.

a teen boy with another fabricated athletic profile: Criminal information against John Vandemoer. Document 1, filed March 5, 2019, in USA v. Vandemoer, case no. 19cr10079-WZ.

"same outcome for both sides": Details of the two other prospects Singer asked Vandemoer to pitch as sailors come from government's sentencing memo for John Vandemoer.

The following May: Criminal information against Rick Singer.

minimal sailing experience: Assistant U.S. Attorney Eric Rosen, at Vandemoer Rule 11 hearing.

第十九章　東窗事發

"Is Bill McGlashan doin' any of this shit?": Details of Agustin Huneeus's concerns about

Millionaires," CNBC, September 12, 2014, https://www.cnbc.com/2014/09/12/chi-nas-illionaire-achineisslowing-0000-a ded-ast-ear.html.

The number of students from China: "Leading Places of Origin," Institute of International Education Open Doors Report, https://www.iie.org/Research-nd-nsights/Open-oors/Data/International-tudents /PlacesofOrigin.

Terms like "liberal arts": Zhang, "When Harvard Becomes 'Ha Fu.' "

Dr. Gerald Chow took the witness stand: Many details of Chow's testimony, his family's hiring of Mark Zimny, Zimny's written plan for engagement, and allegations against Zimny come from USA v. Zimny, case no. 13cr10024-WZ, filed January 24, 2013, and Chow et al v. Zimny et al., case no. 10cv10572, filed April 5, 2010.

One of the people who wrote: Mark Zimny's sentencing memo. Document 295, filed September 15, 2015, in USA v. Zimny, case no. 13cr10024-WZ

an official referral list for Morgan Stanley: Many details of Rick Singer's inroads at financial services firms, including Freestone Capital, were first reported in Jennifer Levitz, Douglas Belkin, and Melissa Korn, " 'He Had the Magic Elixir': How the College Cheating Scandal Spread," The Wall Street Journal, March 25, 2019.

Though Singer had been on a referral list: Melissa Korn and Jennifer Levitz, "In College Admissions Scandal, Family Paid $6.5 Million to Get Their Daughter Into Stanford," *The Wall Street Journal*, May 2, 2019, https://www.wsj.com/articles/incollege-dmis-sions-candal-amily-aid65milliontoget-heir-aughter-nto-tanford-1556729011.

So when one client: Melissa Korn and Jennifer Levitz, "Chinese Mother Who Paid $6.5 Million for a Shot at Stanford Says She Was Misled," *The Wall Street Journal,* May 2, 2019, https://www.wsj.com/articles /chinese-other-ho-aid65million-orashotatstanford-ays-he-as-isled-1556833560.

attended boarding school in the U.K.: Details about Zhao family come from Kate Taylor, Jennifer Medina, Chris Buckley, and Alexandra Stevenson, "Admissions Scandal: When 'Hard Work' (Plus $6.5 Million) Helps Get You Into Stanford," *The New York Times,* May 2, 2019, https://www.nytimes.com/2019/05/02/us/yusi-olly-hao-hina-tanford.html, and Korn and Levitz, "Chinese Mother Who Paid $6.5 Million for a Shot at Stanford Says She Was Misled."

Stanford still admitted Yusi: Assistant U.S. Attorney Eric Rosen, at Rule 11 hearing for John Vandemoer, March 21, 2019, USA v. Vandemoer, case no. 19cr10079-WZ.

The Zhao family sent Singer's foundation: Korn and Levitz, "Chinese Mother Who Paid $6.5 Million for a Shot at Stanford Says She Was Misled."

he was tricked, too: Ibid.

Yang from Summa Group emailed: Details about Sherry Guo's application material being sent to Rudy Meredith come from criminal information against Rudy Meredith.

She actually didn't play competitive soccer: Details about Rudy Meredith flagging Sherry Guo as a recruit come from Assistant U.S. Attorney Eric Rosen, at Singer Rule 11 hearing.

Sherry's family paid Singer and his charity: Criminal information against Rudy Meredith.

they felt comfortable making the donation: February 12, 2020, email from Jim Spertus, attorney for Sherry Guo.

Columbia or Oxford: Korn and Levitz, "In College Admissions Scandal, Families from China Paid the Most."

Judge Indira Talwani. Document 5591, Exhibit A in USA v. Buckingham, case no. 19cr10117IT.

"I needed to make myself feel": Ibid.

"Hello everyone! Welcome to": July 12, 2018, tweet from @TBasketpod, https://twitter.com/TBasketpod/status /1017270359094059009.

Buckingham spoke twice on the phone: Details of the test-heating plan, including having Mark Riddell take the test in Houston while Jack stayed in Los Angeles, the desired score, and a request for Jack's handwriting, come in part from July 12, 2018, and July 13, 2018, phone calls between Rick Singer and Jane Buckingham, in affidavit.

"To whom it may concern": July 13, 2018, email from Jane Buckingham to Rick Singer, in ibid.

"I just found out what you did": Government's sentencing memo for Jane Buckingham.

"the only kind of shady thing": November 15, 2018, phone call between Rick Singer and Jane Buckingham, in ibid.

Marcus had thought Jane blocked him: Michael Proctor, at sentencing hearing for Jane Buckingham, October 31, 2019, USA v. Buckingham, case no. 19cr10117IT.

Singer reassured her: Details of Huffman's thought process as she assessed whether to engage Singer's illicit services for Georgia come from Huffman sentencing memo.

第十七章 開個價吧

Guo wasn't a Summa client: Jennifer Levitz and Melissa Korn, "Oppenheimer Financial Adviser Connected to College Admissions Cheating Scandal," *The Wall Street Journal*, April 30, 2019, https://www.wsj .com/articles/oppenheimer-inancial-dviser-onnectedtocollege-dmissions-heating-candal-1 556638212.

Yang emailed Rick Singer: Criminal information against Rudy Meredith. Document 1, filed February 28, 2019, in USA v. Meredith, case no. 19cr10075-LW.

Sherry Guo had moved to the United States: Melissa Korn and Jennifer Levitz, "In College Admissions Scandal, Families from China Paid the Most," *The Wall Street Journal*, April 26, 2019, https://www.wsj.com/articles /the-iggest-lientsinthe-ollege-dmissions-candal-ere-rom-hina-1556301872.

At another school, teachers surrounded: Barbara Demick, "For Chinese, getting into Harvard is a class act," *Los Angeles Times*, June 4, 2010, https://www.latimes.com/archives/laxpm-010-un04lafgchina-ollege-0100605-tory.html.

Countless businesses and secondary schools: Ibid.

Some observers traced the obsession: See, for example, Tracy Jan, "Chinese Aim for the Ivy League," *The New York Times*, January 4, 2009, https://www.nytimes.com/2009/01/04/world/asia/04iht-vy.1.19063547.html.

Among the character-uilding exercises: "In China, Not All Practice Tough Love," *The Wall Street Journal*, January 8, 2011, https://www.wsj.com/articles/SB100014240527487041115045760597208049 85228.

"Reading it during middle school": Zara Zhang, "When Harvard Becomes 'Ha Fu,'" *Harvard Magazine,* July 20, 2015, https://harvardmagazine.com/2015/07/harvard-inchina.

China had more than a million millionaires: Robert Frank, "China Creates 40,000 New

man, case no. 19cr10117IT.

Yet Huffman felt justified after: Letter from Felicity Huffman to U.S. District Judge Indira Talwani.

She started getting extra time on tests: Felicity Huffman, at her plea hearing, May 13, 2019, in USA v. Huffman, case no. 1910117IT.

mothers of previous graduates warned: Letter from Felicity Huffman to U.S. District Judge Indira Talwani.

Huffman hired the counselor in 2016: Details of Singer's work with Huffman's daughters come from Huffman sentencing memo.

Singer warned it wasn't enough: Letter from Felicity Huffman to U.S. District Judge Indira Talwani.

He might grow curt and dismissive: Some characterizations of how Rick Singer approached families were first detailed in Jennifer Levitz and Melissa Korn, " 'Nope, You're Not Special.' How the College Scam Mastermind Recruited Families," *The Wall Street Journal*, September 6, 2019.

a score of 1250, or ideally 1350: Huffman sentencing memo.

Several of Sophia's classmates: Ibid.

But Huffman had come to rely: Ibid.

"I felt an urgency": Letter from Felicity Huffman to U.S. District Judge Indira Talwani.

regular (for Hollywood) events: See, for example, People.com Star Tracks listings for September 19 and September 20, 2017, https://people.com/celebrity/star-racks-uesday-eptember192017/? slide= 5919003 #5919003 and https://people.com/celebrity/star-racks-ednesday-eptember202017/? slide= 5921104 #5921104.

She adopted Singer's legal recommendation: Huffman sentencing memo.

The clinician had reassessed Sophia: Ibid.

Macy's episode of Finding Your Roots: October 17, 2017, tweet by @WilliamHMacy, https://twitter.com /WilliamHMacy/status/920391624701616129? s= 20.

"Are we doing this on her own": Exchange between Huffman and Singer was detailed in Huffman sentencing memo.

Sophia asked if they could have a treat: Felicity Huffman at her sentencing hearing, September 13, 2019, USA v. Huffman, case no. 19cr10117IT

"Turn around, turn around": Ibid.

On December 4, promoting merchandise: December 4, 2017, tweet by @WilliamHMacy, https://twitter.com /WilliamHMacy/status/937827053054828545? s= 20.

"If you would please stop asking": "5 Things Brentwood Students Are Sick of Hearing," *The Flyer*, February 15, 2018, http://www.bwsflyer.com/stories/2018/2/15/5things-rentwood-tudents-re-ickofhearing.

Singer provided legitimate services: Jane Buckingham's sentencing memo. Document 559, filed October 16, 2019, in USA v. Buckingham, case no. 19cr10117-IT.

He took the ACT twice on his own: Government's sentencing memo for Jane Buckingham. Document 558, filed October 16, 2019, in USA v. Buckingham, case no. 19cr10117IT.

Singer had indicated that wasn't enough: Letter from Jane Buckingham to U.S. District

"I have played very well": Details of the message Adam Semprevivo sent to Gordon Ernst, the material Singer drafted for his college essay for Georgetown, and information in his applications to other schools come from government's supplemental sentencing memo for Stephen Semprevivo. Document 466, filed September 19, 2019, in USA v. Semprevivo, case no. 19cr10117IT.

"looks fine": Affidavit.

Singer made the following notation: Ibid.

"I just lost confidence": Criminologist report.

"worked me over": Letter from Stephen Semprevivo to U.S. District Judge Indira Talwani. Document 467, Exhibit 1, filed September 19, 2019, in USA v. Semprevivo, case no. 19cr10117IT.

a "target" for Singer: Stephen Semprevivo's sentencing memo. Document 467, filed September 19, 2019, in USA v. Semprevivo, case no. 19cr10117IT.

His GPA topped 3.0: Criminologist report.

第十六章　誘惑

Huffman typed notes: Sentencing memo for Felicity Huffman. Document 425, filed September 6, 2019, in USA v. Huffman, case no. 19-cr-10117-IT.

"Control the outcome": Ibid.

humble, kind, well-djusted children: Characterizations of the Huffman girls, details of Felicity Huffman's parenting activities, and the family's involvement with LACHSA come in part from letters from family and friends to U.S. District Judge Indira Talwani. Document 4255, filed September 6, 2019, in USA v. Huffman, case no. 19cr10117IT.

Yet motherhood bewildered Huffman: Letter from Felicity Huffman to U.S. District Judge Indira Talwani. Document 4252, Exhibit A, filed September 6, 2019, in USA v. Huffman, case no. 19cr10117IT.

"I found mothering my two children": "Felicitations," WhatTheFlicka.com, March 2016, https://web.archive .org/web/20190309050329/http://whattheflicka.com/felicitations/2016/.

Forbes *described it as:* Meghan Casserly, "The 100 Best Websites for Women, 2013," *Forbes*, August 20, 2013, https://www.forbes.com/sites/meghancasserly/2013/08/20/the-00-est-ebsites-or-omen-013 /#7cb25f7e57c8.

"It's hard to let them fail": "What Kind of Life Skills Are You Teaching Your Children?" episode of *Jen and Barb Mom Life*, http://jenandbarb.com/what-indoflife-kills-re-oueaching-our-hildren/.

For six years starting in 2012: Some details of the family's engagement with Wendy Mogel come from a letter she wrote to U.S. District Judge Indira Talwani. Document 4255, Tab 18, filed September 6, 2019, in USA v. Huffman, case no. 19cr10117IT.

"I sat down in her office": "Felicitations for August: Surviving Summer," WhatTheFlicka.com, August 2013, https://w eb.archive.org/w eb/20170915125229/http://whattheflicka.com/f elicitations/2 013/.

"She's struggled to find the balance": Letter from William H. Macy to U.S. District Judge Indira Talwani. Document 426, Tab 1, filed September 6, 2019, in USA v. Huff-

Isackson and Rick Singer, in affidavit.

When his bookkeeper emailed to ask: October 17, 2018, email from John Wilson, in government's opposition filing, Exhibit HHH. Employee's title comes from main body of the filing.

第十五章　目標

"a new Jane": Letter from Kaye Kramer to U.S. District Judge Indira Talwani. Document 559, Exhibit B, filed October 16, 2019, in USA v. Buckingham, case no. 19cr10117IT.

As a little girl, she ran: TheMomsView, "Ambition, Balance, and Training Bras!" YouTube video, June 6, 2012, https://w ww.youtube.com/w atch? v= I3JTcfJjaJU.

spoke out on an airplane: Trombone Player Wanted, short-ilm series, released 2006 by the Marcus Buckingham Company.

got his name on the leaderboard: Records from City of Newport Beach; monthly pool schedule included "Punch Pass Leaders" list.

"I rented out Versailles": October 15, 2018, call between Rick Singer and John Wilson. In Wilson's December 18, 2019, filing, Exhibit 10.

"Well, Atlanta's not redneck": September 15, 2018, call between Rick Singer and John Wilson, in ibid., Ex-hibit 4.

The same client also struck down: Ibid.

A millionaire developer hired Singer's employee: Third superseding indictment.

including one called "Fitness Fundamentals 2": July 23, 2017, invoice from The Key for Robert Zangrillo. Document 8511, Exhibit K, filed February 13, 2020, in USA v. Zangrillo, case no. 19cr10080.

if it wasn't "handled ASAP": June 12, 2018, email from Rick Singer to Robert Zangrillo. Ibid., Exhibit L.

she expected a discount: Criminal information against Karen Littlefair. Document 1, filed December 9, 2019, in USA v. Littlefair, case no. 19cr10463-DB.

They hired Singer in 2014: Some details of the Semprevivo family's engagement with Singer, including Semprevivo's hopes for Adam's college path and the teen's high school career, come from: Report from criminologist Sheila Balkan. Document 467, Exhibit 1, filed September 19, 2019, in USA v. Semprevivo, case no. 19cr10117IT.

after meeting the college counselor through: Letter from Mark and Renee Paul to U.S. District Judge Indira Talwani, ibid.

He coached baseball, basketball, and soccer: Details of Semprevivo's parenting style, childhood, work ethic, and career come from criminologist report and letters from friends and family to U.S. District Judge Indira Talwani. Document 467, Exhibit 1, filed September 19, 2019, in USA v. Semprevivo, case no. 19cr10117IT.

Singer talked about building a Google Doc: Details of Singer's game plan for Adam Semprevivo, including college lists and discussions with the teen about his top choices, come from emails included in Document 467, Exhibit 3, filed September 19, 2019, in USA v. Semprevivo, case no. 19cr10117IT.

Singer sent Semprevivo, his wife, and his son: August 19, 2015, email from Rick Singer to Stephen, Rita, and Adam Semprevivo, in affidavit.

Singer told a father: Text message chain between Homayoun Zadeh and Rick Singer, beginning March 20, 2017, in affidavit.

"the last college 'donation' ": February 5, 2018, email from Mossimo Giannulli, in government's opposition filing, Exhibit S.

Dan Larson was initially intrigued: Portions of this anecdote first appeared in Jennifer Levitz and Melissa Korn, " 'Nope, You're Not Special.' How the College Scam Mastermind Recruited Families," *The Wall Street Journal*, September 6, 2019.

"When you're dealing with": Dana Pump interview with David Meltzer, "How to Build and Leverage Relationships with Successful People," *Entrepreneur*, May 11, 2019, https://www.entrepreneur.com/video /333346.

Philip Esformes, a Miami businessman: Assistant U.S. Attorney Eric Rosen, at Janke Rule 11 hearing.

Esformes was ultimately in legal trouble: Esformes was charged in 2016 with Medicare fraud conspiracy, taking illegal payments from federal health-are programs, money-aundering conspiracy, and other crimes, in USA v. Esformes, case no. 16cr20549-NS. He was found guilty on a number of counts, though not on the main Medicare fraud allegation, and has since appealed his conviction.

a legitimate donation to his wife's charity: Key Worldwide Foundation 2013 Form 990, and report of FBI meeting with Rick Singer, November 29, 2018, in defendants' March 25, 2020, memorandum, Exhibit VV.

Banyan drew big-ame donors including: Banyan Foundation 2017 Form 990.

Singer's company also gave money: Ibid.

Werdesheim served on that group's board: "Board of Directors," Fulfillment Fund website, https://fulfillment .org/aboutus/boardofdirectors/.

The organization went from recording: Details of Key Worldwide Foundation's finances, donations, and claims of charitable activity come from its IRS form 990s.

with whom Singer formed a short-ived company: Florida business records for the Opportunity Engine, http://search.sunbiz.org/Inquiry/CorporationSearch/SearchResult-Detail? inquirytype= OfficerRegistered AgentName& directionType= Initial& searchNameOrder= ORENDERDONNA% 20L120001012862 & aggregateId= f lal-12000101286-37ff773-149-620-2c5-4abc92d7c36& searchTerm= orender % 20donna& listNameOrder= ORENDERDONNA% 20F9500000600425.

led by UCLA men's soccer coach: California business records, https://businesssearch.sos.ca.gov/Document /RetrievePDF?Id=02645368-11292517.

including a chain of Mexican restaurants: Racketeering forfeiture allegation in criminal information against Rick Singer. Document 1, filed March 5, 2019, in USA v. Singer, case no. 19cr10078-WZ.

was for a time an executive: Gregory Korte, "Inside Rick Singer's college admissions network: An excon half brother, a Welsh soccer team, and a former NFL owner," *USA Today*, May 2, 2019, https://www.usatoday.com/story/news/nation/2019/05/02/college-heating-ing-ick-inger-alf-rother-liff-inger-wansea-ity/3631132002/.

parents gave to the charity knowing: William Rick Singer, at his Rule 11 hearing.

she was directed to the regular applicant pool: Assistant U.S. Attorney Leslie Wright at Isackson plea hearing.

"Per our discussion can you please": July 11, 2016, email exchange between Bruce

She hated physics: Comments about Olivia Giannulli's academic interests come from YouTube videos, including "Get to Know Me Tag," December 24, 2016, and "Snapchat Q& A w Bella," January 3, 2016, https://www .youtube.com/watch? v= O5l-byUoGErQ.

Singer asked Janke to craft: July 14, 2017, email from Rick Singer to Laura Janke, in affidavit.

He emailed Giannulli and Loughlin: July 16, 2017, email from Rick Singer to Mossimo Giannulli and Lori Loughlin, in ibid.

"If we want USC": July 20, 2017, email from Rick Singer to Mossimo Giannulli and Lori Loughlin, in government's opposition filing, Exhibit M.

"Moss will get this done": July 20, 2017, email from Lori Loughlin to Rick Singer and Mossimo Giannulli, in affidavit.

Her first day of senior year: oliviajadebeauty, "First day of Senior Year," YouTube video, August 28, 2017, https://www.youtube.com/watch? v= GOjHBKh6M84.

The fabricated rowing résumé said: Government's consolidated sur-eply in opposition to defendants' motions to compel. Document 8342, filed February 7, 2020, in USA v. Sidoo et al., case no. 19cr10080-NMG.

"*CONGRATULATIONS!!!":* November 16, 2017, emails between Rick Singer, Mossimo Giannulli, and Lori Loughlin, in government's opposition filing, Exhibit O.

Giannulli sent a $50,000 check: Ibid., Exhibit Q.

and agreed to send: Affidavit.

第十四章　一切都是為了孩子好

Brian Werdesheim sat on a stool: Banyan Foundation video, http://www.thebanyanfoundation.org/wpcontent /uploads/2017/08/Banyan_ Introv12_ 64.mp4.

members of the Young Presidents Organization: March 22, 2019 email from YPO spokeswoman Amy Reid, referencing events in San Diego and Bellevue, Wash. Client Eric Webb also saw him at a YPO event in Champaign, Ill.

And he addressed clients at: Jennifer Levitz, Douglas Belkin, and Melissa Korn, " 'He Had the Magic Elixir:' How the College Cheating Scandal Spread," *The Wall Street Journal*, March 25, 2019.

That evening had a hefty title: Sloane sentencing memo.

Singer's illicit acts involved: March 11, 2020, email from Don Heller to prosecutors and other attorneys, in defendants' March 25, 2020, memorandum, Exhibit O.

Singer talked to a friend: Report of FBI meeting with Rick Singer, November 29, 2018, in ibid., Exhibit VV.

the purpose was to help: Ibid.

"Our contributions to major athletic university programs": Key Worldwide Foundation 2013 Form 990.

"I also knew that my daughter": Gregory Abbott at his sentencing hearing, October 8, 2019, USA v. Abbott, case no. 19cr10117IT.

"Oh, even better!": July 12, 2018, phone call between Rick Singer and Jane Buckingham, in affidavit.

Giannulli said he asked his business manager: November 1, 2016, email from Mossimo Giannulli to Rick Singer, in ibid.

she and Bella had spent much of June: Today, August 3, 2017.

"I wanted to show her the reality": Today, November 10, 2016.

grinding his way through high school: Some descriptions of Matteo Sloane's high school career, his family's interactions with Singer and Devin and Matteo Sloane's reflections on that period first appeared in Jennifer Levitz and Melissa Korn, " 'Why Didn't You Believe in Me?' The Family Reckoning After the College Admissions Scandal," *The Wall Street Journal*, January 17, 2020, https://www.wsj.com/articles/why-idnt-ou-elieveinmethe-amily-eckoning-fter-he-ollege-dmissions-candal-1579276312.

He gave a presentation at a local conference: "Buckley's SDLC Reps Present at Student Voices 2017," Buckley School news story, January 25, 2017, https://www.buckley.org/news-etail? pk= 864666.

Sloane saw himself in Matteo: Details of how Devin Sloane thought about helping his son through the college application process come from letter from Devin Sloane to U.S. District Judge Indira Talwani. Document 462, Exhibit B, filed September 19, 2019, in USA v. Sloane, case no. 19cr10117IT, and from Devin Sloane's sentencing memo. Document 462, filed September 19, 2019, in USA v. Sloane, case no. 19cr10117IT.

Sloane visited Amazon.com: Details of the online purchases, photo shoot and work with the graphic designer, and Matteo's athletic profile come from affidavit and government's sentencing memo for Devin Sloane. Document 455, filed September 17, 2019, in USA v. Sloane, case no. 19cr10117IT.

Singer later posted on his website: Claudia Koerner, "Here's How a Life Coach Scammed the College Admissions System for Wealthy Families," *BuzzFeed News*, March 12, 2019, https://www.buzzfeednews.com /article/claudiakoerner/rick-inger-ife-oach-ollege-dmissions-cam.

"I wanted to thank you again": April 10, 2017, email from Mossimo Giannulli to Rick Singer, in government's opposition filing, Exhibit L.

"Good news," Bella was in at USC: April 10, 2017, email from Mossimo Giannulli, in ibid., Exhibit K.

"Yes Olivia as well": April 10, 2017, emails from Mossimo Giannulli and Lori Loughlin to Rick Singer, in ibid., Exhibit L.

ditched organized sports years earlier: oliviajadebeauty, "Get to Know Me Tag," YouTube video, December 24, 2016, https://www.youtube.com/watch? v= 3G2gGdQT0l4.

"I'd be like, 'Where's my lipstick?!' ": oliviajadebeauty, "Most Likely to Challenge ft. my sister," YouTube video, June 25, 2015, https://www.youtube.com/watch? v= ar9lcd-DPEmk& t= 4s.

Olivia's inhome cardio days: Details of Olivia Giannulli's workout activity come from YouTube videos. See, for example, "Vlog: Packing, Family Time, Organizing My Life," January 13, 2018, https://www.youtube.com /watch? v= 9TQcv7oiZ7U, and "let's talk & eat pizza," September 18, 2016.

she had a personal trainer: February 6, 2018, tweet by @oliviajadee, https://twitter.com/oliviajadee/status /961077315424808960? lang= en, and testimonials on MichelleLovitt.com http://www.michellelovitt.com /testimonials/.

dismiss. Document 1066, Exhibit U, filed April 8, 2020, in USA v. Sidoo et al., case no. 19cr10080-MG.

women's rosters have topped 100: Henry J. Cordes, "Football Schools Like Alabama, Clemson, Michigan Use Massive Women's Rowing Rosters for Gender Equity," *Omaha World-erald*, August 1, 2019, https://www.omaha.com/sports/football-chools-ike-labama-lemson-ichigan-se-assive-omens/arti cle_ 03d2e53d-a19-d2e-752-472a2532342.html#comments.

Giannulli told a story about: Bobby Hundreds, "The Man. The Myth. The Mossimo," *The Hundreds*, October 31, 2016, https://thehundreds.com/blogs/bobby-undreds/the-an-he-yth-iannulli-ossimo-interview . Olivia Jade Giannulli also discussed it on a March 8, 2019, appearance on *Zach Sang Show*, https://www .youtube.com/watch? v= DY05-hcek0.

They wanted a more traditional path: Olivia Jade Giannulli's March 8, 2019, appearance on *Zach Sang Show*, https://www.youtube.com/watch? v= DY05-hcek0. ("My parents really wanted me to go.")

The family hired Singer in summer 2015: Government's opposition filing.

In April 2016, Giannulli wrote Singer: April 22, 2016, email exchange between Mossimo Giannulli and Rick Singer, in ibid., Exhibit A.

Bella's grades hovered: July 24, 2016, email from Rick Singer to Mossimo Giannulli, in affidavit.

"in workout clothes like a real athlete": August 18, 2016, email from Rick Singer to Lori Loughlin and Mossimo Giannulli, in government's opposition filing, Exhibit B. (Giannulli responded later that same day, "Will get all," and sent email September 7, 2016, with photos attached. Ibid., Exhibit C.)

Singer said he would pitch her: September 21, 2016, email from Rick Singer to Mossimo Giannulli and Lori Loughlin, in ibid., Exhibit E.

USC's development office had even contacted: September 27, 2016, email chain with Mossimo Giannulli, in ibid., Exhibit F.

He told his wife he blew them off: September 27, 2016, email from Mossimo Giannulli to Lori Loughlin, in ibid.

Singer, however, would later describe: Report of FBI meeting with Rick Singer, in defendants' March 25, 2020, memorandum, Exhibit U.

Sidwell had been sued: Melissa Korn, "Testimony Offers Different Side of Alleged Mastermind of College-Admissions Scam," *The Wall Street Journal*, June 3, 2019, https://www.wsj.com/articles/testimony-ffers-ifferent-ideofalleged-astermindofcollege-dmissions-cam-1559579112.

"There are certain things": Rick Singer's comments and characterizations of the athletic recruiting process, and details of his expert report, come from his Sidwell Friends deposition.

Two weeks after: Bella Giannulli was presented at the October 27, 2016, subcommittee meeting, date listed in affidavit.

The photo of her on the erg: Details of Bella's athletic profile and application file come from government's op¬position filing, Footnote 5, Exhibit D and Exhibit H.

two days later Singer emailed Giannulli: October 29, 2016, email from Rick Singer to Mossimo Giannulli, in government's opposition filing, Exhibit G.

through a middleman: Assistant U.S. Attorney Kristen Kearney, at Fox Rule 11 hearing.

Dvorskiy, at West Hollywood College Preparatory: Assistant U.S. Attorney Leslie Wright, at Dvorskiy Rule 11 hearing.

Riddell would go on to earn: Assistant U.S. Attorney Eric Rosen, at Riddell Rule 11 hearing.

"We got on the last flight out": October 5, 2018, phone call between Marcia Abbott and Rick Singer, in affi-davit.

Riddell fudged enough tests: Assistant U.S. Attorney Leslie Wright, at Dvorskiy Rule 11 hearing.

Repeat customers requested Riddell: See, for example, August 3, 2018, phone call between Marcia Abbott and Rick Singer, in affidavit.

Singer hired a second corrupt proctor: Affidavit.

One mother mused with Singer: November 5, 2018, phone call between Elizabeth Henriquez and Rick Singer, in affidavit.

"Through connections there, we have been": September 13, 2016, emails between Elizabeth Henriquez and a high school counselor, in ibid.

later said he'd gloated with the girl: Government's consolidated sentencing memo for Elizabeth and Manuel Henriquez, Douglas Hodge, and Michelle Janavs.

He gave a phony story: Flaxman sentencing memo.

He would later get emotional: Robert Flaxman, at his sentencing hearing.

she'd taken the exam alongside: Assistant U.S. Attorney Justin O'Connell, at ibid.

encouraged them to get different ones: Government's consolidated sentencing memo for Elizabeth and Manuel Henriquez, Douglas Hodge, and Michelle Janavs.

Riddell had changed the plan: Flaxman sentencing memo.

Flaxman thought about calling Singer: Details of Flaxman's reaction to the new testing scheme come from attorney William Weinreb, at Flaxman sentencing hearing.

The rigged ACT got her a score of 28: Government's supplemental sentencing memo for Robert Flaxman. Document 542, filed October 11, 2019, in case no. 19cr10117IT.

came back as a 24: William Weinreb, at Flaxman sentencing hearing.

She got into the University of San Francisco: Flaxman sentencing memo.

第十三章 划船訓練機

throw on a gray pleated skirt: Details of Olivia Giannulli's morning routine come from her YouTube videos, including ones posted on June 19, 2017, August 28, 2017, and January 13, 2018.

who she'd want to play her: oliviajadebeauty, "being confident about youtube, making 3 wishes, etc. . . . ," YouTube video, June 13, 2015, https://www.youtube.com/watch? v= PBodSO9NZW8.

have her own makeup line: oliviajadebeauty, "lets talk & eat pizza," YouTube video, September 18, 2016, https://www.youtube.com/watch? v= e4CK2MSwiWw.

She sat down on an erg: July 28, 2017, email from Mossimo Giannulli to Rick Singer and Lori Loughlin, in government's response in opposition to defendants' motion to

"the only way that the scheme could work": Rick Singer, at his Rule 11 hearing.

Jack Yates High School elicited immense pride: Jose de Jesus Ortiz, "Third Ward proud of high-coring Yates basketball team," *Houston Chronicle*, January 30, 2010, https://www.chron.com/sports/high-chool/article /Third-ard-roudofhigh-coring-ates-asket-ball-014834.php.

The Yates boys' basketball team smashed: Doug Huff and Ronnie Flores, "Yates' blowout victories have people talking," ESPN.com, January 29, 2010, https://www.espn.com/highschool/rise/basketball/boys/news/story? id= 4869093.

By 2015, Singer was paying Fox: Assistant U.S. Attorney Kristen Kearney, at Fox Rule 11 hearing.

paid Williams to allow Riddell: Superseding indictment in USA v. Ernst et al., case no. 19-cr-10081-IT.

"the outta-tate kids": Rick Singer, at January 27, 2019, meeting with Manuel and Elizabeth Henriquez, in affidavit.

"I own two schools": June 15, 2018, phone call with Rick Singer, Scott Treibly, and Gordon Caplan, in government's opposition filing, Exhibit OOO.

it still sometimes operated: See, for example, Dvorskaya Alternative School 2012 and 2015 Forms 990, https://projects.propublica.org/nonprofits/organizations/954829104.

began taking bribes from Singer: Assistant U.S. Attorney Leslie Wright, at Rule 11 hearing for Igor Dvorskiy, November 13, 2019, USA v. Dvorskiy, case no. 1910081IT.

a skyrocketing number of high school students: Douglas Belkin, Jennifer Levitz, and Melissa Korn, "Many More Students, Especially the Affluent, Get Extra Time to Take the SAT," *The Wall Street Journal*, May 21, 2019, https://www.wsj.com/articles/many-ore-tudents-specially-he-ffluent-et-xtra-imetotake-the-at-1558450347.

"It's the right thing to do, but": Tamar Lewin, "Abuse Feared as SAT Test Changes Disability Policy," *The New York Times*, July 15, 2002, https://www.nytimes.com/2002/07/15/us/abuse-f aredassat-est-c anges-isability-olicy.html.

Requests to the College Board: Belkin, Levitz, and Korn, "Many More Students, Especially the Affluent, Get Extra Time to Take the SAT."

The exams could run $5,000 to $10,000: Ibid.

The College Board approved: Ibid.

He'd once crafted a phony tutoring invoice: Assistant U.S. Attorney Justin O'Connell at Klapper sentencing hearing. (O'Connell references a 2015 email from Singer that read, in part, "It is a fake invoice.")

"needs testing for 100 percent time": May 25, 2017, email from Rick Singer to Agustin Huneeus and psychologist, in affidavit.

"I'm gonna talk to our psychologist": June 15, 2018, phone call between Rick Singer and Gordon Caplan, in affidavit.

The kids often thought: Rick Singer, at his Rule 11 hearing.

would sign the paperwork: ACT Administration and Payment Report— pecial Testing, in government's opposition filing, Exhibit GG.

"between 11 and 17 days later": Rick Singer, at his Rule 11 hearing.

Williams earned $5,000 directly: Indictment in document 1, filed March 5, 2019, in USA v. Ernst et al., case no. 19cr10081IT.

Singer sent the boy's transcript: Assistant U.S. Attorney Kristen Kearney, at change of plea hearing for Martin Fox, November 15, 2019, USA v. Fox, case no. 1910081IT.

Two days later, Fox passed it on: Ibid.

"looks like he goes to": Details of Center's receipt of Schaepe's application material, response to Fox and forwarding information onward within UT Austin, as well as the paperwork associated with the teen's scholarship, come from Center affidavit.

UT Austin admitted the teen: Assistant U.S. Attorney Eric Rosen, at plea hearing for Michael Center, April 24, 2019, USA v. Center, case no. 1910116-GS.

They also donated stock: Assistant U.S. Attorney Kristen Kearney, at Rule 11 hearing for Martin Fox, November 15, 2019, USA v. Fox, case no. 19cr10081IT.

the boy returned the scholarship money: Assistant U.S. Attorney Eric Rosen, at Center plea hearing.

Singer sent Fox $100,000: Assistant U.S. Attorney Kristen Kearney, at Fox Rule 11 hearing.

In April and June, Singer gave Center: Center affidavit.

That spring, Singer withdrew $60,000: Ibid.

By 5:30 the next morning: Ibid.

第十二章 測驗日

had gone through hell in high school but: William Weinreb, at sentencing hearing for Robert Flaxman, October 18, 2019, USA. v. Flaxman, case no. 19cr10117IT.

a divorced dad raising two teenagers: Sentencing memo for Robert Flaxman. Document 544, filed October 11, 2019, in USA v. Flaxman, case no. 19cr10117IT.

He employed relatives and provided: Ibid. Flaxman's sentencing memo references exhibits B2 and B5, letters filed under seal from Norah Groat and Kristine Flaxman to U.S. District Judge Indira Talwani.

Her treatment team at school voiced optimism: William Weinreb, at Flaxman sentencing hearing.

more than a little discouraging: Flaxman sentencing memo. ("Nowhere.")

Singer referenced Emily's unattractive academic history: Ibid.

She'd taken the test earlier: Supplemental sentencing memo for Robert Flaxman. Document 560, filed October 17, 2019, in USA v. Flaxman, case no. 19cr10117IT.

had become so anxious: Flaxman sentencing memo.

She scored a 20: Ibid.

used fake IDs to stand in: Assistant U.S. Attorney Eric Rosen, at Riddell Rule 11 hearing.

"We have closed the loopholes": "L.I. Cheating Scandal Prompts Sweeping Security Changes for SAT, ACT," CBS New York, March 27, 2012, https://newyork.cbslocal.com/2012/0 3/27/lisat-a t-heating-candal-rompts-weeping-est-ecurity-hanges/.

a group of Chinese nationals participated: US v. Han Tong et al., indictment unsealed May 28, 2015, case no. 15cr00111-FC.

Chinese and South Korean test-rep companies exploited: "Cheat Sheet" series from Reuters, 2016, https://www .reuters.com/investigates/section/cheat-heet/.

News, Winter 2006– 7, https://docplayer.net/17008044-oya-etters-lub-ews.html.

At least as early as 2007: Levitz and Korn, "Coaches Played Crucial Role in College Admissions Cheating Network."

Ernst started taking payments: Assistant U.S. Attorney Eric Rosen, Rule 44(c) hearing, September 5, 2019, USA v. Ernst, case no. 19cr-10081IT.

he would be listed at times: See, for example, Key Worldwide Foundation 2015 and 2016 Forms 990.

In exchange, Ernst tagged: Superseding indictment in USA v. Ernst et al., case no. 19-cr-10081-IT.

The government would say he also: Ibid.

They had a membership: United States' memorandum in support of application for post-ndictment restraining order, filed March 14, 2019. Document 25 in USA v. Ernst, case no. 19cr10081IT.

"Queen of Clubs": Chevy Chase Club website, https://www.chevychaseclub.org/.

A Las Vegas businessman was visiting: Many details of the father's interactions with Rick Singer and Gordon Ernst were first reported in Jennifer Levitz and Melissa Korn, " 'Nope, You're Not Special.' How the College Scam Mastermind Recruited Families," *The Wall Street Journal*, September 6, 2019.

Ernst would earn more than $2.7 million: Indictment. Document 1, filed March 5, 2019, in USA v. Ernst et al., case no. 19cr10081IT.

gained a perch as a power broker: Matt Malatestas, "The Basketball Powerbrokers," *Vype High School Sports Magazine*, November 2011, http://www.ourdigitalmags.com/publication/? m= 11820& i= 88552& p= 26.

"Martin is the man who knew": A portion of Sonny Vaccaro's quote first appeared in Jennifer Levitz, Douglas Belkin, and Melissa Korn, " 'He Had the Magic Elixir:' How the College Cheating Scandal Spread," *The Wall Street Journal*, March 25, 2019, https://www.wsj.com/articles/it was-ike.

North Carolina native: Defendant details on summary page for Harris County, Texas, court records, case no. 1024940010103.

Fox was a slender six feet: Ibid.

He was enthusiastically photographed: Pat Forde, Pete Thamel, and Dan Wetzel, "Meet Martin Fox, the mysterious Houston sports fixture caught up in the college bribery scandal," *Yahoo Sports*, March 13, 2019, https://sports.yahoo.com/awhole-eworldofcorruption-ow-ouston-iddleman-artin-ox-it-nto-peration-arsity-lues-11841886.html.

accused of working with: Details of the crime come from United States Postal Inspection Service Investigative Report, case no. 598-317365FB(1).

and was given a deferred adjudication: Order of Deferred Adjudication in Texas v. Martin Fox, case no. 1024940.

And his name came up: Trial testimony of T. J. Gassnola, October 11, 2018, in USA v. Gatto, case no. 17cr00686-L K.

Pump and his brother ran: Double Pump website, http://doublepump.com/about/.

Singer came calling in fall 2014: Center affidavit.

though he played tennis his freshman year: Ibid.

Center arrived at the airport: Assistant U.S. Attorney Eric Rosen, at plea hearing for Michael Center, April 24, 2019, USA v. Center, case no. 19 10116-GS.

Center arrived at the airport: Assistant U.S. Attorney Eric Rosen, at plea hearing for Michael Center, April 24, 2019, USA v. Center, case no. 1910116-GS.

the tennis courts were demolished: Davis, "Home at last: Texas finally debuts its new tennis center."

UT Austin had just paid another university: Alex Sims, "Texas Releases Charlie Strong's Contract Details, Including Incentives," *Bleacher Report*, January 13, 2014, https://bleacherreport.com/articles/1922073-exas-eleases-harlie-trongs-ontract-etails-ncluding-ncentives.

the team hopped around: Davis, "Home at last: Texas finally debuts its new tennis center," and Ralph K. M. Haurwitz, "UT East Campus plan wins praise from neighbors," *Austin American-tatesman*, April 30, 2015.

"alumni support, student support": Job description from Michael Center's personnel file.

His performance evaluations: Ibid.

The major athletic conferences report: Barrett Salee, "SEC generates $651 million in revenue, distributes over $44.6 million per school in 2018– 9," CBSsports.com, January 30, 2020, https://www.cbssports.com /college-ootball/news/sec-enerates-51-illionin-revenue-istributes-ver446million-er-choolin201819/.

the athletic department stared down: Brian Davis, "Horns operating in the red," *Austin American-tatesman*, January 11, 2015.

he earned just about $65,000: Jennifer Levitz and Melissa Korn, "Coaches Played Crucial Role in College Admissions Cheating Network," *The Wall Street Journal*, November 14, 2019.

He gave tennis lessons to Michelle Obama: Jennifer Steinhauer, "A First Lady at 50, Finding Her Own Path," *The New York Times*, January 16, 2014, https://www.nytimes.com/2014/01/17/us/afirst-adyat50finding-er-wn-ath.html.

and to her daughters: Chris Almeida and Joe Pollicino, "Break Point: The Murky Future of Tennis on Georgetown's Campus," *The Georgetown Voice*, October 8, 2015, https://georgetownvoice.com/2015/10/08/break-oint-he-urky-utureoftennisongeorgetowns-ampus/.

He taught children of ambassadors: Ibid.

When tennis pro Anna Kournikova came: "Gordie Ernst and Adam Gross Take Part in Anna Kournikova Tennis Clinic," GUHoyas.com, July 24, 2009, https://guhoyas.com/news/2009/7/24/gordie_ ernst_ and_ adam _ gross_ take_ part_ in_ anna_ kournikova_ tennis_ clinic.aspx.

He grew up in middle-lass Cranston: Bill Reynolds, "Charges against Gordie Ernst a sad chapter in a R.I. story," *Providence Journal*, March 16, 2019, https://www.providencejournal.com/sports/20190316/bill-eynolds-harges-gainst-ordie-rnst-ad-hapterin-ristory.

"the golden boy of Rhode Island": Ibid.

he played on the pro tennis circuit: Jessica Tuchinsky, "Ernst has followed an unlikely path," *The Daily Pennsylvanian*, October 6, 1999, https://www.thedp.com/article/1999/10/ernst_ has_ followed_ an_ unlikely _ path.

"We need these dollars": Justin Berman, President's Page column in *Hoya Netters Club*

Wilson, case no. 19cr10080-MG.

he had a "red flag" up: July 4, 2015, email from Pat Haden to Donna Heinel, in ibid., Exhibit 4.

"I don't know anything about": July 6, 2015, email from Tim Brunold to Donna Heinel, in government's opposition filing, Exhibit UUU.

"Everybody has to go through her": August 30, 2018, phone call between Rick Singer and Agustin Huneeus, in affidavit.

Singer talked about meeting: July 14, 2017, email from Rick Singer to Laura Janke, in ibid.

At times, Heinel would weigh in: Ibid.

She successfully sold a teen: Examples of Singer's clients who Heinel pitched as athletes come from the affi-davit.

a form of institutionalized fundraising: Brian Costa, "At USC, Admissions Cheating Scandal Runs Deeper," *The Wall Street Journal*, March 13, 2019, https://www.wsj.com/articles/atusc-dmissions-heating-candal-uns-eeper-1552505533.

Singer's clients would pay: Indictment. Document 1, filed March 5, 2019, in USA v. Ernst et al., case no. 19cr10081IT.

She, in turn, facilitated: Ibid.

Heinel's lawyer later said: September 3, 2019, statement from Nina Marino, attorney for Donna Heinel.

Singer later said he hid the alliance: Footnote 6, government's consolidated sur-eply in opposition to defendants' motions to compel. Document 834, filed February 7, 2020, in USA v. Sidoo et al., case no. 19cr10080-N G.

Heinel or someone who reported to her: February 27, 2020, email from Lauren Bartlett, senior director of communications at USC.

"Admissions just needs something": 2015 email from Rick Singer to Douglas Hodge, in affidavit.

"When there is an ethos": November 2019 interview with William Tierney.

"no quid pro quos": February 2020 interview with John "J. K." McKay.

continued to give Heinel great power: Arash Markazi, "Lynn Swann says USC was 'blindsided' by alleged actions of administrator in college admissions scandal," *Los Angeles Times*, March 15, 2019, https://www .latimes.com/sports/usc/lasplynn-wann-sc-0190315-tory.html. ("We had one person in charge," he says in the article, and "there's trust that this one person is doing the right thing.")

Heinel's financial relationship with Singer: Indictment in document 1, filed March 5, 2019, in USA v. Ernst et al., case no. 19cr10081IT.

USC officials would get someone: Government's opposition filing.

第十一章　教練

The night of June 22: Date from affidavit in support of criminal complaint against Michael Center. Document 41 in USA v. Center, case no. 19mj06065-PK.

UT Austin had razed: Danny Davis, "Home at last: Texas finally debuts its new tennis center," *Austin American-Statesman*, January 28, 2018.

the charity gave water polo scholarships: February 3, 2020, email from Stephen Larson.

Khosroshahin agreed to designate: Assistant U.S. Attorney Justin O'Connell, at Rule 11 hearing for Ali Khosroshahin, June 27, 2019, USA v. Khosroshahin, case no. 1910081IT.

Singer gave a total of $350,000: Ibid.

in exchange for tagging four teens: Assistant U.S. Attorney Eric Rosen, at Rule 11 hearing for Laura Janke, May 14, 2019, USA v. Janke, case no. 1910081IT.

acting as a broker: Jennifer Levitz and Melissa Korn, "Coaches Played Crucial Role in College Admissions Cheating Network," *The Wall Street Journal,* November 14, 2019.

Khosroshahin would admit to: Plea hearing for Ali Khosroshahin, June 27, 2019, USA v. Khosroshahin, case no. 19cr10081IT.

including introducing Singer to coaches: Levitz and Korn, "Coaches Played Crucial Role in College Admissions Cheating Network."

"Would you be willing to": July 14, 2017, and July 16, 2017, email exchange between Rick Singer and Laura Janke, in affidavit.

Janke earned more than $134,000: Assistant U.S. Attorney Eric Rosen, at Janke Rule 11 hearing.

In 2015, the USC athletics department hit: Susan L. Wampler, "USC Athletics Hits Its Highest Fundraising Total Ever," *USC News*, April 1, 2015, https://news.usc.edu/79117/usc-thletics-its-ts-ighest-undraising-otal-ver/.

"significant milestone": Ibid.

That $300 million number would grow: March 6, 2019, tweet by @USC_ Athletics, https://twitter.com/USC _ Athletics/status/1103390097473331200.

Haden promoted her: Dave Dulberg, "A Trojan Promotion," USCTrojans.com, July 1, 2011, https://usctrojans.com /sports/2017/6/15/blog-011 07 a trojan-romotion-tml.asp.

by 2008: J. Brady McCollough, "USC athletic administrator arrested for bribery in admissions scandal 'knew her stuff,' " *Los Angeles Times*, March 13, 2019, https://www.latimes.com/sports/usc/laspusc-einel-dmissions-orruption-0190313-tory.html.

at one point cost $100: Some details of Clear the Clearinghouse's services and prices come from Kaidi Yuan and Ashley Zhang, "Indicted USC Administrator Involved Colleagues in Her Private Dealings," *LAist*, December 5, 2019, https://laist.com/2019/12/05/indicted_ usc_ administrator_ involved_ colleagues_ in_ her_ private _ dealings.php.

USC officials were aware: February 27, 2020, email from Lauren Bartlett, senior director of communications at USC.

Heinel would admit she had: USCAnnenberg, "Sports & the Collegiate LGBT Experience," YouTube video, November 1, 2013, https://youtu.be/q6wV98L0Q1Q.

a proud father of a gay son: March 31, 2015, tweet by @ADHadenUSC, https://twitter.com/ADHadenUSC/status /582939268730867712.

he'd invited Heinel and her partner: "Sports & the Collegiate LGBT Experience."

The emailed introduction was enthusiastic: May 25, 2015, email to Pat Haden, in John Wilson's consolidated memorandum of law in support of his motion to sever, to dismiss, and to strike. Document 995, Exhibit 10, filed March 31, 2020, in USA v.

subject line "meeting with USC President Steve Sample," in opposition by Robert Zangrillo, Exhibit 16.

Singer had connected in late 2007: February 3, 2020, email from Stephen Larson, attorney for Jovan Vavic.

Singer had connected in late 2007: February 3, 2020, email from Stephen Larson, attorney for Jovan Vavic.

"my guy": August 30, 2018, phone call between Rick Singer and Agustin Huneeus, in government's opposition filing, Exhibit LLL.

Originally, all the "side door": Report of government meeting with Rick Singer, September 21, 2019, in Defendants' Memorandum of Law in Support of Their Motion to Dismiss Indictment with Prejudice or, in the Alternative, for Suppression of Evidence Based on Governmental Misconduct and for Discovery and an Evidentiary Hearing. Document 972, Exhibit BB, filed March 25, 2020, in USA v. Sidoo et al., case no. 19cr10080-MG. Subsequently referred to as "defendants' March 25, 2020, memorandum."

Vavic's lawyer later said there was pressure: February 3, 2020, email from Stephen Larson.

Singer told John Wilson the good news: October 13, 2013, email from Rick Singer to John Wilson, in government's opposition filing, Exhibit UU.

Vavic wanted him to "embellish": Government's opposition filing, Exhibit UU.

"needs to be a good résumé": Affidavit.

Vavic never requested anyone falsify: February 3, 2020, email from Stephen Larson.

Among the fibs was that: Government's opposition filing, Exhibit VV.

Vavic's wildly positive endorsement: February 26, 2014, email from Jovan Vavic, in government's opposition filing, Exhibit XX.

"Thanks again for making this happen!": March 1, 2014, email from John Wilson to Rick Singer, in government's opposition filing, Exhibit YY.

Would teammates know his son: March 26, 2013, email from John Wilson to Rick Singer, in affidavit.

to at least be able to scrimmage: October 23, 2013, email exchange between John Wilson and Rick Singer, in government's opposition filing, Exhibit WW.

"frankly after the 1st semester": March 27, 2013, email from Rick Singer to John Wilson, in affidavit.

his grades had suffered: January 12, 2015, email from Sam Wilson to Jovan Vavic, in John Wilson's consolidated memorandum of law in support of his motion to sever, to dismiss, and to strike. Document 995, Exhibit 12, filed March 31, 2020, in USA v. Wilson, case no. 19cr10080-MG.

"mysterious $100,000 cashier check": July 22, 2014, email from USC official, in government's opposition filing, Exhibit DDD.

Vavic's water polo program would get: Superseding indictment, filed October 22, 2019, in USA v. Ernst et al., case no. 19cr10081IT.

Vavic also received money for: Ibid.

Singer's charity listed a 2015 donation: Key Worldwide Foundation 2015 Form 990.

com/releases/2013/5/prweb10774901.htm, and "Palmer 'ReGentrified' Downtown LA, Despite Doubters and Design Criticism," *The Planning Report*, October 30, 2015, https://www.planningreport.com/2015/10/30/palmerregentrified-owntownlade-spite-oubters-nd-esign-riticism.

various members of USC's administration: Douglas Fuchs, at September 18, 2019, hearing before U.S. Magistrate Judge M. Page Kelley in USA v. Zangrillo, case no. 19cr10080-MG. ("anyone from 22 colleges throughout USC and other departments within USC can apply a special-nterest tag").

Athletic officials sent wish lists: Jennifer Levitz and Melissa Korn, " 'Father Is Surgeon,' '1 Mil Pledge': The Role of Money in USC Admissions," *The Wall Street Journal*, September 3, 2019, https://www.wsj.com/articles /fatherissurgeon1mil-ledge-he-oleofmoneyinusc-dmissions-1567548124.

reps from USC's business school and athletics: February 21, 2014, emails among USC's Liz Frank, Ron Orr, Sarah Peyron Murphy, Donna Heinel, and Scott Jacobson, in opposition by Robert Zangrillo re: third-party motion to quash subpoena. Document 546, Exhibit 13, filed September 3, 2019, in USA v. Zangrillo, case no. 19cr10080-MG.

"It is so, um, commercial": October 24, 2018, phone call between Bill McGlashan and Rick Singer, in government's consolidated response in opposition to defendants' motions to compel. Document 7361, Exhibit SS, filed January 14, 2020, in USA v. Sidoo et al., case no. 19cr10080-MG. Subsequently referred to as "government's opposition filing."

Loaded and high-rofile moms and dads: See, for example, September 27, 2016, emails between USC official (name redacted) and Mossimo Giannulli, in government's opposition filing, Exhibit F.

After Doug Hodge made: Hodge sentencing memo.

"both tuition and philanthropy": February 27, 2020, email from Lauren Bartlett, senior director of communications at USC.

The school had other competing interests: See, for example, March 13, 2015, email from admissions dean Timothy Brunold to Donna Heinel, in opposition by Robert Zangrillo, Exhibit 8. ("I really need to protect the SAT.")

ass-issing lines like: March 15, 2018, and March 9, 2016, emails from Donna Heinel to Timothy Brunold, in ibid., Exhibits 11 and 9.

第十章　可以，你被錄取了

Wilson's résumé, later posted: Callum Borchers, "Mass. Businessman Charged in College Admissions Case Has a Resume on LinkedIn. So We Fact-hecked It," WBUR, March 14, 2019, https://www.wbur.org/bostonomix/2019/03/14/mas s-usines sman-hargedincol lege-dmis sions-ase-os ted-is-esumeonlinkedinsowefact-heckedit.

whether a neighbor's tennis court: May 3, 2010, meeting minutes from Architecture and Design Review Board for Town of Hillsborough, https://www.hillsborough.net/AgendaCenter/ViewFile/Minutes/539.

his dad emailed Singer about options: February 10, 2013, email exchange between John Wilson and Rick Singer, in affidavit.

He'd even managed to set up a 2007 meeting: September 21, 2007, email to Rick Singer,

html.

The NCAA sanctioned the university: "University of Southern California Public Infractions Report," June 10, 2010, https://w eb3.ncaa.org/lsdbi/search/miCaseView/report?id= 102369.

USC offered up its own sanctions: "USC Announces Sanctions on Men's Basketball Team," *USC News*, January 3, 2010, https://news.usc.edu/26528/usc-nnounces-anctionsonmensbasketball-eam/.

USC doubled its athletic compliance staff: February 27, 2020, email from Lauren Bartlett, senior director of communications at USC.

he didn't want that "compliance culture": Whitney Blaine, "Faces of a new era: Pat Haden," *Daily Trojan*, August 17, 2010, http://dailytrojan.com/2010/08/17/facesofanew-ra-at-aden/.

The university was an early adopter: Linda Kosten, "Outcomes-ased Funding and Responsibility Center Management: Combining the Best of State and Institutional Budget Models to Achieve Shared Goals," Lumina Foundation, June 2016, https://www.luminafoundation.org/files/resources/obf-nd-esponsibility-enter-anagement-ull.pdf, and "USC's Revenue Center Management System: How The Money Flows," USC Academic Senate, May 2019 newsletter, https://academicsenate.usc.edu/uscs-evenue-enter-anagement-ystem-ow-he-oney-lows/.

At that point only football and basketball: USC, "A Conversation on Athletics Fundraising with Al Checcio and Pat Haden," YouTube video, August 5, 2011, https://www.youtube.com/watch? v= kYQCERusQIQ.

"You need to always be out": Ibid.

One of Haden's major goals: Ibid.

In 2012 he announced: "USC Athletics Announces $300 Million Fundraising Initiative," *USC News,* August 21, 2012, https://news.usc.edu/40434/usc-thletics-nnounces-00-illion-undraising-nitiative/.

more than eighty projects: Peter Kiefer, "Can C. L. Max Nikias Turn USC into the Stanford of Southern California?" *Los Angeles Magazine*, October 27, 2014, https://www.lamag.com/citythinkblog/six-illion-ollar-an/.

People joked that cranes: "USC 2015: New Buildings on the Rise," *USC News*, December 28, 2015, https://news .usc.edu/90127/usc-015-ew-uildingsonthe-ise/.

In the most ambitious project: Diane Krieger, "A Strong Foundation for USC Village," *USC News*, Autumn 2014, https://news.usc.edu/trojan-amily/the-iseoftroy/.

USC also broke ground: Christopher Hawthorne, "Review: Disneyland meets Hogwarts at $700-illion USC Village," *Los Angeles Times*, August 21, 2017, https://www.latimes.com/entertainment/arts/laetcmusc-illage-eview-0170820-tory.html.

"A fantasia of just-dd-ater": Ibid.

The "slow creep" of Collegiate Gothic: Ibid.

Fourteen percent of students: Data available at "Economic Diversity and Student Outcomes at America's Colleges and Universities," *The New York Times*, January 18, 2017, based on research by Raj Chetty et al., https://www.nytimes.com/interactive/projects/college-obility/.

The off-ampus Lorenzo student housing complex: "Lorenzo Luxury Student Housing for USC Students Grand Opening," May 29, 2013, press release, https://www.prweb.

avigne and Provost Persis Drill, on Stanford's Notes from the Quad website, March 21, 2019, https://quadblog.stanford.edu /2019/03/21/anupdateonthe-dmissions-raud-cheme/.

Julia's SAT subject tests and SAT: Government's consolidated sentencing memo for Elizabeth and Manuel Henriquez, Douglas Hodge, and Michelle Janavs.

They also recommended his services: See, for example, Assistant U.S. Attorney Leslie Wright at waiver of indictment and plea to information of Bruce and Davina Isackson, May 1, 2019, USA v. Isackson, case no. 19 cr 10115-BS.

第九章 「不覺得今天很適合當個特洛伊人嗎！」

"Isn't it a great day to be a Trojan!": Sue Vogl and Lynn Lipinski, "In Memoriam: USC President Emeritus Steven B. Sample, 72," *USC News*, March 29, 2016, https://news.usc.edu/97360/inmemoriam-sc-resident-meritus-tevenbsample75/.

"Good morning, everyone!" He beamed: C. L. Max Nikias inaugural speech, "The Destined Reign of Troy," October 15, 2010, https://presidentemeritus.usc.edu/the-estined-eignoftroy-010/.

Stanford's marching band snidely spelled: Kenneth R. Weiss, "Steven Sample transforms USC from a chronic academic underachiever into a rising star," *Los Angeles Times Magazine*, September 17, 2000, https://www.latimes.com/local/education/lamesteven-ample-sc-ising-tar-0000917-tory.html.

pushing past skeptics: "LA 500: C. L. Max Nikias," *Los Angeles Business Journal*, August 10, 2017, https://labusinessjournal.com/news/2017/aug/10/la500clmax-ikias/, and Jason McGahan, "How USC Became the Most Scandal-lagued Campus in America," *Los Angeles Magazine*, April 24, 2019, https://www.lamag .com/citythink-blog/usc-candals-over/.

Fas Regna Trojae: Lynn Lipinski, "The Campaign for USC Hits $6 Billion and Keeps on Going," *USC News*, Summer 2017, https://news.usc.edu/trojan-amily/the-ampaign-or-sc-its6billion-nd-eeps-ongoing/.

nicknamed the "$6 billion man": Matt Lemas, "The six billion dollar man: How Nikias is engineering the future of USC," *Daily Trojan*, December 1, 2016, http://dailytrojan.com/2016/12/01/six-illion-ollar-an-ikias-ngineering-uture-sc/.

To the north of the school: Tiffany Kelly, "It's a Trojan kind of town: Deep, long connection ties USC to La Cañada," *Los Angeles Times*, October 10, 2013, https://www.latimes.com/socal/lacanada-alley-un /news/tsn-sl-tsatrojan-indoftown-eep-ong-onnection-ies-sctolacantildeada-0131010-tory.html.

USC even surpassed UCLA: Larry Gordon, "USC beats UCLA in U.S. News & World Report rankings," *Los Angeles Times*, August 27, 2010, https://www.latimes.com/archives/laxpm-010-ug27lamerankings-0100827-tory.html.

"would go there in a heartbeat!!": December 20, 2014, email from Doug Hodge to Rick Singer, in affidavit.

steering a golf cart: Karen Crouse, "Man of Many Fields and a Singular Mission," *The New York Times*, August 22, 2010, https://www.nytimes.com/2010/08/23/sports/23haden.html.

illicit payments to football star: Billy Witz, "U.S.C. President-lect Cleans House," *The New York Times*, July 20, 2010, https://www.nytimes.com/2010/07/21/sports/21usc.

She played soccer, but she wasn't good enough: Government's sentencing memo for Toby Macfarlane. Document 334, filed November 8, 2019, in USA v. Macfarlane, case no. 19cr10131-MG.

a well-egarded senior executive: See, for example, letters from Robert Farrior, Vincent Martin, and Art Wadlund to U.S. District Judge Nathaniel M. Gorton. Document 3351, Exhibit C, filed November 8, 2019, in USA v. Macfarlane, case no. 19cr10131-MG.

unsuccessful round of couples counseling: Details of Toby Macfarlane's childhood, marriage troubles, and mindset as he engaged with Singer come from personal statement of Toby Macfarlane. Document 3351, Exhibit A, filed November 8, 2019, in USA v. Macfarlane, case no. 19cr10131.

He also liked the idea: Toby Macfarlane's sentencing memo. Document 335, filed November 8, 2019, in USA v. Macfarlane, case no. 19cr10131-MG.

"Our sports teams engender pride": March 15, 2019, email to Yale community from President Peter Salovey.

Critics say the practice only serves: Saahil Desai, "College Sports Are Affirmative Action for Rich White Students," *The Atlantic*, October 23, 2018, https://www.theatlantic.com/education/archive/2018/10/college-ports-enefits-hite-tudents/573688/.

About 65 percent of all students: NCAA Demographics Search, 2018, Search by Gender and Diversity, http://www.ncaa.org/about/resources/research/ncaa-emographics-earch.

higher than the overall: Digest of Education Statistics 2018, Table 306.10. Integrated Postsecondary Education Data System, U.S. Department of Education's National Center for Education Statistics, https://nces .ed.gov/programs/coe/pdf/coe_ cha.pdf.

For skiing, lacrosse, and field hockey: NCAA Demographics Database, 2018, Coach and Student-thlete Demographics by Sport and Title, http://www.ncaa.org/about/resources/research/ncaa-emographics-atabase.

A 2016 review at Amherst College: "The Place of Athletics at Amherst College," May 2016, https://www .amherst.edu/system/files/media/PlaceOfAthleticsAtAmherst_ Secure_ 1.pdf.

thirteen for Division I men's basketball: ScholarshipStats.com, edited by Patrick O'Rourke, www.scholarshipstats .com.

The NCAA has fairly low standards: "Academic Standards for Initial-ligibility," NCAA, http://www.ncaa.org /student-thletes/future/academic-tandards-nitial-ligibility.

In the Ivy League, student-thletes must: February 14, 2020, email from Matt Panto, associate executive director of strategic communications and external relations for the league.

review applicants in under eight minutes: Melissa Korn, "Some Elite Colleges Review an Application in 8 Minutes (or Less)," *The Wall Street Journal*, January 31, 2018, https://www.wsj.com/articles/some-lite-olleges-eviewanapplicationin8minutesor-less-517400001.

"I'm not a volleyball expert": Brian Costa, Melissa Korn, and Rachel Bachman, "Colleges Rethink Athletic Special Admissions in Wake of Indictments," *The Wall Street Journal*, March 17, 2019, https://www.wsj .com/articles/colleges-ethink-thletic-pecial-dmissionsinwakeofindictments-1552820400.

now another administrator is expected: Message from Stanford President Marc Tessier-

In May 2014, a worried mother called: Accounts of the track, women's water polo, and men's tennis admissions to UCLA, including exchanges between Singer and prospective students and their families, come from William H. Cormier, "Student-thlete Admissions: Compliance Investigation Report," July 1, 2014, https://assets.documentcloud.org/documents/6393344/2014-CLA-ompliance-nvestigation-eport .pdf. Billy Martin's name was redacted from the report, but he was identified in Nathan Fenno, "Could UCLA have stopped Rick Singer and the admissions scandal 5 years ago?" *Los Angeles Times*, September 12, 2019, https://www.latimes.com/california/story/20190911/ucla-ick-inger-ollege-dmissions-candal. That article also noted who else at UCLA was apprised of the matter.

Martin was even the point person: June 24, 2014, email from Mick Deluca to William Cormier.

After issuing its report, the school instituted: UCLA statement on 2014 Athletics Admissions Compliance Report, April 13, 2019.

"so bad for so many reasons": Details of UT Austin's admissions practices, "holds" for students, and the investigation come from "University of Texas at Austin— nvestigation of Admissions Practices and Allegations of Undue Influence: Summary of Key Findings," February 6, 2015, https://www.utsystem.edu/sites /default/files/news/assets/kroll-nvestigation-dmissions-ractices.pdf.

In late October 2018, a seventy-omething: Testimony of Ruth Simmons, October 30, 2018, in Students for Fair Admissions v. President & Fellows of Harvard College et al.

"Without lineage, there would be": Scott Jaschik, "How Harvard Can Legally Favor Alumni Children and Athletes," *Inside Higher Ed*, August 6, 2018, https://www.insidehighered.com/admissions/article/2018/08/06 /education-epartment-nce-nvestigated-arvards-references-lumni.

"Not a great profile but": Ibid.

"only preserves the status quo": William C. Dudley, "The Monetary Policy Outlook and the Importance of Higher Education for Economic Mobility," October 6, 2017, speech, https://www.newyorkfed.org/newsevents /speeches/2017/dud171006.

In recent years the admit rate: Melissa Korn, "How Much Does Being a Legacy Help Your College Admissions Odds?" *The Wall Street Journal*, July 9, 2018, https://www.wsj.com/articles/legacy-references-omplicate-c lleges-iversity-ush-1 31128601

Applicants with strong but: Plaintiff's opening statement, October 15, 2018, in Students for Fair Admissions v. President & Fellows of Harvard College et al.

According to statements from: Student amici opening statement, October 15, 2018, in Students for Fair Admissions v. President & Fellows of Harvard College et al., https://www.advancingjusticela.org/sites/default /files/Harvard-tudent-mici-pening-tatement.pdf.

第八章 打球

"On the soccer or lacrosse field": September 17, 2013, email from Rick Singer to Toby and Madison Macfarlane, in affidavit.

her college list including: Toby Macfarlane's sentencing memo. Document 335, filed November 8, 2019, in USA v. Macfarlane, case no. 19cr10131-MG.

One analysis of applications: Jennifer Giancola and Richard D. Kahlenberg, "True Merit: Ensuring Our Brightest Students Have Access to Our Best Colleges and Universities," Jack Kent Cooke Foundation, January 2016, https://www.jkcf.org/wpcontent/uploads/2018/06/JKCF_ True_ Merit_ FULLReport.pdf.

Dartmouth, Vanderbilt, and Northwestern fill: Melissa Korn, "The Decision That Hurts Your Chances of Get¬ting Into Harvard," *The Wall Street Journal*, March 28, 2018, https://www.wsj.com/articles/the-ecision-hat-urts-our-hances of getting-nto-arvard-522229400.

Dartmouth, Vanderbilt, and Northwestern fill: Melissa Korn, "The Decision That Hurts Your Chances of Getting Into Harvard," *The Wall Street Journal*, March 28, 2018, https://www.wsj.com/articles/the-ecision-hat-urts-our-hancesofgetting-nto-arvard-522229400.

第七章 灰色地帶

In November 2013, Alessandra Bouchard: November 14, 2013, and November 15, 2013, email exchange among Alessandra Bouchard, Roger Cheever, and others. Plaintiff's exhibit 106 in Students for Fair Admissions v. President & Fellows of Harvard College et al.

"There is a front door getting in": William Rick Singer, at his Rule 11 hearing, March 12, 2019, USA v. Singer, case no. 19cr10078-WZ.

As he said in a 2014 email: February 6, 2014, email from Rick Singer to John Wilson. In John Wilson's supplemental motion to compel production of exculpatory evidence. Document 699, Exhibit 7, filed December 18, 2019, case no. in USA v. Wilson, case no. 19cr10080-MG.

He told one father the side door: September 15, 2018, call between Rick Singer and John Wilson, in ibid., Exhibit 4.

Jared Kushner is perhaps: The circumstances surrounding Jared Kushner's admission to Harvard are detailed in Daniel Golden, *The Price of Admission.* New York: Crown, 2006.

A spokeswoman for Kushner Companies: Daniel Golden, "The Story Behind Jared Kushner's Curious Acceptance Into Harvard," *ProPublica*, November 18, 2016, https://www.propublica.org/article/the-tory-ehind-ared-ushners-urious-cceptance-nto-arvard.

In June 2013 David Ellwood: June 11, 2013, email from David Ellwood to William Fitzsimmons. Plaintiff's exhibit 104 in Students for Fair Admissions v. President & Fellows of Harvard College et al.

A Duke economist's statistical analysis: Expert Report of Peter S. Arcidiacono, Table A.2. Document 415, Exhibit 1 in Students for Fair Admissions v. President & Fellows of Harvard College et al.

"not so much a message": Plaintiff's opening statement, October 15, 2018, in Students for Fair Admissions v. President & Fellows of Harvard College et al.

Legacies—the children of alumni—stood a nearly 34 percent chance: Expert Report of Peter S. Arcidiacono, Table A.2.

Harvard men's tennis coach: October 2014 email exchange between David Fish, William Fitzsimmons, and others. Plaintiff's exhibit 111 in Students for Fair Admissions v. President & Fellows of Harvard College et al.

19cr10117IT.

indicated the parents had no: Government's sentencing memo for Marjorie Klapper. Document 529, filed October 9, 2019, in USA v. Klapper, case no. 19cr10117IT.

Marjorie Klapper waffled a bit: Ibid.

Northeastern University in Boston: Melissa Korn and Rachel Louise Ensign, "Colleges Rise as They Reject," *The Wall Street Journal*, December 25, 2012, https://www.wsj.com/articles/SB10001424127887324731304578189282282976640.

Parents in this bubble brought: U.S. District Judge Douglas P. Woodlock at sentencing hearing for Jeffrey Bizzack, October 30, 2019, USA v. Bizzack, case no. 19cr10222-PW. ("How do they socialize their kids to think that there are only a couple of schools worth going to when this country is filled with terrific colleges.")

As one mother's lawyer put it: Michelle Janavs's sentencing memo. Document 862, filed February 20, 2020, in USA v. Janavs, case no. 19cr10080-MG.

Singer self-ublished a book: Rick Singer, *Getting In: Gaining Admission to Your College of Choice*. Newport Beach, CA: Key Worldwide, 2014.

Some families turned to outside experts: Melissa Korn, "Whose Advice Are You Taking? The Fight Over College Counseling at Elite High Schools," *The Wall Street Journal*, October 26, 2019, https://www.wsj.com /articles/whose-dvice-re-ou-aking-he-ight-ver-ollege-ounselingatelite-igh-chools-1572082200.

a little under 600 members: Trends in Independent Educational Consulting 2016, https://www.iecaonline.com /wpcontent/uploads/2017/02/IECA_ StateofProfession-016.pdf.

their average allin fee in 2015: Ibid.

In the late 2000s, two-hirds: December 17, 2019, emailed comments from Mark Sklarow, CEO of Independent Educational Consultants Association.

Stuyvesant High School in New York City: Robert Kolker, "Cheating Upwards," *New York Magazine*, September 14, 2012, http://nymag.com/news/features/cheating-0129/.

A cluster of suicides shook: Hanna Rosin, "The Silicon Valley Suicides," *The Atlantic*, December 2015, https://www.theatlantic.com/magazine/archive/2015/12/the-ilicon-alley-uicides/413140/, and "Epi-id 2016-018: Undetermined risk factors for suicide among youth, ages 1024— anta Clara County, CA, 2016," https://www.sccgov.org/sites/phd/hi/hd/epi-id/Documents/epi-id-eport.pdf.

a vivid, searing description: Carolyn Walworth, "Paly school board rep: 'The sorrows of young Palo Altans,' " *Palo Alto Online*, March 25, 2015, https://paloaltoonline.com/news/2015/03/25/guest-pinion-he-orrowsofyoung-alo-ltans.

"Remember, colleges are looking for": Singer, *Getting In*.

About one-hird of public: College Board press release, "10 Years of Advanced Placement Exam Data Show Significant Gains in Access and Success; Areas for Improvement," February 11, 2014, https://www .collegeboard.org/releases/2014/class-013-dvanced-lacement-esults-nnounced.

Meanwhile, the Common Application offered: Jacques Steinberg, "When Listing Extra-curricular Activities, No Need to Fill All Blanks," *The New York Times*, November 4, 2010, https://thechoice.blogs.nytimes.com /2010/11/04/activities/.

Heck, families whose kids lost: Shalini Shankar, "At the Spelling Bee, a New Word Is MONEY," *The Wall Street Journal*, May 24, 2019, https://www.wsj.com/articles/atthe-pelling-eeanew-ordismoney-11558702800.

Key Helps Students Stand Out Amongst Their Peers," April 6, 2011, press release.

his mom gobbled up: Jennifer Levitz and Melissa Korn, " 'Nope, You're Not Special.' How the College Scam Mastermind Recruited Families," *The Wall Street Journal*, September 6, 2019, https://www.wsj.com/articles /nope-oure-ot-pecial-ow-orrupt-ollege-ounselor-ecruited-amilies-1567782077.

"Tweak your narrative": Ibid.

The following year, Singer posted: "The Key Summer Intensive Program Announced for 2014," Key Athletics Club blog, May 29, 2014. Website now inactive.

"may help to provide placement": Key Worldwide Foundation 2013 Form 990.

Neighbor Daniel Darrow said: Gangster Capitalism, season 1, episode 4, "Ricky," June 4, 2019, https://www .stitcher.com/podcast/cadence13/gangster-apitalism/e/61652930.

"Oxy" had made the decision: Jennifer Levitz and Douglas Belkin, "When Admissions Adviser Rick Singer Called, This School Said, 'No, Thanks,' " *The Wall Street Journal*, November 6, 2019, https://www.wsj.com /articles/when-dmissions-dviser-ick-inger-alled-his-chool-aidnothanks-1573036202.

"Are you kidding?": January 2012 email from Rick Singer to Vince Cuseo.

sentenced to prison after: Appeal from the United States District Court for the Northern District of Texas, USA v. Clifford Singer. Opinion filed August 21, 1992, in U.S. Court of Appeals for the Fifth Circuit, case no. 917367.

Alternative schools weren't always as rigorous: Jennifer Levitz and Melissa Korn, "The Trick High-choolers Are Using to Boost Their Grades," *The Wall Street Journal*, June 18, 2019, https://www.wsj.com /articles/away-or-igh-chool-tudentstoboost-heir-pas-ake-lassesatother-igh-chools-1560850201.

He was pitched as: "Halstrom Academy Open House," Manhattan Beach, CA, *Patch*, April 24, 2013, https://patch.com/california/manhattanbeach/ev— alstrom-cademy-pen-ouse-f90a2b0, and "Halstrom Academy Speaking Event," West Valley Warner Center Chamber of Commerce, May 8, 2013, https://www.woodlandhillscc.net/read-post.php? news_ id= 6607.

第六章 競爭激烈

Rebekah Hendershot sat stunned: Gregory Korte, " 'So that's what he was up to': Rick Singer, architect of the scam, peddled a 'side door' to college admissions," *USA Today*, March 12, 2019, https://www.usatoday.com/story/news/education/2019/03/12/college-cam-ick-inger-illiam-inger-elicity-uffman-ori-oughlin/3142687002/.

In fall 2013, he drafted an essay: Third superseding indictment.

"Can we lessen the interaction with the gangs": Ibid.

Thang Diep, for instance, understood he had: Student amici opening statement, October 15, 2018, in Students for Fair Admissions v. President & Fellows of Harvard College et al., case no. 2014cv14176-DB. https://www.advancingjusticela.org/sites/default/files/Harvard-tudent-mici-pening-tatement.pdf.

Singer and his team helped fill out: Attorney Jonathan McDougall at sentencing hearing for Marjorie Klapper, October 16, 2019, USA v. Klapper, case no. 19cr10117IT.

marking the boxes for "African-merican" and "Mexican": Marjorie Klapper's sentencing memo. Document 541, filed October 11, 2019, in USA v. Klapper, case no.

Cheating Scandal," NBC New York, November 22, 2011, https://www.nbcnewyork.com/news/local/sat-heating-candal-tudents-urrender-ong-sland-robe-rrest/1933338/.

The main "academic gun for hire": Some details of the scam come from televised remarks by prosecutor Kathleen Rice on "The Perfect Score: Cheating on the SAT," *60 Minutes*, January 1, 2012, https://www.cbsnews .com/news/the-erfect-core-heatin-gonthe-at/.

By 2006, he was back: Some details of Singer's involvement with IMG first appeared in Jennifer Levitz, "A Core of the College Admissions Scandal Was Built at Elite Florida Sports Academy," *The Wall Street Journal*, July 1, 2019, https://www.wsj.com/articles/acoreofthe-ollege-dmissions-candal-as-uiltatimg-1 561973402.

David Sidoo had a heartwarming origin story: Douglas Quan, "How a B.C. philanthropist who 'hit the motherlode' got caught up in the U.S. college admissions scandal," *National Post*, December 6, 2019, https://nationalpost.com/news/canada/howaself-adebcmultimillionaire-ecame-nsnaredinthe-uscollege-dmissions-candal.

earned a mediocre 1460 out of 2400: Third superseding indictment.

costing Sidoo a cool $100,000: Ibid.

That December day in Vancouver: Assistant U.S. Attorney Eric Rosen, at Rule 11 hearing for Mark Riddell, April 12, 2019, USA v. Riddell, case no. 19cr10074-MG.

A year later, he'd take a test: Third superseding indictment.

第五章 新港灣

An academic tutor, Timothy Lance Lai: Hannah Fry, "Effort to alter Corona del Mar grades detailed," *Los Angeles Times*, January 29, 2015, https://www.latimes.com/so-cal/daily-ilot/news/tndptme0201-dm-ai-0150129-tory.html.

The whole story had a comical resemblance: "Rebel with a Cause" episode, originally aired November 11, 1992, recap on *Television of Yore*, https://www.televisionofyore.com/recapsofbeverly-ills-0210/beverly-ills-0210-eason3episode13.

In the real-ife case at Corona del Mar: Fry, "Effort to alter Corona del Mar grades detailed."

The tutor, Lai, eventually pleaded guilty: Orange County Criminal Court case no. 14HF2720.

He described the Key: "While College Admissions Become More Competitive, The Key Helps Students Stand Out Amongst Their Peers," April 6, 2011, press release, https://www.yahoo.com/news/While-ollege-dmissionsiw1340938016.html.

At one point, he said he'd life-oached: Defendants' reply to the government's opposition to their motion for production of exculpatory evidence regarding Title III interceptions and consensual recordings and for other appropriate relief. Document 773, filed January 23, 2020, in USA v. Sidoo et al., case no. 19cr10080.

Phil Mickelson: March 14, 2019, tweet by @PhilMickelson, https://twitter.com/PhilMickelson/status /1106271208692244481.

Singer met with the then president: August 27, 2019, email from Jamie Ceman, vice president of strategic marketing and communications at Chapman University.

The college shifted the girl: Ibid.

Singer had been pitching: "While College Admissions Become More Competitive, The

spoke openly in interviews: Theresa Walker, "How a froyo shop in France is helping girls overcome the odds in Santa Ana, Africa, and Asia," *The Orange County Register*, May 18, 2016, https://www.ocregister.com /2016/05/18/howafroyo-hopinfranceishelping-irls-vercome-he-ddsinsanta-na-frica-nd-sia/.

She founded the nonprofit: Jodie Tillman, "My OC: Kylie Schuyler of Global G.L.O.W.," *The Orange County Register*, June 30, 2016, https://www.ocregister.com/2016/06/30/myockylie-chuylerofglobal-low/.

This one cost him $175,000: Government's consolidated sentencing memo for Elizabeth and Manuel Henriquez, Douglas Hodge, and Michelle Janavs.

O.C. heavy hitters, including: Robin Fields, "Wired into the curriculum," *Los Angeles Times*, October 9, 2000, https://www.latimes.com/archives/laxpm-000-ct09fi33820-tory.html.

school administrators even did away with: Fermin Leal, "Sage Hill aims to shape 'whole student,' " *The Orange County Register*, November 26, 2008, https://www.ocregister.com/2008/11/26/sage-ill-imstoshape-hole-tudent/.

Marketing material used in 2012: Randy Krum, "The Sage Hill Difference marketing infographic & interview," *Cool Infographics*, October 22, 2012, https://coolinfographics.com/blog/2012/10/22/the-age-ill-difference-m rketing-i fographic-i terview.html.

a spot as a featured mentor: thekeyworldwide100, "Clarkson Quarterback Camp," YouTube video, January 10, 2012, https://www.youtube.com/watch? v= u81dUyVAdig.

The quarterback academy brought seven: Tom Luginbill, "Rettig Shines as Super Seven Concludes," ESPN.com, July 3, 2009, https://www.espn.com/college-ports/recruiting/football/news/story? id= 4309596.

Montana would become a client: March 14, 2019, tweet by @JoeMontana, https://twitter.com/JoeMontana /status/1106352364703879168? ref_ src= twsrc% 5Etfw.

Singer also wrote a column: Rick Singer, "Working College Entrance in Your Favor," *Westlake Malibu Lifestyle*, May/June 2010, http://www.wmlifestyle.com/wpcontent/uploads/2015/01/Westlake_ Malibu_ Lifestyle _ MAY_ JUNE_ 2010.pdf.

A video advertisement for the Key: thekeyworldwide100, "The Key Worldwide Overview," YouTube video, January 10, 2012, https://www.youtube.com/watch? v= 0wq6yHlCznI.

Singer even tried his hand at reality TV: Descriptions of Singer's audition reel are drawn from TMZ, "Bribery Ringleader Rick Singer Reality Show Audition on College Admissions," YouTube video, March 13, 2019, https://www.youtube.com/watch? v= FK3HIGT6g5Y.

By late 2011, Singer and his wife: Singer divorce resolution.

第四章 黃金男孩

On December 2, 2011: Some details of Riddell's trip to Vancouver to take the SAT on behalf of Jake Sidoo come from: Third superseding indictment. Document 610, filed October 22, 2019, in USA v. Sidoo et al., case no. 19cr10080-MG.

grappling with a brazen cheating scheme: "Students, Educators Say SAT Cheating Is Rare," *All Things Considered*, December 6, 2011, https://www.npr.org/2011/12/06/143224366/students-ducators-ay-at-heating-israre.

By late November 2011: Greg Cergol and Pei-ze Cheng, "13 More Arrested in SAT

Office of the President, March 2003, https://www.ucop.edu/student-ffairs/_files/aa_final2.pdf.

第三章 致富之路

He was living in Tokyo: Some details of Doug Hodge's time in Tokyo, comments on his children's educational achievements, and travel activity come from Harvard Business School alumni bulletins, including December 2005, June 2006, June 2007, March 2008, December 2009, and September 2013.

An only child himself: Some descriptions of Doug Hodge's childhood, charitable endeavors, and aim to please his children come from Hodge's sentencing memo, filed January 31, 2020, in USA v. Hodge, case no. 19cr10080-NG.

He mentioned Peyton's impending college search: Brien O'Connor at Rule 44(c) hearing for Douglas Hodge, July 22, 2019, USA v. Hodge, case no. 19cr10080-MG.

"Why don't you meet Rick Singer?": Ibid.

Peyton wanted Georgetown: Hodge sentencing memo.

Singer told Hodge his daughter: February 4, 2008, email from Rick Singer to Doug Hodge and Kylie Schuyler, in affidavit of FBI Special Agent Laura Smith in Support of Criminal Complaint, filed March 11, 2019, in USA v. Abbott et al., case no. 19mj06087-PK. Subsequently referred to as "affidavit," https://www.justice .gov/file/1142876/download.

also poor judgment: Letter from Doug Hodge to U.S. District Judge Nathaniel Gorton. Document 810, Exhibit A, filed January 31, 2020, in USA v. Hodge, case no. 19cr10080-MG. ("I have made serious mistakes in judgment.")

In June 2008, Powers had urged: Justin Baer, Melissa Korn, and Gregory Zuckerman, "Pimco's Ties to Architect of College Admissions Scam Ran Deep," *The Wall Street Journal*, May 20, 2019, https://www.wsj.com/articles/pimcos-iestoarchitectofcollege-dmissions-cam-an-eep1558344603.

Soon after, Singer sought: Ibid.

"It's kind of like the difference between": Kelsey Knorp, "Using Every Advantage," *The Granite Bay Gazette*, October 14, 2011, https://issuu.com/granitebaygazette/docs/october_2011_ issue_ for_ web_ posting.

in Sacramento, where the recession: Dale Kasler and Phillip Reese, "Sacramento's economy is booming. But is a recession on the horizon?" *The Sacramento Bee*, August 2, 2018, https://www.sacbee.com/news/business /article215187860.html.

When house prices plummeted: Moritz Kuhn, Moritz Schularick, Ulrike I. Steins, "Income and Wealth Inequality in America, 1949– 016," Opportunity & Inclusive Growth Institute, Federal Reserve Bank of Minneapolis, June 2018, https://www.minneapolisfed.org/institute/working-apers-nstitute/iwp9.pdf.

connected to Singer through: Jennifer Levitz and Melissa Korn, "Coaches Played Crucial Role in College Admissions Cheating Network," *The Wall Street Journal*, November 14, 2019, https://www.wsj.com/articles/coaches-layed-rucial-oleincollege-dmissions-heating-etwork-1573727401.

Hodge paid Ernst $150,000: Government's consolidated sentencing memo for Elizabeth and Manuel Henriquez, Douglas Hodge, and Michelle Janavs, filed February 3, 2020, case no. 19cr10080-MG.

He wrote the 1978 initiative: Patt Morrison, "Patt Morrison Asks: Donald Heller, deathenalty advocate no more," *Los Angeles Times*, July 16, 2011, https://www.latimes.com/opinion/laxpm-011-ul16laoemorrison-onald-eller-71611-tory.html.

A law clerk once said: Ibid.

He and Allison hewed to: Normal D. Williams, "The first step whether you want to save for retirement or simply live within your means: A budget is the way to start," *The Sacramento Bee*, November 9, 1995.

Singer landed the position after: Kathy Robertson, "Thousands turn to college-rep coach," *Sacramento Business Journal*, February 6, 2005, https://www.bizjournals.com/sacramento/stories/2005/02/07/story7.html.

第二章 時間點就是一切

On February 1, 2002, the front page: The Jewish Press, February 1, 2002, https://issuu.com/jewishpress7/docs /20020201.

also touted an upcoming evening event: Diane Axler Baum, "Program to Outline '25 Steps to College,' " ibid.

After the Money Store folded in Sacramento: "Business People," *Omaha World-erald*, November 5, 2000.

five-ear-ld son, Bradley: Baum, "Program to Outline '25 Steps to College.' "

end up at DePaul University: Rick Singer, at Sidwell Friends deposition.

Singer had indeed enrolled: PhD program referenced in ibid.

hard data on everything: Robert Daly, Anne Machung, and Gina Roque, "Running to Stay in Place: The Stability of *U.S. News'* Ranking System," published October 2006, https://files.eric.ed.gov/fulltext/ED493830 .pdf.

"Children do not become strong": A portion of Jonathan Haidt's quote initially appeared in Melissa Korn, "Fail¬ure 101: Colleges Teach Students How to Cope with Setbacks," The Wall Street Journal, December 19, 2018, https://www.wsj.com/articles/failure-01-olleges-each-tudents-owto cope-ith-etbacks-1545129000.

"CEO and master coach": See, for example, "Students planning U.S. degree need branduilding exercise," *The Economic Times*, June 21, 2004, and "About The Key" section of Key Worldwide archived website, https://web.archive.org/web/20190312154013/http://www.thekeyworldwide.com/about-he-ey/.

Mitchell saw his unpaid role: Douglas Belkin and Melanie Grayce West, "From High School Basketball Coach to Ringleader of the Nation's Largest College Admissions Scandal," *The Wall Street Journal*, March 14, 2019, https://www.wsj.com/articles/from-igh-chool-asketballoachtoringleaderofthe-ations-largest-ollege-dmissions-cam-1552591369.

he had a dozen coaches: Kathy Robertson, "Thousands turn to college-rep coach," *Sacramento Business Journal*, February 6, 2005.

Come hear "nationally acclaimed college advisor": Advertisement from April 10, 2005, *South Florida Sun-Sentinel*.

Singer was charging $2,500: Robertson, "Thousands turn to college-rep coach."

Between 1994 and 2002, admit rates: "Undergraduate Access to the University of California After the Elimination of Race-onscious Policies," University of California

He smiles in his senior yearbook photo: Lexi Lee and Violet Gilbert, "Face of College Admissions Scandal is a Niles West Alum," *The Niles West News*, March 14, 2019, https://nileswestnews.org/71029/news/faceofcollege-dmissions-candalisniles-est-lum/.

"I would most like to be remembered": Image of yearbook quote printed in Matthew Hendrickson and Nader Issa, "How Rick Singer went from Niles West grad to face of college bribery scandal," *Chicago Sun-imes*, March 15, 2019, https://chicago.sun-times.com/2019/3/15/18482523/how-ick-inger-ent-rom-iles-est-radtofaceofcollege-ribery-candal.

Singer later said he moved: Deposition of Rick Singer, October 14, 2016, in Dayo Adetu, et al. v. Sidwell Friends School, case no. 15CA009948B.

he was featured in the school newspaper: John C. McClanahan, "Alumnus pleads guilty in bribery scandal," *The Brookhaven Courier*, April 8, 2019, https://brookhavencourier.com/104999/campus-ews/alumnus-leads-uiltyinbribery-candal/#.

Years later, in a deposition: Rick Singer, at Sidwell Friends deposition.

Singer was looking for a new job: Some details of Singer's move to Sierra and his schedule while there come from Jeff Caraska, "Just Look Who's Undefeated in BVC," *Auburn Journal*, January 17, 1988.

After college, Singer taught English and PE: Marina Starleaf Riker, "Man at the center of college admissions scandal has ties to San Antonio," *San Antonio Express-ews*, March 13, 2019, https://www.expressnews .com/news/local/article/Manatthe-enterofcollege-dmissions-candal-3686943.php.

Ever blunt, he told The Sacramento Bee: Ron Kroichick, "The all-overlooked team. Sometimes you have to look hard to see the talent," *The Sacramento Bee*, February 11, 1988.

Within days, the district fired: Bee Sports Staff, "Singer out as Encina's basketball coach," *The Sacramento Bee*, February 18, 1988.

the players liked Singer: Bee Sports Staff, "Encina boys vote to boycott game," *The Sacramento Bee*, February 19, 1988.

traveling around California and other states: Jim Van Vliet, "Morris gives Hornets an inside force," *The Sacramento Bee*, January 9, 1992.

"He was the kind of guy who'd": Dale Kasler, Michael McGough, and Joe Davidson, "Who is William Rick Singer, Sacramento man accused in college admissions scam?" *The Sacramento Bee*, March 12, 2019, https://www.sacbee.com/news/local/article227458949.html.

A 1992 budget shortfall: Ricci R. Graham, "Hoop dreams at Kennedy High School," *The Sacramento Bee*, February 20, 1995.

a more nuanced admissions review: "Undergraduate Access to the University of California After the Elimination of Race-onscious Policies," University of California Office of the President, March 2003, https://www.ucop.edu/student-ffairs/_files/aa_final2.pdf.

would charge a flat fee: Michael McGough, "Massive college admission scam led by Sacramento man, indictment says; 2 from Folsom charged," *The Sacramento Bee*, March 12, 2019. References prices listed in a 1994 *Sacramento Bee* article, https://www.sacbee.com/news/local/article227457069.html.

參考資料

* 被指控行賄的家庭與辛格之間的關係的諸多細節，包含確切付款金額、學生們收到的考試成績及大學申請過程中的資訊，均來自 FBI 於 2019 年 3 月向波士頓聯邦法院提交的起訴書，此處不再一一列舉。

序章

designed to replicate the medieval hill towns: Draft Environmental Impact Report, Brentwood School Education Master Plan, filed December 2015.

She strode the stage: UATJLCenter, "Global Retailing Conference 2016—ane Buckingham, Founder and CEO, Trendera," YouTube video, April 27, 2016, https://www.youtube.com/watch?v=9gnXWEYkq1Y.

"She felt she had to be": Descriptions of Jane Buckingham's parenting style and personality, and details of her childhood, are drawn in part from letters written by family and friends to U.S. District Judge Indira Talwani. Document 559, Exhibit B, filed October 16, 2019, in USA v. Buckingham, case no. 19cr10117IT.

About a decade earlier, Buckingham had spoken: Rachel Abramowitz, "The X/Y factor," *Los Angeles Times*, December 30, 2007, https://www.latimes.com/archives/laxpm-007-ec30catrend30-tory.html.

School fundraisers featured performances: Rebecca Ford, "Victoria Beckham Worked a Snack Bar at Her Kids' School," *The Hollywood Reporter*, August 18, 2017, https://www.hollywoodreporter.com/news/victoria-eckham-orkedasnack-arather-ids-chool-029876.

At circle time for a toddler gym class: The circle time anecdote comes in part from letter from Daniel and Ben Barnz to U.S. District Judge Indira Talwani. Document 4255, Tab 16, filed September 6, 2019, in USA v. Huffman, case no. 19cr10117IT.

In 2010, celebrities and socialites: Sara Wilson, "A New HowTo," *Los Angeles Magazine*, May 26, 2010, https://www.lamag.com/culturefiles/anew-ow-o1/.

"One of your parents has done something": Jane Buckingham, *The Modern Girl's Guide to Sticky Situations*. New York: HarperCollins, 2010.

"try to take joy in who my kids ARE": September 27, 2012, tweet by @JaneBuckingham.

"When your friends tell you to lie": Job or No Job, season 1, episode 2, https://freeform.go.com/shows/jobornojob/episodes/season1/2los-ngeles-ashion.

第一章 未來之星

had Singer the next year in Santa Monica: Details of Singer's place of birth, his son's birth, and his marriage and divorce come from: Divorce resolution plan for Singer, William & Allison, Sacramento Superior Court case no. 11 FL 07072.

聯經文庫

買進名校：特權與財富的遊戲，美國史上最大入學詐欺案

2024年8月初版　　定價：新臺幣600元

著　　者	Melissa Korn Jennifer Levitz
譯　　者	李易安
叢書主編	黃淑真
校　　對	林秋芬
內文排版	孫慶維
封面設計	兒日

出　版　者	聯經出版事業股份有限公司
地　　址	新北市汐止區大同路一段369號1樓
叢書編輯電話	(02)86925588轉5322
台北聯經書房	台北市新生南路三段94號
電　　話	(02)23620308
郵政劃撥帳戶	第0100559-3號
郵撥電話	(02)23620308
印　刷　者	文聯彩色製版印刷有限公司
總　經　銷	聯合發行股份有限公司
發　行　所	新北市新店區寶橋路235巷6弄6號2樓
電　　話	(02)29178022

編務總監	陳逸華
總編輯	涂豐恩
總經理	陳芝宇
社　　長	羅國俊
發行人	林載爵

行政院新聞局出版事業登記證局版臺業字第0130號

本書如有缺頁，破損，倒裝請寄回台北聯經書房更換。　ISBN 978-957-08-7452-5 (平裝)
聯經網址：www.linkingbooks.com.tw
電子信箱：linking@udngroup.com

國家圖書館出版品預行編目資料

買進名校：特權與財富的遊戲，美國史上最大入學詐欺案/ Melissa Korn、Jennifer Levitz著．李易安譯．初版．新北市．聯經．2024年8月．536面．14.8×21公分

譯自：Unacceptable: privilege, deceit & the making of the college admissions scandal.

ISBN 978-957-08-7452-5（平裝）

1.CST：升學考試 2. CST：大學入學 3. CST：高等教育
4.CST：社會階層 5. CST：美國

525.952 113010429